Färber, Funke, Walther **Nachhaltige Finanzierung der Beamtenversorgung**

AF618151

Modernisierung des öffentlichen Sektors **Sonderband 37**

Herausgegeben von

Jörg **Bogumil**	Ruhr-Universität Bochum, Fakultät für Sozialwissenschaft
Dietrich **Budäus**	Universität Hamburg, Arbeitsbereich Public Management
Gisela **Färber**	Hochschule für Verwaltungswissenschaften, Speyer
Wolfgang **Gerstlberger**	University of Southern Denmark, Department of Marketing & Management, Research Group Integrative Innovation Management
Sabine **Groner-Weber**	Bundesministerium für Verkehr, Bau und Stadtentwicklung, Grundsatzabteilung, Berlin
Werner **Jann**	Universität Potsdam, Wirtschafts- und sozialwissenschaftliche Fakultät
Achim **Meerkamp**	Vereinte Dienstleistungsgewerkschaft, Bundesvorstand, Berlin
Renate **Meyer**	Wirtschaftsuniversität Wien, Institut für Public Management
Erika **Mezger**	Deputy Director, European Foundation for the Improvement of Living and Working Conditions (Eurofound), Dublin
Frieder **Naschold †**	Wissenschaftszentrum Berlin für Sozialforschung
Isabella **Proeller**	Universität Potsdam, Lehrstuhl für Public und Nonprofit Management
Christoph **Reichard**	Universität Potsdam, Wirtschafts- und sozialwissenschaftliche Fakultät
Karsten **Schneider**	Hans-Böckler-Stiftung, Abt. Forschungsförderung, Düsseldorf
Heinrich **Tiemann**	Staatssekretär des Auswärtigen Amts a.D., Berlin
Göttrik **Wewer**	Vice President E-Government bei der Deutsche Post Consult (DPC) GmbH., Bonn

Sprecher des Herausgeber/innen-Kreises: Christoph Reichard.

Gedruckt mit freundlicher Unterstützung der Hans-Böckler-Stiftung.

Gisela Färber
Melanie Funke
Steffen Walther

Nachhaltige Finanzierung der Beamtenversorgung

Ökonomische Perspektiven und rechtliche Gestaltungsmöglichkeiten

Eine Studie der Hans-Böckler-Stiftung.

Die ‚gelbe Reihe' »Modernisierung des öffentlichen Sektors« im Internet:
www.gelbereihe.de

Der Verlag informiert Sie gern auch über weitere Titel der ‚gelben Reihe' und über sein sozialwissenschaftliches Gesamtprogramm:
edition sigma • Leuschnerdamm 13 • D-10999 Berlin • verlag@edition-sigma.de
www.edition-sigma.de

Bibliografische Information der Deutschen Nationalbibliothek

Die Deutsche Nationalbibliothek verzeichnet diese Publikation in der Deutschen Nationalbibliografie; detaillierte bibliografische Daten sind im Internet über http://dnb.d-nb.de abrufbar.

ISBN 978-3-8360-7287-8
ISSN 0948-2555

Copyright 2011 by edition sigma, Berlin.

Alle Rechte vorbehalten. Dieses Werk einschließlich aller seiner Teile ist urheberrechtlich geschützt. Jede Verwertung außerhalb der engen Grenzen des Urheberrechtsgesetzes ist ohne schriftliche Zustimmung des Verlags unzulässig und strafbar. Das gilt insbesondere für Vervielfältigungen, Mikroverfilmungen, Übersetzungen und die Einspeicherung in elektronische Systeme.

Druck: Rosch-Buch, Scheßlitz

Printed in Germany

Inhalt

Anhang

1 Einleitung

Seitdem vor mehr als 20 Jahren die ersten Publikationen auf die ansteigende Versorgungsausgaben des öffentlichen Dienstes hingewiesen haben (Färber 1988a, 1992), hat es eine Vielzahl von Reformgesetzen gegeben, die Kürzungen der Leistungen der Beamtenversorgung bewirkt haben und die zum Teil auch die Besoldung der aktiven Beamten zur Finanzierung der ansteigenden Ausgaben für Pensionen herangezogen haben. Die drei Versorgungsberichte für Bund, Länder und Gemeinden sowie der vierte Versorgungsbericht, der in der Folge der Föderalismusreform I nur noch Aussagen für den Bund enthält, lassen allerdings nicht erkennen, ob und inwieweit die Probleme gelöst sind, insbesondere auch nicht, welchen Beitrag die Beamtinnen und Beamten sowie die Versorgungsempfänger bereits erbracht haben und ob die Beamtenversorgung denn nun endlich nachhaltig finanziert wird. Nachhaltig in dem Sinne, dass keine Lasten mehr auf zukünftige Generationen von Beschäftigten im öffentlichen Dienst oder zukünftige Generationen von Steuerzahlern verschoben werden, nachhaltig aber auch in dem Sinn, dass endlich die Leistungen dieses Alterssicherungssystems verlässlich und tragfähig auch den nächsten Generationen garantiert werden können.

Unstrittig ist, dass die Beamtenversorgung neben den gesetzlichen Sozialversicherungen einen erheblichen Teil der Tragfähigkeitslücke des öffentlichen Sektors verursacht. Nach aktuellen überschlägigen Berechnungen liegt die implizite Verschuldung in der Beamtenversorgung trotz bereits erfolgter Kürzungen der Leistungen und der Einrichtung kleiner Versorgungsfonds, die sich überwiegend aus Gehalts- und Pensionskürzungen speisen oder kürzlich für neu begründete Beamtenverhältnisse eingerichtet wurden, bei mehr als der Hälfte der fundierten Schulden des Staates, d.h. bei einem Barwert von mehr als 800 Mrd. EUR. Vorsorge ist für diese Zahlungsverpflichtungen keine bzw. in nicht nennenswertem Umfang getroffen worden. Auch im Fall der kommunalen Versorgungskassen, bei denen kleinere Kommunen die Pensionsansprüche ihrer Beamtinnen und Beamten absichern, dominiert trotz Teilkapitaldeckung das Umlageverfahren.

Die demographische Entwicklung in Deutschland – steigende Lebenserwartung bei gleichzeitig sinkenden Geburtenzahlen – wirkt sich auch auf den öffentlichen Dienst und somit auf die Beamtenversorgung aus. Zusätzlich belasten die Einstellungswellen im öffentlichen Dienst in den sechziger bis achtziger Jahren und die neu begründeten Beamtenverhältnisse im Beitrittsgebiet Anfang der neunziger Jahre die öffentlichen Haushalte durch einen verstärkten Anstieg der Versorgungsempfängerzahlen bis zum Jahr 2030. Die weiter wachsende Lebenserwartung wird danach aber entgegen früherer Überlegungen c.p. nicht zu einer schnellen Entlastung führen, sondern die Ausgaben erst mit Verzögerung und verlangsamt sinken lassen. Welche Konsequenzen daraus für die Beamtenversorgung zu ziehen sind, wie auf Nachhaltigkeit ausgerichtete Regelungen geschaffen werden können, ist immer noch ungeklärt.

Vor diesem Hintergrund beschäftigt sich das im vorliegenden Band dokumentierte Forschungsprojekt „Nachhaltige Finanzierung der Beamtenversorgung“, das von der Hans-Böckler-Stiftung gefördert und von der Gewerkschaft ver.di unterstützt wurde, mit der Nachhaltigkeitslücke in der Beamtenversorgung der Gebietskörperschaften. Es geht darum, die finanziellen Auswirkungen der in den letzten Jahren unternommenen Reformen nicht nur in ihren Auswirkungen auf die Ausgabenentwicklung, sondern auch bezüglich der Effekte auf die Einkommenssituation der Versorgungsempfänger zu analysieren und zu überlegen, mit welchen Reformmaßnahmen die Beamtenversorgung verlässlich „in die Zukunft gestellt“ werden kann, die vor dem Hintergrund der demographischen Entwicklung gerade auch für den öffentlichen Dienst enorme Herausforderungen bereithält.

Gegenstand der Analyse ist nach einer Präsentation der Grundlagen der Beamtenversorgung und einer Zusammenstellung der Vielzahl von Eingriffen und so genannten „wirkungsgleichen“ Übertragungen von Rentenreformen in das Versorgungsrecht zunächst die Überprüfung der Modellrechungen für die finanzielle Entwicklung der Beamtenversorgung der Gebietskörperschaften auf einem ökonomischen Annahmerahmen, der auch einer Vorausberechung des deutschen Sozialbudgets zugrunde gelegt war.

Danach wendet sich der Bericht den individuellen Folgen der jüngeren Einschnitte in das Versorgungsrecht zu, indem diese Veränderungen anhand von statistisch abgesicherten und damit repräsentativen Modelllebensläufen von Beamten und Beamtinnen verschiedener Laufbahngruppen und den mit ihnen verbundenen Versorgungsansprüchen analysiert werden. Denn einen „Eckrentner“ gibt es im Versorgungsrecht nicht. Anhand der Modelllebensläufe werden Kennzahlen entwickelt, die Aussagen über das Niveau der Absicherung auch im Vergleich zu anderen Alterssicherungssystemen zuzüglich einer Betriebsrente – insbesondere auch in Relation zu den Tarifbeschäftigten des öffentlichen Dienstes – sowie über die Veränderungen dieser Alterssicherungsniveaus als Folge der Reformen ermöglichen. Das geringere Bruttogehalt der Beamtinnen und Beamten gegenüber den Tarifbeschäftigten, welches immer mit der Beitragsfreiheit der Beamtenversorgung begründet wurde, wird bei den Kennziffern ebenfalls berücksichtigt.

Gerade weil in den letzten Jahren auch das Zurückbleiben der Besoldungserhöhungen im öffentlichen Dienst mit deren Beitrag zu den ansteigenden Kosten ihrer Alterssicherung begründet wurde, wird des Weiteren berechnet, wie hoch die Pension wäre, wenn der öffentliche Arbeitgeber für die Modellbeamten und -beamtinnen immer Arbeitgeber- und Arbeitnehmerbeiträge zur GRV und zur VBL – die Arbeitnehmeranteile gespeist aus dem gegenüber den Tarifbeschäftigten niedrigeren Bruttoeinkommen – sowie einen Teil der Differenz zu den Einkommenserhöhungen in vergleichbaren Sektoren der Privatwirtschaft in einen Kapitalstock eingezahlt hätte. Diese „erdiente" Pension soll erkennen lassen, in welchem ökonomischen Gesamtzusammenhang Besoldung und Versorgung stehen, zumal die Höhe der Versorgung durch die Besoldung bestimmt wird. Die „erdiente" Pension soll auch Auskunft darüber geben, ob es möglicherweise Kürzungsgrenzen beim Ruhegehaltsniveau gibt, die daraus resultieren, dass der öffentliche Arbeitgeber die finanziellen Mittel, die er in der Vergangenheit nicht für die Alterssicherung seiner Beamten und Beamtinnen zurückgelegt hat, zumindest ideell für diesen Zweck „reservieren" muss, nicht irreversibel für andere Zwecke ausgeben darf.

Von zentraler Bedeutung für die Frage nach einer nachhaltigen Finanzierung der Beamtenversorgung sind selbstverständlich auch die konkreten Arrangements der finanziellen Sicherung späterer Zahlungsverpflichtungen. Ansprüche auf Pensionen entstehen im Jahr der Beschäftigung, die Zahlung findet später statt. In der Vergangenheit wurden die Pensionen unmittelbar aus dem Steueraufkommen der laufenden Periode finanziert, was bei ansteigenden Zahlungsverpflichtungen dazu führt, dass entweder Steuern erhöht oder andere Staatsausgaben gekürzt werden müssen. Es sind indes die Generationen, die die Zahlungen oder deren budgetäre Folgen tragen müssen, die nicht den Nutzen hatten, der aus der Arbeitsleistung der Beamten und Beamtinnen resultiert. Insoweit ist – zumindest bei steigenden Versorgungsausgaben im öffentlichen Dienst – ein Verzicht auf eine periodengerechte Finanzierung gerade nicht nachhaltig. Welche Finanzierungsmöglichkeiten nachhaltig sind und wie sie sicher und zuverlässig organisiert werden können, wird ebenfalls untersucht.

Die verschiedenen ökonomischen Teile der Untersuchung werden durch rechtliche Analysen ergänzt. Denn bislang gibt es keine Verzahnung zwischen den rechtlichen, auf den hergebrachten Grundsätzen des Berufsbeamtentums fußenden Strukturprinzipien der Beamtenversorgung und ihrem ökonomischen Gehalt. Ohne diese Verbindung lassen sich aber keine anwendbaren Modernisierungspfade erarbeiten, die nicht nur den berechtigten Interessen der im öffentlichen Dienst beschäftigten Beamtinnen und Beamten, sondern auch den Anforderungen an den öffentlichen

Dienst der Zukunft gerecht werden. Denn das Beamtenrecht hat wie andere Steuerungsinstrumente die Aufgabe, ein effizientes Angebot öffentlicher Leistungen zu sichern, und zwar auch unter den schwieriger werdenden Bedingungen des demographischen Wandels – darunter ein wachsender Wettbewerb um qualifizierte Arbeitskräfte –, eines damit einhergehenden älter werdenden öffentlichen Dienstes und einer schwieriger werdenden Finanzierungssituation.

Zu diesen Entwicklungen zählt darüber hinaus, dass sich der öffentliche Dienst schon seit einiger Zeit nicht mehr einer weitergehenden konkreten Implementierung des Leistungsprinzips verschließt, sondern vor allem auch die Besoldung immer mehr diesen Anforderungen öffnet. Im Versorgungsrecht scheint dies aber noch nicht angekommen zu sein. Deshalb wird die Frage aufgeworfen, welche Folgerungen hieraus für die Interpretation eines „leistungsorientierten Alimentationsprinzips" zu ziehen sind und wie sich diese dann auch in der Ausgestaltung der Beamtenversorgung niederschlagen sollten.

Nachhaltigkeit wird hier also nicht nur als Zieldimension für die Finanzierungsseite verstanden, sondern beinhaltet auch die nachhaltige und sozialverträgliche Sicherung der Leistungsseite der Beamtenversorgung. Ohne Anspruch auf Vollständigkeit werden außerdem jüngere Entwicklungen der Beamtenversorgung in den Ländern einbezogen, da ja nach der Föderalismusreform I diesbezügliche Gestaltungskompetenzen dezentralisiert wurden. Die Länder sind derzeit dabei, ihr Dienstrecht recht unterschiedlich neu zu gestalten, was über die Besoldung zunächst nur indirekt Auswirkungen auf die Versorgung hat, an einigen Stellschrauben, wie z.B. bei den Regel- und Sonderaltersgrenzen, aber auch unmittelbar Veränderungen für die jeweiligen Beamtenversorgungen bedeutet. Da die Entwicklungen noch nicht abgeschlossen sind, können jedoch allenfalls Tendenzen aufgezeigt werden, die allerdings schon einige Aufschlüsse ermöglichen.

Zum Abschluss wird eine Reihe von Reformvorschlägen präsentiert und zur Diskussion gestellt. Ihnen liegt die erkenntnisleitende Fragestellung zugrunde, wie verhindert werden kann, dass der öffentliche Dienst „kaputtgespart" werden muss, weil die Politik es seit Jahren versäumt hat, entsprechende Vorsorge für die zukünftigen Zahlungsverpflichtungen zu treffen. Modernisierung heißt deshalb gerade auch die Hebung von bislang unentdeckten Effizienzreserven, die dem derzeitigen Regelsystem innewohnen, die aber noch nicht entdeckt worden sind, weil eine grundlegende Analyse der Beamtenversorgung meist sorgfältig vermieden wird oder – recht polemisch – ihre Probleme auf den „geburtenarmen Lebensstil der Beamten" (Raffelhüschen) reduziert werden.

2 Grundlagen der Beamtenversorgung

2.1 Die Bifunktionalität der Beamtenversorgung

In Deutschland existiert ein vielgestaltiges System der Alterssicherung, in welches es die Beamtenversorgung einzuordnen gilt. Für eine systematische Einteilung der verschiedenen Alterssicherungssysteme hat sich in der Literatur das Drei-Säulen-Modell der Alterssicherung etabliert, was insbesondere auf die Konzeptanwendung durch die Weltbank (World Bank 1994, S. 10ff.) zurückzuführen ist. Dieses Modell gliedert die Alterssicherung in Regelsicherungssysteme *(erste Säule)*, Zusatzsysteme der betrieblichen Alterssicherung *(zweite Säule)* sowie ergänzende private Altersvorsorge *(dritte Säule)*. Die quantitative Bedeutung der einzelnen Säulen variiert hierbei je nach Personengruppe und Zeitpunkt der Betrachtung.

Der Beamtenversorgung kommt im Gesamtsystem der deutschen Alterssicherung eine Sonderstellung zu, denn sie deckt gemäß ihrer Ausgestaltung gleich zwei der drei Säulen der Alterssicherung ab. Diese *Bifunktionalität* bedeutet konkret, dass sie – anders als beispielsweise die gesetzliche Rentenversicherung (GRV) als bedeutendstes Regelsicherungssystem – neben der ersten Säule der Alterssicherung zusätzlich die betriebliche Zusatzsicherung als Zweite Säule auszufüllen hat (BMGS 2003, S. 123; Ehrentraut 2006, S. 28; vgl. auch Battis 1998, S. 119; Bäcker et al. 2008, S. 391). Abbildung 1 veranschaulicht diesen Sachverhalt graphisch. Des Weiteren wird die Zusammensetzung der Alterseinkünfte für Beamte (bzw. Richter und Soldaten) nach System und Säule der für herkömmliche Tarifbeschäftigte gegenübergestellt.

Aus der besonderen Rolle des Alterssicherungssystems der Beamten im Gesamtsystem lässt sich die Erfordernis einer umfassenden und differenzierten Betrachtung ableiten, wenn in den folgenden Abschnitten die Rechts- und Berechnungsgrundlagen, die Finanzierungsmodalitäten sowie das Sicherungsniveau untersucht werden. In Bezug auf die zweite Säule sei bereits an dieser Stelle darauf hingewiesen, dass der öffentliche Dienst auch prinzipiell der größte Arbeitgeber in Deutschland ist (Bomsdorf 2003, S. 11). Da große Unternehmen mittlerweile eine umfassende betriebliche Alterssicherung anbieten (vgl. TNS Infratest Sozialforschung 2008), sind an die Leistungsseite der Beamtenversorgung ähnliche Ansprüche zu richten (vgl. hierzu auch Kapitel 3). Die Existenz der Zusatzversorgung im öffentlichen Dienst für seine Tarifbeschäftigten unterstreicht diese Notwendigkeit. Für den im Anschluss vorzustellenden Leistungskatalog und die noch zu thematisierenden Grenzen von Leistungskürzungen ist folglich

– neben dem aus Art. 33 Abs. 5 GG abgeleiteten Alimentationsprinzip – der bifunktionale Charakter der Beamtenversorgung von zentraler Bedeutung.

≡ Abb. 1: Die Beamtenversorgung im Drei-Säulen-Modell der Alterssicherung

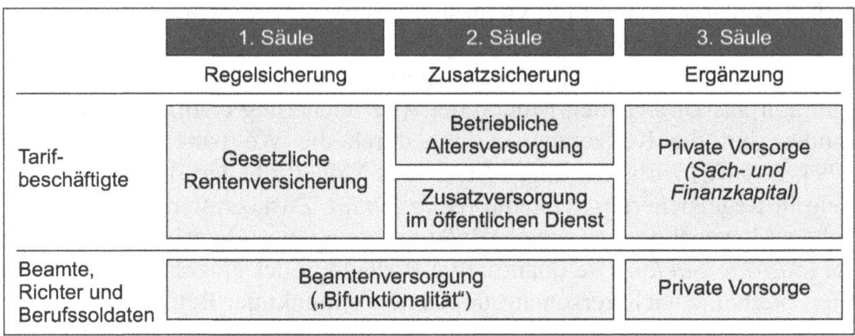

Eigene Darstellung

■ 2.2 Entstehen und Berechnung der Versorgungsbezüge

Im Folgenden werden die wesentlichen Rechts- und Berechnungsgrundlagen der Beamtenversorgung vorgestellt.

Nach der Regelung des § 30 Nr. 4 Bundesbeamtengesetz (BBG)[1] endet das Beamtenverhältnis durch Eintritt in den Ruhestand.

Der Ruhestand tritt ein:

- bei Erreichen der gesetzlichen Regelaltersgrenze,
- bei Erreichen besonderer Altersgrenzen für Polizei, Justiz, Feuerwehr,
- auf eigenen Antrag (vorzeitiger Ruhestand),
- als Schwerbehinderter auf eigenen Antrag,
- bei festgestellter dauernder Dienstunfähigkeit,
- bei einstweiligem Ruhestand.

Der Begriff „endet" ist jedoch missverständlich, denn gemäß § 6 Abs. 1 BBG wird das Beamtenverhältnis grundsätzlich „auf Lebenszeit" geschlossen („Lebenszeitprinzip"); dessen Beendigung bedeutet daher lediglich die

1 Vom 5. Februar 2009 (BGBl. I S. 160). Das Gesetz wurde als Art. 1 des Gesetzes vom 5.2.2009 I 160 beschlossen. Es ist gem. Art. 17 Abs. 11 dieses Gesetzes am 12.2.2009 in Kraft getreten.

Befreiung des Beamten[2] von seiner aktiven Dienstleistungspflicht. Die so genannte „Fürsorgepflicht“ des Dienstherrn „Staat“[3] hinsichtlich des Beamten besteht dagegen gleichermaßen fort. Das bedeutet, dass die Altersversorgung des Beamten nicht wie bei der GRV durch einen Dritten, d.h. den jeweiligen Rentenversicherungsträger, sondern unmittelbar vom Dienstherrn selbst erbracht wird. Der Versorgungsanspruch des Beamten resultiert aus der Berufung des Beamten durch einen einseitigen Staatshoheitsakt in ein lebenslanges, nicht kündbares Dienst- und Treueverhältnis zum Staat, welches ihn verpflichtet, seinem Dienstherrn seine Person und seine Arbeitskraft ausschließlich zur Verfügung zu stellen, solange er dazu fähig ist. Im Gegenzug wird der Dienstherr verpflichtet, die eine standesgemäße Lebensführung garantierenden Bezüge zu zahlen. Das Beziehen dieser Bezüge bedeutet jedoch noch nicht, dass der Beamte dadurch in der Lage wäre, für den Fall des Alters oder der Dienstunfähigkeit Rücklagen zu bilden (BGHZ 16, 192 (199ff., 207)). Aus diesem Grunde gehört es zu den Verpflichtungen des Staates, den Beamten im Falle des Ruhestandes bzw. der Dienstunfähigkeit zu versorgen und sich ebenso um die Versorgung seiner Hinterbliebenen zu kümmern (Murmann 1991, S. 232).

Die Beamtenversorgung stellt dementsprechend einen öffentlich-rechtlichen Unterhaltsanspruch gegen den Dienstherrn dar (ebd., S. 232; Wichmann/Langer 2007, Rdn. 366), der nur durch Gesetz geregelt werden kann (§ 3 Abs. 1 Beamtenversorgungsgesetz (BeamtVG)[4]). Das bedeutet, dass ein Versorgungsanspruch nur allein aufgrund eines formellen oder materiellen Gesetzes besteht (BVerfGE 8, 1 (15); 8, 28 (35); 81, 363 (386)). Zusicherungen, Vereinbarungen und Vergleiche, die dem Beamten eine höhere als die ihm gesetzlich zustehende Versorgung verschaffen sollen, sind unwirksam (§ 3 Abs. 2 BeamtVG).

Die verfassungsrechtliche Grundlage der Beamtenversorgung findet sich in Art. 33 Abs. 5 Grundgesetz (GG) wieder. Danach „ist das Recht des öffentlichen Dienstes unter Berücksichtigung der hergebrachten Grundsätze des Berufsbeamtentums zu regeln und fortzuentwickeln“. Im versor-

---

2 Der Begriff „Beamte“ schließt im weiteren Verlauf der Arbeit regelmäßig Beamtinnen mit ein. Mit allen weiteren angesprochenen Personengruppen wird aus rein sprachlichen Gründen ebenso verfahren. Abweichungen von dieser Vorgehensweise treten lediglich in Abschnitt 5.5 auf, da hier geschlechtsspezifische Merkmalsausprägungen von Bedeutung sein können.

3 Bund, Länder, Gemeinden, Gemeindeverbände sowie die sonstigen der Aufsicht eines Landes unterstehenden Körperschaften, Anstalten und Stiftungen des öffentlichen Rechts.

4 Vom 16.3.1999 (BGBl. I S. 322, 847, 2033), zuletzt geändert durch Art. 6 d. G. vom 3.4.2009 (BGBl. I S. 700).

gungsrechtlichen Sinne zählt zu diesen Grundsätzen neben dem bereits erwähnten Lebenszeitprinzip sowie der Fürsorgepflicht des Dienstherrn das so genannte „Alimentationsprinzip“. Die Alimentation, d.h. die staatliche Unterhaltsgewährung für Beamte, beinhaltet dabei das Beamtenbesoldungs- und -versorgungsrecht.

Obwohl Beamtenbesoldung und -versorgung in einem engen systematischen Zusammenhang zueinander stehen, beruhen beide auf unterschiedlichen gesetzlichen Grundlagen. Während die Beamtenbesoldung maßgeblich von den Vorschriften des Bundesbesoldungsgesetzes (BBesG)[5] bestimmt wird, wird die Beamtenversorgung durch das Beamtenversorgungsrecht, insbesondere durch das BeamtVG geregelt.

Nach § 1 BeamtVG regelt dieses Gesetz die Versorgung der Beamten des Bundes (Abs. 1) und gilt nach Maßgabe des Deutschen Richtergesetzes entsprechend für die Versorgung der Richter des Bundes (Abs. 2). Nicht vom Regelungsumfang erfasst sind öffentlich-rechtliche Religionsgesellschaften und ihre Verbände (Abs. 3). Ebenso gilt das BeamtVG für Beamte, die im privatisierten Bereich der Post, Postbank, Telekom und Bahn beschäftigt sind (Deutscher Beamtenwirtschaftsring 2007, S. 1).

In 2009 erhielten insgesamt 1,458 Mio. Ruhegehaltsempfänger, Witwen bzw. Witwer und Waisen Versorgungsbezüge auf der Grundlage des Beamten- und Soldatenversorgungsrechts[6], davon 953.714 bei den Gebietskörperschaften (vgl. StBA 2009, Fachserie 14, Reihe 6.1, S. 9).

Im Folgenden werden die Regelungen des BeamtVG vorgestellt, die derzeit im Bund und nach der 2006 vollzogenen Föderalismusreform I (vgl. dazu ausführlich Abschnitt 5.3) zum Teil noch in einigen Ländern Bestand haben.

Welche Arten von Versorgungsbezügen das BeamtVG regelt, fasst § 2 BeamtVG zusammen. Zu den Versorgungsbezügen zählen danach u.a.:

- Das Ruhegehalt (vgl. §§ 4 – 15a BeamtVG);
- die Hinterbliebenenversorgung (vgl. §§ 16 – 28 BeamtVG);
- die Unfallfürsorge (vgl. §§ 30 – 46a BeamtVG).

Zur Versorgung gehört ferner die jährliche Sonderzahlung („Weihnachtsgeld“) nach § 50 Abs. 4 und 5 BeamtVG.

---

5 Vom 6.8.2002 (BGBl. I S. 3020), zuletzt geändert durch Art. 2 d. G. vom 28.3.2008 (BGBl. I S. 493).

6 Für Soldaten gilt das Gesetz über die Versorgung für die ehemaligen Soldaten der Bundeswehr und ihre Hinterbliebenen (Soldatenversorgungsgesetz – SVG) vom 9.4.2002 (BGBl. I S. 1258, 1909), zuletzt geändert durch Art. 11 d. G. vom 31.7.2008 (BGBl. I S. 1629).

2.2.1 Das Ruhegehalt

Den Kern der Beamtenversorgung bildet das Ruhegehalt (§§ 4-15a BeamtVG). Einen Anspruch darauf haben Lebenszeitbeamte, Beamte auf Probe sowie Beamte auf Zeit und Beamte auf Widerruf, sofern deren Beamtenverhältnis wie bei Beamten auf Probe „als Vorstufe für ein Beamtenverhältnis auf Lebenszeit gedacht ist" (BVerfGE 44, 249 (280)). Auch Richter und Soldaten haben nach den für ihre Berufsgruppe geltenden Gesetzen einen entsprechenden Anspruch auf Versorgung. Der Anspruch entsteht mit Beginn des Ruhestandes. Beamte auf Lebenszeit treten – grundsätzlich – mit Ende des Monats in den Ruhestand, in dem sie die für sie jeweils geltende *Altersgrenze* erreichen.

Im Zuge der durch das am 11. Februar 2009 in Kraft getretene Dienstrechtsneuordnungsgesetz (DNeuG)[7] erfolgten Änderungen im Bund wird die Altersgrenze nicht mehr wie bisher mit Vollendung des 65. Lebensjahres, sondern nun in der Regel mit Vollendung des 67. Lebensjahres erreicht *(Regelaltersgrenze),* soweit nicht gesetzlich eine andere Altersgrenze *(besondere Altersgrenze)* bestimmt ist, § 50 Abs. 1 BBG. Beamte auf Lebenszeit, die vor dem 1. Januar 1947 geboren sind, erreichen die Regelaltersgrenze mit Vollendung des 65. Lebensjahres. Für Beamte auf Lebenszeit, die nach dem 31. Dezember 1946 geboren sind, wird die Regelaltersgrenze ab 2012 in Monats-Schritten von 65 auf 67 Jahre angehoben, § 50 Abs. 2 BBG.[8]

Die *Antragsaltersgrenze* bleibt nach dem DNeuG nach § 52 Abs. 3 BBG bei 63 Jahren, jedoch erhöht sich jetzt der maximale Versorgungsabschlag von ursprünglich 10,8% auf 14,4%. Kann der Beamte jedoch 45 Dienstjahre nachweisen, so ist gleichwohl ein abschlagsfreier Eintritt in den Ruhestand mit 65 Jahren möglich, § 14 Abs. 3 BeamtVG. Beamte auf Lebenszeit können zudem auf Antrag in den Ruhestand versetzt werden, wenn sie erstens das 62. Lebensjahr vollendet haben *und* zweitens *schwerbehindert* im Sinne des § 2 Abs. 2 des Neunten Buches Sozialgesetzbuch (SGB IX) sind. Diese ebenfalls durch das DNeuG eingeführte, schrittweise Anhebung der Altersgrenze ab 2012 gilt für alle Beamten, die nach dem 31. Dezember 1951 geboren sind, § 52 Abs. 1-2 BBG. Schließlich kann auf Antrag des Beamten der Eintritt in den Ruhestand ebenfalls um

---

7 BGBl. I S. 160, BT-Drs. 16/7076.

8 Das Beamtenstatusgesetz enthält jedoch keine Festlegung auf eine allgemein verbindliche Regelaltersgrenze für alle Beamten. Damit können Bund und Länder unabhängig voneinander unterschiedliche Regelaltersgrenzen festlegen.

bis zu drei Jahre hinausgeschoben werden, wenn dies im dienstlichen Interesse liegt, § 53 BBG.

Richter auf Lebenszeit treten mit dem Ende des Monats in den Ruhestand, in dem sie die für sie geltende Altersgrenze erreichen. Ebenfalls im Zuge der durch das DNeuG erfolgten Änderungen erreichen Richter auf Lebenszeit, die nach dem 31. Dezember 1946 geboren sind, die Altersgrenze nicht mehr mit Vollendung des 65. Lebensjahres, sondern in der Regel mit Vollendung des 67. Lebensjahres (Regelaltersgrenze), vgl. § 48 Abs. 1, 3 Deutsches Richtergesetz[9].

Beamte auf Lebenszeit im *Feuerwehrdienst der Bundeswehr* treten aufgrund besonderer beruflicher Beanspruchung grundsätzlich mit dem Ende des Monats in den Ruhestand, in dem sie das 62. Lebensjahr vollenden *(besondere Altersgrenze).* Eine inhaltsgleiche Regelung enthält § 5 des Bundespolizeibeamtengesetzes (BPolBG)[10] für *Polizeivollzugsbeamte auf Lebenszeit* in der Bundespolizei, im kriminalpolizeilichen Vollzugsdienst des Bundes und für den Inspekteur der Bereitschaftspolizeien der Länder (vgl. § 1 BPolBG). Auch für Soldaten ist die Altersgrenze schrittweise um zwei Jahre auf 62 Jahre erhöht worden.[11]

Das Ruhegehalt berechnet sich seit dem 1. Januar 1992 nach folgender *Ruhegehaltsformel* (so genannte lineare Ruhegehaltsskala)[12]:

Ruhegehalt (Pension)	=	Ruhegehaltfähige Dienstzeit	x	Steigerungssatz pro Jahr in %	x	Ruhegehaltfähige Dienstbezüge

Es besteht aus der ruhegehaltfähigen, d.h. berücksichtigungsfähigen Dienstzeit und den ruhegehaltfähigen Dienstbezügen, § 4 Abs. 3 BeamtVG.

Ruhegehaltfähig ist die Dienstzeit, die der Beamte vom Tage seiner ersten Berufung in das Beamtenverhältnis an im Dienst eines öffentlich-rechtlichen Dienstherrn im Beamtenverhältnis zurückgelegt hat (§ 6 Abs. 1

9 Vom 19.4.1972 (BGBl. I S. 713), zuletzt geändert durch Art. 9 d. G. vom 5.2. 2009 (BGBl. I S. 160).

10 Vom 3.6.1976 (BGBl. I S. 1357), zuletzt geändert durch Art. 6 d. G. vom 5.2. 2009 (BGBl. I S. 160).

11 Vgl. § 44 Abs. 1 i.V.m. § 45 Abs. 1 des Soldatengesetzes (SG) vom 30.5.2005 (BGBl. I S. 1482), zuletzt geändert durch Art. 10 d. G. vom 5.2.2009 (BGBl. I S. 160).

12 Nach dem bis zum 31. Dezember 1991 geltenden Recht betrug der Ruhegehaltssatz vom fünften bis zehnten Dienstjahr 35%; vom 10. bis 25. Dienstjahr erfolgte eine jährliche Steigerung um 2% bis auf 65% nach Vollendung des 25. Dienstjahres und vom 26. bis 35. Dienstjahr eine jährliche Steigerung des Ruhegehaltssatzes um 1% bis auf 75% der Dienstbezüge aus der Besoldungsendstufe *(degressive Ruhegehaltsstaffel).*

S. 1 BeamtVG). Zu den ruhegehaltfähigen Dienstjahren zählen folglich die zurückgelegten Dienstzeiten, aber auch Ausbildungs- und Zurechnungszeiten, eventuelle Beschäftigungszeiten als Angestellter im öffentlichen Dienst sowie Wehrdienst und vergleichbare Zeiten (vgl. §§ 6ff. BeamtVG).

Im BeamtVG wird das Alimentationsprinzip durch den „Grundsatz der Versorgung aus dem letzten Amt" umgesetzt (§ 5 Abs. 1 BeamtVG; vgl. auch Baden 2007, S. 149ff.). Bemessungsgrundlage ist dabei das volle *Grundgehalt des letzten Amtes,* welches der Beamte mindestens zwei Jahre lang ausgeübt haben muss (BVerfG, Beschl. v. 20.3.2007 – 2 BvL 11/04) und welches sich aus Besoldungsgruppe und Erfahrungsstufe zusammensetzt (§ 27 BBesG). Hinzukommen der *Familienzuschlag* (§ 50 BeamtVG) der Stufe 1 (vgl. § 39ff. BBesG), welcher – anders als der durch das Dienstrechtsreformgesetz 1997 aufgehobene Ortszuschlag – nur noch familienbezogene Bestandteile (verheiratet und Anzahl der Kinder) enthält sowie die die *sonstigen Dienstbezüge,* die im Besoldungsrecht ausdrücklich als ruhegehaltfähig ausgewiesen werden. Dazu zählen die Amtszulage nach § 42 Abs. 1, 2 BBesG und diejenigen Stellenzulagen, die gesetzlich als ruhegehaltfähig bestimmt sind (§ 42 Abs. 3, 4 BBesG).

Nach § 14 BeamtVG beträgt das Ruhegehalt für jedes Jahr ruhegehaltfähiger Dienstzeit 1,79375% der ruhegehaltfähigen Dienstbezüge (§ 5), insgesamt jedoch höchstens 71,75%. In Anwendung der Regelung des § 69e Abs. 3 BeamtVG zur Umsetzung des Versorgungsänderungsgesetzes 2001 beträgt der maximale Höchstruhegehaltssatz derzeit (Februar 2010) 72,56%[13] und wird nach 40 Dienstjahren erreicht. Er wird mit dem Steigerungssatz von derzeit 1,81402% (zukünftig 1,79375%) multipliziert (vgl. dazu Tab. 1). Ab der 8. Anpassung nach § 70 BeamtVG gilt dann der bereits in § 14 Abs. 1 BeamtVG festgeschriebene „neue" Höchstsatz von 71,75% bzw. der Steigerungssatz von 1,79375%.

Bei der Berechnung des Ruhegehaltes ist ferner der *Versorgungsabschlag* zu berücksichtigen. Nach § 14 Abs. 3 BeamtVG vermindert sich das Ruhegehalt um 3,6% für jedes Jahr, das der Beamte nach den Nrn. 1-3

- vor Ablauf des Monats, in dem er das 65. Lebensjahr vollendet, nach § 52 Abs. 1 und 2 BBG in den Ruhestand versetzt wird *(Schwerbehinderte)*,
- vor Ablauf des Monats, in dem er die für ihn geltende *gesetzliche Altersgrenze* erreicht, nach § 52 Abs. 3 BBG in den Ruhestand versetzt wird,

13 Sechster Anpassungsfaktor für Bundesbeamte gemäß § 14 Abs. 1 i.V.m. § 69 e Abs. 3 BeamtVG.

– vor Ablauf des Monats, in dem er das 65. Lebensjahr vollendet, wegen *Dienstunfähigkeit*, die *nicht* auf einem *Dienstunfall* beruht in den Ruhestand versetzt wird.

Die Minderung des Ruhegehalts darf insgesamt 10,8% in den Fällen der Nummern 1 und 3 sowie – seit dem DNeuG – 14,4%[14] in den Fällen der Nr. 2 nicht übersteigen.

≡ Tab. 1: Übergangsregelungen aus Anlass des Versorgungsänderungsgesetzes 2001

Besoldungs- bzw. Versorgungserhöhung (gilt nur für den BUND) (vgl. § 70 BeamtVG)	*Anpassungsfaktor* für ruhegehaltfähige Dienstbezüge	Entspricht einem erreichbaren *Höchstruhegehaltssatz* von	Entspricht einem *Steigerungssatz pro Jahr* ruhegehaltfähiger Dienstzeit um
bis 2002	1,00000	75,00%	1,87500
1. ab 1.7.2003	0,99458	74,59%	1,86484
2. ab 1.4.2004	0,98917	74,19%	1,85469
3. ab 1.8.2004	0,98375	73,78%	1,84453
4. ab 1.1.2008	0,97833	73,37%	1,83436
5. ab 1.4.2008	0,97292	72,97%	1,82422
6[a] ab 1.1.2009	0,96750	72,56%	1,81402
7.	0,96208	72,16%	1,80390
Ab 8.	0,95667	71,75%	1,79375

a – Derzeit sechster Anpassungsfaktor aufgrund des BBVAnpG 2008/09
Eigene Darstellung

Der Versorgungsabschlag vermindert lebenslang das (reguläre) Ruhegehalt, d.h. er gilt für die Gesamtdauer des Versorgungsbezugs. Die Einführung des Versorgungsabschlags wird damit begründet, dass das vorzeitige Ausscheiden aus dem aktiven Dienst das Verhältnis von Lebensarbeitszeit und späterer Pensionslaufzeit in ein Ungleichgewicht stellt. Der Beamte, der vorzeitig ausscheidet, steht dem Dienstherrn entsprechend weniger lange zur Verfügung, nimmt aber für sich und seine Familie längere Pensionsleistungen in Anspruch. Dadurch verschiebt sich das bei der Bemessung von Besoldung und Versorgung vorgestellte Verhältnis von Leistung und „quasi-Gegenleistung“ unproportional zu Lasten des Dienstherrn. Dem soll der Versorgungsabschlag entgegenwirken (Baden 2007, S. 155).

---

14 Bis zum DNeuG galt auch hier ein maximaler Versorgungsabschlag von 10,8%.

Einen Anspruch auf Versorgung haben grundsätzlich nur Beamte auf „Lebenszeit“, die eine ruhegehaltfähige Dienstzeit von mindestens fünf Jahren erreichen oder infolge von Krankheit, Verwundung oder sonstiger Beschädigung, die sie sich ohne grobes Verschulden bei Ausübung oder aus Veranlassung des Dienstes zugezogen haben, dienstunfähig geworden sind (Mindestpension), vgl. § 4 Abs. 1 S. 1 BeamtVG.[15]

Nach § 14 Abs. 4 BeamtVG beträgt das Ruhegehalt mindestens 35% der ruhegehaltfähigen Dienstbezüge (§ 5) – amts*abhängige Mindestversorgung,* da auf das zuletzt bekleidete Amt bezüglich der Dienstbezüge abgestellt wird. Der Prozentsatz von 35% wird nach derzeitiger Berechnung erst überschritten, wenn 19,294 Dienstjahre (Berechnung: 35% : 1,81402 = 18,666; künftig also 35% : 1,79375% = 19,512 Dienstjahre) an ruhegehaltfähiger Dienstzeit zusammengekommen sind.

Alternativ treten nach § 14 Abs. 4 S. 2 BeamtVG an die Stelle des Ruhegehalts nach Satz 1, wenn dies günstiger ist, 65% der jeweils ruhegehaltfähigen Dienstbezüge aus der Endstufe der Besoldungsgruppe A 4 – amts*unabhängige* Mindestversorgung. Nach derzeitiger Besoldungstabelle errechnet sich die Mindestversorgung (ohne Familienzuschlag) wie folgt:

2063,- EUR (Endstufe A4)	X	65%	=	1340,95	+	30,68 EUR (Erhöhungsbetrag)	=	1.371,63 EUR

Die Mindestversorgung nach Satz 2 erhöht sich um 30,68 EUR für den Ruhestandsbeamten und die Witwe. Weniger als 1.371,63 EUR erhält grundsätzlich niemand als Pension. Ausnahmen hiervon gelten bei Teilzeit oder Beurlaubung.

2.2.2 Dienstunfähigkeit

Das Beamtenrecht unterscheidet zwischen Dienstunfähigkeit, die auf einem *Dienstunfall* bzw. *nicht* auf einem *Dienstunfall* beruht. Nur im ersten Fall greifen die Regelungen der Unfallfürsorge (§§ 30–46a BeamtVG). Ein Dienstunfall ist ein auf äußerer Einwirkung beruhendes, plötzliches, örtlich und zeitlich bestimmbares, einen Körperschaden verursachendes Ereignis, das in Ausübung oder infolge des Dienstes eingetreten ist (§ 31 Abs. 1 S. 1 BeamtVG). Wird ein Beamter durch einen Dienstunfall verletzt, so hat er bzw. seine Hinterbliebenen Anspruch auf Unfallfürsorge (§ 30 Abs. 1 S. 1, Abs. 2 BeamtVG). Ein Dienstunfall begründet in besonderem Maße Fürsorgepflichten des Dienstherrn. Zwar wird für die Berechnung des Un-

15 Entsprechendes gilt für Richter und für Soldaten gemäß § 26 Abs. 7 Soldatenversorgungsgesetz (SVG) vom 16.9.2009 (BGBl. I S. 3054).

fallruhegehalts eines vor Vollendung des 60. Lebensjahres in den Ruhestand getretenen Beamten der ruhegehaltfähigen Dienstzeit nur die Hälfte der Zurechnungszeit nach § 13 Abs. 1 hinzugerechnet, jedoch erhöht sich der Ruhegehaltssatz nach § 14 Abs. 1 automatisch um 20% (§ 36 Abs. 2, 3 BeamtVG). Das Unfallruhegehalt beträgt mindestens 66,66% der ruhegehaltfähigen Dienstbezüge und darf künftig 71,75% der ruhegehaltfähigen Dienstbezüge nicht übersteigen.

Nach § 44 Abs. 1 BBG ist der Beamte auf Lebenszeit – unabhängig davon, ob ein Dienstunfall vorlag oder nicht – in den Ruhestand zu versetzen, wenn er wegen des körperlichen Zustandes oder aus gesundheitlichen Gründen zur Erfüllung der Dienstpflichten dauernd unfähig (dienstunfähig) ist. Als dienstunfähig kann auch angesehen werden, wer infolge einer Erkrankung innerhalb von sechs Monaten mehr als drei Monate keinen Dienst getan hat, wenn keine Aussicht besteht, dass innerhalb weiterer sechs Monate die Dienstfähigkeit wieder voll hergestellt ist. In den Ruhestand wird nicht versetzt, wer anderweitig verwendbar ist. Nähere Ausführungen dazu ergeben sich aus den Absätzen 2 bis 7.

Seit 1997 gelten für den Eintritt in den Ruhestand wegen Dienstunfähigkeit verschärfte Regelungen. Der Grundsatz „Rehabilitation vor Versorgung“ beinhaltet u.a. auch eine zustimmungsfreie Versetzung in eine andere Laufbahn mit Umschulungspflicht, die Übertragung einer geringerwertigen Tätigkeit soweit zumutbar sowie eine verstärkte Prüfung einer anderweitigen Verwendung bei bereits als dienstunfähig pensionierten Beamten mit dem Ziel einer Reaktivierung.

Beamte, die wegen Dienstunfähigkeit frühzeitig aus dem aktiven Dienst ausscheiden, haben noch keine Versorgungsanwartschaften gebildet, die ihnen und ihren Familien im Sinne lebenslanger Alimentation einen angemessenen Lebensstandard gewährleisten. Abhilfe schafft in diesem Fall grundsätzlich § 13 Abs. 1 BeamtVG: Ist der Beamte vor Vollendung des sechzigsten Lebensjahres wegen Dienstunfähigkeit in den Ruhestand getreten, wird die Zeit vom Eintritt in den Ruhestand bis zum Ablauf des Monats der Vollendung des 60. Lebensjahres, soweit diese nicht nach anderen Vorschriften als ruhegehaltfähig berücksichtigt wird, für die Berechnung des Ruhegehalts der ruhegehaltfähigen Dienstzeit zu zwei Dritteln hinzugerechnet (Zurechnungszeit).

2.2.3 Hinterbliebenenversorgung

Der Grundsatz lebenslanger Alimentation beinhaltet nicht allein die Fürsorge des Dienstherrn für den Beamten selbst, sondern auch für dessen Familie, d.h. seine im Versterbensfall *Hinterbliebenen* (vgl. §§ 16, 17-28 BeamtVG).

Grundsätzlich besteht für die *Witwe eines Beamten/den Witwer einer Beamtin* auf Lebenszeit (Mindestdienstzeit von fünf Jahren), eines Ruhestandsbeamten oder eines Beamten auf Probe, der an den Folgen einer Dienstbeschädigung starb, ein Anspruch auf Witwen- bzw. Witwergeld, wenn eine rechtsgültige Ehe mindestens ein Jahr bestand[16], die nicht erst nach Eintritt des Beamten in den Ruhestand geschlossen wurde und der Ruhestandsbeamte bei Eheschließung noch nicht die Regelaltersgrenze erreicht hatte (§§ 19, 20, 28 BeamtVG).

Das Witwengeld beträgt 55% des Ruhegehalts, das der Verstorbene erhalten hat oder hätte erhalten können, wenn er am Todestag in den Ruhestand getreten wäre (§§ 20 Abs. 1, 28 BeamtVG). Tritt ein Kinderzuschlag zum Witwengeld hinzu, beträgt es mindestens 60% des Ruhegehaltes nach § 14 Abs. 4 Satz 2. War die Witwe mehr als 20 Jahre jünger als der Verstorbene und ist aus der Ehe ein Kind nicht hervorgegangen, so wird das Witwengeld (Abs. 1) für jedes angefangene Jahr des Altersunterschiedes über 20 Jahre um 5% gekürzt, jedoch höchstens um 50%. Nach fünfjähriger Dauer der Ehe werden für jedes angefangene Jahr ihrer weiteren Dauer dem gekürzten Betrag 5% des Witwengeldes hinzugesetzt, bis der volle Betrag wieder erreicht ist. Das nach Satz 1 errechnete Witwengeld darf nicht hinter dem Mindestwitwengeld (Abs. 1 in Verbindung mit § 14 Abs. 4) zurückbleiben (§§ 20 Abs. 2, 28 BeamtVG).

Mit dem Versorgungsänderungsgesetz 2001 wurde das Witwengeld von 60% auf 55% reduziert. Das alte Recht gilt weiter für Ehen, die vor dem 1.1.2002 geschlossen wurden, wenn zumindest ein Ehegatte vor dem 2.1.1962 geboren ist (§ 69e V S. 2 BeamtVG). Die Zahlung des Witwengeldes beginnt mit dem Ablauf des Sterbemonats des Beamten (§ 27 Abs. 1 S. 1 BeamtVG) und erlischt mit dem Ende des Monats, in dem die Witwe heiratet (dann Anspruch auf Witwenabfindung) oder stirbt (§ 61 Abs. 1 S. 1 Nr. 1, 2 BeamtVG).

Die *Kinder* eines verstorbenen Beamten auf Lebenszeit, eines verstorbenen Ruhestandsbeamten oder eines verstorbenen Beamten auf Probe, der an den Folgen einer Dienstbeschädigung verstorben ist, erhalten *Waisengeld*, wenn der Beamte die Voraussetzungen des § 4 Abs. 1 erfüllt hat (§ 23 Abs. 1 BeamtVG). Das Waisengeld beträgt für die Halbwaise 12% und für die Vollwaise 20% des Ruhegehalts, das der Verstorbene erhalten hat oder hätte erhalten können, wenn er am Todestag in den Ruhestand getreten

16 Ein rechtskräftiges Scheidungsurteil/eine Auflösung der Ehe im Zeitpunkt des Ablebens steht dem Anspruch entgegen. Der rechtskräftig geschiedene Partner erhält jedoch unter Umständen anteilig Versorgungsanwartschaften im Rahmen des Versorgungsausgleichs.

wäre (§ 24 Abs. 1 BeamtVG). Wenn die Mutter des Kindes des Verstorbenen nicht zum Bezug von Witwengeld berechtigt ist und auch keinen Unterhaltsbeitrag in Höhe des Witwengeldes erhält, wird das Waisengeld nach dem Satz für Vollwaisen gezahlt; es darf zuzüglich des Unterhaltsbeitrages den Betrag des Witwengeldes und des Waisengeldes nach dem Satz für Halbwaisen nicht übersteigen (§ 24 Abs. 2 BeamtVG).

2.2.4 Zusammentreffen von Versorgungsbezügen mit weiteren Einkünften

Das Ruhegehalt wird nicht immer in voller Höhe gewährt. Treffen die Versorgungsbezüge mit Erwerbs- bzw. Erwerbsersatzeinkommen, mit anderen Versorgungsbezügen oder mit Renten zusammen, kann es zu Kürzungen der Bezüge kommen. Die Vorschriften der §§ 53-56 BeamtVG regeln diese finanziellen Konsequenzen und wollen unangemessene Doppelversorgungen, die Doppelzahlung aus öffentlichen Kassen (Einsparung von Haushaltsmitteln) sowie die Besserstellung gegenüber den Beamten im aktiven Dienst verhindern (Plog/Wiedow 2009, § 53 Rdn. 5).

Bezieht ein Versorgungsberechtigter *Erwerbs- oder Erwerbsersatzeinkommen* i.S.v. § 53 Abs. 7 BeamtVG, wird er von Gesetzes wegen als weniger bedürftig angesehen. Er erhält daher seine Versorgungsbezüge nur bis zum Erreichen der in Abs. 2 bezeichneten Höchstgrenze (§ 53 Abs. 1 BeamtVG). Die Höhe der Grenze unterscheidet u.a. nach dem Berechtigten (Ruhestandsbeamter, Witwe[17], Waise) und nach den Voraussetzungen für den Eintritt in den Ruhestand: Als Höchstgrenze gelten daher u.a. für Ruhestandsbeamte und Witwen die ruhegehaltfähigen Dienstbezüge aus der Endstufe der Besoldungsgruppe, aus der sich das Ruhegehalt berechnet, gegebenenfalls zuzüglich eines Familienzuschlages (Abs. 2 Nr. 1). Bei Beamten, die wegen Dienstunfähigkeit in den Ruhestand getreten sind, und für schwerbehinderte Beamte, die auf Antrag vorzeitig nach Vollendung des 62. Lebensjahres pensioniert wurden, gilt stattdessen als Höchstgrenze ein Satz von (derzeit) 72,56% (künftig 71,75%) der Endstufe der Besoldungsgruppe, aus der sich das Ruhegehalt berechnet, zuzüglich gegebenenfalls Familienzuschlag sowie eines Betrages von monatlich 400 EUR zuzüglich des Zweifachen dieses Betrages innerhalb eines Kalenderjahres (Abs. 2 Nr. 3).

---

17 Die für die Witwe maßgeblichen Regelungen gelten entsprechend für den Witwer einer verstorbenen Beamtin oder Ruhestandsbeamtin. An die Stelle des Witwengeldes im Sinne der Vorschriften dieses Gesetzes tritt das Witwergeld, an die Stelle der Witwe der Witwer, vgl. § 28 BeamtVG.

Der Versorgungsbezug tritt in diesen Fällen als subsidiär zurück. Der Anspruch auf Versorgung ruht (vgl. Abs. 6 „Ruhensberechnung"), soweit die Summe aus Erwerbs- bzw. Erwerbsersatzeinkommen und Versorgung die genannten Höchstgrenzen übersteigt (Plog/Wiedow 2009, § 53 Rdn. 10). Die Höhe des ruhenden Teils der Versorgungsbezüge ergibt sich folglich aus der Differenz zwischen dem Einkommen zuzüglich der Versorgungsbezüge einerseits und der Kürzungsgrenze aus Abs. 2. Rechtlich bedeutet die Ruhensregelung, dass der Auszahlung der festgesetzten Versorgung ein – vorübergehendes – Hindernis entgegensteht (vgl. insgesamt Plog/Wiedow 2009, § 53 Rdn. 2ff.).

Er lebt erst wieder in voller Höhe auf, wenn das Erwerbseinkommen wegfällt. Dem Versorgungsberechtigten ist jedoch mindestens ein Betrag in Höhe von 20% der Versorgungsbezüge als Mindestversorgung zu belassen. Dies gilt nicht, wenn der Versorgungsberechtigte selbst Einkommen aus einer Verwendung im öffentlichen Dienst bezieht, das mindestens aus derselben Besoldungsgruppe oder einer vergleichbaren Vergütungsgruppe berechnet wird, aus der sich auch die ruhegehaltfähigen Dienstbezüge bestimmen (§ 53 Abs. 5, S. 2, 3; Abs. 8 BeamtVG). Damit soll eine als ungerechtfertigt erachtete Doppelalimentation vermieden werden (BT-Drs. 14/7064 S. 40).

Eine vergleichbare Regelung enthält § 54 BeamtVG, wenn der Versorgungsberechtigte, entweder weil er mehrere Versorgungsbezüge bezieht oder weil die versorgungsberechtigte Witwe selbst Beamtin war, aus dieser Tätigkeit *eigene Versorgungsbezüge* erhält. Diese beiden Versorgungsbezüge werden addiert und bei Überschreiten der in Abs. 2 genannten Höchstgrenzen die jeweils früheren Versorgungsbezüge zum Ruhen gebracht.

Ferner werden Versorgungsbezüge neben *Renten* nur bis zum Erreichen der in § 55 Abs. 2 BeamtVG bezeichneten Höchstgrenze gezahlt. Eine Ausnahme dazu findet sich jedoch in Abs. 3 (Näheres dazu in Abschnitt 5.2).

2.2.5 Zusammenfassung

Zusammenfassend lässt sich festhalten, dass der Staat verpflichtet ist, den Beamten im Falle des Ruhestandes bzw. der Dienstunfähigkeit zu versorgen und sich ebenso um die Versorgung seiner Hinterbliebenen zu kümmern. Maßgeblich für die Höhe der Versorgung ist das Ruhegehalt. Die Berechnungsgrundlagen dafür sind jedoch in den letzten Jahren diverse Male geändert worden mit teilweise erheblichen Auswirkungen für das Ruhegehalt der Pensionäre. Einschneidend war vor allem die Umgestaltung der degressiven auf die lineare Ruhegehaltsskala sowie die Absenkung des Höchstruhegehaltssatzes. Hinzu kommen die Kompetenzänderungen aufgrund der Föderalismusreform I, wodurch sich das Ruhegehaltsniveau von Bund und Ländern, aber auch der Länder untereinander weiter verändern wird. Gleiches wird auch für die Hinterbliebenenregelungen, die Unfallfürsorge sowie die Anrechnungsvorschriften gelten.

2.3 Die Besoldung als Grundlage der Beamtenversorgung

Die Ausgestaltung der Beamtenbesoldung beeinflusst unmittelbar die Höhe der ruhegehaltfähigen Dienstbezüge und somit die Höhe der Versorgungsbezüge. Die Besoldung der Bundesbeamten regelt das Bundesbesoldungsgesetz (BBesG).[18] Maßgebend für die Höhe der Besoldung ist im Sinne des Alimentationsprinzips die Wertigkeit des ausgeübten Amtes. Diese bestimmt sich anhand innerdienstlicher, unmittelbar auf das Amt bezogener Kriterien wie der fachlichen Qualifikation („Leistungsprinzip"), der damit einhergehenden Eingruppierung sowie dem Dienstrang („Laufbahnprinzip") und der mit dem Amt verbundenen Verantwortung (BVerfGE 114, 258 (287f.); Lindner 2007, S. 222).

2.3.1 Grundstrukturen der Beamtenbesoldung

Das monatliche, fixe *Grundgehalt* (§ 1 Abs. 2 Nr. 1 BBesG) als Kernbestandteil der Besoldung bemisst sich nach *Stufen* (§ 27 Abs. 1 BBesG).

> „Dabei erfolgt der Aufstieg in eine nächsthöhere Stufe nach bestimmten Dienstzeiten, in denen anforderungsgerechte Leistungen erbracht wurden *(Erfahrungszeiten)*."

Das DNeuG hält aufgrund der Abschaffung des altersbezogenen Stufenaufstiegs weiter an der Abkehr vom Besoldungsdienstalter und dem Senioritätsprinzip fest. Im Zuge dessen erfolgte ab Juli 2009 in den Grundgehaltstabellen ein Wechsel zu (an beruflichen Dienstzeiten orientierten) *Erfahrungsstufen.* Die ursprünglich zwölf Grundgehaltsstufen wurden einheitlich auf acht Stufen reduziert. Die Höhe des Grundgehaltes richtet sich dabei nach der Besoldungsgruppe des dem Beamten verliehenen Amtes (vgl. §§ 18, 23 BBesG). Hinsichtlich der Besoldungshöhe der Beamten ist

18 Vom 19.6.2009 (BGBl. I S. 1434), zuletzt geändert d. Art. 4 d. G. vom 29.7.2009 (BGBl. I S. 2424). Seit der am 1. September 2006 in Kraft getretenen Föderalismusreform I können die Länder eigene Regelungen zur Besoldung für ihre Beamten treffen.

zu beachten, dass als Folge des „Sparzwangs“ wegen der seit Jahren ansteigenden Versorgungsausgaben im öffentlichen Dienst die Beamtenbezüge in den letzten Jahren von der Reallohnentwicklung in Deutschland abgekoppelt wurden. Während die Beamtenbesoldung auf Bundesebene seit 1989 bis zum Jahr 2009 durch lineare Besoldungsanpassungen nominal um 47,25% erhöht wurde, haben vergleichbare Tarifbeschäftigte in der Privatwirtschaft nominale Tariferhöhungen von 69,5% erhalten (WSI-Tarifarchiv).

Abbildung 2 veranschaulicht, dass seit 2004 die Beamten sogar Realeinkommenseinbußen hinnehmen mussten (vgl. Kammradt 2009, S. 104ff.), weil die Besoldungsanpassungen noch nicht einmal die Preissteigerungsrate erreichten. In der Graphik wird die Inflationsrate anhand des Verbraucherpreisindex des Statistischen Bundesamtes dargestellt. Darüber hinaus werden die linearen Tarifsteigerungen der Tarifbeschäftigten seit 1989 in den Branchen Kreditinstitute und Versicherungsgewerbe sowie Private Dienstleistungen wiedergegeben. Diese beiden Bereiche wurden ausgewählt, da sie hinsichtlich Tätigkeitsfelder und Bildungsabschlüssen am ehesten mit dem öffentlichen Sektor vergleichbar sind.

Abb. 2: Lohn- und Besoldungsentwicklung in Deutschland (1989 bis 2009)

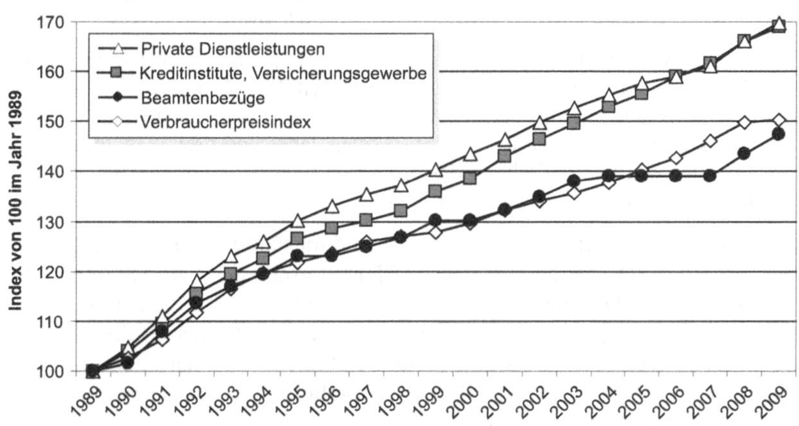

Quelle: WSI-Tarifarchiv; Eigene Berechnungen

Eine solche Entwicklung ist aus der Alterssicherungsperspektive insbesondere deshalb von Bedeutung, da zum einen die Versorgungsbezüge im Gleichklang mit den Besoldungsbezügen angepasst werden und die Besoldung aus dem letzten Amt die Berechnungsgrundlage für das Ruhegehalt darstellt. Darüber hinaus nimmt die (reale) Lohnabkopplung den Beamten die Möglichkeit, zur Kompensation des sinkenden Ruhegehaltsniveaus Eigenvorsorge aus ihren aktiven Dienstbezügen in der dritten Säule der Alterssicherung zu betreiben, was Beschäftigte in der Privatwirtschaft noch aus Realeinkommenszuwächsen finanzieren konnten.

2.3.2 Leistungselemente des Besoldungssystems in jüngerer Vergangenheit

Zur Erreichung flexiblerer, individuellerer Einkommenssteigerungen wurden in Abkehr vom leistungsunabhängigen Bewährungs- und Zeitaufstieg (Senioritätsprinzip bzw. Besoldungsdienstalter) im Rahmen des am 1. Juli 1997 in Kraft getretenen Dienstrechtsreformgesetzes[19] im Bereich der A-Beamtenbesoldung in das BBesG erstmals Leistungskomponenten in Form von *Leistungsstufen, Leistungsprämien* und *Leistungszulagen* eingeführt.

Die Grundgehaltstabelle wurde mit dem Anspruch, Leistungsaspekte in der Grundbesoldung zu verstärken, in § 27 BBesG neu gefasst und anstelle eines leistungsunabhängigen zweijährigen Rhythmus bei „durchschnittlicher Leistung" auf einen Zwei-, Drei- und Vier-Jahres-Rhythmus umgestellt: Nach § 27 Abs. 2 „wird mit der ersten Ernennung mit Anspruch auf Dienstbezüge [...] ein Grundgehalt der Stufe 1 festgesetzt [...]."

> „Das Grundgehalt steigt nach Erfahrungszeiten von zwei Jahren in der Stufe 1, von jeweils drei Jahren in den Stufen 2 bis 4 und von jeweils vier Jahren in den Stufen 5 bis 7. Abweichend von Satz 1 beträgt die Erfahrungszeit bei Soldaten in der Stufe 2 zwei Jahre und drei Monate und bei Beamten in den Laufbahnen des einfachen Dienstes in den Stufen 5 bis 7 jeweils drei Jahre. [...]" (Vgl. Abs. 3)

Das Aufsteigen in die nächsthöhere Besoldungsstufe erfolgte somit nicht mehr allein durch Zeitablauf, sondern leistungsabhängig im Rahmen von *Leistungsstufen.* Das bedeutet, dass das Grundgehalt folglich nicht mehr automatisch nach jetzt zwischen zwei und vier Jahren gestaffelten Stufen steigt. Die Vergabe der Leistungsstufe hängt auch von einer dauerhaft herausragenden Leistung ab. Bei unterdurchschnittlicher Leistung verbleibt der Beamte hingegen in der bisherigen Stufe, bis seine Leistung ein Aufsteigen in die nächsthöhere Stufe rechtfertigt (§ 27 Abs. 5, 7 BBesG). Die Vergabe einer Leistungsstufe durch Wechsel in die nächsthöhere Stufe stellt gleichwohl kein eigenständiges Bezahlungselement dar, sondern be-

19 Vom 24.2.1997 (BGBl. I S. 322).

deutet automatisch die Erhöhung des Grundgehaltes (Göser/Schlatmann 1998, S. 12). Da die erreichte Leistungsstufe das neue Grundgehalt darstellt, ist sie ruhegehaltfähig.

Als zusätzliche Leistungselemente wurden *Leistungsprämien* und *Leistungszulagen* zur besonderen Honorierung überdurchschnittlich herausragender Leistungen in § 42 a BBesG eingeführt, die das monatlich fixe Grundgehalt „aufstocken". Bei der Leistungsprämie handelt es sich um eine Einmalzahlung, die bis zur Höhe des Anfangsgrundgehaltes der jeweiligen Besoldungsgruppe gewährt werden kann. Die Leistungszulage ist eine zeitlich befristete, widerrufliche, monatlich wiederkehrende Zahlung, deren Höhe monatlich 7% des Anfangsgrundgehaltes nicht übersteigen darf. Sowohl Leistungsprämie als auch Leistungszulage sind nicht ruhegehaltfähig.

Die Kosten der Einführung von Leistungsentgelten waren und sind beträchtlich; hinzukommen Kosten für die Leistungsfeststellung (Überwachung, Kontrolle, Messung) (vgl. Bolay 2007, S. 107). In Anbetracht der schwierigen Haushalts- und Finanzlage und unter dem Postulat der Personalausgabensenkung sollten alle besoldungsrechtlichen Änderungen und entsprechenden Maßnahmen im Ergebnis kostenneutral sein *(Kostenneutralität)*, d.h. die Personalausgaben sollten insgesamt konstant gehalten werden (Mühlenkamp 2008, S. 637; ders. 2007, S. 518). Die Einführung der neuen Entgeltstruktur durfte folglich keine finanziellen Auswirkungen i.S.v. Mehrausgaben mit sich bringen. Dies hatte zur Folge, dass sich der so genannte „Leistungstopf" nicht aus zusätzlich bereitgestellten öffentlichen Finanzmitteln speist oder wie in der Privatwirtschaft üblich am Unternehmensgewinn orientiert, sondern aus geringeren Aufwendungen für die Bediensteten durch Absenkung der Grundbesoldung sowie Kürzung bzw. Wegfall des Urlaubs- und Weihnachtsgelds, Streichung des Verheiratetenzuschlags, etc. „erwirtschaftet" wird (Mühlenkamp 2008, S. 637; 2007, S. 518; Battis 2005, S. 325). Da es sich bei den in den Leistungstopf wandernden Beträgen somit um „umgewidmete" Beträge handelt, die ansonsten ohne „Leistungsdifferenz" allen Beschäftigten zugestanden hätten, besteht eine Verpflichtung zur jährlichen Auszahlung.

2.4 Das Finanzierungssystem der Beamtenversorgung ■

2.4.1 Laufende Steuereinnahmen und implizite Eigenbeiträge der Beamten als Finanzierungsbasis

Die Ausgaben für die Versorgungsleistungen aus der Beamtenversorgung werden traditionell aus den laufenden Haushalten der jeweiligen Gebietskörperschaften bestritten. Eine direkte Beitragszahlung wie in der GRV existiert im Alterssicherungssystem der Beamten nicht. Diese Besonderheit ist historisch bedingt und lässt sich auf die hergebrachten Grundsätze des Berufsbeamtentums, insbesondere das Alimentationsprinzip und die Fürsorgepflicht des Dienstherrn, zurückführen (vgl. Abschnitt 4.2). Materiell waren die Beamtinnen und Beamten jedoch stets in erheblichem Umfang an den Versorgungskosten beteiligt, da ihre Brutto-Gehälter im Vergleich zu Angestellten bzw. den ehemaligen Arbeitern des öffentlichen Dienstes niedriger ausfielen.

So haben im Rahmen dieser Studie durchgeführte Modellrechnungen für das Jahr 2004 Bruttolohndifferenzen zu Ungunsten der Beamten ergeben, die je nach Laufbahngruppe zwischen 6,4% und 13,4% liegen, wenn die durchschnittliche Abweichung der Beamtenvergütung vom Bundesangestelltentarifvertrag (BAT) über vollständige Modell-Lebensläufe hinweg ermittelt wird (vgl. für die Methodik der Modellerwerbsbiographien Abschnitt 5.5). Auch im Jahr 2009 lagen die Bruttobezüge für Beamte des mittleren und des gehobenen Dienstes noch um 7,6% bzw. 8,3% unter denen der Tarifbeschäftigten. Jedoch wurde bei der Einführung des TVöD bzw. des TV-L in den Jahren 2005/2006 im Bereich der Tarifbeschäftigten ein Systemfehler begangen, indem die Bruttoentgelte in den Lohngruppen E13 bis E15 unter das Niveau der Bruttobezüge der entsprechenden Beamten im höheren Dienst (A13 bis A15) abgesenkt wurden. Dieses Problem lässt sich jedoch nur tarifvertraglich beheben (Schaad 2009, S. 489) und spricht nicht grundsätzlich gegen eine implizite Beteiligung der Beamten an den Versorgungskosten.

Über diese implizite Beteiligung der Beamten hinaus erfolgte die Finanzierung der Versorgungsleistungen bis zum Jahr 1998 in der Regel ausschließlich aus laufenden Steuereinnahmen (vgl. BMI 2005, S. 82f.). Es wurden weder direkte Umlagesätze auf die Besoldungsbezüge des Aktivpersonals erhoben noch standen Einnahmen aus zuvor getätigten Rücklagen zur Verfügung. Lediglich auf kommunaler Ebene gibt es schon länger die Besonderheit, dass sich einzelne Kommunen Versorgungskassen angeschlossen haben bzw. ihre Versorgungsaufwendungen von kommunalen Versorgungsverbänden[20] getragen werden. Hier bezahlen die Kommunen als öffentliche Arbeitgeber für die aktiven Beamten einen bestimmten Prozentsatz der Besoldungsbezüge in die Versorgungskasse ein und finanzieren die Versorgungsausgaben meist im Umlageverfahren.

---

20 So werden mittlerweile in Baden-Württemberg die Versorgungsaufwendungen der kommunalen Beamten vom Kommunalen Versorgungsverband Baden-Württemberg (KVBW) getragen (Benz et al. 2009, S. 10).

2.4.2 Versorgungsrücklagen und erste Fonds seit Mitte der 90er Jahre

Für den Großteil der Versorgungsansprüche in den Gebietskörperschaften wurden über Dekaden hinweg keine Rücklagen gebildet. Erst in der zweiten Hälfte der 1990er Jahre wurde mit dem Aufbau von Versorgungsrücklagen begonnen. Mit dem Versorgungsreformgesetz 1998 erfolgte die Einführung und Bildung einer Versorgungsrücklage bei Bund und Ländern, die durch eine schrittweise Absenkung des Besoldungs- und Versorgungsniveaus um (ursprünglich) 3% finanziert und in „Zeiten der relativ höchsten Versorgungsausgabenbelastung“ (BMI 2005, S. 72) zur Entlastung der öffentlichen Haushalte – ebenfalls schrittweise – wieder aufgelöst werden sollte. Konkret war vorgesehen, die Versorgungsrücklage durch eine Verminderung der Besoldungs- und Versorgungsanpassungen um 15 mal 0,2 Prozentpunkte in den Jahren 1999 bis 2013 aufzubauen. Hierzu werden die Differenzbeträge zwischen beschlossener und geminderter Besoldungs- und Versorgungsbeträge den entsprechenden Versorgungsrücklagen von Bund und Ländern zugeführt. Allerdings wurden die Anpassungsminderungen im Jahr 2003 aufgrund der schrittweisen Ruhegehaltssatzsenkung durch das Versorgungsänderungsgesetzes 2001 (vgl. Abschnitt 5.1) vorläufig ausgesetzt. Bisher wurden demnach die Bezügeanpassungen im Jahr 1999, 2001 und 2002 gemindert und den Versorgungsrücklagen werden die kumulierten Minderausgaben von 0,6% der Bezüge zugeführt (BMI 2005, S. 409).

Da die Minderung der Bezügeanpassungen um 0,2 Prozentpunkte erst nach dem achten Anpassungsschritt (voraussichtlich 2011) wieder aufgenommen und bis 2017 fortgeführt wird, ist davon auszugehen, dass die beschlossene Gesamtminderung des Besoldungs- und Versorgungsniveaus von 3% nicht erreicht wird. Bei jährlichen Anpassungsschritten der Beamtenbezüge läge sie vielmehr in der Nähe von 2%. Allerdings wird darüber hinaus die Hälfte der Einsparungen, die durch die 2001 beschlossene Niveauabsenkung der Versorgung erzielt werden, ebenfalls der Versorgungsrücklage zugeführt. Das auf diesem Wege angesparte Sondervermögen soll ab dem Jahr 2018 über 15 Jahre zur Finanzierung der Versorgungsaufwendungen eingesetzt werden. Die näheren Einzelheiten zur Bildung der Versorgungsrücklagen hinsichtlich Verwaltung und Anlage der Sondervermögen können der Bund und die Länder eigenmächtig regeln.

Laut Viertem Versorgungsbericht (BMI 2009) hatte das vom Bund errichtete Sondervermögen Ende 2008 einen Marktwert von rund 2,6 Mrd. EUR (ebd., S. 58f.) erreicht und soll ab 2018 eine jährliche Entlastung von 500 Mio. EUR bringen. Das BMI weist diesbezüglich zwar auf die Abhängigkeit von der Renditeentwicklung hin, macht jedoch keinerlei Angaben zur unterstellten Verzinsung bzw. Bezügeentwicklung. Hinsichtlich der Versorgungsrücklagen der Länder zeichnet sich ein sehr heterogenes Bild. Die letzte vollständige Zusammenstellung gibt den Bestand der Sondervermögen am 31.12.2003 wieder (BMI 2005, S. 419ff.). Zu diesem Zeitpunkt hatte der Fonds in Nordrhein-Westfalen den höchsten Marktwert mit 440 Mio. EUR und einem voraussichtlichen Bestand im Jahr 2017 von 6 Mrd. EUR. Die beiden anderen „großen“ Bundesländer Bayern und Baden-Württemberg folgten mit Beständen von 200 Mio. bzw. 243 Mio. EUR und für 2017 wurden Anstiege auf 3,7 bzw. 4 Mrd. EUR erwartet.

Einige Bundesländer haben über die Versorgungsrücklagen hinaus frühzeitig damit begonnen, zusätzliche Versorgungsrückstellungen zu bilden und in Versorgungsfonds anzulegen. Das Land Rheinland-Pfalz gilt diesbezüglich als Vorreiter und hat bereits im Jahr 1996 den „Finanzierungsfonds für die Beamtenversorgung Rheinland-Pfalz“ errichtet. Seit dem 01.10.1996 wird dort für neu eingestellte Beamte bzw. Richter eine Versorgungsrücklage in diesem als rechtsfähige Anstalt des öffentlichen Rechts ausgestalteten Fonds gebildet (vgl. Finanzministerium Rheinland-Pfalz 2008, S. 12f.). Für den einbezogenen Personenkreis werden versicherungsmathematisch berechnete monatliche Zuführungen an den Fonds gezahlt und nach Eintritt des Versorgungsfalls sollen die Versorgungs- und Beihilfeleistungen in vollem Umfang aus diesem erstattet werden. Der nach Laufbahngruppe variierende Zuführungssatz[21] beträgt derzeit im Durchschnitt 35% der jeweiligen Besoldungsausgaben. Bis Ende 2008 wurden bereits 1,34 Mrd. EUR (OFD Koblenz 2009, S. 37f.) für 22.257 Beamte an den „Finanzierungsfonds für die Beamtenversorgung Rheinland-Pfalz“ abgeführt (Landesregierung Rheinland-Pfalz 2009). Somit werden derzeit für ca. ein Drittel der aktiven Landesbeamten Zuführungen an den Fonds geleistet. Das Vermögen des Fonds wird in Landesschuldverschreibungen sowie vom Land verbürgte Forderungen angelegt. Der Kontostand des Finanzierungsfonds belief sich Ende 2008 auf 1,5 Mrd. EUR und die durchschnittliche Rendite im Jahr 2008 betrug 4,7% (ebd., S. 13).

Neben dem Finanzierungsfonds in Rheinland-Pfalz existieren bspw. in Hamburg, Nordrhein-Westfalen, Bayern, Sachsen und Baden-Württemberg Versorgungsfonds, die sehr unterschiedlich ausgestaltet und beziffert sind. Die Versorgungsfonds dieser Länder sind zum Teil recht jung und es wird – außer in Sachsen (vgl. Sächsische Staatsregierung 2007, S. 64ff.) – in der Regel nicht auf volle Kapitaldeckung, sondern lediglich auf Teilka-

---

21 Es existieren darüber hinaus gesonderte Zuführungssätze für Lehrer und den Vollzugsdienst.

pitaldeckung gesetzt (vgl. exemplarisch für Baden-Württemberg Benz et al. 2009, S. 17f.).

Im Jahr 2007 hat auch der Bund mit der Einrichtung des „Versorgungsfonds des Bundes“ damit begonnen, die Finanzierung der Beamtenversorgung schrittweise auf vollständige Kapitaldeckung umzustellen. Für alle ab dem 01. Januar 2007 neu eingestellten Beamte, Richter und Berufssoldaten erfolgen Zuweisungen gemäß der Zuweisungssätze der Versorgungsfondszuweisungsverordnung (VfzV) an den Versorgungsfonds. Ab dem Jahr 2020 sollen die Versorgungsausgaben für den einbezogenen Personenkreis vollständig aus dem Fonds getragen werden (BMI 2009, S. 59). Die Zuweisungssätze an den Versorgungsfonds liegen je nach Laufbahn- und Beamtengruppe zwischen 20,50% und 29,60% der ruhegehaltfähigen Dienstbezüge. Eine Finanzierung von Beihilfeaufwendungen aus dem Fonds ist nicht vorgesehen.

3 Zielsystem für eine nachhaltige Beamtenversorgung

Nachdem in Kapitel 2 die derzeitige Ausgestaltung der Beamtenversorgung anhand des Gesamtsystems der Alterssicherung, der Anspruchs- und Berechnungsgrundlagen und der Entwicklungen des Finanzierungssystems dargestellt wurde, werden in diesem Kapitel die zugrunde liegenden Konzepte und Ziele für die Alterssicherung der Beamten genauer untersucht und ein zeitgemäßes Zielsystem in Form eines Kriterienkataloges hergeleitet. Unter dem Begriff Alterssicherung werden dabei zunächst alle Institutionen, Maßnahmen und Regelsysteme verstanden, die der Sicherung des Lebensunterhaltes im Alter dienen (vgl. PWC/DRV Bund 2009, S. 111). Ein so definiertes Alterssicherungssystem hat – unabhängig von Raum und Zeitpunkt – verschiedenen Anforderungen gerecht zu werden. Insbesondere sind hier Stabilität, Verlässlichkeit, Planbarkeit sowie Transparenz für den abgesicherten Personenkreis zu nennen.

Um diese Anforderungen realisieren zu können, ist dem Alterssicherungssystem ein umfassendes Nachhaltigkeitskonzept zugrunde zu legen, aus welchem verschiedene Teilziele für die Beamtenversorgung abgeleitet werden. Es ist auf das Leitbild ganzheitlicher Nachhaltigkeit abzustellen (vgl. zur integrierten Messung von Nachhaltigkeit Illge/Schwarze 2004, S. 6), welche jedoch vor allem die Nachhaltigkeitsdimensionen Ökonomie und Soziales berücksichtigt.[1] Grundsätzlich wird in Anlehnung an den Bericht der „Brundtland-Kommission“ aus dem Jahr 1987 ein Alterssicherungssystem als nachhaltig bezeichnet, wenn es die Bedürfnisse der heutigen Generation befriedigt, ohne dass die Möglichkeit der Bedürfnisbefriedigung künftiger Generationen gefährdet wird (vgl. Braakmann 2007, S. 1167; Surholt/Strelau 2008).

Das Ziel der ökonomischen Nachhaltigkeit ist hierbei im weitesten Sinn die Erhaltung des ökonomischen Kapitalstocks (vgl. von Hauff/Tarkan 2009, S. 16ff.). Konkret geht es um materielle Wohlstandsmaße wie bspw. Arbeit, Einkommen und Konsum. Hingegen bezieht sich die soziale Nachhaltigkeit auf die Sozialstruktur innerhalb der Gesellschaft und beruht auf sozialer Interaktion, die mit Externalitäten verbunden ist (ebd., S. 17ff.). Wichtige Elemente dieser Nachhaltigkeitsdimension sind für den

1 Die Dritte der drei Nachhaltigkeitsdimensionen ist die Ökologie (vgl. von Hauff 2009). Allerdings ist die ökologische Nachhaltigkeit für die spezifische Analyse der Beamtenversorgung kaum von Bedeutung.

Bereich der Alterssicherung Vertrauen, Normen, gesellschaftlicher Zusammenhalt und Chancengleichheit.

Im Fokus einer umfassenden, beide Aspekte berücksichtigenden Nachhaltigkeit für die Beamtenversorgung steht die derzeitige und zukünftige öffentliche Haushaltssituation sowie die Einkommenssituation der Beamten und Beamtinnen. Es geht einerseits um die intergenerativen Verteilungswirkungen, die durch die Finanzpolitik generiert werden, und um die Frage, wie diese generationenübergreifend zu bewerten sind. Letztendlich ist ein Alterssicherungssystem aus dieser finanzpolitischen Perspektive dann nachhaltig, wenn die finanziellen Lasten intergenerativ gleichmäßig verteilt sind und nicht auf spätere Generationen verschoben werden. Andererseits sind die inter- und intragenerativen Verteilungswirkungen hinsichtlich der Einkommensverhältnisse zu beachten, die insbesondere durch die Regelungen des Alterssicherungssystems hervorgerufen und durch demographische, gesellschaftliche und gesamtwirtschaftliche Entwicklungen beeinflusst werden.

Folglich dürfen sich die Teilziele für eine auf Nachhaltigkeit ausgerichtete Beamtenversorgung nicht – wie der Titel dieses Berichtes nahelegen könnte – auf die Finanzierungsseite der Beamtenversorgung beschränken. Vielmehr sollten Teilziele für die grundlegenden Fragestellungen der Beamtenversorgung formuliert und Zielkonflikte – die sich bei der Umsetzung der Nachhaltigkeitsstrategie ergeben (vgl. Bundesregierung 2002, S. 90f.) – thematisiert werden. Zu diesem Zweck werden die Zielkriterien für die Beamtenversorgung nachfolgend ausführlich hergeleitet und insbesondere die veränderten Rahmenbedingungen aufgrund des demographischen Wandels und die Modernisierung des öffentlichen Dienstes berücksichtigt.

■ 3.1 Spezifische Anforderungen an ein Alterssicherungssystem der öffentlich-rechtlich Bediensteten

Die Beamtenversorgung basiert – ähnlich wie die GRV (vgl. BMGS 2003, S. 68ff. sowie Blankart 2008, S. 369f.) – auf einer Reihe von Grundprinzipien. Diese ergeben sich aus den besonderen Charakteristika des öffentlich-rechtlichen Dienstverhältnisses der Beamten und der daraus abgeleiteten Ausgestaltung des Alterssicherungssystems. Im Zeitablauf unterliegen sowohl die Zielvorstellungen als auch die Ausgestaltungsprinzipien verschiedenen Weiterentwicklungen. Um ein aktuelles Zielsystem zu ermitteln, werden zunächst die Grundlagen für die Zielsystematik zusammengetragen, bevor sie in weiteren Schritten um ökonomische Implikationen sowie Nachhaltigkeitsanforderungen erweitert und in den Gesamtkontext der Verwaltungsmodernisierung eingeordnet werden.

3.1.1 Allgemeine Konzepte und Ziele der Beamtenversorgung

Aus der Perspektive der Theorie der Alterssicherung sind nach Schmähl für die konkrete Ausgestaltung eines Alterssicherungssystems drei grundsätzliche Unterscheidungsmerkmale (Schmähl 1998, S. 68ff.) von Bedeutung:

1. Staatliche oder private Durchführung bzw. Trägerschaft der Alterssicherung;
2. obligatorische oder freiwillige Einbeziehung in das System;
3. Versorgungs- oder Vorsorgekonzeption.

Hinsichtlich des ersten Punktes liegt derzeit eindeutig eine staatliche Durchführung und Trägerschaft der Beamtenversorgung vor. Die Notwendigkeit hierzu wird aus der verfassungsrechtlichen Vorgabe des Art. 33 Abs. 5 GG abgeleitet, die dem Staat eine amtsangemessene Alimentationsverpflichtung auferlegt. Demzufolge hat der Dienstherr gegenüber seinen Bediensteten eine staatliche Unterhaltspflicht (vgl. Abschnitt 4.2). Zum anderen ist vom Staat als Arbeitgeber der Beamten eine besondere „Fürsorge" für seine Arbeitnehmer erforderlich (Ruland 2002, S. 948), die sich neben der Basissicherung im Alter auch auf die betriebliche Zusatzsicherung erstreckt. Derzeit ist die Beamtenversorgung so ausgestaltet, dass die Versorgungsleistungen direkt mit dem öffentlichen Budget der Gebietskörperschaften verankert sind und sich zum Auszahlungszeitpunkt in den Bundes- bzw. in den Länderhaushalten als Ausgaben niederschlagen. Diese konkrete Umsetzungsform der öffentlich-rechtlichen Trägerschaft ist jedoch nicht zwingend erforderlich. Es ist durchaus eine (teilweise) Entkopplung der Finanzierung der Versorgungsausgaben aus den Steuereinnahmen der laufenden Haushalte denkbar, indem Fonds mit Anlagen am Kapitalmarkt oder auch in eigenen Staatsschuldtiteln zwischengeschaltet werden. Andernfalls ist auf der Ebene der jeweiligen staatlichen Budgets eine geeignete Vorsorge für die in Zukunft anfallenden Ausgaben zu treffen.

Auch die Ausgestaltung der Beamtenversorgung als obligatorisches System lässt sich verfassungsrechtlich mit den hergebrachten Grundsätzen des Berufsbeamtentums bzw. dem öffentlich-rechtlichen Sonderstatus der Beamten begründen (vgl. Battis 1998, S. 117f.; Fieberg 2001, S. 77). Darüber hinaus ergibt sich die Forderung nach einem Pflichtsystem aus der Versorgungskonzeption der Beamtenversorgung. Diese basiert auf der Vorstellung, dass unabhängig von Vorleistungen aus der Erwerbsphase eine bestimmte Alterssicherung realisiert wird (vgl. Schmähl 1998, S. 69). Nach diesem Konzept sind – in einer etwas antiquiert anmutenden Interpretation der hergebrachten Grundsätze – die „Opfer" der Beamten, die aus der Dienst- und Treupflicht resultieren, auch im Alter zu kompensieren (Andel 1998, S. 230). Im Gegensatz hierzu liegt anderen Alterssicherungssystemen die Vorsorgekonzeption zugrunde, die besagt, dass in der Erwerbsphase Vorsorge für die Nacherwerbsphase betrieben wird. Hier steht explizit die intertemporale Einkommensumschichtung im Vordergrund, nach der in der Erwerbsphase auf den Konsum von Einkommen zugunsten der Ruhestandsphase verzichtet wird. Implizit liegt sie aber auch bei der Beamtenversorgung vor, da die Bruttobeamtenbezüge seit dem Ende der 50er Jahre deutlich unter denen der vergleichbaren Tarifbeschäftigten liegen.[2]

Das Vorsorgeprinzip erhöht die Transparenz der Finanzierungsseite eines Alterssicherungssystems. Staatliche Pflichtsysteme – wie die GRV – stellen diesbezüglich häufig Mischsysteme dar, in denen sowohl Vorsorge- als auch Versorgungselemente eine Rolle spielen (Schmähl 1998, S. 69f.). Ob vor diesem Hintergrund eine stärkere Ausrichtung der Beamtenversorgung am Vorsorgeprinzip wünschenswert und verfassungsgemäß ist, wird Gegenstand der nachfolgenden Untersuchung sein, zumal bereits aus theoretischer Sicht die ausschließliche Zuordnung der Beamtenversorgung zu dem Versorgungsprinzip nicht unproblematisch ist. So spricht die Absicherung verschiedener Risiken (vgl. nächster Abschnitt), die für Einzelpersonen ungewiss, für die Gesamtheit der Beamten jedoch abschätzbar sind, dafür, dass zumindest teilweise auch das Prinzip der Risikoversicherung (vgl. Fasshauer 2003, S. 22; Andel 1998, S. 230) in der Beamtenversorgung Anwendung findet.

Aus der eingangs angesprochenen Bifunktionalität ergibt sich von systematischer Seite sowie aus dem Alimentationsprinzip von rechtlicher Seite, dass die Beamtenversorgung grundsätzlich als einkommensbezogenes Alterssicherungssystem ausgestaltet sein muss (vgl. hierzu auch Abschnitt 4.2). Es ist somit für die Beamtenversorgung keinesfalls ausreichend, dass sie nach einem Fürsorgemodell oder Grundsicherungsmodell

---

2 Mit der letzten Neuordnung der Gehaltsstruktur der Tarifbeschäftigten wurden die Bruttogehälter des höheren Dienstes aber so abgesenkt, dass dieser Abstand, aus dem sich die Arbeitnehmerbeiträge zumindest zur Alterssicherung finanzieren lassen, weitgehend beseitigt wurde. Gegenüber dem alten BAT handelt es sich hier aber um eine strukturelle Absenkung der Gehälter des höheren Dienstes der Tarifbeschäftigten, die nicht als Beseitigung der impliziten Besoldungsverzichte der Beamten interpretiert werden kann, zumal die Abstände bei den unteren Laufbahngruppen weiter bestehen.

ausgestaltet ist. Das erstgenannte Modell gewährt Leistungen bei Bedürftigkeit und stellt die unterste Schwelle der sozialen Sicherung im Alter dar (vgl. Bäcker et al. 2008, S. 380ff.). Eine Grundsicherung ist wiederum durch einen pauschalen Leistungsbetrag gekennzeichnet, der vom Erwerbsstatus unabhängig ist. Die Anforderungen, die sich aus diesen zwei Modellen für ein Alterssicherungssystem ergeben, sind für die Beamtenversorgung zwar notwendige Bedingungen, jedoch keine hinreichenden. Insbesondere sind sie als Untergrenze für die Mindestversorgung innerhalb der Beamtenversorgung zu beachten (vgl. Abschnitt 3.2.1 sowie 4.2.1.3).

Das Leistungsziel der Beamtenversorgung ist vielmehr die Sicherung des Lebensstandards. Somit kommt der Beamtenversorgung wie der GRV (Fasshauer 2003, S. 22) eine Einkommensersatzfunktion zu, die sich allerdings aufgrund von Alimentation und Bifunktionalität im Niveau von einer Regelsicherung allein in der ersten Säule unterscheiden muss. Die Einkommensersatzfunktion kann grundsätzlich über ein beitragsdefiniertes oder leistungsdefiniertes Alterssicherungssystem[3] gewährleistet werden (vgl. Fath/Urbitsch 2008, S. 24; OECD 2009, S. 27f.). In beitragsdefinierten Systemen wird lediglich eine reine Beitragszusage zur Alterssicherung gegeben. Der Arbeitgeber verpflichtet sich zu deren Erbringung, und es besteht kein Anspruch auf eine bestimmte Leistungshöhe. Im Gegensatz hierzu wird in leistungsdefinierten Systemen eine bestimmte Versorgungsleistung zugesagt und die Verpflichtung eingegangen, diese zu erbringen. Klassischerweise trägt hier der Arbeitgeber oder das zur Finanzierung zwischengeschaltete System4 das Risiko der Finanzierung. Welche der beiden Ausgestaltungsformen gewählt wird, hängt in der Regel von dem Verhältnis an Vorsorge- und Versorgungselementen in dem Alterssicherungssystem ab (vgl. Schmähl 1998, S. 75). In diesem Kontext ist die Beamtenversorgung, wie sich nicht zuletzt aus dem jahrelangen Verzicht auf explizite Beitragszahlungen erschließt, den leistungsorientierten Systemen zuzuordnen.

3.1.2 Personenkreis und abzudeckende Risiken

Für ein Alterssicherungssystem ist es nicht unbedeutend, welcher Personenkreis berücksichtigt werden soll. In die Beamtenversorgung werden neben Personen mit klassischem Beamtenstatus auch Richter und Soldaten

3 In Anlehnung an die englischsprachige Literatur ist hinsichtlich der zwei grundlegenden Ausgestaltungsformen häufig auch von „defined-contributions“ und „defined-benefits“ die Rede.

4 In diesem Fall wird es die Risiken zur Sicherung der zugesagten Leistungen in den zu zahlenden Prämien/Beiträgen absichern müssen, es sei denn, der Arbeitgeber garantiert die Finanzierung verbleibender Deckungslücken.

einbezogen (vgl. Abschnitt 3.2). Somit ist die Stellung im Erwerbsleben bzw. der öffentlich-rechtliche Sonderstatus entscheidend für die Zugehörigkeit zur Beamtenversorgung (Maydell 1998, S. 895).

In Bezug auf potenzielle Leistungsempfänger besteht jedoch ein direkter Zusammenhang mit den Risiken, die durch das Alterssicherungssystem abgedeckt werden. Die einzelnen (Risiko-)Tatbestände sind für das Alterssicherungssystem zu definieren und die Bedingungen, unter denen ein Leistungsanspruch besteht, festzulegen (Schmähl 1998, S. 77). Allerdings kann sich die jeweilige Definition der Tatbestände ändern, denn es ist im Sinne einer langfristigen Stabilisierung des Alterssicherungssystems erforderlich, die konkreten Regelungen an die gesellschaftlichen, demographischen und gesamtwirtschaftlichen Bedingungen anzupassen. Auch die abzudeckenden Risiken an sich sind im Zeitablauf zu überprüfen.

Die Risikodeckungsfunktion der Beamtenversorgung gewährleistet eine Absicherung der sozialen Risiken Alter, Dienstunfähigkeit (Invalidität) und Tod der Beamtinnen und Beamten (vgl. Abschnitt 3.2). Hierbei bezieht sich die Absicherung in den beiden ersten Fällen auf mangelndes Einkommen, die fehlende Besoldung des Beamten bzw. der Beamtin aus dem aktiven Beamtenverhältnis und im dritten Fall auf die Versorgung der Hinterbliebenen. Von der Art der abgedeckten Risiken unterscheidet sich die Beamtenversorgung deshalb nicht von anderen Alterssicherungssystemen. Bei der konkreten Ausgestaltung ergeben sich indes Unterschiede, die einer Überprüfung anhand der bereits eingetretenen und anhand der in der näheren Zukunft stattfindenden Veränderungen des öffentlichen Dienstes und der an ihn gestellten Anforderungen und seiner Rahmenbedingungen zu unterziehen sind.

3.1.3 Leistungsausgestaltung

Bei der Beamtenversorgung handelt es sich, wie bereits abgeleitet, um ein leistungsdefiniertes Alterssicherungssystem. Leistungen der Alterssicherung sind in der Regel monetäre Leistungen. Zum Teil werden auch Sachleistungen wie die Rehabilitationsleistungen gewährt (Schmähl 1998, S. 77). An die Leistungshöhe werden in der Beamtenversorgung besondere Anforderungen gestellt, denn es soll gemäß den tradierten Inhalten des Alimentationsprinzips durch das Ruhegehalt ein *amtsangemessener Lebensunterhalt* gesichert werden. Ziel ist damit letztendlich die Absicherung des einmal erreichten Lebensstandards und die Aufrechterhaltung der relativen Einkommensposition. Das Ruhegehaltsniveau wird hierbei als ein – zumindest weitestgehend – von der abgeleisteten Dienstzeit abhängiger Prozentsatz der letzten Bruttobezüge definiert. Was genau in diesem Zusammenhang amtsangemessen bedeutet und in welcher Höhe ein entsprechendes Versorgungsniveau liegen sollte, ist Gegenstand der im Weiteren vorzunehmenden Analyse.

Neben der Ausrichtung der Versorgungsleistungen auf Amtsangemessenheit und der Definition der Leistungshöhe zur Sicherung des Lebensstandards ist eine sozialgerechte Ausgestaltung der Versorgungsleistungen zu beachten. Die *soziale Ausgleichsfunktion* soll Verwerfungen in den individuellen Erwerbsbiographien begrenzen, indem u.a. Leistungen gewährt werden, die sich zeitlich oder in der Höhe nicht direkt aus der aktiven Dienstzeit im Beamtenverhältnis ableiten lassen.[5] Der soziale Ausgleich, der im öffentlichen Dienst auch zwischen hohen und niedrigen Gehaltsgruppen erfolgt, kann als interpersonelle Umverteilung von Einkommen (Schmähl 1998, S. 69) bezeichnet werden. Häufig ist in diesem Zusammenhang auch von intragenerativer Verteilungspolitik in Alterssicherungssystemen die Rede (vgl. Börsch-Supan 2007b, S. 157f.). Weitere Teilaspekte im Rahmen der sozialen Gerechtigkeit sind Chancengerechtigkeit, Leistungsgerechtigkeit, Geschlechtergerechtigkeit und Bedarfsgerechtigkeit (die folgenden Ausführungen richten sich nach Becker/Hauser 2009, S. 26ff.). Der erstgenannte Teilaspekt ist stärker in der Erwerbsphase anzusiedeln.

- In Bezug auf Leistungsgerechtigkeit geht es um relative Gleichbehandlung nach dem Grundsatz „mehr Einkommen für mehr Leistung“, der zumindest partiell auch in der Beamtenversorgung Berücksichtigung finden sollte (vgl. Abschnitt 3.3.2). Eine angemessene Honorierung der Lebensarbeitsleistung ist diesem Grundsatz zufolge wünschenswert.
- Die Geschlechtergerechtigkeit ist als Querschnittsaufgabe zu verstehen, die fordert, dass weder Versorgungsleistungen noch -voraussetzungen nach Geschlecht variieren sollten.
- Bedarfsgerechtigkeit wiederum verlangt die Deckung des Bedarfs an privaten Gütern der allgemeinen Lebensführung auch in der Ruhestandsphase. Dieses Teilziel ist insbesondere für die amtsunabhängige Mindestversorgung relevant und wird häufig unter der Bezeichnung bzw. dem Thema „Vermeidung von Altersarmut“ diskutiert (vgl. exemplarisch Schmähl 2009, S. 371ff.).

Neben der Beachtung dieser Teilziele für die Erstberechnung der Versorgungsleistungen kommt der Anpassung der Leistungshöhe im Zeitablauf

5 Zum Beispiel Kindererziehungszuschläge und für die Laufbahn erforderliche Ausbildungszeiten.

große Bedeutung zu (Schmähl 1998, S. 78). Für diese Anpassungen existieren in Alterssicherungssystemen verschiedene Bezugsgrößen und Anpassungsformeln (vgl. Börsch-Supan 2007b). Grundsätzlich sollten Alterssicherungsleistungen im Zeitablauf der gesamtwirtschaftlichen Lohnentwicklung folgen, damit der einmal erreichte Lebensstandard gesichert und die relative Einkommensposition in der Gesellschaft gewahrt wird. Gesetzlich regelt § 14 BBesG, dass Besoldungsanpassungen „entsprechend der Entwicklung der allgemeinen wirtschaftlichen und finanziellen Verhältnisse" durchzuführen sind. Die Höhe der Besoldungsanpassungen ist gemäß § 70 BeamtVG in der Regel auf die Versorgungsanpassungen zu übertragen.

3.1.4 Finanzierung

Im Hinblick auf die Finanzierung eines Alterssicherungssystems stellt sich zum einen die Frage nach den zur Verfügung stehenden Finanzierungsmitteln und zum anderen nach dem Finanzierungsverfahren. Aus der Ausgestaltung der Beamtenversorgung nach dem Versorgungsprinzip folgt klassischerweise, dass den Versorgungsleistungen keine (expliziten) Beitragszahlungen vorausgehen müssen. Somit kommen als Finanzierungsmittel für das Alterssicherungssystem der Beamten grundsätzlich nur Steuern bzw. im Fall einer Risikoabsicherung und Zahlungszeitpunkttransformation über einen Kapitalstock auch die daraus erwirtschafteten Vermögenserträge in Frage (vgl. hierzu Maydell 1998, S. 895).

In der Vergangenheit wurde die Beamtenversorgung vollständig aus den Steuereinnahmen der jeweiligen Periode finanziert. Die Versorgungsausgaben sind dabei grundsätzlich, genau wie die Entgelte der aktiv Bediensteten, den Personalausgaben der Gebietskörperschaften zuzuordnen. Den Personalausgaben kommt aufgrund des Umfangs (vgl. hierzu auch Abschnitt 5.4) und wegen der geringen Flexibilität eine große finanzpolitische Bedeutung zu (Andel 1998, S. 200). Da die Versorgungsausgaben aus den laufenden Steuereinnahmen bestritten werden, spielt die zeitliche Perspektive der Budgetwirksamkeit eine besondere Rolle. Während für Tarifbeschäftigte die Beiträge zur GRV fortlaufend bis zum Ausscheiden aus der Erwerbsphase entrichtet werden, fallen die Kosten für die Altersvorsorge der Beamten erst nach der aktiven Dienstzeit an (ebd., S. 210).

Diese Vorgehensweise der Gebietskörperschaften ist jedoch weder aus der Kostenperspektive verursachungsgerecht noch aus finanzpolitischer Perspektive sinnvoll. Vielmehr ist es zum einen erforderlich, die Versorgungszahlungen aus den Haushalten auszulagern. Dies ist ökonomisch deshalb sachgerecht, da die zu zahlenden Versorgungsleistungen in den jeweiligen Haushaltsjahren weder Kosten darstellen noch den entsprechenden

Steuerzahlern irgendeinen Nutzen stiften (vgl. Färber 1998, S. 990ff.). Aus diesen Gründen sind zum zweiten den entsprechenden Personalstellen bereits bei Erwerb der Versorgungsanwartschaften in der aktiven Dienstzeit die Kosten der Versorgung – in Form von versicherungsmathematisch kalkulierten Beitragssätzen für die Beamtenversorgung – zuzurechnen (ebd.). Darüber hinaus besteht die Möglichkeit, wenn nicht in Anbetracht der Versäumnisse der letzten Jahrzehnte sogar die Notwendigkeit, dass ein externer (öffentlich-rechtlicher) Träger die Versorgungszahlungen abwickelt und die Finanzierungsmittel verwaltet.

Letztendlich müssen die Gebietskörperschaften aber die Zahlung der Versorgungsleistungen bei Fälligkeit in jedem Fall sicherstellen, da sie der Alimentationsverpflichtung des Art. 33 Abs. 5 GG unterliegen. Hierbei ist die Höhe der Pensionsausgaben von der Anzahl, den Merkmalen und der Struktur der Versorgungsempfänger abhängig (vgl. Abschnitt 5.4). Das Ziel für die Finanzierungsseite lautet deshalb, dass in der jeweiligen (Haushalts-)Periode ausreichend Finanzierungsmittel für die Auszahlung der Versorgungsbezüge zur Verfügung stehen müssen, denn es kann als ein klarer Bruch des Alimentationsprinzips bezeichnet werden, wenn die amtsangemessene Besoldung und erst recht die Höhe der Versorgung deswegen abgesenkt werden müssen, weil der Haushaltsgesetzgeber es versäumt hat, für die Deckung der erforderlichen Pensionszahlungen in den jeweiligen Perioden vorzusorgen.

Für das zu wählende Finanzierungsverfahren der Beamtenversorgung ist es zunächst nicht von Bedeutung, dass die Pensionen aus Steuer- und nicht aus Beitragsmitteln erbracht werden. Grundsätzlich können auch Steuermittel über ein Umlageverfahren, ein Kapitaldeckungsverfahren und über Mischsysteme zur Finanzierung der Beamtenversorgung verwendet werden. Die derzeit nach wie vor überwiegende Finanzierung der Versorgungsausgaben aus laufenden Steuereinnahmen ist in ihrer Funktionsweise mit dem in der GRV verwirklichten Umlageverfahren vergleichbar. Dieses Finanzierungsverfahren ist dadurch gekennzeichnet, dass die jeweils erwerbstätige Generation die Altersbezüge der Inaktiven finanziert (Fasshauer 2003, S. 49). In einem festzulegenden Haushaltszeitraum müssen Einnahmen und Ausgaben äquivalent sein.

Bei der steuerfinanzierten Beamtenversorgung werden die laufenden Ausgaben lediglich nicht – wie in der Rentenversicherung – aus laufenden Beitragseinnahmen, sondern aus den Steuereinnahmen des jeweiligen Haushaltes abgedeckt.[6] Es existieren demzufolge weder eine Umlagebasis

6 Es sei darauf hingewiesen, dass auch die Ausgaben der GRV zu 24% durch einen Bundeszuschuss aus Steuermitteln abgedeckt werden (BMAS 2009, S. 40).

noch ein Umlagesatz und auch keine expliziten Beitragszahler, die über einen entsprechenden Verzicht aktuellen Einkommens Ansprüche auf Alterseinkommen erwerben. Vielmehr hat eine Veränderung der Höhe der Versorgungsausgaben derzeit c.p. einen direkten Einfluss auf die erforderliche Höhe der Steuereinnahmen der jeweiligen Gebietskörperschaften. Anders interpretiert, sichert das Finanzierungsverfahren konstruktionsbedingt bei gleichbleibender Versorgungssteuerquote (vgl. Abschnitt 5.4) nicht eine absolute Versorgungshöhe ab, sondern lediglich eine relative Beteiligung an der wirtschaftlichen Leistungsfähigkeit (Fasshauer 2003, S. 49) der aktuell erwerbstätigen (bzw. Steuer zahlenden) Generation. Hieraus kann jedoch im Umkehrschluss nicht gefolgert werden, dass die Höhe der Pensionen bei sinkendem Steueraufkommen oder einer starken Zunahme von Pensionszugängen als Folge einer ca. 35 Jahren zuvor vorgenommenen Expansion der Planstellenzahl gemindert werden muss. Insbesondere das Alimentationsprinzip und Vertrauensschutzregelungen stehen dem entgegen.

Die Vorteilhaftigkeit und die ökonomischen Wirkungen des Umlageverfahrens und des Kapitaldeckungsverfahrens als die zwei klassischen Finanzierungsverfahren sind in der Literatur ausführlich und kontrovers diskutiert worden (vgl. exemplarisch Rürup 1998; Breyer 1990; Homburg 1988). Beide Verfahren weisen Chancen und Risiken auf. Das Umlageverfahren bietet grundsätzlich ein hohes Maß an Flexibilität (vgl. Schmähl 1998, S. 79f.) und gewährt einen gewissen Schutz gegen Inflationsrisiken. Das Kapitaldeckungsverfahren weist einen hohen Grad an Transparenz und Planbarkeit auf. Generell kann eine Kombination der beiden Verfahren im Sinne einer Risikodiversifikation sinnvoll sein (Schmähl 2009, S. 396ff.; Rürup 1998). Welche Entwicklungen die konkrete Ausgestaltung der Finanzierung der Beamtenversorgung aus laufenden Steuereinnahmen ohne Explizierung eines Umlagesatzes begünstigt hat, wird im Laufe dieses Berichtes verdeutlicht werden. Im folgenden Abschnitt wird zunächst der Einfluss des demographischen Wandels auf dieses Finanzierungsverfahren erörtert.

■ 3.2 Der demographische Wandel und seine Auswirkungen auf das Zielsystem

Der demographische Wandel in Deutschland und die Altersstruktur im öffentlichen Dienst haben erhebliche Auswirkungen auf die Erreichbarkeit der einzelnen Zielsetzungen der Beamtenversorgung. Insbesondere die langfristige Finanzierbarkeit steuer- bzw. rein umlagefinanzierter Alterssicherungssysteme – wie die Beamtenversorgung und die GRV – wird durch die demographischen Herausforderungen gefährdet.[7] Deshalb sind diese Alterssicherungssysteme immer stärker in den Fokus der politischen Diskussion und der Reformbestrebungen der letzten Jahre gerückt.

3.2.1 Der demographische Wandel in Deutschland

Die Bevölkerung in Deutschland wird laut der zwölften koordinierten Bevölkerungsvorausberechnung (StBA 2009; vgl. hierzu auch Ehrentraut/ Heidler 2008) bis zum Jahr 2060 von derzeit 82 Mio. Menschen auf 65 bis 70 Mio. schrumpfen. Außerdem erhöht sich im gleichen Zeitraum der Anteil älterer Menschen an der Gesamtbevölkerung. Das Statistische Bundesamt geht davon aus, dass ab 2045 etwa die Hälfte der Einwohner Deutschlands älter als 52 Jahre sein wird. Der Altenquotient, der angibt, wie viele über 64-Jährige auf 100 Personen im erwerbsfähigen Alter kommen, wird von 34 im Jahr 2008 bis 2060 auf einen Wert zwischen 63 und 67 ansteigen. Diese Entwicklung ist auf das Zusammenwirken der drei wesentlichen demographischen Bestimmungsfaktoren Lebenserwartung, Geburtenrate und Migration zurückzuführen.

Für umlagefinanzierte Alterssicherungssysteme spielen hierbei insbesondere die beiden ersten demographischen Bestimmungsfaktoren eine entscheidende Rolle. Die durchschnittliche Lebenserwartung bei Geburt steigt laut Basisannahme des Statistischen Bundesamtes für Männer bis 2060 im Vergleich zu heute um 7,8 Jahre auf 85,0 Jahre an (ebd.). Für Frauen soll sie 2060 bei 89,2 Jahren liegen und wird demnach um 6,8 Jahre anwachsen. Die künftig steigende Lebenserwartung hat einen direkten Einfluss auf die Bezugszeiten von Renten bzw. Pensionen. In der Folge erhöht sich der Barwert der Alterssicherungsleistungen (vgl. Ehrentraut/Raffelhüschen 2008, S. 518).

Auf der anderen Seite vermindert eine niedrige Geburtenrate in der Regel die Finanzierungsbasis der Alterssicherungssysteme, da sich die erwerbstätige Bevölkerung bzw. das Erwerbspersonenpotenzial vermindert (vgl. BMGS 2003, S. 56ff.). Laut Statistischem Bundesamt beläuft sich die zusammengefasste Geburtenziffer im Jahr 2008 auf 1,38 Kinder pro

---

7 Auch nach dem Kapitalstockverfahren finanzierte Alterssicherungssysteme sind keinesfalls immun gegen die Verwerfungen der demographischen Entwicklung (vgl. Färber 1988b, 1994). Indes sind die Wirkungskanäle andere, und entsprechend sind andere Risikoabsicherungsstrategien erforderlich. Eine Mischung beider Verfahren gegebenenfalls auch in verschiedenen Säulen des Alterssicherungssystems bedeutet damit auch eine Minimierung der Gesamtrisiken der Alterssicherung.

Frau und die Hauptannahme der Vorausberechnung geht davon aus, dass sie auch künftig nicht mehr als 1,4 betragen wird (StBA 2009, S. 24ff.). Diese Geburtenziffer ist für umlagefinanzierte Alterssicherungssysteme insbesondere aufgrund des schnellen Absinkens nach der „Babyboom"-Generation (vgl. Börsch-Supan 2007a, S. 124) problematisch, deren Frauen Mitte der 1950er bis Mitte der 1960er Jahre im Durchschnitt noch 2,4 Kinder zur Welt gebracht haben. Hingegen hat die Generation ihrer Kinder nach dem „Pillenknick" ab Mitte der 70er Jahre eine Geburtenziffer von weniger als 1,4 aufzuweisen (vgl. Börsch-Supan 2003, S. 223f.).

Ab 2020 wird diese Entwicklung zu einem starken Anstieg der Renten- und Pensionseintritte führen. Gleichzeitig rücken deutlich weniger Personen im erwerbsfähigen Alter nach. Indes wird der Effekt der demographischen Entwicklung nicht unmittelbar auf die umlagefinanzierten Alterssicherungssysteme durchschlagen, weil noch erhebliche Reserven im Erwerbspersonenpotential stecken, allein wenn man die bereits heute festzustellenden Erwerbsquoten z.B. der skandinavischen Länder zugrunde legt. Auch Maßnahmen zur Anhebung der Lebensarbeitszeit über die Regelalters- bzw. -ruhestandsgrenzen, die einerseits die Kosten der Alterssicherung senken, verzögern andererseits den Rückgang des Erwerbspersonenpotentials und sichern dadurch die Finanzierungsseite.

3.2.2 Besonderheiten im öffentlichen Dienst

Der öffentliche Dienst hat aufgrund struktureller Besonderheiten sogar mit noch größeren demographischen Herausforderungen als die Gesamtwirtschaft zu kämpfen. So stellt sich die Altersstruktur im öffentlichen Dienst problematischer dar als in der Gesamtwirtschaft (vgl. Kistler 2009, S. 472f.). Im Jahr 2008 bildeten die 53-Jährigen den am stärksten besetzten Jahrgang unter den Beamten und Richtern im gesamten öffentlichen Dienst (vgl. Abb. 3). Der Grund für eine solche Altersstruktur ist in der Personalpolitik der 60er bis 80er Jahre zu suchen. In diesem Zeitraum kam es zu einer starken Expansion der Bedienstetenanzahl im öffentlichen Dienst. So erhöhte sich die Gesamtzahl der Beschäftigten von 1,9 Mio. im Jahr 1960 bis zum Jahr 1996 auf 4,4 Mio. (Andel 1998, S. 206ff.). Heute[8] sind im gesamten öffentlichen Dienst 4,5 Mio. Menschen beschäftigt. Hiervon entfallen 3,6 Mio. auf die Gebietskörperschaften, von denen wiederum 1,55 Mio. Personen in einem aktiven Beamtenverhältnis stehen. Zusätzlich gibt es unter dem Personalbestand der Gebietskörperschaften

8 Die Zahlen beziehen sich auf den Personalbestand am 30.6.2008 (StBA, Fachserie 14 Reihe 6, 2008).

über 183.000 Berufs- und Zeitsoldaten. Der Personalanstieg in den 60er und 70er Jahren fiel dabei bei den Ländern – in Relation zum Bund und zu den Gemeinden – am stärksten aus. So war die Personalerhöhung insbesondere auf die Bereiche „Öffentliche Sicherheit und Ordnung“ sowie „Bildungswesen, Wissenschaft, Forschung und kulturelle Angelegenheiten“ zurückzuführen (Andel 1998, S. 2006f.).

Die Altersstruktur in Abbildung 3 bezieht sich auf die Beamten und Richter im gesamten öffentlichen Dienst[9], deren Anzahl zum besagten Stichtag im Jahr 2008 1,67 Mio. beträgt. Bei einer genaueren Betrachtung

Abb. 3: Altersstruktur der Beamten und Richter im öffentlichen Dienst im Jahr 2008

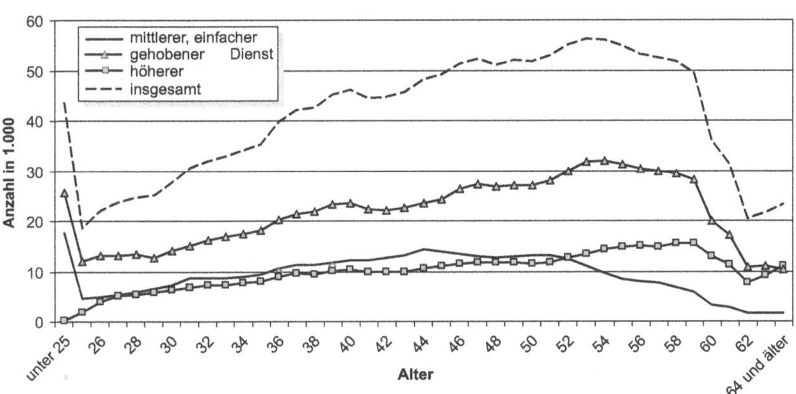

Quelle: StBA, Fachserie 14 Reihe 6 (Eigene Darstellung in Anlehnung an Kistler 2009)

der verschiedenen Laufbahngruppen fällt auf, dass die am besten besetzten Jahrgänge im mittleren (und einfachen) Dienst noch keine 50 Jahre alt sind. Hingegen liegen die quantitativ stärksten Jahrgänge im höheren Dienst bei 58 und im gehobenen Dienst bei 54 Jahren. Generell steigt der Anteil Älterer über dem 52. Lebensjahr im öffentlichen Dienst mit Qualifikation und Laufbahn an (vgl. Kistler 2009, S. 473f.).

Eine weitere Besonderheit ist im öffentlichen Dienst hinsichtlich der Lebenserwartung zu beobachten. Empirische Studien belegen, dass die Lebenserwartung der Beamten über der durchschnittlichen Lebenserwar-

9 Ohne Soldaten, jedoch einschl. der Zweckverbände, dem Bundeseisenbahnvermögen und dem mittelbaren Dienst.

tung der Gesamtbevölkerung in Deutschland liegt (vgl. Himmelreicher et al. 2008; Luy 2006). So leben Beamte im Durchschnitt zwei Jahre länger als Rentner der GRV (vgl. Himmelreicher et al., S. 279). Erklärt werden kann dies u.a. mit einer relativ hohen Risikoaversion der Beamten, mit der Selektion vor Eintritt in das Beamtenverhältnis durch Gesundheitstests sowie mit der gesunden Lebensführung aufgrund eines planbaren Lebensverlaufes. Insbesondere besteht jedoch ein positiver statistischer Zusammenhang zwischen dem Ausbildungsabschluss und der Höhe des Lebensarbeitseinkommens – welches wiederum von den zuvor angeführten Faktoren beeinflusst wird – einerseits und der ferneren Lebenserwartung ab dem 65. Lebensjahr andererseits (Himmelreicher et al. 2008, S. 274ff.; vgl. auch Luy 2006, S. 16).[10] Aus diesem Effekt resultiert auch die Tatsache, dass ebenfalls zwischen den Laufbahngruppen große Unterschiede in der Lebenserwartung bestehen. Die Differenz der ferneren Lebenserwartung im Alter von 65 Jahren beträgt zwischen einfachem und höherem Dienst fast vier Jahre. Himmelreicher et al. stellen darüber hinaus fest, dass auch beim Anstieg der Lebenserwartung in den letzten Jahren die relativen Abstände zwischen den Laufbahngruppen annähernd gleich geblieben sind.

3.2.3 Demographischer Wandel und nachhaltige Finanzierung

Der beschriebene doppelte Alterungsprozess in Deutschland belastet die Beamtenversorgung in besonderem Maße. So führt die steigende Lebenserwartung der Beamtinnen und Beamten zu längeren Pensionsbezugszeiten und somit zu höheren Versorgungsausgaben (vgl. Abschnitt 5.4), während im Gegenzug die niedrige Geburtenrate der letzten Dekaden die Finanzierungsbasis der Beamtenversorgung durch eine abnehmende Zahl von Steuerzahlerinnen und Steuerzahlern reduziert. Verstärkt wird die Problematik dieser Entwicklung zum einen durch die überdurchschnittlich hohe Lebenserwartung der Beamten und zum anderen über die Altersstruktur im öffentlichen Dienst, welche durch die Personalexpansion zwi-

---

10 Aus der Beobachtung, dass ein höheres Lebensarbeitseinkommen mit einer höheren Lebenserwartung einhergeht, kann geschlossen werden, dass die Lebenserwartung der Tarifbeschäftigten im öffentlichen Dienst aufgrund vergleichbarer Entgelte, Tätigkeitsfelder, Arbeitsplatzsicherheit etc. ähnlich hoch ausfällt wie die der Beamten. Gestützt wird diese These dadurch, dass die in der GRV im Durchschnitt berücksichtigten Lebensarbeitseinkommen durch gering qualifizierte Arbeitnehmer mit überproportional häufiger Arbeitslosigkeit wesentlich geringer ausfallen (vgl. Himmelreicher et al. 2008, S. 278) als die der Beschäftigten im öffentlichen Dienst.

schen 1960 und 1990 geprägt ist. Die Erstbesetzer der in dieser Zeit neu geschaffenen Beamtenstellen werden innerhalb der nächsten 20 Jahre die Pensionsaltersgrenzen erreichen und die Zahl der Pensionierungen sowie der Pensionsbezieher wird ansteigen. Das – nach wie vor von den Gebietskörperschaften überwiegend praktizierte – Verfahren, die Pensionsausgaben aus dem laufenden Steueraufkommen zu finanzieren, hat in diesem Zusammenhang zu einer enormen Schattenverschuldung in den öffentlichen Haushalten beigetragen (vgl. Färber 1998, S. 990).

Obwohl frühzeitig auf die steigenden Versorgungsausgaben im öffentlichen Dienst hingewiesen wurde (zuerst Färber 1988a, Färber/Littmann 1989), haben die Gebietskörperschaften über Jahre hinweg aktive Beamte zu Lasten künftiger Generationen beschäftigt, indem die Personalkosten ohne kalkulatorische Beiträge für die Alterssicherung in die Haushalte eingeflossen sind, ja sogar Stelleneinsparungen, die explizit zur Sicherung der zukünftigen Pensionen vorgenommen wurden, wieder zurückgenommen wurden (vgl. Wild 1991, S. 437ff.). Welche Auswirkungen dieser „finanzpolitische Leichtsinn“ auf die Versorgungssteuerquoten der nächsten Jahre hat, wird in Abschnitt 5.4 anhand aktueller Vorausberechnungen aufgezeigt. Demzufolge haben die Versorgungsausgaben einen Einfluss auf die Nachhaltigkeit der öffentlichen Haushalte, welche hier zunächst auf die ökonomische Dimension der Tragfähigkeit beschränkt wird (vgl. SVR 2003, S. 270f.). Die Haushalte der Gebietskörperschaften werden dabei allgemein als tragfähig bezeichnet, wenn ihre c.p. fortgeschriebenen zukünftigen Einnahmen ausreichen, um all ihre Zahlungs- und Ausgabenverpflichtungen zu decken. Erworbene Pensionsansprüche der Beamten stellen genau solche zukünftigen Zahlungsverpflichtungen dar. Aus Sicht der Gebietskörperschaften handelt es sich bei den Barwerten der Versorgungsanwartschaften um implizite Verbindlichkeiten, die durch kommende Einnahmeüberschüsse gedeckt werden müssen (ebd.).

Da das Konzept der Generationengerechtigkeit prinzipiell fragwürdig (Börsch-Supan 2003) bzw. insbesondere für quantitative Analysen ungeeignet (SVR 2003, S. 270) erscheint, ist in Bezug auf die fiskalische Nachhaltigkeit (Benz/Fetzer 2004, S. 1ff.) zumindest zu fordern, dass in der Zukunft die Kosten der Beamtenversorgung nicht mehr „verschleiert“ werden. Denn von Seiten der Gebietskörperschaften wurde jahrelang keine Vorsorge für künftig anfallende Pensionszahlungen betrieben, obwohl die Auswirkungen des demographischen Wandels auf die Alterssicherungssysteme bekannt waren. Als Erklärung für den mangelnden Reformeifer bei der Ausrichtung von Alterssicherungssystemen auf Nachhaltigkeit werden – insbesondere in der Neuen Politischen Ökonomie – Wiederwahlinteressen von Politikern angeführt (so am Beispiel von Reformenentwicklungen in der GRV Blankart 2008, S. 383; Drost 1998). Weitere Beispiele für die kurzfristige Ausrichtung der Politik in Bezug auf die Haushaltskonsolidierung geben die Auflösungen der Versorgungsfonds in Schleswig-Holstein im Jahr 1997 (Schleswig-Holsteinischer Landtag, Drs. 14/826) und in Niedersachsen im Jahr 2009 (Niedersächsischer Landtag, Pressemitteilung 208/2009 der CDU-Fraktion).

Als Ziele für die Beamtenversorgung ergeben sich (nicht zuletzt aus den Erfahrungen der Vergangenheit), dass die Kostentransparenz und eine verursachungsgerechte Verknüpfung der Kosten mit der jeweiligen Planstelle strikt zu gewährleisten ist (vgl. Färber 1998, S. 981). Des Weiteren ist das Finanzierungsverfahren so auszugestalten, dass keine Lasten mehr auf künftige Generationen von Steuerzahlern verschoben werden. Dies kann durch eine vorausschauende Kalkulation der notwendigen Finanzierungsmittel mit regelmäßiger Kontrolle bzw. Anpassung der anzusetzenden Beitrags- bzw. Umlagehöhe erfolgen. Außerdem ist das Finanzierungssystem so auszugestalten, dass für die Versorgung vorgesehene bzw. zurückgelegte Mittel nicht zweckentfremdet werden können. Jedoch hat sich auch die Ausgestaltung der Leistungsseite vor dem Hintergrund der demographischen Veränderungen an ökonomischen und sozialen Nachhaltigkeitskriterien zu orientieren (vgl. Illge/Schwarze 2004, S. 5ff.). Hierbei geht es vor allem um die Zukunftsfähigkeit der Beamtenversorgung. Auf der Leistungsseite bedeutet dies, dass sie anreizkompatibel ausgestaltet und die Leistungshöhe (im Sinne des Ruhegehaltsniveaus) stabil bzw. planbar ist. Anreizkompatibel ist vor dem Hintergrund einer beständig steigenden Lebenserwartung der Beamten insbesondere dahingehend zu interpretieren, dass das Leistungsrecht der Beamtenversorgung eine höhere Erwerbsbeteiligung der über 50- bzw. über 60-Jährigen sowie eine Ausweitung der Lebensarbeitszeit fördert (vgl. für die GRV BMGS 2003, S. 81f.). Folglich müssen Anreize zur Frühpensionierung abgebaut und das Pensionseintrittsalter langfristig angehoben werden.

■ 3.3 Die Veränderungen des öffentlichen Dienstes und ihre Auswirkungen auf das Zielsystem

3.3.1 Modernisierungsbedarf des öffentlichen Dienstes

Die steigende Lebenserwartung, eine wachsende Zahl älterer Menschen und die anhaltend niedrige Geburtenrate begünstigen die Entwicklung hin zu einer alternden Gesellschaft. Der demographische Wandel stellt Gesellschaft, Politik und Wirtschaft bereits heute und mehr noch in Zukunft vor große Herausforderungen.

Zusätzlich zu den demographiebedingten Veränderungen hat sich auch das Verwaltungsverständnis insgesamt verändert. Als Reaktion auf dieses gewandelte Verständnis, d.h. weg von „Webers Bürokratiemodell“ und einer „sich selbst verwaltenden Verwaltung“ hin zu einer modernen, wettbewerbsfähigen, flexiblen, leistungsorientierten und demographiefesten Dienstleistungskultur, haben Politik und Gesetzgeber in den 90er Jahren damit begonnen, den öffentlichen Dienst an die veränderten Rahmenbedingungen anzupassen.

Die Ursachen für eine umfassende Reform und Modernisierung der öffentlichen Verwaltung sind vielfältig gewesen (vgl. die Aufzählung bei Becker et al. 2007, S. 9ff.): Die angespannte Haushaltslage, die wachsende Neuverschuldung, die damit einhergehende Privatisierungswelle, fehlendes betriebswirtschaftliches Denken, die gestiegene Komplexität der öffentlichen Verwaltung und die damit verbundenen wachsenden Aufgaben der Bediensteten, mangelnde Kundenorientierung, Mängel in der Aufbau- und Ablauforganisation (ineffiziente Geschäftsprozesse und Arbeitsabläufe; starke hierarchische Strukturierung), Mängel in der Personalwirtschaft im Sinne ungenutzter Leistungspotentiale, Unzufriedenheit und Motivationsdefizite bei den Bediensteten, und ein System, welches im Gegensatz zur Privatwirtschaft kaum eine Entlohnung der individuellen Leistung des Einzelnen zuließ. Noch vor zehn Jahren wurden alle Bediensteten des öffentlichen Sektors ausschließlich nach einer vom Dienstalter abhängigen Entgeltstruktur entlohnt.

Heute werden die Leistungen von Staat und Verwaltung immer mehr mit denen der Privatwirtschaft verglichen. Das Denken in den Kategorien von – individueller –Leistung und Gegenleistung wird stärker in den Vordergrund gestellt (vgl. dazu Gröpl 2002, S. 459ff.).

Seit über zehn Jahren befindet sich der öffentliche Sektor nun in einem Umstrukturierungs- und Anpassungsprozess an die sich verändernden Herausforderungen der demographischen, sozialen und ökonomischen Umwelt. Modernisierung ist dabei als ein kontinuierlicher Veränderungsprozess zu verstehen. All diese Faktoren wirken sich auch auf die Beamtenversorgung aus und müssen deshalb maßgeblich die Kriterien zur Bestimmung ihrer Nachhaltigkeitsanforderungen beeinflussen.

Der Schlüssel, um diesen Herausforderungen gerecht zu werden, liegt in ganzheitlich angelegten Konzepten (vgl. Wegner 2009, S. 481). Vor allem die Verantwortlichen in Politik und Verwaltung sind gefordert, den öffentlichen Dienst motivierend, leistungs-, alterns- und gesundheitsgerecht sowie lernförderlich über das gesamte Erwerbsleben zu gestalten, um ihn zukunftsfähig zu machen. Folglich dürfen sich u.a. Veränderungen und Aktivitäten in den öffentlichen Dienststellen nicht ausschließlich an ältere Beschäftigte bzw. Beamte wenden, sondern müssen sich über die gesamte Erwerbsbiographie erstrecken. Darüber hinaus ist eine umfassende Sicht auf den öffentlichen Dienst sowie die einzelnen Dienststellen notwendig, um den sich wandelnden Anforderungen gerecht zu werden, die Umstrukturierungsprozesse rechtzeitig vollziehen zu können und bei all diesen Herausforderungen die Arbeitsbedingungen gesund und menschengerecht auszugestalten. Deshalb ist, wie von Wegner hinsichtlich menschengerechter und gesunder Arbeit gefordert wird (ebd.), insgesamt ein Zusammenwirken von Organisationsentwicklung, Personalmanagement, Arbeits- und Gesundheitsschutz, Gesundheitsförderung, Wiedereingliederungsmanagement, Rehabilitation und Altersvorsorge für den Modernisierungsprozess erforderlich.

Drei Kriterien sind von besonderer Bedeutung für die Beamtenversorgung, die ihren Niederschlag in Zukunft nicht nur in den weiterentwickelten Grundsätzen des Berufsbeamtentums, sondern gerade auch in den Konstruktionsprinzipien und in der Gestaltung der Leistungen der Alterssicherung der Beamten und Beamtinnen finden müssen:

- die konsequente Umsetzung des Leistungsprinzips,
- eine längere Lebensarbeitszeit und
- das lebenslange Lernen

im öffentlichen Dienst.

3.3.2 Leistungsprinzip und Leistungsanreize

Zentrales Anliegen des Modernisierungsprozesses im öffentlichen Sektor insbesondere seit Beginn der 90er Jahre war und ist es, Konzepte modernen betriebswirtschaftlichen Managements auf die öffentliche Verwaltung zu übertragen (vgl. die Aufzählung bei Biermann et al. 2005, S. 27ff.; Bogumil/Jann 2005, S. 200, 202): Das Verwaltungshandeln und die Aufgabenwahrnehmung sollen effizienter, effektiver und transparenter sowie die Qualität verbessert werden. Dieses Umdenken hat auch in das Vergütungssystem des öffentlichen Sektors Einzug gehalten.

Obwohl das Leistungsprinzip seit jeher zu den hergebrachten Grundsätzen des Berufsbeamtentums zählt, hat der Gesetzgeber erstmals mit dem am 1. Juli 1997 in Kraft getretenen Dienstrechtsreformgesetz[11] im Bereich der A-Beamtenbesoldung durch Stärkung der Leistungselemente eine wettbewerbsorientierte sowie flexiblere Besoldungsstruktur eingeführt (vgl. Biermann et al. 2005, S. 114f.): Die Bezahlung sollte nicht mehr aus-

11 Vom 24.2.1997 (BGBl. I S. 322).

schließlich nach Lebensalter, Familienstand und Kinderzahl erfolgen, sondern nach individueller Leistung und Berufserfahrung. Hinzu kam eine stärkere Leistungsorientierung der Bediensteten durch Verknüpfung der Leistung mit konkreten Arbeitsergebnissen bzw. -zielen (Output-Orientierung). Ferner sollte das Leistungsentgelt dazu beitragen, die Arbeitsmotivation und Zufriedenheit der Bediensteten zu fördern. Als Methoden der Leistungsbewertung wurden Zielvereinbarungen und systematische Leistungsbeurteilungen eingeführt.

Die Änderungen des Dienstrechtsreformgesetzes sollten erst der Anfang eines fortlaufenden Reformprozesses sein. Im Jahr 2005 hatte die Bundesregierung den Entwurf eines Gesetzes zur Reform der Strukturen des öffentlichen Dienstrechts beschlossen (vgl. BT-Drs. 615/05; Battis 2005, S. 325ff.). Der Entwurf sah die Einführung eines umfassenderen leistungsbezogenen Bezahlungssystems vor und die variable Leistungsbezahlung sollte vollständig bei der Versorgung berücksichtigt werden (Schily et al. 2004; Lorse 2005, S. 445). Der Entwurf erledigte sich jedoch durch die Neuwahl des Bundestages im September 2005.

Das nun beschlossene Dienstrechtsneuordnungsgesetz des Bundes hat einen Großteil der Reformüberlegungen aus 2005 (Bolay 2007, S. 104; Drescher 2007, S. 261f.; Battis 2005, S. 326) nicht aufgegriffen, sondern vielmehr mit einem Schritt zurück am Dienstrechtsreformgesetz von 1997 angeknüpft. Das Dienstrechtsneuordnungsgesetz setzt dabei weiterhin auf eine Abkehr vom Besoldungsdienstalter und dem Senioritätsprinzip, indem es den altersbezogenen Aufstieg in den Stufen abschafft. Die Forderung, dass sich Leistung auch auf die Beamtenversorgung auswirken soll (Schily et al. 2004; Lorse 2005, S. 445), wurde im Dienstrechtsneuordnungsgesetz jedoch nicht umgesetzt, sondern vielmehr weitere Absenkungen des Versorgungsniveaus vorprogrammiert.

Im Dienstrechtsneuordnungsgesetz wurde jedoch erstmals geregelt, dass das vorhandene Budget für die Leistungsbezahlung von 0,3% der jährlichen Besoldungsausgaben für den Bund (ca. 31 Mio. EUR) im BBesG festgeschrieben wird (§ 42a BBesG). Für die Ermittlung der Besoldungsausgaben wird jeweils das vorangegangene Kalenderjahr zugrunde gelegt. Das Vergabebudget ist zweckentsprechend zu verwenden und jährlich vollständig auszuzahlen; d.h. Dienststellen sind zukünftig verpflichtet, das Budget für die Honorierung von Spitzenleistung vollständig zu nutzen.

Eine konsequente Umsetzung des Leistungsprinzips im öffentlichen Dienst würde dabei zu individueller Leistungs- bzw. Einkommensgerechtigkeit führen und auch noch im höheren Alter Anreize zu Mehrleistung bieten. Wichtig wäre es aber auch, dass sich die für hohe Leistungen gewährten Prämien auch in der Höhe der Pension wiederfinden, denn dem

Leistungsprinzip würde zuwiderlaufen, dass der Beamte oder diejenige Beamtin, die höhere Leistungen erbracht haben als andere, die gleiche Pension wie letztere erhalten würden, zumal die Leistungsprämien haushaltsneutral von allen Beamten und Beamtinnen finanziert werden und dann von allen pauschal mit einer weiteren Absenkung des Versorgungsniveaus um 0,3% zusätzlich bezahlt würden.

3.3.3 Längere Lebensarbeitszeit

Als in Deutschland das Pensionssystem eingeführt wurde, bedeutete das Ausscheiden aus dem aktiven Dienst meist den „Anfang vom Ende“. Die Pensionierung war gleichzusetzen mit der Grenze zum hohen Alter, welche mit körperlichen Gebrechen verbunden war. Es handelte sich in den meisten Fällen nur noch um eine relativ kurze verbleibende Lebensphase (Kiefer 1997, S. 25).

Dieses Bild des Ruhestandes ist heute veraltet. Die Lebenserwartung, die in den letzten 100 Jahren bereits um mehr als 30 Jahre gestiegen ist (Schnabel et al. 2005), wird sich weiter erhöhen. Die Ruhestandsphase wird sich damit weiter verlängern. Die Erwerbstätigenquote der 55- bis 64-Jährigen stieg in den vergangenen 15 Jahren von 35,9% auf 53,8% an (Arlt 2009, S. 2). Der demographische Wandel bedingt daher auch ein Umdenken im Bereich der Festsetzung von „Altersgrenzen“, und es stellt sich zudem die Frage, ob starre Altersgrenzen gegenwärtig noch sinnvoll sind. Es gibt eine wachsende Gruppe von Beschäftigten, die das Pensionsalter bereits erreicht haben, aber noch so fit sind und über Know-how verfügen, dass sie nach wie vor auf dem Arbeitsmarkt gefragt sind und z.B. als externe Berater oder Senior-Experte tätig sind. Außerdem verfügen Ältere über Fachkompetenzen und Erfahrungen, die verloren gehen, wenn nicht vorausschauend rechtzeitig der Wissenstransfer erfolgt.

Die Forderung nach längerer Arbeitszeit ist daher dem Umstand geschuldet, dass Älterwerden nicht automatisch eine nachlassende Leistungsbereitschaft und -fähigkeit bedeuten muss. Unsere gesellschaftlichen Vorstellungen vom Altwerden und vom Leistungsvermögen älterer Beschäftigter sind angesichts der steigenden Lebenserwartung heute anders als früher.

Angesichts des bereits heraufgesetzten gesetzlichen Pensionseintrittalters auf 67 Jahre beinhaltet dieses Umdenken jedoch zwangsläufig auch Personal- und Organisationsentwicklungsstrategien, um die Gesundheit und Leistungsfähigkeit der Beschäftigten bis zum Pensionseintrittsalters zu unterstützen bzw. zu schützen. Mit zunehmendem Alter steigt das Risiko der Beschäftigten, infolge von gesundheitlichem Verschleiß den Anforderungen im Beruf nicht mehr standhalten zu können. Krankheitsbedingte Fehlzeiten (vgl. Badura 2006, S. 182f.) bzw. die Versetzung in den Vorruhestand wegen Dienstunfähigkeit sind die Folgen. Das Ausscheiden vor Erreichen der Altersgrenzen treibt jedoch die Versorgungskosten in die Höhe.

Zwar hat der Gesetzgeber bereits Maßnahmen entwickelt, um den vorzeitigen Übergang vom Erwerbsleben in den Ruhestand zu erschweren und einen längeren Verbleib der Erwerbstätigen im Erwerbsleben herbeizuführen (vgl. hierzu Abschnitt 5.1). Vor allem die Anhebung der Altersgrenzen sowie die Einführung von Versorgungs-Abschlägen beim vorzeitigen Pensionseintritt sollen die Erwerbstätigen veranlassen, länger berufstätig zu bleiben oder aber einen Teil der dadurch verursachten Kosten zu tragen. Damit sollte dem Trend zur Frühpensionierung entgegengewirkt werden.

Solch als sanktionierend empfundenen Maßnahmen sind aber allein nicht geeignet, das Problem sachgerecht zu lösen. Vielmehr ist auch den Ursachen nachzugehen, die zu einer Frühpensionierung geführt haben. Zwar spielen persönliche Motive oftmals eine große Rolle, den Arbeitsplatz mit dem aktiven Ruhestand zu tauschen, andererseits hängen krankmachende Gründe für ein vorzeitiges Ausscheiden aus dem Arbeitsleben häufig mit dem Arbeitsumfeld, -klima und mit der Situation am Arbeitsplatz nicht nur in der Privatwirtschaft[12], sondern auch und gerade im öffentlichen Dienst zusammen (Überbelastung, Mehrarbeit, Stress, Mobbing, keine Motivationsanreize). Folglich bedarf es eines sich über die gesamte Erwerbsbiographie erstreckendes effizientes Gesundheitsmanagements sowie frühzeitige Programme, welche die Gesundheit fördern und dadurch Leistungsbereitschaft, Motivation und Produktivität steigern und im Ergebnis auf Kostensenkung ausgerichtet arbeitsbedingte Erkrankungen – und damit auch das vorzeitige Ausscheiden des Beschäftigten aus dem Berufsleben – verringern (vgl. DGB 2003, S. 1, 3).

Will man der demographischen Entwicklung Rechnung tragen, kann das Pensionszugangsalter weder konstant gehalten noch kann es gesenkt werden. Vielmehr müssen auch ältere Beamte länger am Erwerbsleben teil-

12 Die Privatwirtschaft entledigt sich dabei häufig ihrer älteren leistungsgeminderten Beschäftigten über Prämien für Vorruhestandsmodelle, bei Geringqualifizierten, die nicht den Kernbelegschaften angehören, häufig einfach über den Arbeitsmarkt in Form von Entlassungen. Für diese Strategien zahlt die Allgemeinheit in Person der Steuer- und Beitragszahler. Im öffentlichen Dienst jedoch werden die zusätzlichen Kosten der vorzeitigen Ruhestandsversetzungen unmittelbar von den Steuerzahlern bzw. auch von den Beziehern der öffentlichen Leistungen, die nicht mehr finanziert werden können, getragen. Gesamtwirtschaftlich sind indes beide Strategien gemeinwohlschädigend und damit unvertretbar.

nehmen. Die Forderung nach längerer Lebensarbeitszeit verlangt jedoch zwangsläufig auch nach Schaffung alters- und alternsgerechter Arbeitsbedingungen. Zusätzlich müssen die starren gesetzlichen Regelungen zur Altersgrenze zukünftig vielgestaltiger und flexibler ausfallen.

3.3.4 Lebenslanges Lernen

Die Forderung nach längerer Lebensarbeitszeit ist eng mit der Forderung nach lebenslangem Lernen verknüpft. Soll der Beamte länger im aktiven Dienst tätig sein, damit der Staat Versorgungskosten sparen kann, so bedarf es zusätzlicher Maßnahmen, die dem Beamten die längere Lebensarbeitszeit „schmackhaft" machen.

Die Veränderungen des Anteils von Kindern/Jugendlichen auf der einen und älteren Menschen auf der anderen Seite bewirken daher auch ein Umdenken im Bereich von Bildung und Lernen. In Gesellschaften, in denen Ältere die Mehrheit gegenüber Kindern/Jugendlichen darstellen, ist mit einer Verminderung der Wissensmenge zu rechnen, falls die Älteren nicht mehr weiterlernen. Den damit einhergehenden Wissensverlust kann sich jedoch keine Gesellschaft leisten. Lebenslanges Lernen, das nicht schon mit 45 Jahren endet, ist ebenfalls eine Konsequenz aus den Veränderungen des demographischen Wandels und des fortschreitenden Modernisierungsprozesses (vgl. Veelken 2007, S. 223, 225). Hinsichtlich der Notwendigkeit lebenslangen Lernens ist es unvorstellbar, dass die Bevölkerung in Deutschland sich weiterentwickeln kann, in der 40-50% der Bevölkerung nicht mehr lernt, sich nicht weiterbildet (ebd., S. 225). Daher gewinnt lebenslanges Lernen zunehmend an Bedeutung.

Lebenslanges Lernen bedeutet, dass der Lebensweg des Menschen vom Beginn bis zum Ende mit Lernen und Förderung begleitet wird. Berufliche Weiterbildung und nebenberufliche Bildung sind die Methoden des Lernens für Erwachsene (ebd., S. 224, 227). Erwachsenenbildung wird europaweit durch Konzentration auf berufsqualifizierende Bildung, Internationalisierung und eine Vielfalt verschiedener Bildungszweige vorangetrieben (Veelken 2007, S. 224f.). Bildungsschwerpunkte sind: Die Bildungsarbeit mit älteren Arbeitnehmern, intergenerationelle Bildung und interkulturelle Bildung durch Förderung von Aus- und Weiterbildung (ebd.).

Angesichts der rasanten Entwicklung in der Arbeitswelt und in der Altersstruktur der Beschäftigten ist es für die Bediensteten unerlässlich, ihre Beschäftigungsfähigkeit und ihre individuellen Qualifikationen über ihr gesamtes Berufsleben hinweg zu sichern und weiterzuentwickeln. Deshalb sind lebenslanges Lernen und Weiterbildung Kernelemente einer zukunftsgerichteten Bildungs- und Arbeitsmarktpolitik (vgl. Fischer 2009,

S. 361). Angesichts des demographischen Wandels ist es somit erforderlich, die Qualifikationen der Bediensteten nachhaltig zu sichern und an die sich ständig wandelnden Anforderungen anzupassen (ebd.).

Folglich müssen auch Verwaltungen ihre Personalentwicklung noch stärker als bisher am Lernen im Lebenslauf und damit auf die bedarfsorientierte, fortlaufende Qualifizierung während der gesamten Lebensarbeitszeit ausrichten. Dies bedeutet ebenso, dass sowohl eine Angebots- als auch eine verstärkte Nachfrageorientierung erforderlich ist (vgl. dazu auch BMBF 2007, Stichwort „Lebenslanges Lernen").

3.4 Das Zielsystem: Beurteilungskriterien für die Beamtenversorgung

In den vorausgehenden drei Abschnitten wurden die grundlegenden theoretischen Konzepte, die der Beamtenversorgung zugrunde liegen bzw. bei ihrer Ausgestaltung zu berücksichtigen sind, analysiert. Darauf aufbauend wurden die spezifischen Anforderungen an die Alterssicherung der Beamten sowie die Ziele der Beamtenversorgung herausgearbeitet, bevor diese vor dem Hintergrund der aktuellen Herausforderungen des demographischen Wandels und der Modernisierung des öffentlichen Dienstes reflektiert wurden. Als Ergebnis dieser (eher theoretischen) Analyse sind nun die entscheidenden Kriterien für eine zeitgemäße, langfristig tragfähige und Nachhaltigkeitsanforderungen erfüllende Beamtenversorgung herauszustellen.

Das grundlegende Ziel ist es, die Beamtenversorgung umfassend auf Nachhaltigkeit auszurichten, indem ein aufeinander abgestimmtes, ganzheitliches Nachhaltigkeitskonzept angewendet wird, welches wirtschafts- und sozialpolitische Teilziele integriert. Um dieses Ziel zu erreichen, müssen die Finanzierungs- und die Leistungsseite der Beamtenversorgung betrachtet werden, wenn eine wirksame Nachhaltigkeitspolitik durchgeführt werden soll. Insbesondere in einem leistungsdefinierten Alterssicherungssystem wie der Beamtenversorgung hat die Ausgestaltung der Leistungen großen Einfluss auf die ökonomische und soziale Nachhaltigkeit.

Als Resultat der vorangehenden Analyse setzt sich das Zielsystem für eine nachhaltige/nachhaltig finanzierte Beamtenversorgung aus folgenden Kriterien zusammen:

- Als grundlegende Bedingung für eine nachhaltige Finanzierung ist *Kostentransparenz* in der Beamtenversorgung zu fordern. Dies beinhaltet, dass die Versorgungskosten verursachungsgerecht zum Zeitpunkt der entstehenden Versorgungsanwartschaft haushaltswirksam werden und direkt der jeweiligen Planstelle zuzurechnen sind.

- Das Finanzierungsverfahren als solches ist so auszugestalten, dass künftig *keine weitere Schattenverschuldung* der öffentlichen Haushalte erfolgt und langfristig deren *Tragfähigkeit* gewährleistet wird. Zu diesem Zweck sollten versicherungsmathematisch berechnete Umlagen bzw. kalkulatorische Beiträge auf die Personalausgaben erhoben werden, die über das gewählte Finanzierungsverfahren die Deckung der Versorgungsausgaben sicherstellen.
- Eine Reform der Finanzierung sollte neben der langfristigen Ausrichtung auf Nachhaltigkeit umgehend *Instrumente zur Abfederung der „Altlasten"* implementieren. Hierbei sind die besondere Altersstruktur im öffentlichen Dienst und der daraus resultierende starke Anstieg der Versorgungsempfängerzahlen ab 2020 zu berücksichtigen.
- In jedem Fall ist für die erworbenen Versorgungsanwartschaften rechtliche und ökonomische *Enteignungssicherheit* zu gewährleisten. So sind beispielsweise Rücklagen gegen den Zugriff der Politik und die Verwendung zur kurzfristigen Sanierung der Haushaltslage zu schützen.
- Die Leistungen der Beamtenversorgung sind im Hinblick auf den Wandel im öffentlichen Dienst und die Veränderungen in anderen Alterssicherungssystemen *zeitgemäß* auszugestalten. Die Harmonisierung hat jedoch unter *Berücksichtigung der systemimmanenten Unterschiede* der Beamtenversorgung, insbesondere der Bifunktionalität, zu erfolgen.
- Insbesondere ist zu prüfen, ob die *Anreizwirkungen der Leistungsregeln* den Herausforderungen, die sich aus dem demographischen Wandel und der Umgestaltung des öffentlichen Dienstes ergeben, gerecht werden.
- So wird durch die beständig steigende Lebenserwartung eine *verlängerte Lebensarbeitszeit* notwendig. Hierdurch werden die Beamten an den aus verlängerten Pensionsbezugszeiten resultierenden Kosten beteiligt, denn diese sind andernfalls einseitig von der jeweils erwerbstätigen Generation zu tragen.
- Angesichts der geforderten Anreizkompatibilität sollten sich die Versorgungsleistungen künftig – im Sinn eines ganzheitlichen Konzeptes für den öffentlichen Dienst – stärker an dem *Bezugspunkt Lebensarbeitsleistung* orientieren.
- Neben dem Aspekt der Leistungsgerechtigkeit ist für die Leistungsseite der Beamtenversorgung grundsätzlich eine *sozialgerechte Ausgestaltung* unabdingbar. Insbesondere sind ein sozialer Ausgleich aus der Perspektive der Geschlechtergerechtigkeit sowie eine bedarfsgerechte Ausgestaltung der Mindestversorgung zu fordern.
- Aus den Forderungen nach Amtsangemessenheit und Leistungsgerechtigkeit folgt im Zeitablauf, dass eine *Anpassung der Versorgungs-*

leistungen an die gesamtwirtschaftlichen Verhältnisse bzw. Lohnentwicklungen zu erfolgen hat.
- Um in Zeiten des Personalumbruchs (durch die hohen Pensionseintrittszahlen ab 2020) und der stärkeren Leistungsorientierung des öffentlichen Sektors die Attraktivität als Arbeitgeber zu erhalten bzw. zu verbessern, ist eine *horizontale Flexibilität* im öffentlichen Dienst für die Mobilität der Arbeitskräfte notwendig.
- Um die Ziele der Beamtenversorgung zu erreichen, sind die Maßnahmen und Regeln der Beamtenversorgung *um personalpolitische und weitere „systemexterne" Instrumente* zu ergänzen.

Generell sind vor allem langfristig Wechselwirkungen zwischen den einzelnen Zielen zu erwarten. Sie sollten bei der Beurteilung der Nachhaltigkeit der derzeitigen Ausgestaltung der Beamtenversorgung berücksichtigt werden (Kohärenz des Nachhaltigkeitskonzeptes). Schließlich geht es bei der Untersuchung und Weiterentwicklung der Beamtenversorgung keinesfalls darum, kurzfristig die Belastungen der öffentlichen Haushalte zu senken. Vielmehr soll die Beamtenversorgung langfristig stabil, transparent und finanzierbar ausgestaltet werden.

Welchen Gestaltungsspielraum die Verfassung dem Gesetzgeber bei der Ausgestaltung der Beamtenversorgung dabei einräumt und wie dieser (falls vorhandene) Spielraum genutzt wird und ob Zielannäherungen erreicht werden, wird im folgenden Kapitel 4 untersucht. Augenmerk ist dabei auch auf die Rechtsprechung des Bundesverfassungsgerichts zu richten, denn die inhaltliche Bestimmung einzelner Merkmale ist nicht in die Beliebigkeit des Gesetzgebers gelegt.

4 Strukturprinzipien der Beamtenversorgung – Verfassungsrechtliche Betrachtung der hergebrachten Grundsätze des Berufsbeamtentums

Die verfassungsrechtliche Grundlage und institutionelle Gewährleistung des Berufsbeamtentums findet sich in Art. 33 Abs. 5 GG, welcher – ergänzt um die Absätze 1 bis 4 – gewisse Strukturen für das Berufsbeamtentum beinhaltet und zu dessen Ausgestaltung einen Regelungsauftrag an den Gesetzgeber enthält (Masing 2007, Art. 33 Rdn. 1, 71). Art. 33 Abs. 5 GG ist nicht lediglich ein Programmsatz oder eine Anweisung an den Gesetzgeber, sondern unmittelbar geltendes Recht (BVerfGE 8, 1 (11f., 16f.); 9, 268 (286); 11, 203 (210); 61, 43 (57f.); BGHZ 9, 322 (325ff.); 13, 265 (317ff.); Merten 1996, S. 355). Nach der grundgesetzlichen Vorgabe *ist das Recht des öffentlichen Dienstes unter Berücksichtigung der hergebrachten Grundsätze des Berufsbeamtentums zu regeln und fortzuentwickeln.*

Durch die hergebrachten Grundsätze werden im Interesse der Funktionsfähigkeit und Rechtsstaatlichkeit des Staates und der Verwaltung bestehende Sonderpflichten mit Sonderrechten der Beamten in Einklang gebracht. Die Bezeichnung „hergebrachte Grundsätze des Berufsbeamtentums“ beinhaltet somit Grundlagen des staatlichen Personalwesens (Krause 2008, S. 1) und umfasst bestimmte Besonderheiten des Beamtenrechts, die für die Ausgestaltung des Besoldungs- und Versorgungsrechts als wesentlich erachtet werden (vgl. Masing 2007, Art. 33 Rdn. 1).

4.1 Die Interpretation des Art. 33 Abs. 5 GG

Die als hergebrachte Grundsätze des Berufsbeamtentums i.S.d. Art. 33 Abs. 5 GG klassifizierten Besonderheiten des Beamtenrechts enthalten jedoch im Hinblick auf das Besoldungs- und Versorgungsrecht eine Vielzahl heute problematisch gewordener Festlegungen. Vor dem Hintergrund steigender Versorgungsausgaben ist der institutionelle Umfang des Art. 33 GG rechtspolitisch verstärkt in den Blick der öffentlichen Diskussion geraten. Gestützt auf die Rechtsprechung des Bundesverfassungsgerichts wurde in der Praxis unter Berufung auf Art. 33 Abs. 5 GG eine stark besitzstandswahrende Interessenpolitik betrieben. Das Bundesverfassungsgericht hat z.B. reine Detailaspekte aus dem Besoldungs- und Versorgungsrecht zu hergebrachten Grundsätzen erklärt, was gleichzeitig Inflexibilität bei der gesetzlichen Ausgestaltung besoldungs- und versorgungsrechtlicher Fragestellungen zur Folge hat (vgl. Masing 2007, Art. 33 Rdn. 17, 59) und ein Hindernis bei der Modernisierung und Anpassung des Berufsbeamtentums an die veränderten politischen, sozialen und ökonomischen Rahmenbedingungen bedeutet (vgl. Bull-Kommission 2003, S. 46, 164, 170; vgl. auch Bull 2006, S. 23ff. „Reformbremse“). Zuviel ist in Art. 33 Abs. 5 GG hineininterpretiert oder mit ihm legitimiert worden, was weder fundamental noch traditionsbildend war und ist.

Somit stellt sich die Frage, welche beamtenspezifischen Grundsätze und tradierten Ausprägungen – nach Sinn und Zweck – bis in die heutige Zeit Geltung für sich beanspruchen (können) und welchen verfassungsrechtlichen Grenzen und/oder Fortentwicklungsmöglichkeiten einer zeitgemäßen, zukunftsfähigen Interpretation Art. 33 Abs. 5 GG unterliegt.

Art. 33 Abs. 5 GG spricht mit dem *Berufsbeamtentum* ein Leitbild an, das seine wesentlichen grundsätzlichen institutionellen Ausprägungen seit dem 18. Jahrhundert, zunächst in Abgrenzung von der älteren Institution des Fürstendienstes, erhalten hat (Masing 2007, Art. 33 Rdn. 7 und dort die Hinweise in Fn. 19). Historisch ist die Entstehung des Berufsbeamtentums eng mit der Abkehr vom Lehnswesen und der Trennung der öffentlichen Angelegenheiten des Staates von den Privatangelegenheiten der Fürsten und regierenden Häuser sowie der Entwicklung von Staaten im modernen Sinne verknüpft (ebd.; Krause 2008, S. 27; Summer 1992, S. 1). Bereits das „Allgemeine Landrecht für die Preußischen Staaten vom 1. Juni 1794“ (II., 10. Titel) sprach von „Dienern des Staates“, die – ausschließlich – dem Wohl des Staates verpflichtet waren. Im Gegensatz zu den Traditionen des Fürstendienertums mit Willkür als dem bestimmenden Prinzip, der personenbezogenen Pflichten- und Abhängigkeitsstellung des Bediensteten sowie dem Ämterkauf und dem Verständnis des Amtes als Pfründe war für das Verständnis des neuen Staatsdienstverhältnisses nunmehr ein, seinem Inhalt nach nicht verhandelbares und damit nicht mehr auf vertraglichen Vereinbarungen, sondern allein auf Hoheitsakt beruhendes öffentlich-rechtliches Rechtsverhältnis maßgebend (ebd.). Der Übergang des absolutistischen Staates zum Rechtsstaat und der Übergang des monarchischen Rechtsstaates zum demokratischen Rechtsstaat haben als grundlegende staatliche Umwälzungen auch grundlegende Neuerungen im Staatsdienerrecht bewirkt (Krause 2008, S. 27; Summer 1992, S. 1). Mit jeder neuen Entwicklungsstufe des modernen Staates sind dabei Grundsätze für die Staatsdiener entstanden, die bis heute ganz oder zumindest teilweise noch Geltung beanspruchen.

Der Verfassungsgeber hat mit der Wortwahl *Grundsätze* in Art. 33 Abs. 5 GG zum Ausdruck gebracht, dass es sich bei den, das Berufsbeamtentum prägenden Vorstellungen, um grundlegende Prinzipien handelt/handeln soll, welche nicht an das Beamtenrecht einer bestimmten Epoche gebunden, sondern vielmehr von fundamentaler Bedeutung und gestaltsprägender Eigenschaft sind (Krause 2008, S. 5).

> „Das auf dem Grundsatz aufbauende, gewachsene (Beamten-)Recht hat also selbst keinen Grundsatzcharakter. Allein diejenigen Sinneinheiten, auf deren Gefüge das historische Phänomen, auf denen die Sonderstellung des Berufsbeamten im Vergleich zum Arbeitnehmer und [...] auch zum Bürger basieren, haben [diesen] Grundsatzcharakter." (Ebd.)

Daraus folgt, dass die institutionelle Gewährleistung nicht für einzelne, einfachgesetzliche Regelungen des Beamtenrechts gilt, sondern sich vielmehr auf das für die Institution des Berufsbeamtentums in den ihr zugedachten Funktionen Fundamentale i.S.d. institutionsprägenden Prinzipien bezieht (Thieme 1973, S. 320; Masing 2007, Art. 33 Rdn. 73; BVerfG, Urt. v. 6.3.2007, - 2 BvR 556/04 – Rdn. 55). Geschützt sind daher nur diejenigen Regelungen, die das Bild des Beamtentums in seiner überkommenen Gestalt maßgeblich prägen, sodass ihre Beseitigung auch das Wesen des Beamtentums antasten würde (BVerfGE 43, 177 (185); 114, 258 (286)). Dies ergibt sich bereits aus dem Wesen einer Einrichtungsgarantie, deren Sinn gerade darin liegt, den Kernbestand der Strukturprinzipien – mithin die Grundsätze, die nicht hinweggedacht werden können, ohne dass damit zugleich die Einrichtung selbst verändert würde – dem gestaltenden Gesetzgeber verbindlich als Rahmen vorzugeben (Lecheler 1978, S. 363).

Mit den hergebrachten Grundsätzen des Berufsbeamtentums im Sinne des Art. 33 Abs. 5 GG ist folglich nur der überlieferte Kernbestand von Strukturprinzipien gemeint, „die allgemein oder doch ganz überwiegend während eines längeren, traditionsbildenden Zeitraums, mindestens unter der Reichsverfassung von Weimar, als verbindlich anerkannt und gewahrt worden sind" (st. Rspr., vgl. BVerfGE 106, 225 (232); BVerfG, Urt. v. 6.3.2007, - 2 BvR 556/04 – Rdn. 53). Die Epoche der Weimarer Republik gilt als maßgebend für die Herausbildung der hergebrachten Grundsätze des Berufsbeamtentums. Als hergebrachte Grundsätze des Berufsbeamtentums galten bereits unter der Weimarer Reichsverfassung u.a. hauptberufliche Tätigkeit, lebenslängliche Anstellung, Rechtsanspruch auf Gehalt, Ruhegehalt, Witwen- und Waisenversorgung, Treue- und Gehorsamspflicht gegenüber dem Dienstherrn und unparteiische Amtsführung. Die besondere Bedeutung der Weimarer Zeit wird wegen der für ihre Vorbildfähigkeit wesentlichen Gleichartigkeit der Staatsform herangezogen. Im Übrigen gibt es jedoch weder einen klar bestimmten Zeitraum noch bestimmten Zeitpunkt, ab dem die Entwicklung als traditionsbildend bezeichnet werden kann, da das Berufsbeamtentum mit der Ausbildung des modernen Staates gewachsen ist und so wie dieser selbst stetigen Änderungen unterworfen war (BVerfGE 3, 58 (137); 7, 155 (162); 8, 1 (16); Masing 2007, Art. 33 Rdn. 74; Summer 1992, S. 2, 6).

Während in Art. 129 Abs. 1 S. 3 der Weimarer Reichsverfassung (WRV) vom 11. August 1919 noch von „wohlerworbenen Rechten" die Rede ist, haben sich die Verfassungsgeber des Grundgesetzes durch die Verwendung des Begriffes *hergebracht* im Gegensatz zu „erworben" bewusst gegen eine direkte Absicherung einzelner Rechte im Grundgesetz entschieden.

Das Bundesverfassungsgericht (BVerfGE 3, 57 (136ff.)) hat sich bereits 1953 in seiner Entscheidung zu „Beamtenverhältnissen" zum Wortlaut des Art. 33 Abs. 5 GG wie folgt geäußert: „Art. 33 Abs. 5 GG stelle nicht, wie Art. 129 WRV, die wohlerworbenen Rechte unter Verfassungsschutz. Er gewährleiste vielmehr das Berufsbeamtentum als Einrichtung insoweit, als es sich in seiner hergebrachten Gestalt in den Rahmen unseres heutigen Staatslebens einfügen lässt. Um die Beamtengesetzgebung den Erfordernissen des Neuaufbaus anzupassen, sollten die hergebrachten Grundsätze des Berufsbeamtentums „berücksichtigt", grundsätzlich aber nicht unter allen Umständen „beachtet" werden" (vgl. auch Grewe 1951, S. 16; Pieper 2008, Art. 33 Rdn. 115; Battis 2009a, Art. 33 Rdn. 6; Pieroth 2009, Art. 33 Rdn. 48), wodurch ihnen somit eine geringere normative Bindungswirkung zukommt.

Die Entstehungsgeschichte des Art. 33 Abs. 5 GG und damit einhergehend das bewusste Abrücken vom Wortlaut des Art. 129 WRV belegen, dass das Grundgesetz nicht in erster Linie vom Schutz subjektiver Rechte der Beamten, sondern von der Erhaltung der Einrichtung eines Berufsbeamtentums im Interesse der Allgemeinheit ausgeht. Es stellt also keineswegs alle einem Beamten einmal vom Gesetzgeber verliehenen Rechte unter Verfassungsschutz. Daher würde es dem Sinn und Zweck des Art. 33 Abs. 5 GG widersprechen, wenn man annehmen wollte, der Schutz der wohlerworbenen Rechte als solcher sei selbst ein hergebrachter Grundsatz des Berufsbeamtentums und daher nach Art. 33 Abs. 5 GG „zu berücksichtigen". Eine solche Auslegung verfälscht den sich aus der Entstehungsgeschichte ergebenden Grundgedanken des Abs. 5 (BVerfGE 3, 58 [137]; 8, 1 [12ff.]).

Die hergebrachten Grundsätze und mithin die Institution des deutschen Berufsbeamtentums werden folglich nicht um ihrer selbst willen geschützt. In der Formulierung *Berücksichtigung* ist vielmehr eine Entwicklungsoffenheit angelegt, die den Gesetzgeber in die Lage versetzt, die Ausgestaltung des Dienstrechts den jeweiligen Entwicklungen der Staatlichkeit anzupassen und das Beamtenrecht damit „in die Zeit zu stellen"

(BVerfG, Urt. v. 6.3.2007, - 2 BvR 556/04 – Rdn. 54). Die Strukturentscheidung des Art. 33 Abs. 5 GG belässt daher ausreichend Raum, die geschichtlich gewachsene Institution in den Rahmen unseres heutigen Staatslebens einzufügen (BVerfGE 3, 58 [137]; 62, 374 [382]; 70, 69 [79]) und den Funktionen anzupassen, die das Grundgesetz dem öffentlichen Dienst in der freiheitlichen, rechts- und sozialstaatlichen Demokratie zuschreibt (BVerfGE 7, 155 [162]; 8, 1 [16]; 9, 268 [286]; 15, 167 [195]). Veränderungen verstoßen daher nur dann gegen Art. 33 Abs. 5 GG, wenn sie nicht (mehr) als Fortentwicklung des Beamtenrechts eingestuft werden können, sondern in den Kernbestand von Strukturprinzipien eingreifen.

Die Verankerung der Grundsätze im Grundgesetz war demnach nicht als „Abgeltung eines Wohlverhaltens der Beamtenschaft irgendeiner Epoche gedacht, sondern als bewusste Tradition“ (Krause 2008, S. 6). Das, was der institutionellen Garantie des Art. 33 Abs. 5 GG unterfällt, muss sich folglich – kumulativ – sowohl durch Fundamentalität als auch durch Tradition auszeichnen (Pieroth 2009, Art. 33 Rdn. 47; Maunz 2009, Art. 33 Rdn. 53 m.w.N.; Masing 2007, Art. 33 Rdn. 73). Unzulässig, weil zu weitgehend, ist es, aus dem tradierten Beamtenrecht diesem unterliegende, vernünftig erscheinende Gedanken als selbstständige Grundsätze zu abstrahieren und dann unabhängig von dem Traditionalitäts- und Fundamentalitätskriterium als hergebrachte Grundsätze oder als zumindest institutionell mit gewährleistet auszugeben (Masing 2007, Art. 33 Rdn. 75). Auch das Bundesverfassungsgericht hat bis hin zu Einzelheiten des Besoldungs- und Versorgungsrechts vieles als verfassungsrechtlich gewährleistet gesehen, was in der postulierten Ausformung entweder nicht traditionell oder nicht von fundamentaler, funktionswesentlicher Bedeutung oder keines von beidem war bzw. ist (ebd., Rdn. 75, 87).

Mithin gibt es kein „Traditionsprivileg“ für das Berufsbeamtentum in der bei Inkrafttreten des Grundgesetzes vorherrschenden Form (Krause 2008, S. 3). Das bedeutet, dass die hergebrachten Grundsätze nicht starr, sondern vielmehr einer Fortentwickelung zugänglich sind. Diese Flexibilisierung ist seit dem am 1. September 2006 in Kraft getretenen Gesetz zur Änderung des Grundgesetzes ausdrücklich auch textlich in Art. 33 Abs. 5 GG verankert worden, wonach „das Recht des öffentlichen Dienstes [...] zu regeln und *fortzuentwickeln* ist“ (so genannte *Fortentwicklungsklausel*).

Damit enthält die Norm bereits dem Wortlaut nach einen Regelungsauftrag an den Gesetzgeber. Die tatbestandliche Ergänzung um die Fortentwicklungsklausel ist, gemessen an dem Ziel, die Modernisierung und Anpassung des öffentlichen Dienstrechts an die sich ändernden Rahmenbedingungen voranzutreiben (vgl. BT-Drs. 16/813 S. 10), jedoch ohne praktische Bedeutung (Battis 2009a, Art. 33 Rdn. 61a, 68; Bergmann 2007, Art.

33 Rdn. 11; Pieper 2008, Art. 33 Rdn. 99; Knopp 2006, S. 1219ff.; Pechstein 2006, S. 285; Lindner 2007, S. 223). Denn auch vorher beinhaltete der Regelungsauftrag bereits eine Fortentwicklungsermächtigung. Das Bundesverfassungsgericht hat Art. 33 Abs. 5 GG schon früh dahingehend interpretiert,

> „dass mit dem Recht des öffentlichen Dienstes, das nach bestimmten Grundsätzen geregelt werden soll, offensichtlich eine Neugestaltung des Rechts der im Dienst befindlichen Beamten als eine in die Zukunft weisende Aufgabe [gemeint sei]." (BVerfGE 15, 167 [196])

> „Art. 33 Abs. 5 GG habe schon bisher dem Gesetzgeber einen weiten Ermessensspielraum gegeben, um die Beamtengesetzgebung den Erfordernissen des freiheitlich-demokratischen Staates und seiner Entwicklung anpassen und damit fortentwickeln zu können. Durch die Neufassung des Art. 33 Abs. 5 GG im Rahmen der Föderalismusreform habe der Gesetzgeber deutlich gemacht, dass der Anpassung des Beamtenrechts an die aktuellen Herausforderungen in einer möglichen Abwägung gegenüber den bloß bewahrenden Elementen ein besonderes Gewicht zukommen solle." (BVerfG, Beschl. v. 28.5.2008 – 2 BvL 11/07, Rdn. 55)

Das Grundgesetz erlaubt damit eine stete Fortentwicklung, die das Beamtenrecht in seinen einzelnen Ausprägungen den veränderten Umständen anpasst (BVerfGE 43, 154 [168]; 67, 1 [14]; 97, 350 [376f.]).

Trotz aller Traditionsbildung (vgl. dazu Bull 2008a, S. 4, 6) hat im Ergebnis der Gesetzgeber nach ständiger Rechtsprechung (BVerfGE 11, 299 [303]; 64, 367 [379]); 70, 69 [79]); 76, 256 [295]) folglich zwar keine völlige Regelungsfreiheit, jedoch einen weiten Gestaltungs- bzw. Ermessensspielraum für die Ausgestaltung und Fortentwicklung des Beamtenrechts.

> „Der einzelne hergebrachte Grundsatz ist vielmehr in seiner Bedeutung für die Institution des Berufsbeamtentums in der freiheitlichen rechts- und sozialstaatlichen Demokratie zu würdigen; davon hängt ab, in welcher Weise und in welchem Ausmaß er zu beachten ist." (BVerfGE 8, 1 [11ff., 16f.]; 9, 268 [286])

Art. 33 Abs. 5 GG steht daher auch individuell nachteiligen Veränderungen des Beamtenrechts grundsätzlich nicht entgegen (st. Rspr seit BVerfGE 3, 58 [137]; Masing 2007, Art. 33 Rdn. 72). Hinzu kommt, dass angesichts alternder Kodifikationen die Anpassung von Gesetzen an Veränderungen der Lebenswirklichkeit eine juristische Normalität, oft sogar eine Handlungspflicht darstellt (Bergmann 2007, Art. 33 Rdn. 11).

Das bedeutet, dass es nicht notwendigerweise zur Reform des Beamtenrechts einer Streichung des Art. 33 Abs. 5 GG bedarf, so wie es 2003 die „Bull-Kommission“ (dort S. 170) vorgeschlagen hat. Vielmehr könnte bereits eine entsprechende, ganzheitliche Auseinandersetzung mit den veränderten Rahmenbedingungen sowie ein bewusstes Abrücken von überholten Traditionen eine flexiblere und differenziertere, vor allem den gesellschaftlichen Rahmenbedingungen Rechnung tragende, zukunftsfähige Interpretation des Art. 33 Abs. 5 GG bewirken.

4.2 Ausgewählte Grundsätze des Berufsbeamtentums

Was im Einzelnen zum Kreis der hergebrachten Grundsätze gehört, lässt sich aufgrund der Möglichkeit zur Konkretisierung und Fortentwicklung nur schwer exakt und abschließend festlegen (Battis 2009a, Art. 33 Rdn. 70). Gleichwohl existieren einige Grundsätze, die i.S.v. Oberbegriffen sehr wohl als hergebracht anerkannt sind. Zu diesen relevanten Prinzipien gehören im besoldungs- und versorgungsrechtlichen Sinne vor allem das *Alimentationsprinzip*, das *Leistungsprinzip*, das *Lebenszeitprinzip*, sowie die *Dienst- und Treuepflicht.*

Diese Strukturprinzipien sollen im Folgenden dahingehend überprüft werden, ob sie bzw. welche ihrer einzelnen Ausprägungen noch heute Gültigkeit beanspruchen können oder nicht vielmehr inhaltlich den heutigen Gegebenheiten angepasst, d.h. „in die Zeit“ gesetzt werden müssen.

4.2.1 Das Alimentationsprinzip

Das *Alimentationsprinzip* kommt für Lebenszeitbeamte, für Beamte auf Probe sowie für Beamte auf Zeit und Beamte auf Widerruf, sofern deren Beamtenverhältnis wie bei Beamten auf Probe „als Vorstufe für ein Beamtenverhältnis auf Lebenszeit gedacht ist“ (BVerfGE 44, 249 [280]), zum Tragen (Masing 2007, Art. 33 Rdn. 87). Ebenfalls erfasst sind die Hinterbliebenen des Beamten.

Das Bundesverfassungsgericht hat in ständiger Rechtsprechung (BVerfGE 8, 1 [16f.]; 11, 203 [210]; 61, 43 [57f.]; 76, 256 [298]; 99, 300 [313]; 106, 225 (232]; 114, 258 [287f.]) das Alimentationsprinzip ausdrücklich als einen nicht nur zu berücksichtigenden, sondern vielmehr zu *beachtenden* hergebrachten Grundsatz des Berufsbeamtentums anerkannt.

> „Die Pflicht des Dienstherren, den Beamten und seine Familie zu alimentieren, d.h. zu unterhalten, wird als Voraussetzung der rechtlichen und wirtschaftlichen Unabhängigkeit des Beamten und als Gegenleistung dafür verstanden, dass der Beamte sich mit seiner ganzen Person dem Dienst widmet, nicht aber als Entgelt für konkrete Dienste.“

4.2.1.1 Grundsätzliches

Viele der im Rahmen des Alimentationsprinzips noch heute geltenden Ausprägungen sind historisch bedingt:

Die Alimentation hat ihre Wurzeln im 18. Jahrhundert und basiert auf der tradierten Auffassung, dass eine geordnete Staatsverwaltung und eine Verpflichtung auf das Staats- und Gemeinwohl nur dann sichergestellt sind, wenn die verantwortlichen Amtsträger *auf Lebenszeit wirtschaftlich abgesichert* sind. Der Beamte muss von der Alimentation seinen gesamten Lebensunterhalt bestreiten können (Bull-Kommission 2003, S. 45). Das Alimentationsprinzip stellt somit die nötige Barriere gegen jede Art von Selbstbedienungssystem (Summer 2002, S. 110) oder Vorteilsannahme dar.

Der aus der Alimentationspflicht des Staates resultierende Anspruchserwerb setzte daher nicht die Arbeitsleistung im Besoldungszeitraum voraus, sondern Grundlage für die *Besoldung* des Berufsbeamten war und ist grundsätzlich auch heute noch die Innehabung der Beamteneigenschaft (Krause 2008, S. 250). Die Beamtenbesoldung als eine Ausprägung der Alimentation ist folglich kein synallagmatisches, vertragliches Leistungsentgelt, sondern bedeutet vielmehr einen öffentlich-rechtlichen, gesetzlich geregelten Unterhaltsanspruch des Beamten gegen den Dienstherrn. Diese staatliche Unterhaltsgewährung darf aber nicht mit einer einseitigen Fürsorgeleistung des Staates wie z.B. Sozialhilfe, Ausbildungsförderung oder Ähnlichem verwechselt werden. Die Alimentation des Beamten und seiner Familie ist gegenüber den Fürsorgeleistungen des Staates etwas qualitativ anderes mit der Folge, dass dieser Unterschied sich bei der Bemessung der für das Beamtengehalt maßgeblichen Bestandteile bemerkbar machen muss (Pieper 2008, Art. 33 Rdn. 136).

Das Alimentationsprinzip gilt nicht nur für die Besoldung, sondern auch für die *Versorgung* des Beamten. Wie die Besoldung, so ist auch die Versorgung ein eigenständiges, unverzichtbares Unterhaltsrecht (ebd., Rdn. 146). Dadurch, dass das Berufsbeamtentum historisch gesehen den Dienst des Lehensmanns abgelöst hat, musste durch die Aufnahme des Berufsbeamten in die Versorgung derjenige wirtschaftliche Effekt erzielt werden, den die Verschaffung des „Lehen“ im Lehnswesen darstellte (Krause 2008, S. 250f.). Der Beamte, dessen Arbeitsleistung nicht mehr gebraucht wurde, sollte zwar keinen Anspruch mehr auf das volle Gehalt haben, wohl aber zu einer standesgemäßen Lebensführung befähigt bleiben. Sein Gehalt wurde daher um das so genannte „Funktionsgehalt“ gekürzt, d.h. zur Bestimmung der Pensionshöhe wurde die letzte Besoldung abzüglich der Zulagen um einen gewissen Anteil reduziert (ebd., S. 265f.). Die genaue Höhe des Anteils, der den standesgemäßen Lebensunterhalt sichern sollte, war jedoch schwer zu beziffern. Bereits im 19. Jahrhundert ging man davon aus, dass mit zunehmendem Dienst- und Lebensalter der Anteil des Gehaltsteils, der zum Erhalt des Sozialstatus gezahlt wurde, zunahm. Folglich sollte auch die Pensionshöhe mit zunehmendem Dienstalter ansteigen. Entsprechend war schon damals in einer Reihe von Verfassungen die Forderung nach „angemessener" Pension begründet (ebd., S. 266). Gleichwohl enthielten die beamtenrechtlichen Vorschriften mehrheitlich keine Mindestdienstzeit zur Erlangung eines Pensionsanspruchs, er stieg aber überall mit der Dauer der abgeleisteten Dienstjahre (ebd., S. 267). Während einige Staaten die erste Pensionserhöhung bereits nach fünf Dienstjahren vorsahen, fand in den meisten Staaten die Erhöhung erst nach zehn Jahren statt. Wurde der Staatsdiener vor Ablauf der zehn Jahre dienstunfähig, so erlangte er – zumindest – eine *Mindestpension*, deren Höhe in den einzelnen Staaten jedoch sehr unterschiedlich ausfiel. Sie variierte je nach Territorialstaat zwischen 30% bis 70% des letzten Gehaltes (ebd., S. 267f. m.w.N.). Trotz dieser Unterschiede bestand hinsichtlich der finanziellen Verpflichtung des Staates zur Absicherung der sozialen Sicherung grundsätzlich Einigkeit.

1873 entschied sich das Deutsche Reich in § 34 Reichsbeamtengesetz (RBG) für eine *Mindestdienstzeit* von zehn Jahren, die der Beamte abzuleisten hatte, um überhaupt einen Anspruch auf die (Mindest-)Pension zu haben. Diese betrug 40% des letzten Gehaltes. Gleichzeitig wurde in § 41 Abs. 2 RBG ein *Höchstruhegehaltssatz* von 75% des letzten Gehaltes eingeführt.

Im Zuge der rechtlichen Kodifizierung wurde zu Beginn des 19. Jahrhundert auch erstmals eine *(Regel-)Altersgrenze* eingeführt. Ab 1820 ließen mehrere deutsche Beamtengesetze ein Entlassungsgesuch nach Vollendung des 40. Dienstjahres oder des 70. Lebensjahres zu (Krause 2008, S, 257f.). Eine einheitliche, gesetzliche Altersgrenze wurde jedoch erst in den §§ 1, 2 des Preußischen Gesetzes vom 15. Dezember 1920 eingeführt. Hierin wurde erstmals festgelegt, dass der Beamte kraft Gesetzes bei Erreichen des 65. Lebensjahres aus dem Beamtenverhältnis, nicht aber aus dem Amt, ausscheidet. Danach galt für nichtrichterliche Beamte die Vollendung des 65. Lebensjahres, für richterliche Beamte die Vollendung des 68. Lebensjahres als maßgebend. Die WRV enthielt zunächst nur in Art. 104 Abs. 1 S. 3 eine Ermächtigung an den Gesetzgeber, eine (absolute) Altersgrenze für Richter festzusetzen (vgl. RGBl. 1919, S. 1371, 1403; Krause 2008, S. 271). Mit der Verordnung zur Herabminderung der Personalausgaben des Reiches vom 27. Oktober 1923 erfolgte dann jedoch die Festsetzung einer allgemeinen Dienstaltersgrenze für das Reich (65. Lebensjahr für „normale" Beamte, 68. Lebensjahr für Mitglieder des Reichsgerichts, des -finanzgerichts sowie des -rechnungshofes). Nach Erreichen dieser Dienstaltersgrenzen stand dem Beamten bzw. Richter ein Anspruch auf eine „standesgemäße“ (vgl. dazu Krause 2008, S. 257f.) bzw. „amtsangemessene“ Versorgung zu.

4.2.1.2 Amtsangemessene Alimentation

Mithin stellt sich die Frage nach allgemeingültigen Kriterien, die für die Bemessung des unbestimmten Rechtsbegriffs der Amtsangemessenheit der Alimentation herangezogen werden bzw. werden könnten.

Bereits 1897 hieß es in der Denkschrift des preußischen Finanzministeriums im Hinblick auf ein „standesgemäßes“ Gehalt zum Leben:

> „Die Aufstellung des Besoldungsplans ist davon ausgegangen, dass die Beamten ihre gesicherte finanzielle Stellung für sich und ihre Familie, sowie die Ehren des Amtes mit einrechnen müssen auf eine nach der Bedeutung des Amtes abgestufte, mäßige Bemessung ihrer Einnahmen. Der Beamte soll dasjenige Gehalt beziehen, welches zum standesgemäßen Leben erforderlich ist und eine angemessene Ausbildung seiner Kinder gestattet ...“ (Krause 2008, S. 257f.)

Gesetzgeberische Regelungsfreiheit

Art. 33 Abs. 5 GG selbst beinhaltet keine Definition des Merkmals *amtsangemessen*, noch gewährleistet er eine summenmäßig bestimmte Besoldung bzw. Versorgung (BVerfGE 8, 1 [13]; 16, 94 [112]; 44, 249 [263]; 51, 303 [307]; 55, 372 [392]; 56, 353 [361]; Pieper 2008, Art. 33 Rdn. 144; Wolff 2003, S. 306). Als eigentliche Bemessungsgrundlage scheidet er daher aus. Eine solche Funktion kann Art. 33 Abs. 5 GG auch nicht zukommen, weil die Bemessungsgrundlage bzw. der Bemessungswert, an der/dem sich Besoldung bzw. Versorgung orientieren, kein starrer Zahlenwert sein kann, sondern dynamisch die jeweils herrschenden gesellschaftlichen und wirtschaftlichen Verhältnisse zur Bestimmung der Amtsangemessenheit maßgebend sind.

> „Die Alimentation ist ein Maßstabsbegriff, der nicht statisch, sondern entsprechend den jeweiligen Zeitverhältnissen zu konkretisieren ist. Die einfachgesetzliche Verpflichtung in § 14 BBesG und § 70 Abs. 1 BeamtVG, die Bezüge der Beamten durch eine Erhöhung oder auch eine Verminderung der Entwicklung der allgemeinen wirtschaftlichen und finanziellen Verhältnisse anzupassen, stellt sich damit als Konkretisierung des Alimentationsgrundsatzes aus Art. 33 Abs. 5 GG dar.“ (BVerfGE 56, 353 [361])

> „Hiermit korrespondiert, dass der Beamte grundsätzlich keinen Anspruch darauf hat, dass ihm die für die Bemessung der Bezüge maßgeblichen Re-

gelungen, unter denen er in das Beamten- und Ruhestandsverhältnis eingetreten ist, unverändert erhalten bleiben." (BVerfGE 114, 258 [288])

In Abkehr von der Regelung des Art. 129 Abs. 1 S. 3 WRV garantiert daher Art. 33 Abs. 5 GG nicht einen Anspruch der Beamten auf Fortgewährung der Bezüge in der einmal auf Grund der Besoldungs- oder Versorgungsgesetzgebung erworbenen Höhe, also einen summenmäßig fest begrenzten Anspruch (BVerfGE, 8, 1 (12ff.)). Mit der Annahme, der Beamte habe ein wohlerworbenes Recht auf einen summenmäßig fest begrenzten Geldanspruch, wurde offenbar bezweckt, der Gehaltsforderung einen absoluten eigentumsähnlichen Schutz zu gewährleisten. Dabei wurde jedoch nicht berücksichtigt, dass eine Eigentumsgarantie dem Wesen öffentlichrechtlicher Geldforderungen, die auf einer Fürsorgepflicht des Gemeinwesens beruhen, in der Regel nicht gerecht werden kann. Summenmäßig unveränderliche vermögensrechtliche Ansprüche der Beamten sind mit den Interessen der Allgemeinheit und der Institution eines staatsverbundenen Berufsbeamtentums unvereinbar (ebd., S. 13). Demnach gibt es auch kein Vertrauen in die Aufrechterhaltung der gegenwärtigen Besoldungs- bzw. Versorgungshöhe; ein Anspruch auf Besitzstandswahrung existiert nicht (Pieroth 2009, Art. 33 Rdn. 45; Wolff 2003, S. 306). In Anpassung an die jeweiligen Verhältnisse und allgemeine Einkommensentwicklung können folglich einerseits Erhöhungen der Bezüge geboten, andererseits aber aus sachlich gebotenen Gründen auch Kürzungen für die Zukunft zulässig sein (ebd., S. 306f.; Masing 2007, Art. 33 Rdn. 87).

Grenzen der Regelungsfreiheit

Die Gehälter der Beamten werden anders als im Tarifvertragsrecht nicht ausgehandelt, sondern durch Gesetz einseitig festgesetzt. Die Kompetenz, Besoldung und Versorgung einseitig – auch zum Nachteil der Beamten – zu regeln, eröffnet dem Dienstherrn folglich größere Handlungsspielräume als er sie als Tarifpartner hätte.

Der Regelungsfreiheit des Gesetzgebers setzt die Verpflichtung aus Art. 33 Abs. 5 GG zu „amtsangemessener" Alimentation jedoch Grenzen. Diese Verpflichtung ist nach h.M. (vgl. u.a. Battis 2009a, Art. 33 Rdn. 71; Pieper 2008, Art. 33 Rdn. 136) und ständiger Rechtsprechung (BVerfGE 8, 1 [13]; 16, 94 [112]; 44, 249 [263]; 51, 303 [307]; 55, 372 [392]; 56, 353 [361]; 114, 258 [288]) – aufgrund ihrer Tradition und Fundamentalität – ein hergebrachter Grundsatz des Beamtentums. Der Gestaltungsspielraum des Gesetzgebers endet dort, wo die gewährte Alimentation – eventuell unter Hinzunahme anderer anrechenbarer Leistungen – nicht mehr amtsangemessen ist (BVerfGE 44, 249 [263]). Der Anspruch auf amtsangemessenen Unterhalt steht zur Dienstleistung des Beamten in einem Gegenseitigkeitsverhältnis (BVerfGE 70, 69 [80]) und wird hinsichtlich seines Kerngehalts durch Art. 33 Abs. 5 GG ebenso gesichert wie das Eigentum durch Art. 14 GG (BVerfGE 21, 329 [344f.]). Art. 33 Abs. 5 stellt hinsichtlich der Besoldung und Versorgung eine Sonderregelung (lex specialis) zu Art. 14 GG dar (BVerfGE 76, 256 [294]; Battis 2009a, Art. 33 Rdn. 66; Pieroth 2009, Art. 33 Rdn. 45). Dem Beamten steht somit hinsichtlich des Kernbestandes seines Anspruchs auf amtsangemessenen Unterhalt ein durch seine Dienstleistung erworbenes Recht zu, dass der Staat nicht ohne Kompensation entziehen kann (BVerfGE 16, 94 [112f.]; 21, 329 [344f.]).

Inhaltlicher Rahmen amtsangemessener Alimentation

Hinsichtlich der Angemessenheit der Alimentation hat das Bundesverfassungsgericht (BVerfGE 44, 249 [265f.]) wiederholt betont, dass

> „[d]er hergebrachte und zu beachtende Grundsatz des Berufsbeamtentums [...] eine amtsangemessene Alimentierung fordert; d.h. die Dienstbezüge sowie die Alters- und Hinterbliebenenversorgung sind so zu bemessen, dass sie einen je nach *Dienstrang, Bedeutung und Verantwortung des Amtes und entsprechender Entwicklung der allgemeinen Verhältnisse* angemessenen Lebensunterhalt gewähren und als Voraussetzung dafür genügen, dass sich der Beamte ganz dem öffentlichen Dienst als Lebensberuf widmen und in wirtschaftlicher Unabhängigkeit zur Erfüllung der dem Berufsbeamtentum vom Grundgesetz zugewiesenen Aufgabe, im politischen Kräftespiel eine stabile, gesetzestreue Verwaltung zu sichern, beitragen kann." (BVerfGE 39, 196 [201])

> „Der Gesetzgeber, der die Angemessenheit der Dienstbezüge einschließlich Alters- und Hinterbliebenenversorgung zu konkretisieren hat, muss dabei [...] auch berücksichtigen, dass heute nach allgemeiner Anschauung zu den Bedürfnissen, die der arbeitende Mensch soll befriedigen können, nicht nur die [...] nach Nahrung, Kleidung und Unterkunft gehören, sondern im Hinblick auf den *allgemeinen Lebensstandard* und die allgemeinen Verbrauchs- und Lebensgewohnheiten auch ein *Minimum an Lebenskomfort.*"

Das Bundesverfassungsgericht nennt hier als Kriterien, anhand derer die Angemessenheit zu beurteilen ist, die Ausstattung des Haushalts mit dem üblichen elektrischen Gerät einschließlich seiner Unterhaltung, Radio- und Fernsehgerät samt laufenden Kosten, Zeitungs- und Zeitschriftenbezug, Theaterbesuch und Besuch ähnlicher Veranstaltungen, Kraftwagen, Urlaubsreise, Bausparvertrag, Lebensversicherung und Krankenversicherung, Ausgaben für Fortbildung, soziale und politische Aktivitäten und vernünftige Freizeitbeschäftigung (BVerfGE 44, 249 [266]). Auch ein Beamter mit mehr als zwei Kindern muss in der Lage sein, ohne Auszehrung dieser familienneutralen Gehaltsbestandteile den ihm zukommenden Lebenszuschnitt nicht nur zu Lasten seiner Familie zu erreichen (BVerfGE 81, 363 [378]; 99, 300 [321f.]). Alimentation in der Wohlstandsgesellschaft bedeutet daher mehr als bloße Unterhaltsgewährung (BVerfGE 44, 249 [265f.]).

Mit der Forderung der *Amts*angemessenheit wird zudem die Annahme zum Ausdruck gebracht, dass auch die durchgängige Differenzierung der Bezüge entsprechend der *Ämterhierarchie* zu den hergebrachten Grundsätzen des Berufsbeamtentums zählt. Maßgebend für die Bestimmung der Angemessenheit und somit für die Höhe der Alimentation ist demzufolge die Wertigkeit des Amtes. Diese Wertigkeit bestimmt sich maßgeblich anhand innerdienstlicher, unmittelbar auf das Amt bezogener Kriterien wie der fachlichen Qualifikation (so genanntes „Leistungsprinzip“), der damit einhergehenden Eingruppierung sowie dem Dienstrang (so genanntes „Laufbahnprinzip“) und der mit dem Amt verbundenen Verantwortung. Die „amts“-angemessene Besoldung ist damit notwendig eine abgestufte Besoldung. Die Organisation der öffentlichen Verwaltung geht davon aus, dass in den höher besoldeten Ämtern die für den Dienstherrn „wertvolleren“ Leistungen erbracht werden. Deshalb muss im Hinblick auf das Leistungs- und Laufbahnprinzip mit der organisationsrechtlichen Gliederung der Ämter eine Staffelung der Gehälter einhergehen. Amtsangemessene Gehälter sind daher so zu bemessen, dass sie dem Beamten eine Lebenshaltung ermöglichen, die der Bedeutung seines jeweiligen Amtes entspricht (BVerfGE 114, 258 [287f.]; Lindner 2007, S. 222: *Besoldungssystemimmanente relative Angemessenheit*).

Die Bereitschaft des Beamten, sich mit ganzem Einsatz seinem Dienst zu widmen, hängt nicht zuletzt auch davon ab, dass die von ihm geleisteten Dienste adäquat gewürdigt werden. Maßstab hierfür sind daher auch die Einkünfte, die er mit seinen Fähigkeiten und Kenntnissen im Vergleich zu den Einkommen ähnlich ausgebildeter Arbeitnehmer mit *vergleichbarer beruflicher Verantwortung in der Privatwirtschaft* erzielen könnte (BVerfGE 114, 258 [293]). Während der Markt einfache Tätigkeiten immer schlechter bezahlt, können besser qualifizierte Arbeitskräfte in der freien Wirtschaft heute deutlich mehr verdienen (Bull 2008a, S. 23). Damit folglich die vom Amtsinhaber geforderte Ausbildung und seine Beanspruchung entsprechend gewürdigt werden, aber auch, damit der öffentliche Dienst für qualifizierte Kräfte attraktiv und somit leistungsfähig bleibt, hat der Gesetzgeber daher bei der Bemessung der Besoldung auch die Gehaltsstrukturen außerhalb des Beamtensystems angemessen zu berücksichtigen (Lindner 2007, S. 222: *Besoldungssystemexterne relative Angemessenheit*; Bamberger 2008, S. 364).

Der Rahmen amtsangemessener Alimentation wird daher maßgeblich durch die Entwicklung der allgemeinen wirtschaftlichen Verhältnisse und einen Vergleich mit den Gehaltsstrukturen außerhalb des Beamtensystems, durch die vom Amtsinhaber geforderte und absolvierte Ausbildung, seine konkreten Beanspruchung, die mit dem jeweiligen Amt verbundene Verantwortung sowie die Attraktivität des Beamtenverhältnisses und das Ansehen des Amtes in der Gesellschaft bestimmt.

Untergrenze amtsangemessener Alimentation

Als Sicherung eines angemessenen Mindestgehalts hat das Alimentationsprinzip auch heute noch seinen guten Sinn; es entspricht der allgemeinen sozialstaatlichen Pflicht des Staates, für das Existenzminimum seiner Beamten Sorge zu tragen. Was der Staat für die für ihn geleistete Arbeit aufwendet, darf jedoch nicht nach den Grundsätzen der Fürsorge berechnet werden. Die Mindestsicherung kann nicht den Maßstab für das Normaleinkommen darstellen (vgl. Bull 2007, Rdn. 2).

Der Beamte muss vielmehr über ein *Nettoeinkommen* verfügen, das seine rechtliche und wirtschaftliche Sicherheit und Unabhängigkeit gewährleistet und ihm über die Befriedigung der Grundbedürfnisse hinaus ein Minimum an Lebenskomfort ermöglicht.[1] Die Nettobezüge ergeben sich nach Abzug der Lohnsteuer (nach Maßgabe der besonderen Lohnsteuertabellen), gegebenenfalls der Kirchensteuer und des Solidaritätszuschlags und unter Hinzurechnung des Kindergeldes (BVerfGE 99, 300 [321]). Der gleiche Maßstab, wenn auch nicht in der Entscheidung explizit erwähnt, muss auch für die Versorgung gelten mit entsprechender Berücksichtigung von Einkommenssteuer, gegebenenfalls Kirchensteuer, Solidaritätszuschlag und natürlich auch unter Berücksichtigung von Kranken- und Pflegeversicherung.

Im Beschluss vom 24.11.1998 (2 BvL 26/91) hat sich das Bundesverfassungsgericht dahingehend geäußert, dass sich die Sicherstellung einer ausreichenden Alimentation von Beamten mit mehr als zwei Kindern auf der Basis des sozialhilferechtlichen Gesamtbedarfs beurteilt. Hierzu hat das Bundesverfassungsgericht ausgeführt, dass die Alimentation des Be-

---

1 BVerfGE 81, 363 (377), wonach „der Besoldungsgesetzgeber das Beamtengehalt in seinen familienneutralen Bestandteilen von vornherein so zu bemessen habe, dass, vor allem auch im Blick darauf, dass der Beurteilung der Amtsangemessenheit das Nettoeinkommen des Beamten zugrunde zulegen ist, davon eine bis zu vierköpfige Familie amtsangemessen unterhalten werden kann".

amten demgegenüber etwas qualitativ anderes ist. Dieser Unterschied muss bei der Bemessung der kinderbezogenen Bestandteile des Beamtengehalts sichtbar werden. Ein um *15 v.H. über dem sozialhilferechtlichen Gesamtbedarf* liegender Betrag („15 v.H.-Betrag") lässt nach Ansicht des Bundesverfassungsgerichts den verfassungsgebotenen Unterschied zwischen der, der Sozialhilfe obliegenden Befriedigung eines äußersten Mindestbedarfs und dem, dem Beamten (und seiner Familie) geschuldeten Unterhalt derzeit hinreichend deutlich werden (ebd., Rdn. 57; BVerfGE 44, 249 [264f.]). Diese Berechnungsmethode führt zwar nicht zu einer absoluten Bestimmung dessen, was die dem Beamten zu gewährende Alimentation ausmacht. Weisen die dem Beamten für sein drittes und jedes weitere Kind gewährten Zuschläge nicht einmal einen Abstand von 15 v.H. zum sozialhilferechtlichen Gesamtbedarf auf, so hat der Gesetzgeber den ihm zustehenden Gestaltungsspielraum überschritten (ebd., Rdn. 57).

Nur einen groben Anhaltspunkt hinsichtlich der Versorgung liefert die in § 14 Abs. 4 BeamtVG getroffene gesetzgeberische Entscheidung, wonach sich nach derzeitiger Besoldungstabelle (Endstufe A4 ohne Familienzuschlag) eine *Mindestversorgung* von 1.371,63 EUR errechnet. Weniger als diesen Betrag erhält grundsätzlich niemand als Pension. Das Bundesverfassungsgericht hatte bereits 1957 die Mindestpension von 35% der ruhegehaltfähigen Dienstbezüge als ausreichende Erfüllung der Alimentationspflicht des Dienstherrn angesehen (BVerfGE 7, 155 [169]).

Als Referenzgröße für die Beantwortung der Frage der Angemessenheit ist die bedarfsorientierte Grundsicherung im Alter und bei Erwerbsminderung (§§ 41ff., 29ff. SGB XII) heranzuziehen, die in der GRV Anwendung findet. Zur Sicherung des Lebensunterhaltes im Alter und bei dauerhafter Erwerbsminderung können Personen [...], die 1. das 65. Lebensjahr vollendet haben oder 2. [...] voll erwerbsgemindert i.S.d. § 43 Abs. 2 SGB VI sind, auf Antrag die Leistungen der Grundsicherung im Alter und bei Erwerbsminderung [...] erhalten, § 41 SGB XII.

Das Verhältnis der amtsunabhängigen Mindestversorgung brutto aus der Endstufe A4 gemäß § 14 Abs. 4 BeamtVG (65% mit Erhöhungsbetrag, ohne Familienzuschlag) zur Mindestversorgung netto und zur Grundsicherung im Alter zeigt Abbildung 4: Die Mindestversorgung brutto sowohl beim ledigen, als auch bei einem verheirateten Beamten (Alleinverdiener) liegt zwar über dem durchschnittlichen Bedarf der Grundsicherung im Alter, die amtsunabhängige Netto-Mindestversorgung für einen verheirateten Beamten nach Abzug von Steuern und Krankenversicherungs- bzw. Pflegeversicherungsbeiträgen liegt jedoch heute um 7,43% unter der Grundsicherung für Rentner.

≡ Abb. 4: Mindestversorgung – Abstand zum Grundsicherungsniveau

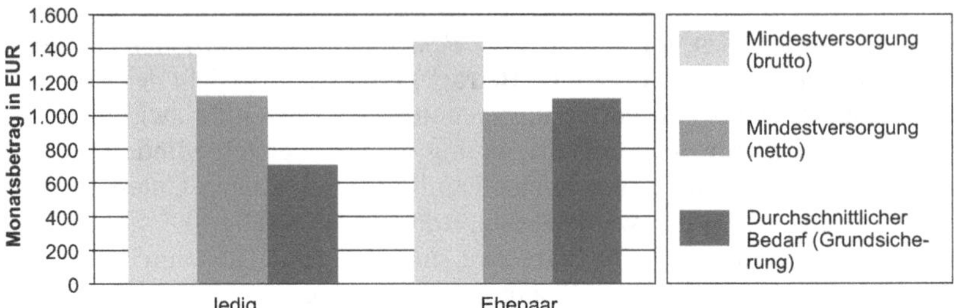

Quelle: Eigene Berechnungen; ISG 2009

Dieser Vergleich zeigt, dass die Mindestversorgung im Zuge der bereits erfolgten Sanierungsmaßnahmen heute nicht mehr in allen Fällen eine Grundsicherung im Alter gewährleisten kann. Insbesondere die ausgebliebenen Reallohnanpassungen haben bei der Mindestversorgung zu erheblichen Einbußen bei der relativen Höhe des Ruhegehalts geführt, so dass eine angemessene Mindestversorgung der Beamten und Beamtinnen derzeit nicht mehr garantiert ist.

Die eigenen, *individuellen Vermögensverhältnisse* spielen für die Bemessung der Bezüge in der Regel ebenso wenig eine Rolle wie sonstiges privates Einkommen des Beamten oder seiner Angehörigen (z.B. aus Miete oder Pacht, vgl. auch BVerfGE 21, 329 (347, 350); 55, 207 (239); 70, 69 (81); 83, 80 (106)). Die Anrechnung von zur Existenzsicherung bestimmter Einkommen aus anderen öffentlichen Kassen und die Anrechnung anderweitiger Einkommen aus Tätigkeiten während der Dauer einer Dienstunfähigkeit oder die im vorzeitigen Ruhestand aufgrund vorzeitigen Zurruhesetzens erworben wurden (§ 53 BeamtVG), ist jedoch zulässig (vgl. auch Masing 2007, Art. 33 Rdn. 87). Das Gleiche gilt beispielsweise für Renten aus den gesetzlichen Rentenversicherungen (§ 55 BeamtVG). Ferner zulässig sind Differenzierungen nach familiär bedingtem Bedarf (vgl. BVerfGE 99, 300 (321)). Nicht zu dem von Art. 33 Abs. 5 GG geschützten Bestand gehören nach Entscheidungen des Bundesverfassungsgerichts die Dienstzeitprämien (BVerfGE 64, 158 (169)), das 13. Monatsgehalt, Urlaubsgeld, Leistungszulagen, Ortszuschlag, Vergütung für Überstunden, Zuschüsse zu Essenskosten (vgl. BVerfGE 44, 249 (263); Pieroth 2009, Art. 33 Rdn. 57) und Aufwandsentschädigungen für alle berufsbedingten Kosten (BVerwG, DVBl. 1984, 431).

In den letzten Jahren wurden diese Bestandteile daher in großem Umfang vom Gesetzgeber abgeschmolzen bzw. gänzlich abgeschafft. Die Alimentation ist aber nur dann als angemessen zu erachten, solange sie sich im Gleichschritt mit der allgemeinen Entwicklung der Wirtschafts- und Lebensverhältnisse bewegt. Allerdings hat die Besoldung der Beamten in den letzten Jahren nicht mehr mit der Einkommensentwicklung der Privatwirtschaft Schritt gehalten (vgl. Abschnitt 2.3). Die Amtsangemessenheit der Alimentation bestimmt sich aber eben auch durch ihr Verhältnis zu den Einkommen, die für vergleichbare und auf der Grundlage vergleichbarer Ausbildung erbrachte Tätigkeit dort erzielt werden (Nokiel 2007, S. 163). Liegt die Alimentation hinter der allgemeinen Gehaltsentwicklung, kommt eine *Unteralimentation* in Betracht.

Derzeit liegt dem Bundesverfassungsgericht ein Verfahren zur Entscheidung vor, in dem der Kläger seine *Unteralimentation infolge des Wegfalls der Sonderzahlungen* für das Jahr 2005 rügt. Das Verwaltungsgericht Braunschweig hat ein Verfahren gegen das Land Niedersachsen ausgesetzt (Vorlagebeschluss v. 9.9.2008 – 7 A 357/05), um eine Entscheidung des Bundesverfassungsgerichts zu der Frage einzuholen, ob die Netto-Gesamtbesoldung des Klägers im Jahr 2005 verfassungsgemäß war. Anlass der Klage ist die Streichung des Urlaubs- und Weihnachtsgeldes in Niedersachsen mit Beginn des Jahres 2005 für alle Beamten ab Besoldungsgruppe A9. Der Kläger ist Finanzbeamter und gehörte damals zur Besoldungsgruppe A9; er ist verheiratet und hat zwei Kinder

Das Gericht sieht das Recht des Klägers auf eine amtsangemessene Alimentation als verletzt an. Das Gericht verweist in dem Vorlagebeschluss u.a. auf die Entwicklung der *Netto-Besoldung eines verheirateten Angestellten im öffentlichen Dienst* mit zwei Kindern (Vergütungsgruppe V b BAT (alt)), dessen Netto-Einkünfte sich in dem Zeitraum 2002 bis 2005 um 8,16% erhöht haben. Die Netto-Besoldung eines vergleichbaren Beamten ist demgegenüber im gleichen Zeitraum nur um 0,05% gestiegen. Die durchschnittlichen Brutto-Jahreseinkommen der Arbeitnehmer im produzierenden Gewerbe, im Handel sowie im Kredit- und Versicherungsgewerbe sind von 2002 bis 2005 um 7,38% und die durchschnittlichen Netto-Jahreseinkommen privater Haushalte – Beamte eingeschlossen – zwischen Anfang 2000 und Ende 2005 um 8% gestiegen sind (Quelle: Statistisches Bundesamt). Nach Ansicht des Gerichts hat eine Abkoppelung der Besoldung des Klägers von der allgemeinen Einkommensentwicklung stattgefunden. Diese führe zu einer Gesamt-Besoldung, welche in den Kernbestand der verfassungsrechtlich geschuldeten Alimentation eingreife.

Zwischenergebnis

Das Bundesverfassungsgericht liefert somit zwar Anhaltspunkte zur Bestimmung der „Angemessenheit", eine konkret bezifferte Untergrenze nennt es gleichwohl nicht. Bis heute hat das Bundesverfassungsgericht diese

Frage sowohl hinsichtlich Besoldung als auch Versorgung noch nicht hinreichend entschieden. Das bedeutet, dass eine eindeutige, verfassungsrechtlich gesicherte Mindesthöhe für die angemessene Alimentation nicht gegeben ist.

In Anbetracht der o.g. gesetzlich gekürzten bzw. weggefallenen Besoldungsbestandteile, der Kürzungen beim Besoldungs- und Versorgungsniveau der Beamten, der erfolgten Abkopplung von der Reallohnentwicklung und der wenigen erfolgten Besoldungsanpassungen kann derzeit (unabhängig von der zu erwartenden Entscheidung des Bundesverfassungsgerichts) grundsätzlich nicht von einer Überalimentierung der Beamten – gerade in den unteren Besoldungsgruppen – ausgegangen werden. Dem Beamten sollte daher als „amtsangemessen" im Ergebnis das an Netto-Besoldung zustehen, was zumindest einem vergleichbaren Angestellten netto zusteht.

4.2.1.3 Modernisierungsfragen

Da wie bereits erwähnt als Kernbestand der Alimentation zwar die lebenslange Unterhaltsgewährung von Art. 33 Abs. 5 GG gewährleistet wird, nicht aber eine summenmäßig festgesetzte Höhe, sind Veränderungen im System der Versorgungssicherung, wie gesehen, nicht ausgeschlossen (vgl. Masing 2007, Art. 33 Rdn. 87; Pechstein 2002, S. 1ff.; Battis/Kersten 2000, S. 1337ff.).

Somit stellt sich die Frage, welche Stellschrauben dem Gesetzgeber angesichts der angespannten Haushaltslage und leerer Kassen noch zur Verfügung stehen, um die Beamtenversorgung nachhaltig zukunftsfest zu gestalten. Der gegenwärtige Spielraum für weitere Absenkungen der Grundgehälter sowie Aussetzungen der Besoldungsanpassung zur Sanierung der Beamtenversorgung dürfte nämlich begrenzt sein (vgl. hierzu Abschnitt 5.5.4). Zwar ist es Sache des Gesetzgebers, festzulegen, was dem Beamten an Alimentierung verfassungsgemäß konkret zusteht. Bei allen Reformen und Sanierungskonzepten darf jedoch nicht übersehen werden, dass die Dienstbezüge des Beamten, seine Altersversorgung und die Hinterbliebenenversorgung nicht an der unteren Grenze des im Sinne der vorstehenden Ausführungen angemessenen Netto-Unterhalts liegen dürfen (vgl. BVerfGE 44, 249 [266f.]).

Überleitung in die allgemeine Sozialversicherung (insbesondere in die GRV)

Reformansätze, die Beamtenversorgung gänzlich in die *allgemeine Sozialversicherung* zu überführen, werden nach ganz h. M. (BVerfGE 76, 256

(319f.); Ruland 1995, S. 422 m.w.N.; Rürup-Kommission 2008, S. 123) als unzulässig abgelehnt:

> „Auf dem Boden der hergebrachten Grundsätze des Berufsbeamtentums können weder das Gehalt des aktiven Beamten noch das Ruhegehalt oder die Hinterbliebenenversorgung (ganz oder teilweise) in Leistungen anderer Qualität wie z.B. Leistungslohn, Fürsorgehilfen oder Sozialversicherungsleistungen übergeleitet werden. Die Besoldung und Versorgung des Beamten darf – auch hinsichtlich einzelner ihrer Bestandteile – nicht dem Gewährleistungsbereich des Art. 33 Abs. 5 GG entzogen werden. Sie muss vom Dienstherrn selbst gewährt werden, der sich hinsichtlich keiner der bedeutsamen Alimentationsleistungen durch einen Dritten entlasten darf.“ (BVerfGE 76, 256 [319f.])

Eine Überleitung der Beamtenversorgung in die GRV setzt folglich eine Verfassungsänderung voraus (vgl. dazu auch Rürup-Kommission 2008, S. 123ff.). Hinzu kommt, dass eine „zahlenmäßig identische Übertragung“ die strukturellen Unterschiede der Versorgungssysteme missachtet, die insbesondere darin liegen, dass die Beamtenversorgung als (bifunktionale) Vollversorgung sowohl die Grund- als auch die Zusatzversorgung umfasst (vgl. BVerfG, DVBl. 2005, S. 1441 [1447]).

Beitragsfreiheit der Beamtenbesoldung?

Einzelne Bestandteile des Besoldungs- und Versorgungsrechts sind jedoch nicht unveränderlich. Änderungen der Beamtenbesoldung und -versorgung, fast immer mit dem Ziel der Angleichung des Versorgungs- an das Rentenrecht (dazu ausführlich Abschnitte 5.1 und 2), stellen trotz des vom Bundesverfassungsgericht (BVerfGE 97, 271 [282, 295]) betonten Unterschiedes der beiden Alterssicherungssysteme eine – verfassungsrechtlich – zulässige Fortentwicklung der herrschenden Grundsätze dar, d.h. eine Anpassung des Beamtenrechts in seinen einzelnen Ausprägungen an die veränderten gesellschaftlichen Umstände (Bergmann 2007, Art. 33 Rdn. 11).

Der Gesetzgeber ist gleichwohl nicht gehindert, die Gesamtkonzeption des Beamtenrechts zu verändern. Im Rahmen der Anpassung des Beamtenrechts an die veränderten gesellschaftlichen Umstände hat beispielsweise das Bundesverfassungsgericht (Beschl. v. 24.9.2007 – 2 BvR 1673/03) die Bildung einer Versorgungsrücklage (§ 14a BBesG) als verfassungskonform angesehen, obwohl der zwangsweise Einbehalt eines Teils der dem Beamten an sich zustehenden Besoldungs- und Versorgungsanpassung (i.H.v. 0,2%) einer offen ausgewiesenen Abgabe an einen Pensionsfond gleichkommt, der als eigenständige Organisationsform außerhalb des Dienstherren steht (vgl. v. Zezschwitz 1998, S. 119). Der Aufbau eines

Versorgungsfonds für neu einzustellende Beamte mit dem Ziel, Versorgungsrückstellungen zu bilden, aktualisiert nur die Verpflichtung des Gesetzgebers zur Gewährleistung einer Alimentation bei Eintritt des Versorgungsfalls (vgl. Lorse 2005, S. 456).

Entgegen verbreiteter Ansicht (vgl. BVerwGE 54, 177 [181f.]; Merten 1999b, S. 814, 1996 S. 374; v. Zezschwitz 1998, S. 115, 119, 121; Lecheler/Determann 1998, S. 2) gewährleistet das Alimentationsprinzip nicht die völlige Beitragsfreiheit der Beamtenversorgung (vgl. Battis/Kersten 2000, S. 1339; Masing 2007, Art. 33 Rdn. 87; Pieroth 2009, Art. 33 Rdn. 59). Zwar weist die Beitragsfreiheit die für eine Qualifizierung als hergebrachten Grundsatz geforderte Tradition auf, es mangelt ihr jedoch an der oben beschriebenen zusätzlich erforderlichen fundamentalen Bedeutung (ebd., Rdn. 87 m.w.N. in Fn. 466; Battis/Kersten 2000, S. 1339; Ruland 1995, S. 423).

Die einseitige Interpretation des Alimentationsprinzips verdeckt auch, was die Beamten sich in ökonomischer Perspektive aus Einkommensverzicht in der Erwerbsphase und über analoge Arbeitgeberleistungen für die fiktive erste und zweite Säule der bifunktionalen Beamtenversorgung „erdient“ haben. Der Beamte hat während seiner Dienstzeit durch ein im Vergleich zu den Tarifbeschäftigten im öffentlichen Dienst niedrigeres Einkommen (Gehaltsverzicht) bereits seit Jahren seinen eigenen – mangels offener Ausweisung auf den monatlichen Besoldungs- bzw. Versorgungsabrechnungen – „verdeckten“, tatsächlichen Beitrag zu seiner Alterssicherung geleistet (vgl. dazu Abschnitt 2.4.1). Wirtschaftlich betrachtet ist ohnehin kein anderer Schluss denkbar. Dementsprechend bröckelt die Front der Kritiker einer Versorgungsbeitragspflicht schnell, wenn eine entsprechende Erhöhung der Bruttobesoldung der Beamten vorgeschlagen wird, von der dann „offen" Beiträge zur Altersversorgung abgezogen werden. Solange die amtsangemessene Netto-Besoldung garantiert ist, ist es verfassungsrechtlich unerheblich, ob die Beamten einen offenen oder verdeckten Versorgungsbeitrag leisten müssen (Battis/Kersten 2000, S. 1339; Lorse 2005, S. 456; Ruland 1995, S. 423). Voraussetzung muss aber sein, dass dieser Beitrag auch tatsächlich in eine Versorgungsrücklage bzw. an eine explizit mit der Finanzierung der Versorgungsleistungen beauftragte Institution fließt. Denn die Dienstbezüge sind vom Staat eine festgesetzte Gegenleistung des Dienstherrn dafür, dass sich ihm der einzelne Beamte mit seiner ganzen Persönlichkeit zur Verfügung stellt und gemäß den jeweiligen Anforderungen seine Dienstpflichten nach Kräften erfüllt. In diesem Sinne ist es auch zu verstehen, wenn der Gesetzgeber selbst beispielsweise in § 14 Abs. 4 BeamtVG von erdientem Ruhegehalt des Beamten spricht. Dieser erdiente Teil ist durch Art. 33 Abs. 5 GG ebenso gesichert wie das Eigentum durch Art. 14 GG (BVerfGE 16, 94 [112f., 115]; 21, 329 [344f.]) und daher dem staatlichen Zugriff entzogen.

Geboten und verfassungsrechtlich zulässig wäre daher, dass eine Beitragsermittlung der erdienten Bestandteile erfolgt und nicht pauschal auf die Gesamtheit der Besoldungs- und Versorgungsaufwendungen bezogen wird (*Explizierung der „Beitragsseite“* der Beamtenversorgung). Diese Teile der Pension wären dann als Untergrenze für Kürzungen des Versorgungsniveaus zu werten (vgl. hierzu Abschnitt 5.5.4).

Änderung des Höchstversorgungssatzes

Historisch betrug der Höchstversorgungssatz seit dem RBG bis 2001 75% des letzten Gehaltes. Die Höhe des Höchstversorgungssatzes ist jedoch lediglich ein tradierter Bezugspunkt, sie ist aber nicht von fundamentaler Bedeutung. Auch Änderungen des Höchstversorgungssatzes oder Steigerungssatzes sind zulässig. Art. 33 Abs. 5 GG garantiert kein Fortbestehen der Rechtslage, die für den Beamten bei Eintritt in das Beamtenverhältnis bestanden hat. Es besteht lediglich eine bloße *Anwartschaft auf amtsangemessene Versorgung* nach dem zum Zeitpunkt des Versorgungsfalls geltenden Recht. Beispielsweise gibt es keinen hergebrachten Grundsatz des Berufsbeamtentums, wonach der Höchstversorgungssatz mindestens 75% der ruhegehaltfähigen Dienstbezüge betragen müsse (BVerfG, Urt. v. 27.9.2005 – 2 BvR 1387/02 BvR 1387/02, Rdn. 105ff.). Daher konnte der Gesetzgeber den Höchstversorgungssatz von 75% im Rahmen des Versorgungsänderungsgesetzes 2001 auch schrittweise auf 71,75% absenken (ebd.; vgl. auch Wolff 2005, S. 361ff.; Hufen 2006, S. 361).

Selbst die gänzliche Abschaffung des Höchstversorgungssatzes und nur die Beibehaltung eines jährlichen Steigerungssatzes, z.B. bei Öffnung der Ruhegehaltsskala bei paralleler Anhebung der Pensionsgrenze, dürften demnach zulässig sein.

Die Alimentation ist ein Maßstabsbegriff, der nicht statisch, sondern entsprechend den jeweiligen Zeitverhältnissen zu konkretisieren ist. Die Bezüge der Beamten durch eine Erhöhung oder auch eine Verminderung aufgrund der Entwicklung der allgemeinen wirtschaftlichen und finanziellen Verhältnisse anzupassen, stellt sich damit als Konkretisierung des Alimentationsgrundsatzes aus Art. 33 Abs. 5 GG dar. Der Gesetzgeber darf die Höhe der Bezüge kürzen, wenn dies aus sachlichen Gründen gerechtfertigt ist (ebd.).

Bei aller Legitimität sachlicher Gründe sind jedoch zusätzlich Grenzen für weitere Absenkungen in der Beamtenversorgung zur Verhinderung von Altersarmut vor allem auch für die unteren Besoldungsgruppen festzulegen.

4.2.1.4 Zusammenfassende Bewertung

Besoldung und Versorgung des Beamten haben ihre gemeinsamen Wurzeln im Beamtenverhältnis und müssen im Zusammenhang mit der Dienstverpflichtung und der Dienstleistung des Beamten gesehen werden. Sie sind zwar grundsätzlich kein Entgelt im Sinne einer Entlohnung für konkrete Dienste; dem Beamten steht aber, „wenn auch nicht hinsichtlich der ziffernmäßigen Höhe und der sonstigen Modalitäten, so doch hinsichtlich des Kernbestandes seines Anspruchs auf amtsangemessenen Unterhalt ein durch seine Dienstleistung erworbenes Recht“ zu, welches durch Art. 33 Abs. 5 GG gesichert ist wie das Eigentum durch Art. 14 GG. Das Alimentationsprinzip verpflichtet den Dienstherrn daher, dem Beamten und seiner Familie einen amtsangemessenen Lebensunterhalt zu sichern. Dies schließt die Pflicht zur Versorgung im Ruhestand und zur Versorgung der Hinterbliebenen mit ein.

Ob mit oder ohne Fortentwicklungsklausel ist unstritttig, dass der Gesetzgeber bei der Alimentation des Beamten einen weiten Gestaltungsspielraum hat. Art. 33 Abs. 5 GG stellt keine Ewigkeitsgarantie des Beamtenrechts dar (BVerfGE 3, 58 [137]). Diesen Gestaltungsspielraum muss er aber auch sinnvoll nutzen. Dabei geht es nicht allein um die Durchführung von Sparmaßnahmen, sondern um eine echte „Fortentwicklung“ des Beamtenrechts. Der Ansatz, die demographischen Probleme und die Versäumnisse der Vergangenheit ausschließlich über Einschnitte beim Besoldungs- und Versorgungsniveau lösen zu wollen, greift zu kurz und verdeutlicht, dass die strukturellen Probleme noch nicht annähernd erkannt worden sind. Bei der Suche nach Grenzen für die Kürzungen auf der Leistungsseite ist unbedingt der bifunktionale Charakter der Beamtenversorgung als Basis- zuzüglich betrieblicher Alterssicherung – in einem System zu beachten. Bei der notwendigen Weiterentwicklung und der Anpassung der rechtlichen Rahmenbedingungen zur Ausgestaltung des Alimentationsprinzips sind auch Grenzen für weitere Absenkungen festzusetzen. Als Untergrenze einer amtsangemessenen Versorgung ist dabei zumindest auf die Höhe der Alterssicherung der Tarifbeschäftigten des öffentlichen Dienstes aus diesen beiden Säulen abzustellen.

4.2.2 Das Leistungsprinzip

Zu den hergebrachten Grundsätzen des Berufsbeamtentums gehört es auch, dass die Bezüge entsprechend der unterschiedlichen Wertigkeit der Ämter gestuft sind (BVerfGE 114, 258 (287f.)). Eingruppierung und Besoldungsfestsetzung des Beamten werden aufgrund der Forderung nach amtsangemessener Alimentation daher maßgeblich auch durch das *Leistungsprinzip* bestimmt.

4.2.2.1 Ausgangslage

Das in Art. 33 Abs. 2 GG verfassungsrechtlich normierte Leistungsprinzip diente lange Zeit fast ausschließlich dem öffentlichen Interesse an einer Besetzung öffentlicher Ämter mit möglichst leistungsfähigen Bewerbern (BVerfGE 56, 146 [163]); *Prinzip der Bestenauslese; Verhinderung der Ämterpatronage*).

Das Leistungsprinzip wurde durch die Zugangskriterien des Art. 33 Abs. 2 GG (Eignung, Befähigung und fachlichen Leistung) verwirklicht. Diese Kriterien beinhalten den speziellen Gleichheitssatz für den Ämterzugang und sollen sachliche Entscheidungen gewährleisten (Kunig 2001, Art. 33 Rdn. 26). Auch Aufstieg und Beförderung erfolgen nach dem Leistungsprinzip. Das jeweils zu übertragende Amt (Anforderungsprofil) bestimmt die Kriterien für die Beurteilung der Eignung, Befähigung und fachlichen Leistung (Zippelius/Würtenberger 2008, § 44 Rdn. 21; Bergmann 2007, Art. 33 Rdn. 4).

Die Höhe des Besoldungsanspruchs richtet sich primär nach dem jeweils bekleideten Amt, dessen Zuordnung zu einer Besoldungsgruppe sowie dem Familienzuschlag. Die Besoldung war insoweit in erster Linie an formellen Kriterien ausgerichtet, d.h. an Besoldungsgruppe, Dienstalter und nicht zu letzt auch am Familienstand (Nokiel 2007, S. 163) und beinhaltete eine Globalvergütung für die volle Hingabe der Arbeitsleistung in beamtenrechtlicher Treue (vgl. Leisner 2002, S. 766; Lorse 2005, S. 454). Der individuelle Arbeitseinsatz, die konkrete Arbeitsleistung, Engagement und Motivation waren allenfalls von untergeordneter Rolle und hatten keine Auswirkungen auf die Besoldung(-shöhe). Ein leistungsstarker Beamter erhielt die gleiche Besoldung wie derjenige in der gleichen Besoldungsgruppe, der lediglich seinen Dienst (nach Vorschrift) erfüllte. Die Beschränkungen der Leistungsorientierung der Besoldung auf das System der statusrechtlichen Ämter und Aufrückmöglichkeiten stellte bei geringen Beförderungsmöglichkeiten ebenfalls ein Problem dar, gerade dann, wenn der Beamte gute Leistung erbracht hatte (vgl. Summer 2002, S. 111).

4.2.2.2 Aktives Leistungsprinzip in der Besoldung

Aufgrund der *Modernisierung des Verwaltungshandelns* erschöpft sich das Leistungsprinzip heute nicht mehr allein im Laufbahnzugang, Leistungen sind nicht länger amts-, sondern funktionsbezogen und unterliegen individuellen Einflussgrößen wie Leistungsmessung und -vergleich (vgl. Bull 2007, Rdn. I.4.; Lorse 2005, S. 455). Es galt, das veraltete, den wirtschaftlichen Verhältnissen heute fremde Bezahlungssystem durch ein modernes, zeitgemäßes zu ersetzen (vgl. Nokiel 2007, S. 163).[2]

Aufgrund dieses gewandelten Verständnisses können auch die Bezüge des Beamten von heute nicht mehr nur als leistungsunabhängige Besoldung verstanden werden. Vielmehr müssten sie als „Bezahlung“, d.h. als Gegenleistung des Dienstherren für geleistete Arbeit angesehen werden und nicht lediglich als Entgelt dafür, dass der Beamte sich mit seiner ganzen Persönlichkeit in den Dienst des Staates stellt. (vgl. Nokiel 2007, S. 163). Der Grundsatz der Amtsangemessenheit der Besoldung wird daher als Bemessungsgrundlage nicht mehr als ausreichend erachtet. Die Ämter im statusrechtlichen Sinne umfassen heute eine Vielzahl unterschiedlicher Funktionen, sodass keine hinreichende Relation mehr zu der ausgeübten Tätigkeit und ihrem Marktwert besteht. Die Aufrechterhaltung einer starren Ämterhierarchie erweist sich bei der Rekrutierung von qualifiziertem Nachwuchs und bei der Personalgewinnung zunehmend als Hemmnis. Statt auf Ämterordnung sollte auch im öffentlichen Dienst Funktion und Leistung stärker in den Vordergrund rücken (vgl. dazu insgesamt Bull 2007, Rdn. I.3.).

Die seit 1997 bis heute durchgeführten Dienstrechtsreformen und die in diesem Zusammenhang eingeführten Leistungskomponenten (Leistungsstufen, Leistungsprämien und -zulagen) sollten der stärkeren Leistungsorientierung der Bediensteten sowie der Einführung einer leistungsorientierten Bezahlung dienen und Arbeitsmotivation und Zufriedenheit der Bediensteten fördern.

Die Praxis hat jedoch gezeigt, dass Leistungsgesichtspunkte im Arbeitsalltag noch immer wenig Berücksichtigung finden. Der durch § 27 Abs. 3 BBesG bei herausragender Leistung mögliche vorzeitige Aufstieg in den Erfahrungsstufen geht nicht weit genug, und hat sich nicht bewährt bzw. findet kaum statt (vgl. Nokiel 2007, S. 163). Eine wirkliche Leistungsbesoldung (z.B. aus Basis- und variabler Leistungsvergütung, dazu Lorse 2005, S. 454; Bull 2007, Rdn. I.) sieht auch das DNeuG nicht vor.

Die beschränkende Regelung der Kostenneutralität und die 15%-Quotierung stoßen zudem auf heftige Kritik (vgl. Bull 2008b, S. 231; Jörges-Süß 2006, S. 38f.; Mühlenkamp 2008, S. 637ff.), da aus ihnen große Umsetzungs- und Vermittlungsprobleme der Reformen resultieren: Ein großer

---

2 Die Einführung leistungsbezogener Besoldung wird im Rahmen der Fortentwicklung des Besoldungsrechts – überwiegend – als verfassungsrechtlich zulässig angesehen.

Prozentsatz der Bediensteten erhält grundsätzlich weniger anstatt mehr Geld. Die Anreizwirkungen auf die Bediensteten fallen niedrig aus, und es sind negative Motivationseffekte für die bei der Vergabe der Leistungselemente Nichtberücksichtigten zu befürchten. Demotivation bei Bediensteten und Führungskräften, Steigerung des Leistungsdrucks, Ungleichbehandlungen bei der Verteilung, Leistungskonkurrenz, verstärkt gerichtliche Auseinandersetzung und Vernachlässigung bestimmter Aufgaben bei Zielvereinbarungen sind oftmals die Folgen (vgl. Bolay 2007, S. 107; Gourmelon et al. 2007, S. 187).

Aus der Perspektive der Alterssicherung ist folgendes anzuführen: Die Einführung leistungsorientierter Besoldungselemente hat implizit zu einer Absenkung des Ruhegehaltsniveaus geführt. Die ruhegehaltfähige Grundbesoldung wurde abgesenkt und die an ihre Stelle tretenden Leistungsprämien und -zulagen werden nicht bei der Ruhegehaltsberechnung berücksichtigt. Weiterführende Reformvorschläge der Bull-Kommission oder des Eckpunktepapiers „Neue Wege im öffentlichen Dienst“ (Schily et al. 2005), die Lösungsansätze hin zu einem umfassenden Modell einer leistungsorientierten Besoldung und Versorgung enthielten, wurden vom DNeuG 2009 nicht berücksichtigt. In dem System der Beamtenversorgung macht sich zusätzliche Leistung somit nicht bezahlt. Eine Absenkung der ruhegehaltfähigen Grundbesoldung bei gleichzeitiger Nichtberücksichtigung der Leistungszulagen und -prämien in der Ruhegehaltsberechnung bedeutet letztendlich eine *Minderung der Beamtenversorgungsleistungen.*

4.2.2.3 Modernisierungsfragen

In konsequenter Umsetzung des Leistungsprinzips, des Prinzip angemessener Alimentation und um der Wechselwirkung von Besoldungs- und Versorgungsleistungen Rechnung zu tragen, sollten daher *Leistungszulagen und Leistungsprämien* – zumindest zeitanteilig – *ruhegehaltfähig* werden.

Eine Einbeziehung der Leistungskomponenten in die Versorgung und somit die Einkehr von leistungsbezogenen Elementen in das Alterssicherungssystem der Beamten wäre jedoch wünschenswert. Ganzheitliche Lösungen, die eine Stimmigkeit zwischen einem leistungsorientierten Bezahlungssystem und dem organisationalen Kontext des öffentlichen Dienstes schaffen (Jörges-Süß 2006, S. 40), erfordern inhaltlich aufeinander abgestimmte Reformen der Beamtenbesoldung und -versorgung.

Nachdem in Art. 33 Abs. 5 GG explizit festgeschrieben wurde, dass das Beamtenrecht auch „fortzuentwickeln“ ist, scheint die „Reformbremse“ Alimentationsprinzip (Bull 2006, S. 244ff.) einer Leistungsausrichtung der Beamtenversorgung nicht mehr im Weg zu stehen. Vielmehr lässt es selbst das tradierte Alimentationsprinzip zu, dass bei der Versorgung der Beamten zumindest teilweise auf die zuvor erbrachte Leistung abgestellt wird. Vor diesem Hintergrund scheint die Einführung eines „Mischsystems" aus Basisversorgung und einem variablen leistungsbezogenem Versorgungsanteil möglich, wenn die Basisversorgung eine ämterbezogene Differenzierung beibehält und einen Kernbestand der Alimentation unangetastet lässt (vgl. Lorse 2005, S. 454).

Zwar könnte der zeitanteiligen Berücksichtigung der leistungsorientierten Besoldungskomponenten beim Ruhegehalt der *Grundsatz der Versorgung aus dem letzten Amt* entgegenstehen. Die Umsetzung des Alimentationsprinzips als Versorgung aus dem letzten Amt könnte sich für die nur phasenweise in der Erwerbsbiographie gewährten Leistungselemente als problematisch erweisen.

Die Argumentation des Bundesverfassungsgerichts im Beschluss vom 20.3.2007 (2 BvL 11/04, Rdn. 38f.) zur Wartefrist bei Beförderungen lässt sich von ihrer Grundaussage allerdings auch auf diesen Sachverhalt anwenden: Letztendlich geht es sowohl bei der Beförderung als auch bei der Leistungsbesoldung um die konsequente Umsetzung und damit um die Wahrung des Leistungsprinzips sowie die Anerkennung und Honorierung der fachlichen Leistungen des Bediensteten sowie seiner Eignung und Befähigung. Dies dürfe später bei der Versorgung grundsätzlich nicht unberücksichtigt bleiben. Aus dem engen Zusammenhang von Besoldung und Versorgung folgt, dass sich die in einer Beförderung liegende Anerkennung nicht auf die Zeit beschränkt, während der sich der Beamte im Dienst befindet, sondern sich auch auf sein Ruhegehalt auswirken muss (ebd., Rdn. 39; so auch BVerfGE 56, 146 [163f.]; 61, 43 [58]).

Es erscheint daher unbillig und rechtspolitisch fragwürdig, hinsichtlich des Laufbahnprinzips gerade Leistung honorieren zu wollen, die von Politik und Gesetzgeber auf Bundesebene geforderten, befürworteten und eingeführten Leistungselemente im Sinne einer „Mehr"-Leistung jedoch bei der Versorgung unberücksichtigt zu lassen. Dies konterkariert zudem jede mit der Einführung der Leistungsbesoldung erhofften Anreizwirkungen.

4.2.2.4 Zusammenfassende Bewertung

Die Einführung von Leistungselementen in die Besoldung ist zur Schaffung individueller Einkommensgerechtigkeit fast einhellig als mit Art. 33 Abs. 5 GG vereinbar angesehen worden. Um dem Leistungsprinzip umfassend Rechnung zu tragen, muss sich die Honorierung besonderer Leistungen individuell auf die Alimentation auswirken. In konsequenter Weiterentwicklung eines aktiven Leistungsprinzips muss sich diese Honorierung dann aber auch in der Versorgung widerspiegeln. Leistungsprämie und Leistungszulage sind daher auch im Rahmen der Ruhegehaltsberechnung zumindest zeitanteilig zu berücksichtigen.

4.2.3 Das Lebenszeitprinzip; Dienst- und Treuepflicht

4.2.3.1 Lebenszeitprinzip

Das Beamtenverhältnis ist gekennzeichnet durch die hauptberufliche Tätigkeit auf Lebenszeit. Zu den Kernpflichten des Beamtenverhältnisses zählt dabei auch die Pflicht des Beamten, bei Erfüllung seiner Aufgaben seine eigenen Interessen zurückzustellen und nur dem Allgemeinwohl dienen zu wollen.

Ausgangslage

Zusammen mit Alimentations- und Leistungsprinzip gehört zu den Strukturprinzipien des Berufsbeamtentums, die während eines längeren, traditionsbildenden Zeitraums als verbindlich anerkannt und gewahrt worden sind, auch das *Lebenszeitprinzip* (BVerfGE 9, 268 [286]; 44, 249 [265]; 70, 251 [266]). Bereits unter der WRV war die lebenslängliche Anstellung als hergebrachter Grundsatz anerkannt (vgl. BVerfGE 9, 268 [286]). Seither waren das Berufsbeamtentum und seine Regelungen ausgerichtet auf den Beamten, dem ein Amt auf Lebenszeit übertragen wurde (vgl. BVerfGE 44, 249 [262]; 71, 255 [268]). Dem Beamten kam eine dauerhaft gesicherte Rechtsstellung zu.

Im Zusammenspiel mit dem die amtsangemessene Besoldung sichernden Alimentationsprinzip kommt dem Lebenszeitprinzip die Funktion zu, die Unabhängigkeit der Beamten im Interesse einer rechtsstaatlichen Verwaltung zu gewährleisten. Erst rechtliche und wirtschaftliche Sicherheit ist Garant dafür, dass das Berufsbeamtentum zur Erfüllung der ihm vom Grundgesetz zugewiesenen Aufgabe, im politischen Kräftespiel eine stabile, gesetzestreue Verwaltung zu sichern, beitragen kann (vgl. BVerfGE 7, 155 [162]; 44, 249 [265]; 64, 367 [379]; 99, 300 [315]; Summer 2002, S. 109: *Rechtsstaatsorientierung*). Dazu gehört auch und vor allem, dass der Beamte nicht willkürlich aus seinem Amt entfernt werden kann, denn damit entfiele die Grundlage für seine persönliche Unabhängigkeit (vgl. BVerfGE 7, 155 [163]). Damit einher geht das Prinzip der lebenszeitigen Übertragung aller einer Laufbahn zugeordneten Ämter (vgl. BVerfGE 70, 251 [266]). Lebenszeitprinzip bedeutet daher die Entziehbarkeit der Rechtsstellung grundsätzlich nur durch Richterspruch, und diese Stabilität der Rechtsstellung bezieht sich nicht nur auf den Grundstatus des Beamten auf Lebenszeit, sondern auch auf das ihm jeweils übertragene Amt im statusrechtlichen Sinne (ebd.).

Feste Altersgrenzen

Die lebenslängliche Anstellung ist mit keiner bestimmten Altersgrenze verbunden. Zwar war seit der WRV die Regelaltersgrenze auf 65 Jahre festgelegt, sie diente jedoch nur als Bezugsgröße. So hat das Bundesverfassungsgericht (BVerfGE 71, 255 [270]; vgl. auch Pieroth 2009, Art. 33 Rdn. 50; Lorse 2005, S. 456) entschieden, dass Art. 33 Abs. 5 GG „weder eine auf ein bestimmtes Lebensalter gerichtete noch eine auf alle Beamten einheitliche Festsetzung der Altersgrenze" fordert.

Im Rahmen des DNeuG hat der Bund wie im Rentenrecht auch als ein Mittel zur Sanierung der Beamtenversorgung die gesetzliche Regelaltersgrenze schrittweise auf 67 Jahre angehoben. Dem stehen verfassungsrechtlich keine Bedenken entgegen. Eine weitere Anhebung des tatsächlichen Pensionseintrittsalters aufgrund steigender Lebenserwartung ist daher mit dem Lebenszeitprinzip vereinbar und folglich verfassungsrechtlich zulässig.

4.2.3.2 Dienst- und Treuepflicht

Ebenfalls zu den hergebrachten Grundsätzen des Berufsbeamtentums zählt die Dienst- und Treuepflicht. So bestimmte § 54 S. 1 BBG (BGBl. I S. 215), dass *der Beamte sich mit voller Hingabe seinem Beruf zu widmen hat. Er hat sein Amt uneigennützig nach bestem Gewissen zu verwalten. Sein Verhalten innerhalb und außerhalb des Dienstes muss der Achtung und dem Vertrauen gerecht werden, die sein Beruf erfordert.* Aus dieser Verpflichtung zur vollen Hingabe („Ganzheitsformel") wurde ein Dienstherrenrecht zur zeitlich uneingeschränkten Inanspruchnahme abgeleitet (vgl. Summer 2002, S. 110; BVerfGE 21, 329 [345]; 44, 249 [265]; 71, 39 [59f.]). Treue und Alimentationspflicht stehen insoweit in Wechselbeziehungen.

Diese Ganzheitsformel gründet auf einem heute jedoch veralteten Gesellschaftsbild: Der Mann als Ernährer, die Ehefrau als Hausfrau und Mutter. Der so von allen Alltagssorgen befreite Mann konnte sich in seinem Beruf uneingeschränkt einbringen (Summer 2002, S. 110). Wer heute noch die Ganzheit des Einsatzes fordert, muss das Beamtensystem auf kinderlose Singles ausrichten (ebd.). Die Pflicht zur vollen Hingabe ist zudem ein voluntatives Element der Dienstausübung und heute kein messbares Kriterium mehr. Die Ganzheitsformel muss daher in eine *Aufgabenidentifikation* umgedeutet werden, die vielmehr vom Leitbild der Verantwortung geprägt wird (ebd.).

4.2.3.3 Freiwilliges Ausscheiden aus dem Beamtenverhältnis: Gestaltungsoptionen

Das Verständnis des Lebenszeit- und Treueprinzips basiert auf dem historischen Umstand, dass zwischen dem Staatsdienst und der Privatwirtschaft nur wenige Fluktuationsmöglichkeiten bestanden (vgl. Krause 2008, S. 283). Wer einmal in den Dienst des Staates getreten war, blieb aufgrund des besonderen Dienst-, Treue- und Fürsorgeverhältnisses lebenslang dem Staat verpflichtet.

Gleichwohl können Beamte nach § 33 BBG auf Antrag jederzeit ihre Entlassung aus diesem grundsätzlich auf Lebenszeit angelegten öffentlich-rechtlichen Dienstverhältnis verlangen. Damit beenden sie freiwillig das besondere Treueverhältnis, die Pflicht des Dienstherrn zu lebenslanger Alimentation und Fürsorge endet. Der Dienstherr ist nicht mehr verpflichtet, die Alterssicherung des ausscheidenden Beamten nach den Grundsätzen eines ursprünglich auf Lebenszeit angelegten Rechtsverhältnisses weiter zu gewährleisten (vgl. BT-Drs. 16/12036, S. 2). Es bleibt bei dem verfassungsrechtlich aus dem Sozialstaatsprinzip hergeleiteten Anspruch auf Gewährung einer Altersversorgung durch den bisherigen Dienstherrn gemäß der tatsächlichen Beschäftigungsdauer. Dieser Verpflichtung ist der Gesetzgeber mit der Anordnung im SGB VI zur Nachversicherung nachgekommen.

Wird folglich ein Beamter aus dem Beamtenverhältnis entlassen, ist er gemäß § 8 Abs. 2 S. 1 Nr. 1 SGB VI in der GRV *nachzuversichern*, wenn er ohne Versorgung oder Versorgungsanwartschaft aus dem Beamtenverhältnis ausgeschieden ist und Gründe für einen Aufschub der Beitragszahlung (§ 184 Abs. 2 SGB VI) nicht gegeben sind. Die im Beamtenverhältnis verbrachten Dienstzeiten gelten damit als Pflichtbeitragszeiten und werden bei einer Rente der GRV berücksichtigt. Diese Regelung bedeutet jedoch für den ausscheidenden Beamten erhebliche finanzielle Verluste, denn die GRV ist – anders als die Beamtenversorgung – keine Vollversorgung.

Ein weitergehender Anspruch auf Ausgleich des Nachteils, der sich systembedingt aus der gesetzlich angeordneten Umrechnung von (fiktiv erworbenen) Versorgungsanwartschaften in Anwartschaften auf eine gesetzliche Rente ergibt, besteht aus verfassungsrechtlicher Sicht nicht, d.h. eine Nachversicherung in der Versorgungsanstalt des Bundes und der Länder (VBL), die die Zusatzversorgung des öffentlichen Dienstes darstellt, findet nicht statt.

Die gesetzliche Versagung einer zusätzlichen Altersversorgung für antragsgemäß vorzeitig aus dem Dienst geschiedene Beamte auf Lebenszeit ist nach Auffassung des Bundesverfassungsgerichts mit Art. 33 Abs. 5

GG vereinbar (vgl. Beschl. v. 2.3.2000 – 2 BvR 951/98, Rdn. 3) und verstößt auch nicht gegen Art. 3 Abs. 1 GG (ebd., Rdn. 6). „Angestellte des öffentlichen Dienstes erhalten zwar – anders als Beamte – bei vorzeitigem Ausscheiden aus dem Dienst eine beschäftigungsdauerabhängige Zusatzversorgung. Die ungleiche Behandlung indes ist gerechtfertigt, weil sich das gesetzlich geregelte Beamtenverhältnis von dem durch privatrechtlichen Vertrag begründeten Angestelltenverhältnis grundlegend unterscheidet (vgl. BVerfGE 52, 303 [345]). Anders als der Beamte kann der Angestellte grundsätzlich jederzeit entlassen werden. Er hat keinen Anspruch auf lebenslange Alimentation (BVerfGE 97, 35 [45]; 98, 365 [391]). Diese Rechtsprechung ist jedoch fraglich. Beispielsweise das Argument der grundsätzlichen Unkündbarkeit als Rechtfertigung zur Verweigerung der Zusatzversicherung anzuführen, erscheint im Kern an der Sache vorbeizugehen und ist nicht plausibel.

Die Nachversicherungsproblematik hat auch der Gesetzgeber im letzten Jahr wieder aufgegriffen. Mit dem Ziel, das Berufsbeamtentum an die veränderten Rahmenbedingungen anzupassen und dadurch zukunftsfest zu machen, sollte im Rahmen des DNeuG auch ein flexiblerer Personaleinsatz ermöglicht und die Mobilität der Beamten des Bundes zwischen Privatwirtschaft und öffentlichem Dienst verbessert werden. Zur Umsetzung der Zielvorgaben durch ein entsprechendes Gesetz war die Bundesregierung aufgefordert worden, bis zum 31. Januar 2009 ein Regelungskonzept zur Mitnahmefähigkeit der Versorgungsanwartschaften beim Ausscheiden aus dem Beamtenverhältnis (Bund) vorzulegen. Die Bundesregierung hat jedoch kein Regelungskonzept erarbeitet; vielmehr hat sie lediglich einen Bericht vorgelegt (BT-Drs. 16/12036), worin verschiedene Gestaltungsmöglichkeiten erörtert worden sind. Letztlich ging es nicht um eine umfassende Lösung, nämlich die Trennung der Alterssicherungssysteme mit dem Ziel, die bisherige Nachversicherung in der gesetzlichen Rentenversicherung abzulösen. Eine volle Mitnahme von erworbenen Versorgungsansprüchen beim Wechsel aus dem Beamtenverhältnis in die Privatwirtschaft scheint von Seiten der Politik offensichtlich nicht beabsichtigt. Daher erweist sich die Mobilität zwischen öffentlichem Dienst und Privatwirtschaft noch immer als „Einbahnstraße“ (vgl. Wolff 2009, Anlage I, S. 82ff.; Battis 2010, S. 24; Ziekow 2008, S. 575), denn die vorgesehenen Regelungen zielen einseitig auf die Gewinnung von in der Privatwirtschaft Beschäftigten für eine Tätigkeit im öffentlichen Dienst.

Doch auch das freiwillige Ausscheiden aus dem Beamtenverhältnis und der Wechsel in die Privatwirtschaft müssen ohne Verluste möglich sein. Dafür sprechen die folgenden Argumente (vgl. dazu ausführlich Wolff 2009, Anlage I, S. 82ff.; Battis 2009b, S. 9, 34f., 48; Ziekow 2008, S. 576):

Mitnahmefähigkeit der Versorgungsanwartschaften

- Die Arbeitswelt hat sich verändert, die Arbeitsbiographien sind nicht mehr die des (vor-)letzten Jahrhunderts. Das Bedürfnis nach Mobilität des Beamten ist heute durch die veränderten gesellschaftlichen Verhältnisse (Berufstätigkeit beider Ehepartner) besonders wichtig geworden (vgl. dazu bzgl. des Laufbahnrechts Pechstein 2008, S. 672f.). Das Beamtenrecht bedarf heutzutage flexiblerer Lösungen, auch um die Attraktivität des Beamtentums aufrechtzuerhalten und es zukunftsfest zu gestalten. Gestützt auf den verfassungsrechtlichen Stellenwert der Ehe (Art. 6 Abs. 1 GG) dürfte sich aus der Fürsorgepflicht des Dienstherrn auch die Sicherung der Mobilitätsbedürfnisse verheirateter Beamten z.B. bei einem Ehegattennachzug herleiten lassen (ebd.).
- Es wird seit jeher als mit dem Lebenszeitprinzip vereinbar gesehen, dass es eine Regelung zum freiwilligen Ausscheiden des Beamten gibt. Jeder Beamte kann „morgen gehen", er braucht nur einen Antrag zu stellen.
- Auch Teilzeitarbeit ist heute mit dem Lebenszeitprinzip vereinbar, weil alle anderen Ansichten zwangsläufig in krassem Widerspruch zur heutigen Lebenswirklichkeit stehen müssten (Gebot der Vernunft).
- Anwartschaften, die bis zum Zeitpunkt des Ausscheidens aus dem Beamtenverhältnis erdient wurden, sind zu erhalten (Mitnahmefähigkeit).
- Es entspricht der materiellen Gerechtigkeit, dass man das, was man erdient hat, auch behalten darf. Die Anwartschaft hat sich der Beamte durch seine Arbeitsleistung und Dienstzeit erworben.
- Die Entscheidung des Bundesverfassungsgerichts erscheint zudem widersprüchlich, denn der Beamte ist zumindest bis zum freiwilligen Ausscheiden seiner Dienstpflicht und dem Leistungsprinzip durch Einsatz seiner ganzen Persönlichkeit und Leistung vollumfänglich nachgekommen. Mit dem Verweis auf das Lebenszeit- und Treueprinzip ihm nun seine Versorgungsanwartschaft zu verweigern, während er anderen Strukturprinzipen gleichwohl nachgekommen ist, erscheint fraglich. Art. 33 Abs. 5 GG umfasst eine Vielzahl von Strukturprinzipien, die aufgrund der Vielgestaltigkeit des Beamtenverhältnisses nicht isoliert, sondern nur im Gesamtkontext betrachtet werden können. Ein echtes Hierarchieverhältnis der Prinzipien untereinander gibt es nicht. Vielmehr ist es ein ineinander verzahntes System: Das Lebenszeitprinzip als abstrakter Garant eines unkündbaren Arbeitsverhältnisses ist eine leere Hülle, die erst durch das Leistungsprinzip Gestalt und Kontur erhält. Für seine Leistung ist der Beamte zu alimentieren, was sowohl Besoldung als auch Versorgung einschließt.

- Auch ist es unbillig, den Beamten beim freiwilligen Austritt so zu behandeln wie jemanden, der aus dem Beamtenverhältnis disziplinarisch „entfernt" wurde, wo Motivlage und Situation jeweils völlig verschieden sind. Das widerspricht zudem dem Grundgedanken aus Art. 3 Abs. 1 GG.
- Beamtenrecht und Angestelltenrecht sind über Jahrzehnte angeglichen worden, was insbesondere auch für das Versorgungs- an das Rentenrecht galt. Im Rahmen einer konsequenten Umsetzung „wirkungsgleicher" Übertragung ist ein „Rosinenpicken" aber unzulässig.

Aus rechtlicher Perspektive steht der Mitnahmefähigkeit der Versorgungsanwartschaften demnach nichts entgegen, d.h. Beamten sollten folglich mit Ausscheiden aus dem Dienstverhältnis ihre erdienten beamtenversorgungsrechtlichen Anwartschaften erhalten bleiben mit der Folge, dass mit Erreichen der allgemeinen Altersgrenze ein originärer, unmittelbarer Anspruch auf Versorgung gegen den früheren Dienstherrn entsteht. Entsprechendes muss für die Hinterbliebenen gelten.

Nachversicherung bei der VBL

Alternativ kommt zur Gewährleistung der erworbenen Versorgungsansprüche bei freiwilligem Ausscheiden aus dem Beamtenverhältnis – zusätzlich zur derzeitigen Praxis der alleinigen Nachversicherung in der GRV – die Nachversicherung bei der VBL in Betracht. Dies würde dem Prinzip der Trennung der jeweiligen Systeme entsprechen. Auf diese Weise wären die Alterssicherungsleistungen beider Säulen der Alterssicherung berücksichtigt, denn der ausgeschiedene Bedienstete würde einen Anspruch auf eine betriebliche Zusatzversorgung (2. Säule) erhalten (vgl. BT-Drs. 16/12036 S. 3). Dem bifunktionalen Charakter der Beamtenversorgung wäre damit Rechnung getragen.

4.2.3.4 Modernisierungsfragen

Lebenszeit- und Treueprinzip als hergebrachte Grundsätze hatten und haben teilweise auch heute noch gestützt auf die Rechtsprechung des Bundesverfassungsgerichts ihre Daseinsberechtigung. Jedoch gibt es nicht zu leugnende gesellschaftliche Veränderungen, die zunehmend diese Berechtigung in Frage stellen. Beispielsweise die Pflicht zur vollen Hingabe des Beamten bei Teilzeitarbeit oder der Vergabe von Ämtern auf Zeit (Funktion auf Zeit) verliert dabei an Bedeutung. Das Gleiche muss bei der Bewilligung von Teilzeitarbeit auch für das Lebenszeitprinzip gelten, deren Zulassung zum einen auf arbeitsmarktpolitischen Gründen basierte und im Interesse des Staates der Schaffung von Arbeitsplätzen dient. Zum anderen wurde sie aus familienpolitischen Gründen vor dem Hintergrund des Schutzes von Ehe und Familie geschaffen. Sie dient der Vereinbarkeit von Familie und Beruf und damit der effektiven Wahlfreiheit in der Entscheidung über Rollenwahl und -verteilung in Ehe, Familie und Beruf.

Im Rahmen eines freiwilligen Ausscheidens aus dem Beamtenverhältnis ist diese, wie gezeigt, auch verfassungsrechtlich mögliche Flexibilisierung des Lebenszeitprinzips längst überfällig. So hat das Bundesverfassungsgericht (BVerfG, Beschl. v. 28.5.2008 - 2 BvL 11/07, Rdn. 55) erst jüngst betont, dass der Anpassung des Beamtenrechts an die aktuellen Herausforderungen in einer möglichen Abwägung gegenüber den bloß bewahrenden Elementen ein besonderes Gewicht zukommen soll. Das Festhalten am Lebenszeitprinzip um jeden Preis zu Lasten ausscheidender Beamter ist angesichts dieser Feststellung kaum haltbar und gewiss nicht zukunftsweisend.

4.2.4 Zusammenfassung

Die Analyse der für die Beamtenversorgung relevanten Strukturprinzipien hat ergeben, dass sowohl Alimentations- als auch Leistungs- und Lebenszeitprinzip in den vergangenen Jahren und Jahrzehnten bereits immer wieder in nicht unerheblichem Maße Modernisierungsprozessen unterworfen wurden, die der gesellschaftlichen Entwicklung und den veränderten Rahmenbedingungen geschuldet waren. Gleichwohl sind die Veränderungsprozesse noch nicht abgeschlossen. Die demographische Entwicklung und die Veränderungen im öffentlichen Dienst machen auch vor den Strukturprinzipien nicht halt, sondern fordern deren stetiges „in die Zeit stellen“ und deren Anpassung an die gegenwärtigen Herausforderungen. Ziel des Alimentationsprinzips muss es sein, dauerhaft die Absicherung des einmal erreichten Lebensstandards und die Aufrechterhaltung der relativen Einkommenssituation zu gewährleisten, ohne dass immer wieder das Versorgungsniveau in die Beliebigkeit des Gesetzgebers gestellt wird. Im Rahmen des Leistungsprinzips muss der Grundsatz „mehr Einkommen für mehr Leistung“ und die Leistungsgerechtigkeit auch partiell in der Beamtenversorgung Berücksichtigung finden. Das Lebenszeitprinzip muss ferner modern und flexibler im Sinne der gegenwärtigen Verhältnisse und zukünftigen Anforderungen interpretiert werden.

Demzufolge müssen sich Alimentations-, Leistungs- sowie Lebenszeitprinzip und deren gesetzliche Ausformung und verfassungsrechtliche Interpretation weiter in Richtung einer verlässlichen, transparenten, nachhaltig finanzierten, leistungs- und sozialgerechten Beamtenversorgung bewegen.

■ 4.3 Ergebnis: Modernisierungsbedarf und Modernisierungsmöglichkeiten im Versorgungsrecht

Wie die Analyse der hergebrachten Grundsätze des Berufsbeamtentums i.S.d. Art. 33 Abs. 5 GG gezeigt hat, enthalten diese eine Vielzahl heute veralteter Festlegungen. Es ist derzeit fraglich, ob das aktuelle Besoldungs- und Versorgungsrecht noch eine amtsangemessene Alimentation gewährleisten. Auch die derzeitige Ausgestaltung des Leistungsprinzips in der Alimentation stützt die obige Annahme mehr als es sie entkräftet. Die Frage der Mitnahmefähigkeit der Versorgungsanwartschaften ist auch noch nicht abschließend entschieden. Die Beantwortung dieser Frage unterfällt auch nicht dem Regime des Lebenszeitprinzips sondern ist vielmehr ein Gebot materieller Gerechtigkeit und politischem Willens.

Die Zukunft des Beamtentums liegt nicht in seiner Vergangenheit. Die gesellschaftlichen, demographischen und wirtschaftlichen Rahmenbedingungen haben sich stark verändert und die heutige Arbeitswelt geprägt. Aufgrund haushaltspolitischer und finanzieller Engpässe sowie aufgrund der demographischen Entwicklung muss der Staat mehr denn je sparen und eine restriktive Ausgabenpolitik betreiben. Der Staat verlangt den Beamten daher erhebliche Kürzungen bei der Besoldung (Absenkung von Eingangsämtern und Gehaltskürzungen, Streichung von Zulagen und Sonderzahlungen, Abkoppelung von der Reallohnentwicklung) ab und den Pensionären geringere Versorgungsleistungen. Zwar hat das Bundesverfassungsgericht betont, dass finanzielle Erwägungen und das Bemühen, Ausgaben zu sparen, in aller Regel für sich genommen nicht als ausreichende Legitimation für eine Kürzung der Altersversorgung angesehen werden können. Die amtsangemessene Alimentation darf nicht zur Verhandlungsmasse im Einsparpotential des Haushaltsgesetzgebers werden. Zu den finanziellen Erwägungen müssen deshalb weitere Gründe hinzukommen, die im Bereich des Systems der Altersversorgung liegen und die Kürzung von Bezügen als sachlich gerechtfertigt erscheinen lassen. Es steht jedoch zu befürchten, dass aufgrund der „doppelten Alterslast" im öffentlichen Dienst und der damit einhergehenden steigenden Versorgungsausgaben der Gesetzgeber auch in Zukunft solche sachlichen Gründe suchen und auch finden wird. Wenn der Gesetzgeber die Besoldung und Versorgung weiter zurückfahren wird, droht dem öffentlichen Dienst bald ein Mangel an qualifizierten Bewerbern.

Art. 33 Abs. 5 GG steht einer Modernisierung des Besoldungs- und Versorgungsrechts nicht entgegen. Für weitergehende aufeinander abgestimmte Reformmaßnahmen ist vor allem eine Fortentwicklung des Alimentationsprinzips nötig, welches sich – entsprechend der jüngeren Anforderungen an einen modernen und leistungsfähigen öffentlichen Dienst – zukünftig auch an ökonomischen Aspekten des Leistungsprinzips und an Nachhaltigkeitskriterien zu orientieren hat. Die Forderung nach Fortentwicklung richtet sich dabei an Legislative wie Judikative gleichermaßen. Der Gesetzgeber ist aufgefordert, die wachsende Differenz der bei der Bemessung der Bezüge sorgfältig zu beobachten und seine Annahme, dass die verfassungsrechtlichen Maßstäbe eingehalten sind, genau zu hinterfragen. Die Judikative und hier insbesondere das Bundesverfassungsgericht müssen verfassungsrechtlich deutlich klären, wo die Grenzen von Kürzungen im Bereich der Beamtenbesoldung bzw. -versorgung oder wo Möglichkeiten einer verfassungskonformen Fortentwicklung des Versorgungsrechts liegen. Diese können nach Lage der Dinge nicht „im idealen Rechtsraum" abgeleitet werden, sondern müssen auf einem soliden Fundament von Gestaltungsprinzipien basieren.

Rechtlich ergeben sich daher hinsichtlich der Fortentwicklungsmöglichkeiten und verfassungsrechtlichen Grenzen des Art. 33 Abs. 5 GG und seinen beamtenspezifischen Ausprägungen folgende Schlussfolgerungen:

- Art. 33 Abs. 5 GG beinhaltet einen *Regelungsauftrag* an den Gesetzgeber, das Berufsbeamtentum in den Rahmen des heutigen Staatslebens einzufügen und in die „Zeit zu stellen", d.h. grundsätzliche Entwicklungsoffenheit im Sinne eines *weiten Gestaltungs- und Ermessensspielraum* bei der Ausgestaltung und Fortentwicklung des Beamtenversorgungsrechts.
- Art. 33 Abs. 5 GG steht daher auch individuell nachteiligen Veränderungen grundsätzlich nicht entgegen; ein Anspruch auf Besitzstandswahrung oder Vertrauensschutz existiert nicht.
- Der *Kernbestand der Strukturprinzipien* (Alimentations-, Leistungs- und Lebenszeitprinzip sowie die Dienst- und Treuepflicht) setzt dem Gesetzgeber jedoch *Grenzen.*
- Alimentationsprinzip umfasst Besoldung und Versorgung: Sie sind *öffentlich-rechtliche, gesetzlich geregelte Unterhaltsansprüche des Beamten gegen den Dienstherrn* („staatliche Unterhaltsgewährung"), jedoch nicht zu verwechseln mit Fürsorgeleistungen des Staates.
- Art. 33 Abs. 5 GG gewährleistet keine summenmäßig bestimmte Besoldung und Versorgung. Dienstbezüge sowie Alters- und Hinterbliebenenversorgung sind jedoch so zu bemessen, dass sie einen je nach *Dienstrang, Bedeutung und Verantwortung des Amtes und entsprechender Entwicklung der allgemeinen Verhältnisse angemessenen Lebensunterhalt gewähren.*
- Kernbestand: (Amts-)angemessener Lebensstandard, d.h. Abzustellen ist auf ein Nettoeinkommen, das rechtliche und wirtschaftliche Sicher-

heit und Unabhängigkeit des Beamten gewährleistet und ihm über die Befriedigung der Grundbedürfnisse hinaus ein *Minimum an Lebenskomfort* ermöglicht.

- Aufgrund der erfolgten Kürzungen im Versorgungsrecht besteht die *Gefahr der Unteralimentation*, gerade für die unteren Gehaltsgruppen (Abstand von 15% zur bedarfsorientierten Grundsicherung im Alter ist zu beachten). Es bedarf der Festlegung von Grenzen für weitere Absenkungen in der Beamtenversorgung.
- Die Überleitung der Beamtenversorgung gänzlich in die GRV ist verfassungsrechtlich unzulässig; die Bildung einer Versorgungsrücklage ist zulässig, auch eine Beitragspflicht, solange die amtsangemessene Nettobesoldung gewährleistet ist: Hier empfiehlt sich die *Ausweisung der erdienten Ruhegehaltsbestandteile* durch eine Explizierung der „Beitragsseite" der Beamtenversorgung (individueller und kollektiver Gehaltsverzicht, Arbeitgeberleistungen); *Änderungen/Abschaffung des Höchstversorgungssatzes* sind möglich sowie weitere Erhöhungen der *Altersgrenze.*
- Das Leistungsprinzip erschöpft sich nicht mehr im Laufbahnzugang (Einführung leistungsorientierter Besoldung).
- Das Leistungsprinzip in der Besoldung sollte konsequenter umgesetzt werden; Zur Sicherung des Leistungsprinzips auch für die Beamtenversorgung müssen *Leistungszulagen und Leistungsprämien – zeitanteilig – ruhegehaltfähig* werden.
- Das freiwillige Ausscheiden aus dem Beamtenverhältnis muss ohne Verluste möglich sein. Es entspricht der materiellen Gerechtigkeit, dass man das, was man erdient hat, auch behalten darf. Die Anwartschaft hat sich der Beamte durch seine Arbeitsleistung und Dienstzeit erworben *(Mitnahmefähigkeit der Versorgungsanwartschaften).*

5 Veränderungen der Beamtenversorgung seit 1992 und ihre Auswirkungen

Das voranstehende Kapitel 4 hat sich mit den Strukturprinzipien der Beamtenversorgung aus rechtswissenschaftlicher und vor allem verfassungsrechtlicher Perspektive auseinandergesetzt sowie am Ende den bestehenden Modernisierungsbedarf der Beamtenversorgung thematisiert und die rechtlichen Grenzen für die Modernisierungsmöglichkeiten abgesteckt. In diesem Kapitel werden nun die Reformen der Beamtenversorgung in den letzten Jahren genauer untersucht und ihre Auswirkungen auf die Beamtenversorgung analysiert. Zu diesem Zweck werden zunächst die wichtigsten Reformen zusammengefasst, die in der Regel unter dem Leitsatz der „wirkungsgleichen Übertragung" aus der GRV vorgenommen wurden. Diesbezüglich wird auch auf die jüngeren rechtlichen Entwicklungen in den Ländern eingegangen, nachdem die Wirkungsgleichheit von Regelungen in der Rentenversicherung und in der Beamtenversorgung vor dem Hintergrund der strukturellen Unterschiede beider Alterssicherungssysteme genauer betrachtet worden ist. Anschließend werden aktuelle Modellrechnungen zu den Auswirkungen der Reformen auf die Ausgabenentwicklung, die Finanzierung und die Leistungen der Beamten präsentiert. Nach einem Zwischenfazit über die derzeitige Situation des Alterssicherungssystems werden die erfolgten Reformen anhand der Zielkriterien für eine nachhaltige Beamtenversorgung bewertet.

5.1 Reformen der Beamtenversorgung

Das Beamtenversorgungsrecht befindet sich seit gut zwei Jahrzehnten in einem anhaltenden Anpassungsprozess an die sich verändernden Herausforderungen der demographischen, sozialen, ökonomischen und politischen Verhältnisse. Bildete ursprünglich die Beamtenschaft den Kern des Personals des öffentlichen Dienstes, so haben sich die Verhältnisse grundlegend verändert. Heute werden mehr als zwei Drittel aller Beschäftigten des öffentlichen Dienstes in Arbeitsverhältnissen als Arbeitnehmer beschäftigt (Bull-Kommission 2003, S. 46). Für diese Gruppe der Arbeitnehmer, die nicht in einem beamtenspezifischen Pflichtenverhältnis stehen, sondern ihre Leistung um der Gegenleistung (Entlohnung) Willen erbringen, tritt an die Stelle der Beamtenversorgung die GRV und die ergänzende Zusatzversorgung. Trotz der systemimmanenten Unterschiede der beiden Versorgungssysteme hat seit Anfang der 90er Jahre mit Blick auf das Tarif- und Rentenrecht eine politisch geförderte und gesellschaftlich begünstigte Veränderung der Beamtenversorgung durch deren Annäherung an die GRV stattgefunden. Um die Beamtenversorgung langfristig nachhaltig zu sichern, sind kostensenkende Reformmaßnahmen aus der GRV wirkungsgleich auf die Beamtenversorgung übertragen worden (BMI 2005, S. 86; Bull 2008b, S. 230 sowie Ruland 2002). Vor dem Hintergrund künftig steigender Versorgungsausgaben, die einen erheblichen Teil der Tragfähigkeitslücke (SVR 2003) in Deutschland verursachen, setzen diese Reformprozesse vor allem bei der Höhe der Versorgungsleistungen (Färber et al. 2009, S. 135ff.) und nicht bei den Strukturprinzipien oder Berechnungsgrundsätzen der Beamtenversorgung an.

5.1.1 Kostensenkende Reformmaßnahmen von 1989 bis 2006

Erste Reformbestrebungen dieser Art beinhaltete bereits das Beamtenversorgungsänderungsgesetz (BeamtVGÄndG) von 1989. Im Folgenden werden die wichtigsten Neuregelungen durch das Änderungsgesetz tabellarisch dargestellt. Mit den weiteren Reformen und Gesetzen wird im Anschluss in gleicher Weise verfahren, wobei das Hauptaugenmerk stets auf der Darstellung der Veränderungen hinsichtlich der Versorgungsansprüche, Versorgungsausgaben und Finanzierungsseite liegt (vgl. Tab. 2).

5.1.2 Die Bezügeanpassungen von 2003 bis 2009

Gleichzeitig kam es im Zeitraum 2003 bis 2009 zu weiteren Gesetzesneuregelungen, die ab 2003 insbesondere auf Bezügeanpassungen abzielten (vgl. Tab. 3).

Jede dieser Besoldungserhöhungen im Rahmen der Besoldungs- und Versorgungsanpassungen hatte eine weitere Abflachung des Versorgungsniveaus, wie durch das Versorgungsänderungsgesetz 2001 beschlossen, zur Folge. Bisher sind für die Beamten des Bundes bereits sechs der acht Absenkungsschritte erfolgt. Da die Termine für die darauf folgenden Bezügeanpassungen noch ungewiss sind, stehen die Absenkungsschritte 7 und 8 noch aus.

5.1.3 Das Dienstrechtsneuordnungsgesetz 2009

Durch das am 11. Februar 2009 in Kraft getretene Dienstrechtsneuordnungsgesetz soll die Beamtenversorgung langfristig gesichert und aktuellen Entwicklungen im Rentenrecht (Rentenreformen 2004 und 2007) Rech-

Tab. 2: Kostensenkende Reformmaßnahmen seit 1989 bis 2006 ≡

Beamtenversorgungsänderungsgesetz 1989[a] (BeamtVGÄndG) *Geltung ab 1.1.1992*	- Abschaffung der degressiven Ruhegehaltsstaffel und Einführung der linearen Ruhegehaltsskala (jährlicher Steigerungssatz von 1,875%) - Anhebung der Dienstjahre zur Erlangung der Höchstversorgung i.H.v. 75% von 35 auf 40 Jahre - Einführung eines Versorgungsabschlags i.H.v. 3,6% für jedes Jahr vor Vollendung des 65. Lebensjahres (bei Inanspruchnahme der Antragsaltersgrenze) - Verschärfung der Anrechnungsvorschriften für Frühpensionäre - Festlegung einer amtsbezogenen und amtsunabhängigen Mindestversorgung nach fünf Dienstjahren
Dienstrechtsreformgesetz[b] 1997 *Geltung ab 1.7.1997*	- Anhebung der allgemeinen Antragsaltersgrenze für den vorzeitigen Ruhestand von 62 auf 63 Jahre - Schrittweise Einführung des Versorgungsabschlags (beginnend mit 0,6% im Jahr 1998 ansteigend bis auf 3,6% ab dem Jahr 2003) - Beschränkung der ruhegehaltfähigen Dienstbezüge bei Frühpensionierung wegen Dienstunfähigkeit auf die tatsächlich erreichte Dienstaltersstufe (Anhebung auf eine fiktive Endstufe erfolgt nur noch aufgrund eines Dienstunfalls) - Reduzierung der Zurechnungszeit von zwei Drittel auf ein Drittel (Zeit vom Ruhestandseintritt bis zur Vollendung des 60. Lebensjahres) - Erschwerter Eintritt in den Ruhestand wegen Dienstunfähigkeit nach dem Grundsatz „Rehabilitation vor Versorgung“ - Kürzung ruhegehaltfähiger Ausbildungszeiten auf drei Jahre - Erhöhungsbetrag und Anpassungszuschlag fallen weg und der Ortszuschlag wird durch den Familienzuschlag ersetzt
Versorgungsreformgesetz 1998 (VReformG)[c] *Geltung ab 1.7.1998*	- Einführung und Bildung einer Versorgungsrücklage durch die schrittweise Absenkung des Besoldungs- und Versorgungsniveaus um 3% (15 mal 0,2 Prozentpunkte in den Jahren 1999 bis 2013) - Berücksichtigung der Stellenzulagen als ruhegehaltfähige Dienstbezüge entfällt - Erhöhung der Wartezeit für die Versorgung aus dem letzten Amt von zwei auf drei Jahre - Weitere Verschärfung der Hinzuverdienstregelungen (§§ 53 ff. BeamtVG)
Versorgungsrücklagengesetz 1998 (VersRücklG)[d] *Geltung ab 1.1.1999*	- Errichtung des Sondervermögens „Versorgungsrücklage des Bundes“, welches nach Abschluss der Ansparphase ab 1.1. 2018 über 15 Jahre zur Entlastung der Versorgungsaufwendungen verwendet werden soll

→

≡ Tab. 2: (Fortsetzung)

Gesetz zur Neuordnung der Versorgungsabschläge 2000 (VAbschlNOG)[e] *Geltung ab 1.1.2001*	– Erhebung eines Versorgungsabschlags von 3,6% für jedes Jahr vor Vollendung des 65. Lebensjahres bei vorzeitigem Ruhestandseintritt auf Antrag wegen Schwerbehinderung oder Dienstunfähigkeit (maximal 10,8%) – Erhöhung der Zurechnungszeit bei Dienstunfähigkeit auf 2/3 (Reduzierung von 1997 aufgehoben)

Versorgungsänderungsgesetz 2001 (VersÄndG)[f]
Geltung ab 1.1.2003
	– Absenkung des Versorgungsniveaus in acht Schritten:
	  – Höchstruhegehaltssatz von 75% auf 71,75% der ruhegehaltfähigen Dienstbezüge
	  – dementsprechende Absenkung des jährlichen Steigerungssatzes von 1,875% auf 1,79375%
	  – Minderung des Versorgungsniveaus um jeweils rd. 0,54% bei den folgenden acht Besoldungs- und Versorgungsanpassungen
	– Die Hälfte der erzielten Einsparungen aus der Abflachung des Versorgungsniveaus werden der Versorgungsrücklage zugeführt
	– Die Anpassungsminderungen um 0,2 Prozentpunkte nach dem VReformG werden ausgesetzt und erst im Anschluss an die achte Anpassung bis (voraussichtlich) Ende 2017 wieder aufgenommen
	– Absenkung des Witwen-/Witwergeldes von 60% auf 55% der zugrunde liegenden Beamtenpension
	– Einbeziehung der aktiven Beamten, Richter sowie Berufssoldaten in die gesetzliche Förderung einer steuerbegünstigten privaten kapitalgedeckten Altersvorsorge (so genannte Riester-Rente)

Haushaltsbegleitgesetz 2004 (HBeglG 2004)[g] *Geltung ab 1.1.2004*	– Kürzung der Sonderzahlung („Weihnachtsgeld") auf 4,17% der Jahresbezüge
Haushaltsbegleitgesetz 2006 (HBeglG 2006)[h] Geltung ab 1.7.2006	– Kürzung der Sonderzahlung („Weihnachtsgeld") auf 2,085% der Jahresbezüge

a – vom 18.12.1989 (BGBl I S. 2218), zuletzt geändert durch Art. 3 d. G. vom 19.12.2000 (BGBl I S. 1815); b – vom 24.2.1997 (BGBl I S. 322); c – vom 29.6.1998 (BGBl I S. 1666, 3128), zuletzt geändert durch Art. 9 d. G. vom 22.4.2005 (BGBl I S. 1106); d – vom 9.7.1998 (BGBl I S. 1800); i.d.F. d. Bek. v. 27.3.2007 (BGBl I S. 482); e – vom 19.12.2000 (BGBl I S. 1786); f – vom 20.12.2001 (BGBl I S. 3926); dazu Pechstein 2002, S. 1ff.; g – vom 29.12.2004 (BGBl. I S. 1402); h – vom 9.6.2006 (BGBl. I S. 1402).

Eigene Darstellung

Tab. 3: Bezügeanpassungen in den Jahren 2003/2004 und 2008/2009

Gesetz über die Anpassung von Dienst- und Versorgungsbezügen in Bund und Ländern 2003/2004 sowie zur Änderung dienstrechtlicher Vorschriften (BBVAnpG 2003/2004)[a]	– Dreistufige Besoldungsanpassung: – ab 1.4.2003 um 2,4% in den Besoldungsgruppen A2 bis A11 – ab 1.7.2003 alle übrigen Besoldungsgruppen (außer B 11) um ebenfalls 2,4% – ab 1.4.2004 und ab 1.8.2004 um jeweils 1% in allen Besoldungsgruppen
Bundesbesoldungs- und -versorgungsanpassungsgesetz 2008/2009 (BBVAnpG 2008/2009)[b]	– Anpassung erstmalig ausschließlich mit Wirkung für Beamte und Richter des Bundes sowie Soldaten – Anhebung der Bezüge erfolgt in drei Schritten: – ab 1.1.2008 erhöhen sich die Grundgehaltssätze, der Familienzuschlag, die Amts- sowie die Allgemeinen Stellenzulagen um einen Sockelbetrag von 50 EUR – ebenfalls ab 1.1.2008 Erhöhung der Bezüge um linear 3,1% ab 01.01.2009 erneut um 2,8%

a – Vom 10.9.2003 (BGBl I S. 1798); b – vom 29.7.2008 (BGBl I S. 1582)

Eigene Darstellung

nung getragen und – unter Berücksichtigung der Unterschiedlichkeit der Systeme – wirkungsgleich auf die Beamtenversorgung übertragen werden. Die im Dienstrechtsneuordnungsgesetz enthaltenen Regelungen gelten jedoch aufgrund der Föderalismusreform I ausschließlich für den Bereich des Bundes. Die Länder sind von den Regelungen nicht betroffen, werden aber bzw. haben schon einige dieser Änderungen übernehmen/übernommen (Abschnitt 5.3).

5.1.4 Schlussfolgerungen

Die vorstehenden Ausführungen zu den umgesetzten Reformen im Bereich der Beamtenversorgung verdeutlichen, dass der Gesetzgeber an vielen Stellen zum Teil erhebliche Kürzungen auf der Leistungsseite durchgeführt hat. Die Beamten mussten in den letzten 20 Jahren erhebliche Einschnitte im Versorgungs-, aber auch im Besoldungsbereich hinnehmen. Im Hinblick auf die noch ausstehenden letzten beiden Absenkungsschritte stehen den Beamten weitere Absenkungen bevor.

Auch die Einführung der Revisionsklausel lässt ein Gleichziehen mit kostensenkenden Maßnahmen aus dem Rentenrecht zukünftig befürchten. Denn damit weiterhin eine gleichgerichtete und wirkungsgleiche Übertra-

≡ Tab. 4: Das Dienstrechtsneuordnungsgesetz

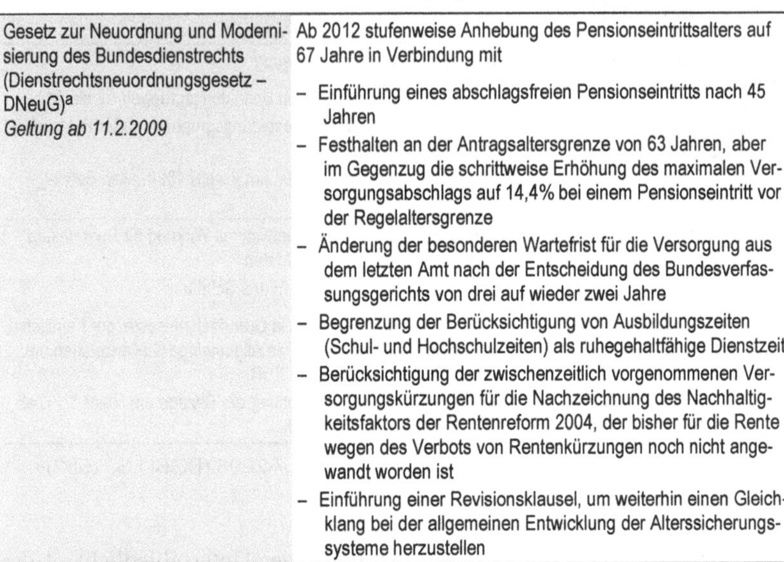

Gesetz zur Neuordnung und Modernisierung des Bundesdienstrechts (Dienstrechtsneuordnungsgesetz – DNeuG)[a] *Geltung ab 11.2.2009*	Ab 2012 stufenweise Anhebung des Pensionseintrittsalters auf 67 Jahre in Verbindung mit – Einführung eines abschlagsfreien Pensionseintritts nach 45 Jahren – Festhalten an der Antragsaltersgrenze von 63 Jahren, aber im Gegenzug die schrittweise Erhöhung des maximalen Versorgungsabschlags auf 14,4% bei einem Pensionseintritt vor der Regelaltersgrenze – Änderung der besonderen Wartefrist für die Versorgung aus dem letzten Amt nach der Entscheidung des Bundesverfassungsgerichts von drei auf wieder zwei Jahre – Begrenzung der Berücksichtigung von Ausbildungszeiten (Schul- und Hochschulzeiten) als ruhegehaltfähige Dienstzeit – Berücksichtigung der zwischenzeitlich vorgenommenen Versorgungskürzungen für die Nachzeichnung des Nachhaltigkeitsfaktors der Rentenreform 2004, der bisher für die Rente wegen des Verbots von Rentenkürzungen noch nicht angewandt worden ist – Einführung einer Revisionsklausel, um weiterhin einen Gleichklang bei der allgemeinen Entwicklung der Alterssicherungssysteme herzustellen

a – Vom 5.2.2009 (BGBl. I S. 160)
Eigene Darstellung

gung von künftigen Auswirkungen der Rentenreform vorgenommen und entsprechend den verfassungsgerichtlichen Anforderungen sichergestellt werden, dass der Gesetzgeber künftig eintretende Auswirkungen der Rentenreformen feststellt und sich auf dieser Grundlage Rente und Versorgung künftig im Gleichklang entwickeln und fortgeschrieben werden. Die Ausführungen zeigen zudem, dass trotz – auch höchstrichterlicher – Betonung der systemimmanenten Unterschiede beider Alterssicherungssysteme auf politischer Ebene eine Konvergenz der Beamtenversorgung mit der GRV vorangetrieben wird.

5.2 Wirkungsgleiche Übertragung von Rentenreformen und verbleibende Unterschiede zwischen Versorgungs- und Rentenrecht

Trotz des gesetzgeberischen Bemühens um eine wirkungsgleiche Übertragung von Rentenreformen auf die Beamtenversorgung gibt es dennoch – abgesehen von den systemimmanenten Verschiedenheiten – einige verbleibende Unterschiede, wie im Bereich der Hinzuverdienst- und Hinterbliebenenregelungen, die Gegenstand der folgenden Ausführungen sind.

5.2.1 Beamtenversorgungsrecht

5.2.1.1 Hinzuverdienstregelungen

Die §§ 53ff. BeamtVG regeln im Beamtenversorgungsrecht das Zusammentreffen von Versorgungsbezügen mit sonstigen Einkünften, mit zusätzlichen Versorgungsbezügen und mit Renten.

Das Versorgungsreformgesetz von 1998 hat die Hinzuverdienstregelungen teilweise neu gestaltet. Unter anderem werden nun auch Einkommen aus privatwirtschaftlicher Tätigkeit ebenso wie Erwerbsersatzeinkommen auf die Versorgung angerechnet, solange der Beamte das 65. bzw. zukünftig 67. Lebensjahr noch nicht vollendet hat (§ 53 BeamtVG). Einkommen aus einer weiteren Verwendung im öffentlichen Dienst wird auch noch nach Erreichen der Regelaltersgrenze angerechnet (§ 53 Abs. 8 BeamtVG).

Nach der gesetzgeberischen Konzeption des § 53 BeamtVG wird der Versorgungsanspruch grundsätzlich als subsidiär behandelt, wenn der Berechtigte vor Vollendung der Regelaltersgrenze aus dem aktiven Dienst ausscheidet. Gewährleistet bleibt nur ein Einkommen in Höhe der Aktivbezüge, d.h. ein Einkommen, das hätte erzielt werden könnte, wenn der Versorgungsfall nicht eingetreten wäre (vgl. Plog/Wiedow 2009, § 53 Rdn. 6).

Die Neuregelung des § 53 BeamtVG beruht auf arbeitsmarktpolitischen, fiskalischen, sozialen und personalwirtschaftlichen Erwägungen. Sie zielte auf eine Reduzierung der wirtschaftlichen Attraktivität und der Begünstigung von Frühpensionierungen und damit sowohl auf eine Verminderung der Anreize, eine Frühpensionierung anzustreben, als auch auf eine Verminderung der Anreize für Frühpensionierte, neben dem Ruhegehalt durch Erwerbstätigkeit außerhalb des öffentlichen Dienstes weitere Einkünfte zu erzielen und dadurch den Arbeitsmarkt zu belasten (vgl. BT-Drs. 13/9527, S. 40).

> „Insbesondere ist auch die bisherige Differenzierung zwischen Einkommen innerhalb und außerhalb des öffentlichen Dienstes, die oftmals zu nicht nachvollziehbaren Ergebnissen führt, nicht länger aufrechtzuerhalten. Die Begrenzung ist gerechtfertigt, weil die Vorschrift über den Ruhestandseintritt vor der allgemeinen Altersgrenze und über die daraus folgenden Versorgungsansprüche nicht zum Ziel haben, dem Beamten eine anderweitige Erwerbstätigkeit zu eröffnen." (Ebd.)

Der Gesetzgeber hat den zeitlichen Rahmen der Dienstleistungspflicht durch die Einführung von Altersgrenzen festgelegt und damit zum Ausdruck gebracht, welches zeitliche Verhältnis von aktivem Dienst und Ruhestand er als angemessen ansieht (BVerwGE 120, 154ff.).

Die Anrechnungsregelung des § 53 BeamtVG ist mit dem in Art. 33 Abs. 5 GG verankerten Alimentationsprinzip vereinbar. Zwar besteht der Anspruch auf Versorgung grundsätzlich unabhängig von den eigenen individuellen Vermögensverhältnissen. Tritt der Beamte jedoch vor Erreichen der Altersgrenze in den Ruhestand und erhält er dadurch Gelegenheit, Erwerbseinkommen zu erzielen, ist eine Kürzung verfassungsrechtlich zulässig (BVerwG, Urt. v. 18.9.1997 – 2 C 35.96). Das Ausscheiden aus dem Dienst trägt ausschließlich dem Umstand Rechnung, dass der Beamte außerstande ist, die geschuldete Dienstleistung zu erbringen. Es soll ihm nicht Gelegenheit geben, anstelle des Dienstes einer anderweitigen Erwerbstätigkeit nachzugehen und sich wirtschaftlich besser zu stellen, als er im Falle der Dienstleistung stünde (vgl. bzgl. des Vorteilsausgleichs BVerfGE 37, 167 [179]).

Auch die Regelung des § 54 BeamtVG soll u.a. eine Doppelversorgung des Ruhestandsbeamten aufgrund mehrerer innegehabter Dienstverhältnisse begrenzen. Sie steht im Einklang mit den hergebrachten Grundsätzen des Beamtentums (Plog/Wiedow 2009, § 54 Rdn. 1a, 3). Der Versorgungsempfänger soll so gestellt werden, als wäre er lediglich in einem Dienstverhältnis tätig gewesen. Der Beamte geht grundsätzlich ein Dienst- und Treueverhältnis auf Lebenszeit ein. Dem steht im Grundsatz das Bestreben um mehrere Beamtenverhältnisse mit verschiedenen Dienstherren entgegen (ebd.). Deshalb ruht der Versorgungsanspruch auf die früheren Bezüge, wenn diese und die neuen Versorgungsbezüge eine bestimmte Höchstgrenze übersteigen.

Zweck der Anrechnungsregelung des § 55 BeamtVG ist es, eine Besserstellung von „Systemwechslern“ gegenüber den „Nur-Beamten“ zu verhindern. Es soll eine Überhöhung der Versorgung ausgeschlossen werden, die sich aus der Erwerbsbiographie des Beamten mit wechselnder Zugehörigkeit zu verschiedenen Alterssicherungssystemen ergibt (vgl. Plog/Wiedow 2009, § 55 Rdn. 1, 40). Ferner dient auch diese Regelung der Vermeidung von Doppelversorgungen sowie der Verhinderung von Doppelzahlungen aus öffentlichen Kassen und somit der Einsparung von Haushaltsmitteln (vgl. Plog/Wiedow 2009, § 55 Rdn. 1). Mit dieser Ruhensregelung soll die Gesamtversorgung eines Beamten aus Rente und Ruhegehalt auf einen Betrag begrenzt bleiben, den er als Ruhegehalt erreicht hätte, wenn er sein gesamtes Arbeitsleben als Beamter verbracht hätte. Der über die so ermittelte Höchstgrenze hinausgehende Teil der Versorgungsbezüge wird gekürzt, d.h. er ruht (ebd., Rdn. 2a).

Höchstgrenzen (§§ 53ff. BeamtVG, Absätze 2)

Die in den jeweiligen Absätzen 1 der §§ 53ff. BeamtVG genannten Höchstgrenzen werden durch die Absätze 2 der Hinzuverdienstregelungen konkretisiert. Die Bemessungsgrundlage der Höchstbeträge sind Bruttobeträge (Plog/Wiedow 2009, § 53 Rdn. 14 c; § 55 Rdn. 11f.):

Im Rahmen des § 53 BeamtVG ergibt sich die Höchstgrenze für *Ruhestandsbeamte* aus der Endstufe der Besoldungsgruppe, aus der sich das Ruhegehalt berechnet (Abs. 2 Nr. 1). Einer – niedrigeren – Höchstgrenze unterliegen neben den Beamten, die wegen Erreichens einer vorgezogenen gesetzlichen Altersgrenze in den Ruhestand treten, die Beamten, die wegen einer *nicht auf einem Dienstunfall beruhenden Dienstunfähigkeit* gemäß § 44 BBG ausgeschieden sind sowie *schwerbehinderte Beamte,* die auf Antrag vorzeitig nach Vollendung des 62. Lebensjahres in den Ruhestand getreten sind. Hier bestimmt jedoch die Sonderregelung in Abs. 2 Nr. 3, dass bei diesen Beamtengruppen als Höchstgrenze ein Satz von (derzeit) 72,56% (künftig 71,75%) der Endstufe der Besoldungsgruppe, aus der sich das Ruhegehalt berechnet, zuzüglich gegebenenfalls Familienzuschlag sowie eines Betrages von monatlich 400 EUR zuzüglich des Zweifachen dieses Betrages innerhalb eines Kalenderjahres anzusetzen ist. Beamte, die wegen Dienstunfähigkeit vorzeitig pensioniert wurden, sowie vorzeitig in Ruhestand gegangene, i.S.d. § 2 Abs. 2 SGB IX schwerbehinderte Beamte können folglich im Verhältnis zu anderen Beamten anrechnungsfrei weniger hinzuverdienen. Ein Siebtel der monatlichen Bezugsgröße (§ 18 SGB IV) wird jedoch vorab vom Einkommen abgezogen und bleibt stets anrechnungsfrei (Anrechnungsfreibetrag), so dass auch dienstunfähige Beamte, die bereits die Höchstversorgung erhalten, in diesem Umfang anrechnungsfrei hinzuverdienen können (vgl. BT-Drs. 13/9527 S. 40f.).

Grundsätzlich kommt es auf die Besoldungsgruppe an, aus der sich das Höchstruhegehalt berechnet. Damit wird ein individueller Faktor in die Höchstbetragsberechnung eingeführt. Die Höchstgrenze bestimmt sich prinzipiell nach den Bezügen, die Grundlage für die individuelle Ruhensberechnung nach § 5 BeamtVG sind (Grundgehalt, Familienzuschlag der Stufe 1 und sonstige Dienstbezüge). Hat der Beamte jedoch noch nicht die Endstufe seiner Besoldungsgruppe erreicht, ist bei Vorruhestandsbeamten von diesem fiktiven Betrag auszugehen, d.h. es ergibt sich eine Pauschalierung. Der tatsächliche, individuelle Höchstruhegehaltssatz ist folglich nach Abs. 2, Nr. 1 unerheblich (vgl. Plog/Wiedow 2009, § 53 Rdn. 15c).

Auch der § 55 BeamtVG stellt bei der Berechnung der Höchstgrenze auf einen fiktiven Wert ab. Um den fiktiven Versorgungsbezug zu errechnen, sind fiktive Dienstbezüge und eine fiktive ruhegehaltfähige Dienstzeit zu ermitteln. Modifiziert werden die Stufe der Besoldungsgruppe sowie die ruhegehaltfähige Dienstzeit.

Das Abstellen auf den fiktiven Wert „Endstufe" der Besoldungsgruppe bedeutet für die Hinzuverdienstregelungen, dass gerade in den höheren Besoldungsgruppen ein Unterschiedsbetrag von tatsächlich erreichter Stufe bis zur jeweiligen Endstufe i.H.v. bis zu 1.272,- EUR (A 16, 1. Stufe bis A 16, 8. Stufe) möglich sein kann. In Höhe des jeweils maßgeblichen besoldungsgruppen- und stufenspezifischen Unterschiedsbetrags darf der Beamte daher hinzuverdienen, ohne dass es zu einer Kürzung seiner Versorgungsbezüge kommt.

Ausnahme: Mindestbelassung und Anrechnungsfreiheit

§ 53 Abs. 5, S. 1 BeamtVG sieht zudem vor, dass dem Versorgungsberechtigten mindestens ein Betrag in Höhe von 20% *als Mindestversorgung zu belassen* ist. Ohne diese Regelung wären die Versorgungsbezüge in voller Höhe einzubehalten, wenn das der Anrechnung unterliegende Erwerbs- oder Erwerbsersatzeinkommen bzw. der andere Versorgungsbezug die gesetzliche Höchstgrenze übersteigt. Die Mindestbelassung dient dazu, dass die geleistete Dienstzeit hinsichtlich der Versorgungsbezüge nicht gänzlich entwertet wird (Plog/Wiedow 2009, § 53 Rdn. 19). Diese Regelung trägt auch dem im Alimentationsgrundsatz wurzelnden Kerngedanken Rechnung, wonach die Versorgung durch Dienstleistung erdient wurde und daher nicht vollständig unterbleiben bzw. entwertet werden darf (BVerfGE 46, 97). Der Dienstherr bleibt daher – unabhängig von der Höhe des Hinzuverdienstes – zur Gewährung eines Mindestmaßes an Alimentation verpflichtet. Nach der gesetzgeberischen Intention bedeutet die Regelung des § 53 Abs. 5 BeamtVG zudem eine Kompensation für die seit dem Versorgungsreformgesetz geltenden verschärften Anrechnungsvorschriften (vgl. BT-Drs. 13/9527 S. 41).

Diese Regelung greift jedoch dann nicht, wenn der Versorgungsberechtigte selbst Einkommen aus einer Verwendung im öffentlichen Dienst bezieht, das mindestens aus derselben Besoldungsgruppe oder einer vergleichbaren Vergütungsgruppe berechnet wird, aus der sich auch die ruhegehaltfähigen Dienstbezüge bestimmen (§ 53 Abs. 5, S. 2, 3; Abs. 8 BeamtVG). Die Regelung ist verfassungskonform. Der Dienstherr kann sich von der ihm nach Art. 33 Abs. 5 GG obliegenden Alimentationspflicht durch Verweisung des versorgungsberechtigten Ruhestandsbeamten auf andere Einkünfte aus öffentlichen Kassen entlasten, sofern diese ebenfalls der Existenzsicherung des Versorgungsberechtigten und seiner Familie dienen (BVerfGE 76, 256 (297ff.); Plog/Wiedow 2009, § 53 Rdn. 20a-b).

5.2.1.2 Hinterbliebenenregelungen

Für die Versorgungsbezüge der Witwen, Witwer und Waisen gelten die gleichen Maßstäbe, die bei der Versorgung der Beamten zum Tragen kommen (vgl. BVerfGE 21, 329 (347 m.w.N.)). Dies entspricht dem Charakter einer Hinterbliebenenversorgung, die sich aus dem Beamtenstatus des Verstorbenen ableitet. Aus alimentationsrechtlicher Sicht tritt an die Stelle des Ruhegehaltes als maßgebende Höhe das Witwengeld. Auch der Versorgungsanspruch des Hinterbliebenen unterliegt dem Vorteilsausgleich, wenn der Beamte vor Erreichen der Altersgrenze verstorben ist (vgl. BVerwGE 120, 154 [164).

Höchstgrenzen (§§ 53ff. BeamtVG, Absätze 2)

Die Höchstgrenze für Witwer und Witwen entspricht im Rahmen des § 53 BeamtVG der Höchstgrenze für Ruhestandsbeamte gemäß Abs. 2 Nr. 1. Sie garantiert dem Witwer bzw. der Witwe Gesamteinkünfte aus Versorgung und eigenem Erwerbs- und Erwerbsersatzeinkommen. Das bedeutet, dass der hinterbliebene Ehepartner bis zum Erreichen der rentenversicherungs- bzw. beamtenrechtlichen Altersgrenze die Möglichkeit hat, seine Arbeitskraft einzusetzen (Plog/Wiedow 2009, § 53 Rdn. 16a). Übersteigen die eigenen Einkünfte die für die Bemessung jeweils geltende Höchstgrenze, so ruhen auch hier die Versorgungsbezüge in Höhe dieses Betrags. In jedem Fall bleibt ihr/ihm aber – auch bei hohem eigenen Erwerbseinkommen – nach der Mindestbelassungsregelung des § 53 Abs. 5 BeamtVG ein zusätzliches Witwengeld/Witwergeld erhalten. Diese Regelung schließt eine völlige Entwertung des Beamtendienstes des verstorbenen Ehegatten im Hinblick auf die Versorgung des Hinterbliebenen folglich aus.

Die Höchstgrenze für Waisen (§ 53 Abs. 2 Nr. 2 BeamtVG) beträgt 40% der ruhegehaltfähigen Endstufe der Besoldungsgruppe, die Bemessungsgrundlage für das Waisengeld ist. Es kommt nicht darauf an, ob es sich um eine Halb- oder um eine Vollwaise handelt.

Nach § 54 Abs. 1 BeamtVG sind neben den neuen Versorgungsbezügen die früheren Versorgungsbezüge nur bis zum Erreichen der in Abs. 2 bezeichneten Höchstgrenze zu zahlen. Dabei darf die Gesamtversorgung nicht hinter der früheren Versorgung zurückbleiben. Die Höchstgrenzen für Witwer und Witwen in Abs. 2 differenzieren danach, ob er oder sie ein neues Witwer- bzw. Witwengeld aus der Verwendung des verstorbenen

Ruhestandsbeamten erhält (Nr. 2) oder ein Ruhegehalt aufgrund eigener Verwendung bezieht (Nr. 3). Im Fall der Nr. 2 erhält der Witwer oder die Witwe nach dem Tod eines während oder nach der Wiederverwendung verstorbenen Ruhestandsbeamten neben dem (früheren) Versorgungsbezug aus der Erstverwendung einen neuen, zusätzlichen Versorgungsbezug des verstorbenen Beamten, im Fall der Nr. 3 tritt neben den früheren Versorgungsbezug ein neuer Versorgungsbezug des Witwers oder der Witwe aus deren eigener Verwendung im öffentlichen Dienst. Nach Abs. 2 Nr. 2 i.V.m. Nr. 1 ist im Falle des Abs. 1 Nr. 2 das Ruhegehalt des verstorbenen Ruhestandsbeamten maßgeblich, das sich unter Zugrundelegung der gesamten ruhegehaltfähigen Dienstzeit und der ruhegehaltfähigen Dienstbezüge aus der Endstufe der Besoldungsgruppe, aus der sich das frühere Ruhegehalt berechnet, ergibt, zuzüglich des Unterschiedsbetrages nach § 50 Abs. 1 BeamtVG.

Bezieht die Witwe Witwengeld und erwirbt danach einen Anspruch auf eigenes Ruhegehalt, erhält sie nach Abs. 2 Nr. 3 (derzeit) 72,56% (künftig 71,75%), in den Fällen des § 36 (Unfallruhegehalt) 75%, in den Fällen des § 37 (erhöhtes Unfallruhegehalt) 80% der ruhegehaltfähigen Dienstbezüge aus der Endstufe der Besoldungsgruppe, aus der sich das dem Witwengeld zugrunde liegende Ruhegehalt bemisst, zuzüglich des Unterschiedsbetrages nach § 50 Abs. 1.

Ausnahmen: Mindestbelassung und Anrechnungsfreiheit

Im Rahmen des § 54 BeamtVG greifen zusätzlich die *Sonderregelung der Absätze 3 und 4.* Abs. 3 sieht vor, dass dem Versorgungsberechtigten mindestens ein Betrag in Höhe von 20% des früheren Versorgungsbezuges als *Mindestversorgung zu belassen ist.* Die Mindestbelassung soll sicherstellen, dass die dem Grunde nach bestehende Versorgungsberechtigung des (verstorbenen) Beamten und seiner Hinterbliebenen nicht völlig entwertet wird. Dadurch wird eine verfassungswidrige Vollanrechnung in den Fällen vermieden, in denen sich der Bezug von Versorgung nicht allein auf der Dienstleistung einer Person fußt, sondern die Versorgungsberechtigung sich vielmehr aus der eigenen Dienstleistung des Ehegatten ableitet (Plog/Wiedow 2009, § 54 Rdn. 10; BVerfGE 46 [(97]).

Abs. 4 stellt zudem klar, dass der Ruhestandsbeamte, der ferner einen Anspruch auf Witwer/ngeld oder eine ähnliche Versorgung erwirbt, daneben sein Ruhegehalt zuzüglich des Unterschiedsbetrages nach § 50 Abs. 1 nur bis zum Erreichen der in Abs. 2 S. 1 Nr. 3 sowie Satz 3 und 5 bezeichneten Höchstgrenze erhält. Die Gesamtbezüge dürfen nicht hinter seinem Ruhegehalt zuzüglich des Unterschiedsbetrages nach § 50 Abs. 1 sowie eines Betrages in Höhe von 20% des neuen Versorgungsbezuges zurückbleiben.

Auch der § 55 BeamtVG, der die Anrechnung von Renten auf die Versorgung umfassend regelt, enthält im Bereich der Hinterbliebenenversorgung eine Ausnahmeregelung: Nach Abs. 3 gelten nicht als Renten im Sinne des Abs. 1 bei Ruhestandsbeamten Hinterbliebenenrenten aus einer Beschäftigung oder Tätigkeit des Ehegatten (Nr. 1) sowie bei Witwen und Waisen Renten auf Grund einer eigenen Beschäftigung oder Tätigkeit (Nr. 2). Erhält der Versorgungsberechtigte *eine Hinterbliebenenrente* oder *Renten auf Grund einer eigenen Beschäftigung oder Tätigkeit,* findet folglich keine Anrechnung statt. Die Regelung des § 55 Abs. 3 bedeutet zum einen eine Besserstellung des Hinterbliebenenrente beziehenden Ruhestandsbeamten gegenüber dem Hinterbliebenenversorgung beziehenden Ruhestandsbeamten, zum anderen eine Besserstellung von rentenbeziehenden, versorgungsberechtigten Witwern und Witwen („Rentner") gegenüber pensionierten, versorgungsberechtigten Witwern und Witwen („Pensionäre"). Die selbst in einem Beamtenverhältnis tätig gewesenen Hinterbliebenen sind danach schlechter gestellt als die ehemals versicherungspflichtig Beschäftigten, denn die aus dieser Tätigkeit resultierenden Renten werden von Gesetzes wegen nicht angerechnet. Begründet wird diese Regelung damit, dass es ungerechtfertigt erscheine, auch Renten mit einzubeziehen, die ihren Ursprung nicht im Arbeitsleben des Beamten haben (vgl. Plog/Wiedow 2009, § 55 Rdn. 40).

5.2.2 Rentenrecht

Renten werden geleistet wegen Alters, wegen verminderter Erwerbsfähigkeit oder wegen Todes (§ 33 SGB VI).[1] Entsprechend ergeben sich unterschiedliche Hinzuverdienst- bzw. Hinterbliebenenregelungen.

5.2.2.1 Hinzuverdienstregelungen

Wer die *Regelaltersgrenze* erreicht hat, kann unbeschränkt zu seiner Rente hinzuverdienen. Ansonsten findet zur Vermeidung von Doppelleistungen ebenfalls eine – teilweise – Einkommensanrechnung statt. Hinsichtlich der Hinzuverdienstgrenzen differenziert das Rentenrecht in § 34 Abs. 3 SGB VI danach, ob Versicherte die Renten wegen Alters als *Vollrente* oder als *Teilrente* in Anspruch nehmen. Je niedriger der Anteil der Rente ist, desto höher die Möglichkeit des Hinzuverdienstes.

1 Sechstes Buch Sozialgesetzbuch - Gesetzliche Rentenversicherung - (Art. 1 G. vom 18.12.1989, BGBl. I S. 2261, 1990 I S. 1337) zuletzt geändert durch Art. 4 d. G. v. Art. 4 G vom 15.7.2009, BGBl. I S. 1939.

Die Hinzuverdienstgrenze beträgt bei einer Rente wegen Alters als *Vollrente* 400 EUR (§ 34 Abs. 3 Nr. 1 SGB VI), bei einer Rente wegen Alters als *Teilrente* von *einem Drittel* der Vollrente das 0,25fache, der Hälfte der Vollrente das 0,19fache, zwei Dritteln der Vollrente das 0,13fache der monatlichen Bezugsgröße, vervielfältigt mit der Summe der Entgeltpunkte (§ 66 Abs. 1 Nr. 1 bis 3) der letzten drei Kalenderjahre vor Beginn der ersten Rente wegen Alters, mindestens jedoch mit 1,5 Entgeltpunkten.

Bei einem Teilrentenbezug von ein Drittel kann ca. 80% des bisherigen Einkommens, bei einem Teilrentenbezug von ein Halb ca. 60% des bisherigen Einkommens und bei einem Teilrentenbezug von zwei Drittel ca. 40% des bisherigen Einkommens ohne eine Anrechnung hinzuverdient werden. Wer beispielsweise in den letzten drei Kalenderjahren vor seinem Rentenbeginn stets genauso viel verdient hat wie der Durchschnitt aller Rentenversicherten (2009 = monatlich 2.573,25 EUR), für den gelten diese Hinzuverdienstgrenzen (Deutsche Rentenversicherung 2009a, S. 10, vgl. auch Tab. 5):

≡ Tab. 5: Hinzuverdienstgrenzen für Durchschnittsverdiener

Altersrente als	Alte Bundesländer (in EUR)	Neue Bundesländer (in EUR)
1/3-Teilrente	1.890,00	1.676,68
1/2-Teilrente	1.436,40	1.274,27
2/3-Teilrente	982,80	871,87

Quelle: Deutsche Rentenversicherung 2009, S. 10

Eine Rente wegen *verminderter Erwerbsfähigkeit* wird nur geleistet, wenn auch hier die entsprechenden Hinzuverdienstgrenzen nicht überschritten werden. § 96a Abs. 2 SGB VI enthält dazu ein ausdifferenziertes System an Regelungen.

Auch wenn die Hinzuverdienstregelungen grundsätzlich nicht überschritten werden dürfen, enthalten die §§ 34 Abs. 2 S. 2, 96a Abs. 1 S. 2 SGB VI hiervon eine Ausnahmeregelung, die festlegt, dass eine zweimalige Überschreitung im Kalenderjahr um jeweils einen Betrag bis zur Höhe der Hinzuverdienstgrenze nach § 34 Abs. 3 bzw. § 96a Abs. 2 SGB VI im Laufe eines jeden Kalenderjahres außer Betracht bleibt.

5.2.2.2 Hinterbliebenenregelung: Anrechnung weiterer Erwerbs- und Erwerbsersatzeinkommen auf die Hinterbliebenenrente

Auch das Rentenrecht unterscheidet zwischen der Anrechnung mehrerer Rentenansprüche (§ 89 SGB VI), der Anrechnung von Versorgungsbezügen auf die Rente (§ 96 SGB VI) sowie der Anrechnung von eigenem Einkommen auf die Rente wegen Todes (§ 97 SGB VI).

Die Hinzuverdienstgrenze der *Anrechnung von eigenem Einkommen* auf die Rente ergibt sich aus § 97 Abs. 2 SGB VI. Der Freibetrag für die Einkommensanrechnung ist mit dem aktuellen Rentenwert verknüpft. So ist sichergestellt, dass er mitwächst, wenn die Renten erhöht werden. Er beträgt für Hinterbliebene und Erziehungsrentner das 26,4fache, für Waisen das 17,6fache des aktuellen Rentenwertes (zurzeit 27,20 EUR), in den neuen Bundesländern leitet sich der Freibetrag vom aktuellen Rentenwert (Ost), zurzeit 24,13 EUR, ab. Der Freibetrag liegt damit zurzeit in den alten Bundesländern bei 718,08 EUR (für Waisen 478,72 EUR) und in den neuen Bundesländern bei 637,03 EUR (für Waisen 424,69 EUR; vgl. Deutsche Rentenversicherung 2009b, S. 5).

Das nicht anrechenbare Einkommen erhöht sich um das 5,6fache des aktuellen Rentenwerts für jedes Kind des Berechtigten, das Anspruch auf Waisenrente hat oder nur deshalb nicht hat, weil es nicht ein Kind des Verstorbenen ist. Von dem danach verbleibenden anrechenbaren Einkommen werden 40% angerechnet.

5.2.3 Gegenüberstellung und Modernisierungsfragen

Eine vergleichende Betrachtung ergibt zunächst, dass es sowohl im Beamtenversorgungsrecht als auch im Rentenrecht bei Erreichen der gesetzlichen Regelaltersgrenze keine Beschränkungen des Hinzuverdienstes gibt. Hier laufen beide Alterssicherungssysteme folglich konform. Grundsätzliche Gemeinsamkeit besteht auch dahingehend, dass jede vorzeitige Inanspruchnahme von Versorgungs- bzw. Rentenleistungen zwingend zu einer Minderung der Hinzuverdienstmöglichkeiten führen muss. Sowohl im Beamten- als auch im Rentenrecht hat der Gesetzgeber Regelaltersgrenzen festgesetzt und damit deutlich gemacht, welches zeitliche Verhältnis von aktivem Dienst/Beschäftigungsverhältnis und Ruhestand/Rente er als angemessen ansieht, um die öffentlichen Haushalte zu entlasten bzw. die Gemeinschaft der Versicherungszahler nicht über Gebühr zu belasten.

Aus diesen Gründen sollen ebenfalls Doppelversorgungen im Bereich der Hinterbliebenenabsicherung vermieden werden. Die Hinzuverdienst- und Hinterbliebenenregelungen weisen daher ein komplexes System an Regelungen auf, das nach der Person des Berechtigten und nach den Gründen für den Eintritt in den Ruhestand unterscheidet. Entsprechend der jeweils gesetzlich vermuteten Bedürftigkeit unterscheiden sich daher die jeweiligen Höchstgrenzen auch betragsmäßig.

Die Regelungen im Beamten- und Rentenrecht ergeben jedoch auch im Bereich der Höchstgrenzen einige ökonomisch bedeutsame Unterschiede. Während im Bereich der Hinzuverdienstregelungen beim Erwerbs- bzw. Erwerbsersatzeinkommen im Rentenrecht eine Unterscheidung zwischen Voll- und Teilrente mit entsprechender Staffelung/Kürzung des Rentenbezuges und der komplementären Hinzuverdienstmöglichkeiten erfolgt, wird im Beamtenrecht auf den fiktiven Wert der Endstufe abgestellt und der Differenzbetrag von tatsächlich erreichter Stufe bis zur Endstufe zuzüglich eines Betrages von 400 EUR monatlich als pensionsunschädlicher Hinzuverdienstspielraum angesetzt. Das bedeutet beispielsweise im höheren Dienst (Bund) einen durchschnittlichen Mehrbezug von 1.153 EUR.[2] Bezieher einer Vollrente dürfen grundsätzlich nur 400 EUR im Monat hinzuverdienen. Der Ruhestandsbeamte kann daher monatlich im Durchschnitt 753 EUR mehr verdienen als der Rentner.

Das Abstellen auf die fiktive Endstufe erscheint auch deshalb problematisch, da anstelle der förmlich anerkannten Leistung, d.h. der tatsächlich erzielten ruhegehaltfähige Dienstbezüge in Verbindung mit dem Grundsatz der Versorgung aus dem letzten Amt, nunmehr eine bloß vermutete Eignung, Befähigung und fachliche Leistung über die Bemessung des fiktiven Ruhegehaltes zur Bestimmung der Höchstgrenze herangezogen wird. Eine solche Regelung ist auch hinsichtlich des Grundsatzes, dass die Alimentation als Gegenleistung für die (tatsächliche) Hingabe der gesamten Persönlichkeit gewährt wird und im Hinblick auf das Leistungsprinzip fraglich. Der Versorgungsempfänger wird prinzipiell für etwas „entgolten“, was er nicht geleistet hat. Hinzu kommt, dass dem Versorgungsberechtigten mindestens ein Betrag i.H.v. 20% seines jeweiligen Versorgungsbezuges als Mindestversorgung zu belassen ist. Eine solche Privilegierung enthält das Rentenrecht ebenfalls nicht.

Ferner ist im Beamtenrecht der Ruhestandsbeamte privilegiert, wenn er Hinterbliebenenrente aus einer Beschäftigung des Ehegatten bezieht. Der Vorruhestandsbeamte kann entsprechend hinzuverdienen und erhält gleichzeitig anrechnungsfrei die Hinterbliebenenrente des Ehegatten dazu. Die beamtenrechtlichen Regelungen beinhalten eine Besserstellung der rentenbeziehenden, versorgungsberechtigten Hinterbliebenen („Rentner“) gegenüber den versorgungsberechtigten, pensionierten Hinterbliebenen („Pensionäre“). Die selbst in einem Beamtenverhältnis tätig gewesenen Hinterbliebenen sind danach schlechter gestellt als die ehemals versicherungspflichtig beschäftigten Hinterbliebenen, denn die aus dieser Tätigkeit

---

2 Durchschnittswert aus den 4. Besoldungsgruppen A 13 bis A 16, im Verhältnis Stufe 1 zur Stufe 8.

resultierenden Renten werden von Gesetzes wegen nicht angerechnet. Das Argument, die Rente habe ihren Ursprung nicht im Arbeitsleben des Beamten gehabt und sei deshalb nicht anzurechnen, vermag nicht zu überzeugen. Auch der originäre Versorgungsanspruch des Pensionärs resultiert aus seiner eigenen Tätigkeit im öffentlichen Dienst und nicht aus einer Tätigkeit des Ehegatten. Unter dem Aspekt der Vermeidung von Doppelversorgungen müssten beide Sachverhalte daher einheitlich geregelt werden.

Insgesamt wären demnach – gerade vor dem Hintergrund der Vermeidung unangemessener Doppelversorgungen und der Einsparung von Haushaltsmitteln – ein Überdenken der Hinzuverdienst- und Hinterbliebenenregelungen sowie eine Synchronisation der Systeme nicht nur wünschenswert, sondern auch geboten.

5.3 Jüngere Entwicklungen in den Ländern nach der Föderalismusreform I

5.3.1 Grundlagen

Das am 1. September 2006 in Kraft getretene Gesetz zur Änderung des Grundgesetzes[3] bedeutete eine fundamentale Grundgesetzänderung. Mit der beschlossenen „Föderalismusreform I" entfiel die Rahmengesetzgebung nach Art. 75 GG mit wesentlichen Auswirkungen auch auf die Beamtenversorgung. Zweck der Rahmengesetzgebung des Art. 75 Abs. 1 Nr. 1 GG a.F. war gerade die Schaffung einer vom Bund einheitlich gesteuerten Entwicklung der Personalkosten im Beamtenrecht insgesamt und die Beseitigung der Konkurrenzsituation zwischen Bund und den Ländern bzw. den Ländern untereinander.

Die Föderalismusreform I zielte auf die Modernisierung der bundesstaatlichen Ordnung ab, d.h. die Handlungs- und Entscheidungsfähigkeit von Bund und Ländern sollte verbessert und die politischen Verantwortlichkeiten deutlicher gemacht werden. Nach dem Willen des Verfassungsgebers sollte zudem die Zweckmäßigkeit und die Effizienz der öffentlichen Verwaltungen gesteigert werden (vgl. BT-Drs. 16/813 S. 1).

Nach der im Rahmen der Grundgesetzänderung erfolgten Einführung des Art. 74 Abs. 1 Nr. 27 GG und der Streichung des Art. 74a GG – welcher u.a. zur Harmonisierung eines bundesweit geltenden einheitlichen Versorgungsrechts 1971 in das Grundgesetz eingeführt worden war – ha-

3 Gesetz zur Änderung des Grundgesetzes (BGBl. 2006 Teil I Nr. 41 S. 2034ff.) vom 31.8.2006.

ben seit September 2006 der Bund und die Länder die Gesetzgebungskompetenz für das Besoldungs-, Laufbahn- und Beamtenversorgungsrecht jeweils eigenständig. Sie können nun selbst entscheiden, in welcher Weise die Bezüge ihrer Beamten an den allgemeinen wirtschaftlichen und finanziellen Entwicklungen teilnehmen sollen (vgl. Meier 2009, S. 236).

Nach dem Grundgesetz kann bei Verfassungsänderungen, die die Gesetzgebungskompetenz für das Bundesrecht betreffen, das (vormals) als Bundesrecht erlassene Recht wie vorliegend das BeamtVG bzw. das BBesG durch ein neues Versorgungs- und Besoldungsrecht der jeweiligen Länder ersetzt werden (vgl. Art. 125a Abs. 1 GG). Bund und Länder können somit die Versorgung „ihrer" Beamten jeweils autonom regeln, soweit nicht die in Art. 33 Abs. 5 GG geschützten hergebrachten Grundsätze des Berufsbeamtentums – insbesondere der Grundsatz amtsangemessener Alimentation (BVerfGE 44, 249 (280)) im Ruhestand – verletzt werden.

Dem Bund obliegt jedoch in Art. 74 Abs. 1 Nr. 27 GG die konkurrierende Gesetzgebungszuständigkeit zur Regelung der Statusrechte und -pflichten der Beamten der Länder, Gemeinden und anderen Körperschaften des öffentlichen Rechts sowie der Richter in den Ländern. Mit dem Erlass des am 1. April 2009 in Kraft getretenen Beamtenstatusgesetzes (BeamtStG)[4] hat der Bund von seiner Gesetzgebungskompetenz Gebrauch gemacht. Das BeamtStG hat gleichzeitig in den Ländern und Kommunen das Beamtenrechtsrahmengesetz abgelöst. Das BeamtStG regelt einheitlich in den Ländern und Kommunen die grundlegenden Statusfragen verbindlich, lässt den Ländern für ihre Landesbeamtengesetze aber mehr Spielräume als bisher. Das gilt zum Beispiel für die Voraussetzungen zur Begründung bzw. Beendigung von Beamtenverhältnissen oder für die Abordnung und Versetzung. Die Länder sind dabei, ihre Landesbeamtengesetze an das BeamtStG anzupassen (vgl. u.a. Bayerisches Beamtengesetz vom 29.7.2008; Hess. Beamtenanpassungsgesetz vom 5.3.2009; ausführlich zum BeamtStG Auerbach 2009, S. 217ff.).

Das BeamtStG enthält jedoch aufgrund der Ausnahmeregelung in Art. 74 Abs. 1 Nr. 27 GG keine Regelungen zum Laufbahn-, Besoldungs- und Versorgungsrecht. Die Kompetenz hierfür ist auf die Länder übergegangen. Hinsichtlich dieser Regelungsinhalte haben die Länder bis Anfang 2010 mehr oder weniger umfassend von ihrer neuen Gesetzgebungskompetenz Gebrauch gemacht.[5] Das bundeseinheitliche BeamtVG bzw. BBesG

4 Vom 17.6.2008 (BGBl. I S. 1010), zuletzt geändert durch Art. 15 Abs. 16 G vom 5.2.2009 (BGBl. I S. 160).

5 Die vorliegenden Gesetze bzw. Gesetzesentwürfe zeigen, dass die Länder von ihrer Gesetzgebungskompetenz zum Teil umfassend, zum Teil eher zurückhal-

gilt in der bis zum August 2006 letztgültigen Fassung daher nur noch für die Beamten in den Gebietskörperschaften weiter, in denen bis dato noch keine neuen, eigenständigen Regelungen zum Versorgungs-, Besoldungs- und Laufbahnrecht erlassen worden sind.

Welche neuen Regelungen die Länder bis dato erlassen haben bzw. noch planen, soll anhand ausgewählter Länder exemplarisch kurz wiedergegeben werden:

Versorgungsrecht

Im Rahmen der versorgungsrelevanten Regelungen heben bzw. haben teilweise einige Länder in Anlehnung an das DNeuG zum einen die *Regelaltersgrenze schrittweise von 65 auf 67 Jahre an/gehoben.* Dazu gehören u.a. die Länder Baden-Württemberg, Bayern, Berlin, Brandenburg, die Hansestädte Bremen und Hamburg, Mecklenburg-Vorpommern, Niedersachsen und Schleswig-Holstein.

Die fünf letztgenannten, *norddeutschen (Küsten-)Länder* haben sich im April 2007 zu einer länderübergreifenden Arbeitsgemeinschaft auf Ministerebene zusammengeschlossen mit den Zielen, ein Auseinanderdriften der Regelungen zu verhindern, die nördlichen Regionen zu stärken und die Mobilität der Beamten zwischen den fünf beteiligten Ländern durch die Schaffung vergleichbarer Regelungen im Bereich des Beamtenrechts sicherzustellen (vgl. Herzog 2009, S. 101).

Die *Anhebung der besonderen Altersgrenze* für Feuerwehr, Justizvollzug und Polizei streben derzeit vier Länder an, darunter Baden-Württemberg. Ebenfalls plant Baden-Württemberg die Verlängerung der Lebensarbeitszeit auf Antrag über das 65. Lebensjahr hinaus. Die bisherige Antragsaltersgrenze (63 Jahre) wird beibehalten. Wer künftig mit 63 in den Ruhestand gehen will, muss aber einen Versorgungsabschlag – wie im DNeuG auch – von 14,4% in Kauf nehmen (vgl. dazu insgesamt das Eckpunktepapier zur Dienstrechtsreform in Baden-Württemberg des Ministerrates vom 15.12.2009).

Besoldungsrecht

Im Bereich des Besoldungsrechts hat bis dato nur Thüringen ein eigenes landesgesetzliches Besoldungsrecht zum 1.6.2008 erlassen (ThürBesG). Inhaltlich entspricht es in weiten Teilen dem noch geltenden BBesG.

Gleichwohl haben im Nachgang der Tarifrunde für die Landesbeschäftigten 2009 die meisten Länder auch die Besoldung für ihre Landes-

---

tend Gebrauch machen und hinsichtlich der Ausgestaltung der einzelnen Regelungen oftmals unterschiedlich weitreichende Spielräume geschaffen haben/ schaffen.

beamten und Versorgungsempfänger erhöht (zumeist zum 1.3.2009: linear 3% mehr Gehalt zzgl. eines Sockelbetrages von 40 EUR, und in einem weiteren Schritt zum 1.3.2010 nochmals 1,2%). Diesen Besoldungserhöhungen haben sich grundsätzlich alle Länder (jedoch zum Teil mit betragsmäßigen Unterschieden) angeschlossen mit Ausnahme Berlins.

Strukturell hat sich das Besoldungsrecht jedoch noch nicht so verändert, dass die Verhältnisse uneinheitlich würden. Die monatlichen Grundgehälter liegen immer noch dicht beieinander. Die wesentlichen Veränderungen betreffen die Höhe der Jahresbezüge (vgl. Kammradt 2009, S. 104f.). Tabelle 6 zeigt das Besoldungsranking, wer wo am meisten im Jahresbruttovergleich verdient:

≡ Tab. 6: Besoldungsranking 2009 von Bund und Ländern im Jahresbruttovergleich[a]

Bund bzw. Land	Betrag in EUR	Land	Betrag in EUR
Bund	52.915,49	Schleswig-Holstein	49.290,84
Bayern	52.216,81	Bremen	49.290,75
Hessen	51.800,24	Berlin (West)	48.541,60
Baden-Württemberg	51.356,52	Sachsen	47.094,00
Hamburg	51.252,26	Mecklenburg-Vorpommern	47.001,47
Nordrhein-Westfalen	50.523,11	Thüringen	46.277,76
Rheinland-Pfalz	50.399,34	Sachsen-Anhalt	45.594,00
Saarland	50.090,84	Brandenburg	45.473,72
Niedersachsen	49.338,72	Berlin (Ost)	44.949,04

a – Beamter A 13, jährliche Dienstbezüge (Grundgehalt der Endstufe, Allgemeine Stellenzulage, Jahressonderzahlungen)

Quelle: Kammradt 2009, S. 105

Der Bund hat damit das höchste Bezahlungsniveau, das niedrigste Niveau weist Berlin (Ost) vor, wo seit 2004 keine Besoldungsanpassungen mehr vorgenommen worden sind.

Laufbahnrecht

Betrachtet man das Laufbahnrecht, so sind auch in diesem Bereich diverse, zum Teil recht unterschiedliche Entwicklungen zu verzeichnen. Im Mittelpunkt der Reformansätze steht – wie im Bund auch – die Ablösung der Dienstalters- durch Erfahrungsstufen. Während jedoch der Bund eine neue Tabelle mit umfangreichen Überleitungsregelungen entwickelt hat, hat Thüringen die bisherigen Dienstaltersstufen ohne Überleitungsvorschriften einfach in Erfahrungsstufen umbenannt. Andere Länder arbeiten an eigenen Reformmodellen, teils zusammen wie die „Arbeitsgemeinschaft Norddeutsche Küstenländer", teils alleine wie Baden-Württemberg oder Bayern.

Der Entwurf der *Norddeutschen Küstenländer* sieht die Reduzierung der Anzahl der Laufbahngruppen des einfachen, mittleren, gehobenen und höheren Dienstes vor. Die bisherigen vier Gruppen sollten auf zwei verkürzt werden. Daneben sollte eine höhere Durchlässigkeit sowohl in vertikaler als auch in horizontaler Richtung erreicht werden (Herzog 2009, S. 101). Vorreiter ist hier *Niedersachsen.* Das Niedersächsische Landeskabinett hat bereits am 24. März 2009 die Neufassung der Niedersächsischen Laufbahnverordnung (NLVO) beraten und beschlossen. Mit der Beschlussfassung hat Niedersachsen nach der Föderalismusreform I als erstes Bundesland eine tiefgreifende Reform des Beamtenrechts mit einer umfassenden Neuordnung und Flexibilisierung des Laufbahnrechts umgesetzt.

Bayern setzt ebenfalls auf eine Reduzierung der Laufbahngruppen. Das System der vier Laufbahngruppen soll durch eine durchgehende Leistungslaufbahn ersetzt werden, die die Besoldungsgruppen von A 3 bis A 16 und die Ämter der Besoldungsordnung B umfasst. Der Einstieg in die Laufbahn und die Ämterzuordnung erfolgen nach Qualifikation, die auf Vor- und Ausbildung sowie gegebenenfalls beruflichen Leistungen beruht (vgl. Entwurf eines Gesetzes zum Neuen Dienstrecht in Bayern v. 18.11. 2009).

In *Baden-Württemberg* sollen die Dienstaltersstufen kostenneutral in Stufen überführt werden. Unklar ist in diesem Zusammenhang, ob es bei den bisherigen zwölf Stufen bleibt oder ob beispielsweise der Tabelle des Bundes (acht Stufen) gefolgt wird. Hochschulausbildungszeiten sollen zudem künftig nur noch mit zwei Jahren und vier Monate (bislang drei Jahre) berücksichtigt werden. Hier wird die rentenrechtliche Regelung übernommen.

5.3.2 Zusammenfassende Bewertung

Wie gesehen nutzen alle Länder derzeit ihre „neuen" Gesetzgebungskompetenzen. Das vormals einheitlich geregelte Versorgungs-, Besoldungs- und Laufbahnrecht ist in Bewegung gekommen, manche Länder sind reformfreudiger als andere, auf lange Sicht wird aber jedes Bundesland „seine" eigenen Regelungen treffen.

Nach Abschaffung der Rahmengesetzgebung des Art. 75 Abs. 1 Nr. 1 GG a.F. ist eine einheitlich gesteuerte Entwicklung der Personalkosten im Beamtenrecht insgesamt und die Beseitigung der Konkurrenzsituation zwischen Bund und den Ländern bzw. den Ländern untereinander nicht mehr gegeben.

Mit Einführung von Art. 74 Abs. 1 Nr. 27 GG ist die Bezahlung der Beschäftigten durch Verlagerung der Gesetzgebungskompetenz für das Besoldungs-, Versorgungs- und Laufbahnrecht gemeinsam auf die Länderhoheit und den Bund zukünftig abhängig von der jeweiligen Haushaltslage geworden. Konsequent zu Ende gedacht lässt diese Entwicklung der „Zersplitterung“ einen fatalen Wettbewerb um qualifiziertes Personal zwischen den Ländern befürchten. Die „ärmeren“ Länder sind hierbei gegenüber „reicheren“ Ländern benachteiligt. Ein Beispiel für die Gefahr einer „besoldungsrechtlichen Schieflage“ stellt die teilweise uneinheitliche Umsetzung der Tarifergebnisse dar. Im Sinne einer konkurrierenden Gesetzgebung bedeutet dies, dass derselbe Lebenssachverhalt im Bund und in den einzelnen Ländern unterschiedlich besoldungs- und versorgungsrechtlich geregelt werden könnte. Die Gefahr der potentiellen Ungleichbehandlung scheint jedoch von der neuen grundgesetzlichen Konzeption akzeptiert zu sein. Wie die Entwicklung der Besoldungs- und Versorgungsbezüge in den nächsten Jahren in den einzelnen Bundesländern – vor allem im Hinblick auf unterschiedlich gefüllte Haushaltskassen – aussehen wird, lässt sich demzufolge heute schon erahnen.

Hinsichtlich des in jedem Land zukünftig recht unterschiedlich ausgestalteten Laufbahnrechts ist ferner zu befürchten, dass dies der sowohl bundes- als auch länderübergreifenden Mobilität der Beamten im Wege stehen könnte. Dies würde jedoch den eigentlichen Zielen der Reform wie der Steigerung der Mobilität zuwiderlaufen. Die Länder sind daher aufgefordert, das Laufbahnrecht so untereinander abzustimmen, dass hieraus kein Laufbahnchaos entsteht, das einen Wechsel in ein anderes Bundesland erheblich erschwert, unzumutbar oder unmöglich machen könnte.

5.4 Modellrechnungen zur Ausgabenentwicklung in der Beamtenversorgung

Wie in Abschnitt 5.1 gezeigt werden konnte, haben die Reformprozesse der letzten Jahre in der Beamtenversorgung vor allem an der Leistungsseite, insbesondere bei der Pensionshöhe, angesetzt.[6] Es stellt sich jedoch die Frage, ob durch diese Reformmaßnahmen die Haushalte der Gebiets-

---

6 Für eine ältere Version der in diesem Abschnitt präsentierten Modellrechnungen vgl. Färber et al. 2009. Die hier präsentierten Ergebnisse basieren auf den nun vorliegenden Ist-Werten des Jahres 2005, die insbesondere die geleisteten Sonderzahlungen berücksichtigen, sowie auf aktualisierten Werten zur gesamtwirtschaftlichen Entwicklung.

körperschaften ausreichend entlastet werden oder ob nicht eine grundlegendere Neugestaltung des Alterssicherungssystems der Beamten notwendig ist, um die aus den Versorgungsausgaben für die Beamten resultierende Finanzierungsproblematik zu lösen. Den Rahmen für Antworten auf diese Frage müssen Vorausberechnungen zur Entwicklung der Versorgungsausgaben des Bundes, der Länder und der Gemeinden geben. Derzeit liegen von offizieller Seite für die gesamten Gebietskörperschaften nur die Modellrechnungen des Dritten Versorgungsberichts der Bundesregierung aus dem Jahr 2005 vor. Lediglich für die Versorgungsausgaben des Bundes existieren neue Vorausberechnungen aus dem Jahr 2009 (BMI 2009, S. 56ff., 316ff.). Im Folgenden werden deshalb aktuelle Modellrechnungen für die gesamten Gebietskörperschaften zu dieser Thematik vorgestellt, die sich auf eine aktualisierte Datenbasis der Beamten des unmittelbaren öffentlichen Dienstes und aktuelle Modellannahmen, insbesondere zur Lebenserwartung und zur gesamtwirtschaftlichen Entwicklung, stützen.

5.4.1 Vorausberechnung der Anzahl der Versorgungsempfänger

Ziel der Modellrechnungen ist es, die zu erwartenden Versorgungsleistungen des öffentlichen Dienstes von heute bis zum Jahr 2050 unter Zugrundelegung des geltenden Rechts[7] und bei Umsetzung der beschlossenen Reformen zu quantifizieren. Zu diesem Zweck ist zunächst die Anzahl der Versorgungsempfänger vorauszuberechnen. Als Ausgangsbasis für diese Projektionsrechnung dient der Bestand der Ruhegehaltsempfänger am 01. Januar 2005 nach der Abgrenzung des Statistischen Bundesamtes.[8] In den Folgejahren werden die Zu- und Abgänge zu diesem Bestand auf Basis der Personalstandsstatistik des öffentlichen Dienstes vom 30. Juni 2005, der altersabhängigen Pensionierungswahrscheinlichkeiten und der Sterbewahrscheinlichkeiten der Beamten verrechnet (vgl. für die Annahmen Anhang A.1). Durch diese Fortschreibungsmethode fließt die gegenwärtige Altersstruktur des öffentlichen Dienstes direkt in die Modellrechnungen ein.

Des Weiteren folgen die Modellrechnungen der Basisannahme der 11. koordinierten Bevölkerungsvorausberechnung für die Bundesrepublik

---

7 Den Modellrechnungen liegt als Ausgangsbasis für die Untersuchung das Recht aus dem Jahr 2008, d.h. vor Anhebung der Regelaltersgrenze auf 67, zugrunde.

8 Den Modellrechnungen liegen Daten der Fachserie 14, Reihe 6.1, Versorgungsempfänger des öffentlichen Dienstes 2005 bzw. Reihe 6, Personal des öffentlichen Dienstes 2005 zugrunde. Der Datenbestand wurde durch eine Datenerhebung beim Statistischen Bundesamt zu den Personalbeständen in 2005 ergänzt.

Deutschland (StBA 2006a), nach der die fernere Lebenserwartung von 65-jährigen Beamtinnen bis ins Jahr 2050 auf 25,3 Jahre und die der Beamten auf 21,8 Jahre ansteigt. Der Dritte Versorgungsbericht ging im Jahr 2005 noch von einem geringeren Anstieg der ferneren Lebenserwartung der Beamtinnen und Beamten auf 24,7 bzw. 20,5 Jahre aus (BMI 2005, S. 335). Somit führen die neuen Daten zur Lebenserwartung zu längeren Pensionsbezugszeiten. Im Zeitablauf erhöht sich folglich die Anzahl der Versorgungsempfänger stärker als im Dritten Versorgungsbericht.

Dieser Effekt der gestiegenen Lebenserwartung wird jedoch durch ein verändertes Pensionseintrittsverhalten in den hinzukommenden Jahren 2003 bis 2005 gedämpft.[9] Insbesondere ist der Anteil der Ruhestandseintritte wegen Dienstunfähigkeit von 30% im Jahr 2002 auf 22% im Jahr 2005 gesunken.[10] Diese Entwicklung kann als Reaktion auf das Gesetz zur Neuordnung der Versorgungsabschläge 2000 gewertet werden (vgl. hierzu die Abschnitte 5.1 und 5.5.3.3). Im Gegenzug ist der Anteil der Pensionseintritte wegen Erreichen einer gesetzlich festgelegten Altersgrenze seit 2002 gestiegen. Im Jahr 2005 erfolgten 35% der Pensionsneuzugänge durch Erreichen der Regelaltersgrenze, während es zuvor nur 18% waren. Insgesamt ist in diesem Zeitraum das durchschnittliche Ruhestandseintrittsalter von 60,3 Jahren auf 61 Jahre gestiegen (vgl. Schwahn 2007, S. 399ff.).

Tabelle 7 zeigt die Ergebnisse der aktuellen Vorausberechnungen. Die Gesamtanzahl der Versorgungsempfänger der Gebietskörperschaften, die im Jahr 2005 noch 914.600 betrug, wird bereits bis 2025 um 60% auf knapp 1,5 Mio. ansteigen. Auch danach wird sich die Zahl der Pensionäre und ihrer Hinterbliebenen – bedingt durch die steigende Lebenserwartung – bis ins Jahr 2050 weiter auf 1,67 Mio. erhöhen. Dies entspricht einer Zunahme um 83% im Verhältnis zum Basisjahr 2005. Der Dritte Versorgungsbericht weist hier nur eine Erhöhung um 71% aus.

Der Bund hat nach den neuen Berechnungen mit einem geringen Anstieg um 14% von derzeit 207.000 auf 237.000 Versorgungsempfänger im Jahr 2050 zu rechnen. Nicht zuletzt durch das altersbedingte Ausscheiden der Pensionärsgruppe nach Art. 131 GG (Versorgungsempfänger des ehemaligen Deutschen Reiches und der Reichswehr) verringert sich die Zahl der Hinterbliebenengeldbezieher in diesem Zeitraum gar um 25%. Im Gegenzug trifft die Erhöhung die Länder besonders hart (vgl. hierzu auch Besendorfer et al. 2006, S. 572ff.). Nachdem die Empfängeranzahl bereits

---

9 Der Dritte Versorgungsbericht rechnet auf Basis des Ruhestandseintrittsverhaltens von 2002.

10 Die neuen Daten zu Pensionseintritten aus dem Jahr 2006 und später (vgl. Abschnitt 5.5.3.3) lagen zum Zeitpunkt der Modellerstellung noch nicht vor.

2020 die Millionengrenze überschreiten wird, steigt der Wert bis zum Jahr 2050 auf 1,24 Mio. Das sind gut doppelt so viele Pensionäre wie heute. Bei den Gemeinden fällt der Anstieg von 107.500 im Jahr 2005 über 158.500 im Jahr 2025 auf letztendlich 192.500 Versorgungsempfänger zwar etwas geringer aus als bei den Ländern, ist aber mit 79% bis 2050 immer noch beträchtlich.

Tab. 7: Vorausberechnung der Anzahl der Versorgungsempfänger der Gebietskörperschaften von 2005 bis 2050 ≡

	Bund[a]	Länder	Gemeinden in 1.000	Gesamt	Dritter VB[b]
2005	207	600	108	915	929[c]
2010	191	728	116	1.034	1.039
2015	189	876	129	1.195	1.194
2020	195	1.006	143	1.344	1.350
2025	207	1.095	159	1.461	1.465
2030	221	1.153	172	1.545	1.536
2035	224	1.181	179	1.584	1.577
2040	224	1.201	183	1.609	1.591
2045	231	1.229	189	1.648	1.558
2050	237	1.240	193	1.669	1.587
Zunahme 2005 bis 2050	30 14%	640 107%	85 79%	755 83%	658 71%

a – Einschl. Versorgungsempfänger der Bundeswehr und nach dem G 131; b – dritter Versorgungsbericht: Gesamtanzahl Gebietskörperschaften (BMI 2005, S. 341); c – geschätzter Wert aus dem Dritten VB anhand der Datenbasis von 2003

Eigene Berechnungen

Die Ursachen für den rasanten Anstieg der Versorgungsempfängerzahlen in den nächsten 40 Jahren wurden bereits im Verlauf dieser Arbeit herausgearbeitet. Dennoch seien sie an dieser Stelle noch einmal zusammengefasst: Die starke Zunahme bis zum Jahr 2025 resultiert vor allem aus der Personalexpansion in den sechziger bis achtziger Jahren im öffentlichen Dienst. Die in diesem Zeitraum eingestellten Bediensteten erreichen nun die Pensionsaltersgrenzen. Darüber hinaus ist es die stetig wachsende Lebenserwartung, die auch danach für einen weiteren Anstieg der Versorgungsempfängerzahlen sorgt. Zusätzlich tragen die in den neunziger Jahren neu begründeten Beamtenverhältnisse in den neuen Bundesländern sowie der steigende Anteil von Teilzeitarbeit bei den Beamten zur deutlichen Zunahme der Empfängerzahlen bei (vgl. BMI 2005, S. 340f.).

5.4.2 Entwicklung der Versorgungsausgaben der Gebietskörperschaften

Die künftige Entwicklung der Versorgungsausgaben wird zum einen durch die Entwicklung der Versorgungsempfängerzahlen und zum anderen durch die Höhe der Versorgungsbezüge bestimmt. Da die Höhe der Versorgungsbezüge in den nächsten Dekaden von verschiedenen gesamtwirtschaftlichen sowie gesellschafts- und finanzpolitischen Einflüssen abhängt, werden die monetären Effekte aus der Veränderung von Zahl und Struktur der Versorgungsempfänger durch die Vorausberechnung in drei Szenarien verdeutlicht. Im Basisszenario werden für den gesamten Projektionszeitraum die spezifischen Durchschnittsbezüge des Basisjahres 2005 zugrunde gelegt. Diese Berechnungsvariante ohne Anpassung der Versorgungsbezüge zeigt, wie sich allein die zahlenmäßige und strukturelle Entwicklung der Versorgungsempfänger auf die Versorgungsausgaben auswirkt. In einem *Szenario 1* werden über den gesamten Berechnungszeitraum von 2005 bis 2050 moderate jährliche Versorgungsanpassungen in der Höhe von 1,5% unterstellt. Die jährliche Bezügeanpassung wird im *Szenario 2* auf 2,5% erhöht.[11] In allen drei Varianten wird die beschlossene Minderung der Versorgungsanpassungen durch das Versorgungsreformgesetz von 1998 und die schrittweise Absenkung des Versorgungsniveaus (Versorgungsänderungsgesetz 2001) berücksichtigt.[12]

Allerdings folgt die hier präsentierte Vorausberechnung insbesondere zwei Annahmen des Dritten Versorgungsberichts nicht. Dies ist zum einen die Erwartung absinkender Durchschnittsbezüge für Versorgungsneuzugänge bis zum Jahr 2012 und zum anderen werden keine Stelleneinsparungen bei Bundesbeamten bis zum Jahr 2010 berücksichtigt (BMI 2005, S. 334, 336). Vielmehr rechnet die vorliegende Studie auf Basis einer konstanten Stellenanzahl[13] und der Durchschnittsbezüge aus dem Jahr 2005.

---

11 Der Dritte Versorgungsbericht der Bundesregierung geht von einer Variante 0 (vgl. Basisszenario) und von drei weiteren Varianten hinsichtlich der Versorgungsanpassungen aus (Variante 1 mit 1,5%, Variante 2 mit 2% und Variante 3 mit 3% Bezügeerhöhung).

12 Die Abflachung des Versorgungsniveaus um jährlich 0,54 Prozentpunkte erfolgt im Modell jährlich von 2006 bis 2010 und die Anpassungsminderung um 0,2 Prozentpunkte von 2011 bis 2017.

13 Die Studie von Westerhoff aus dem Jahr 2007 (Westerhoff 2007, S. 28f.) deutet auf eine stabile Stellenanzahl bei leicht sinkender „Vollzeitarbeitsäquivalente“ hin.

Hierdurch wird ein Unterschätzen der Versorgungszahlungen vermieden, denn es ist zu erwarten, dass auch in Zukunft der Anteil an hochqualifizierten Bediensteten des höheren bzw. gehobenen Dienstes zunimmt. Dieser strukturelle Effekt dürfte die aus den Modellannahmen des Versorgungsberichtes resultierenden Kosten senkenden Effekte zumindest aufwiegen.

Die Ergebnisse der Vorausberechnungen sind in Tabelle 8 dargestellt. Allein durch die Entwicklungen bei den Versorgungsempfängerzahlen steigen die Versorgungsausgaben der Gebietskörperschaften von 25,5 Mrd. EUR im Jahr 2005 bis zum Jahr 2025 um 53% auf 39,1 Mrd. EUR und anschließend weiter auf 45,6 Mrd. EUR im Jahr 2050 an. In den Szenarien 1 und 2 werden diese strukturellen Effekte durch die angenommenen Bezügeanpassungen intensiviert. So steigen die Versorgungsausgaben aller Gebietskörperschaften in Szenario 1 bis 2025 um 106% auf 52,7 Mrd. EUR und bis 2050 um insgesamt 248% auf 89 Mrd. EUR (vgl. auch Tab. 8). Die Versorgungsausgaben erhöhen sich beim zweiten Szenario mit Versorgungsanpassungen (von jährlich 2,5%) bereits bis 2025 um 151% auf 64,1 Mrd. EUR und steigen bis 2050 auf 138,4 Mrd. EUR, was einer Zunahme seit dem Jahr 2005 um 442% entspricht. Durch die großen nominalen Ergebnisabweichungen in den Szenarien 1 und 2 wird der Einfluss der Versorgungsanpassungen auf die künftigen Versorgungsausgaben ersichtlich. Des Weiteren verdeutlichen die Zahlen, dass die Landeshaushalte absolut und relativ mit den größten Ausgabenerhöhungen rechnen müssen.

Für einen Vergleich der Berechnungsergebnisse mit denen der Bundesregierung können die Berechnungsvarianten mit identischen Annahmen – hinsichtlich der Entwicklung der Versorgungsbezüge – direkt gegenübergestellt werden. Dies ist zum einen für das Basisszenario und die Variante 0 des Versorgungsberichts sowie zum anderen für das Szenario 1 und die Variante 1 des BMI möglich. Abbildung 5 stellt diese Berechnungsvarianten graphisch gegenüber. Es wird deutlich, dass nach den aktuellen Vorausberechnungen der Autoren die Versorgungsausgaben der Gebietskörperschaften im Zeitablauf stärker steigen als vom Versorgungsbericht erwartet. In dessen Variante 0 erhöhen sie sich bis 2050 statt um 78% (vgl. Tab. 8) lediglich um 51%. Auch in der Variante 1 (Inflationsausgleich) des BMI steigen die Ausgaben für die Pensionen ausgehend von 2005 nur um 191% auf 74,6 Mrd. EUR.

Wie zu Beginn dieses Abschnittes bereits angesprochen werden im Vierten Versorgungsbericht aus dem Jahr 2009 (BMI 2009) lediglich Vorausberechnungen für den Bund vorgestellt, was auf die Reduzierung der Gesetzgebungskompetenz des Bundes nach der Föderalismusreform I auf

≡ Tab. 8: Vorausberechnung der Versorgungsausgaben[14] der Gebietskörperschaften von 2005 bis 2050

	Basis				Szenario 1				Szenario 2			
	B[a]	L	G	ges.	B	L	G	ges.	B	L	G	ges.
					in Mrd. EUR							
2005	4,9	17,7	2,9	25,5	4,9	17,7	2,9	25,5	4,9	17,7	2,9	25,5
2010	4,6	20,1	3,0	27,6	5,0	21,6	3,2	29,8	5,2	22,7	3,3	31,3
2015	4,7	24,0	3,3	31,9	5,4	27,8	3,8	37,0	6,0	30,7	4,2	40,8
2020	4,9	27,6	3,7	36,1	6,1	34,5	4,6	45,1	7,0	39,9	5,4	52,3
2025	5,2	29,8	4,1	39,1	7,0	40,2	5,5	52,7	8,5	48,9	6,7	64,1
2030	5,5	31,1	4,4	41,1	8,0	45,2	6,4	59,6	10,2	57,7	8,2	76,2
2035	5,7	31,8	4,6	42,1	8,8	49,7	7,2	65,8	11,9	66,7	9,7	88,3
2040	5,7	32,6	4,8	43,0	9,5	54,9	8,0	72,5	13,4	77,4	11,3	102,2
2045	5,8	33,8	4,9	44,5	10,6	61,3	8,9	80,8	15,7	90,7	13,2	119,5
2050	6,0	34,5	5,0	45,6	11,7	67,5	9,8	89,0	18,2	104,9	15,3	138,4
Zunahme	1,1	16,8	2,1	20,0	6,8	49,8	6,8	63,4	13,2	87,2	12,4	112,9
2005–2050	20%	96%	74%	78%	135%	282%	239%	248%	265%	494%	427%	442%

a – B = Bund, L = Länder, G = Gemeinden, ges. = gesamte Gebietskörperschaften

Eigene Berechnungen

den Bereich der Bundesbeamten zurückzuführen ist. Die Vorausberechnungen des Vierten Versorgungsberichts bleiben erneut hinsichtlich der Versorgungsausgaben unter den oben präsentierten Vorausberechnungen. Hier können nur die Berechnungsvarianten mit unterstellten Bezügeerhöhungen von jährlich 2,5% verglichen werden, da das BMI nun keine Variante mit 1,5% mehr ausweist (vgl. BMI 2009, S. 60f.). Die entsprechenden Werte zur Entwicklung der Versorgungsausgaben beim Bund sind im Balkendiagramm in Abbildung 6 dargestellt. Bereits im Jahr 2030 weisen die hier

14 Die Versorgungsausgaben werden ohne Zuführungen zu den verordneten Versorgungsrücklagen (Versorgungsrücklagengesetz 1998) ausgewiesen. Zusätzlich aufgebaute Pensionsfonds, z.B. die der Länder Rheinland-Pfalz oder Hamburg, werden hier nicht gegengerechnet (vgl. dazu die Abschnitte B.4 und E.7).

vorgestellten Modellrechnungen der Autoren einen Anstieg auf 10,2 Mrd. EUR aus, wohingegen das BMI 8,9 Mrd. EUR errechnet. Im Jahr 2050 beträgt die Differenz zwischen den Vorausberechnungen gar 4,3 Mrd. EUR. Der Vierte Versorgungsbericht ermittelt einen Anstieg der Versorgungsausgaben auf 13,9 Mrd. EUR und die eigenen Vorausberechnungen ergeben 18,2 Mrd. EUR.

Abb. 5: Vergleich der Vorausberechnungen zu den Versorgungsausgaben der Gebietskörperschaften – Varianten mit Inflationsausgleich und mit Versorgungsanpassungen von 1,5%

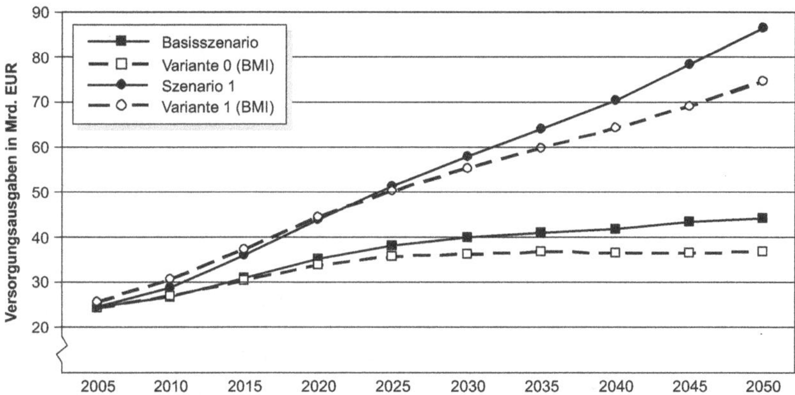

Eigene Darstellung (eigene Berechnungen sowie BMI 2005)

Diese absoluten Zahlen zu den künftigen Versorgungsausgaben ermöglichen allerdings noch keine Aussagen über zu erwartende Haushaltsbelastungen. Um die Entwicklung des Alterssicherungssystems der Beamten ökonomisch und finanzpolitisch bewerten zu können, müssen die vorausberechneten jährlichen Versorgungsausgaben ins Verhältnis zur gesamtwirtschaftlichen Leistung, ausgedrückt durch das Bruttoinlandsprodukt (BIP) des entsprechenden Jahres, gesetzt werden. Das prozentuale Verhältnis der Versorgungsausgaben zu diesem volkswirtschaftlichen Leistungsindikator wird als *Versorgungsausgabenquote* bezeichnet. Um die künftige Haushaltsbelastung der einzelnen Gebietskörperschaften abschätzen zu können, wird darüber hinaus die *Versorgungssteuerquote* berechnet. Diese Größe stellt die Versorgungsausgaben eines Jahres als Prozentsatz der jeweiligen Steuereinnahmen der Periode dar. Über den Zeitablauf betrachtet geben diese Quoten Auskunft darüber, in welchem Maße die gesamtwirtschaftliche Leistung und die Steuereinnahmen durch die Versorgungsausgaben der Beamten in Anspruch genommen werden (vgl. BMI 2005, S. 353ff.).

≡ Abb. 6: Vergleich der Vorausberechnungen zur Entwicklung der Versorgungsausgaben beim Bund – Versorgungsanpassungen von 2,5%

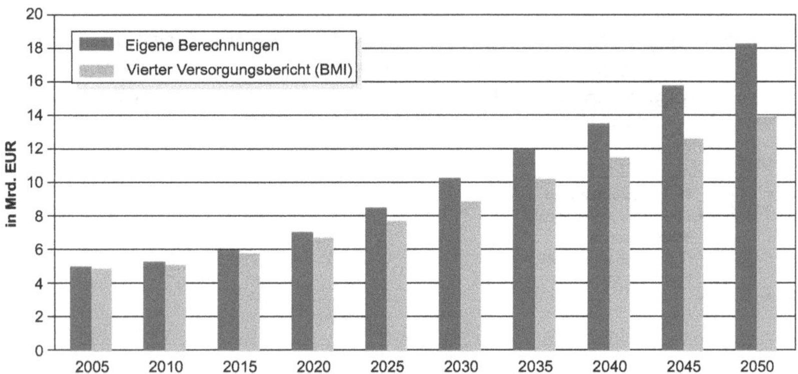

Eigene Darstellung (eigene Berechnungen sowie BMI 2009)

Die vorliegenden Modellrechnungen sind zur langfristigen Bestimmung der gesamtwirtschaftlichen Entwicklung in Deutschland mit den Annahmen des „Baseline scenario" einer Studie der International Labour Organization (ILO) koordiniert (vgl. Scholz 2009, S. 57ff.). Als wesentliche Determinante für die wirtschaftliche Entwicklung wird hier die demographische Entwicklung über ihren Einfluss auf Erwerbspersonenzahl und Produktivitätsfortschritt berücksichtigt. Des Weiteren wird ab 2010 über den gesamten Zeitraum eine gleichbleibende Inflationsrate von jährlich 1,5% unterstellt. Die entsprechenden BIP-Werte in jeweiligen Preisen sind gemeinsam mit den Quoten in Tabelle 9 unter Szenario 1 und Szenario 2 aufgelistet. Im Basisszenario werden hingegen zur Berechnung der Versorgungsausgabenquote konsequenterweise die künftigen Versorgungsausgaben, die unter Zugrundelegung der Durchschnittsbezüge von 2005 errechnet wurden, auf das BIP des Jahres 2005 bezogen.

Aufgrund der unterstellten gesamtwirtschaftlichen Entwicklung werden die Versorgungsempfänger im Szenario 1 der Modellrechnungen nicht am realen Wirtschaftswachstum beteiligt. Sie erhalten vielmehr durch die Versorgungsanpassungen von 1,5% einen Inflationsausgleich. Allerdings steigt bereits in diesem Fall die Versorgungsausgabenquote bis ins Jahr 2030 von 1,14% des BIP auf 1,46% an. Danach fällt sie wieder leicht ab, da die Wirtschaftsleistung schneller wachsen würde als die Versorgungsausgaben. Werden die pensionierten Beamten jedoch durch die Versorgungsanpassungen am Wirtschaftswachstum beteiligt (Szenario 2), so steigt die Versorgungsausgabenquote bis 2050 auf 2,01% des BIP. Durch einen Vergleich von Berechnungsvariante 2 mit der Basisvariante wird deutlich, dass in Szenario 2 das Wirtschaftswachstum die Belastung aus den steigenden Versorgungsausgaben bis 2020 noch etwas abfedern kann. In den darauf folgenden zehn Jahren ändert sich dies, da im Zeitraum von 2020 bis 2030 die demographische Komponente auch die Wachstumsspielräume der Wirtschaft einschränkt (vgl. zur BIP-Entwicklung Anhang A.1).

Um die zur Bestimmung der Versorgungssteuerquoten erforderlichen Steuereinnahmen bis 2050 vorauszuberechnen, wurde die normierte Steuerquote (nach Abgrenzung der Finanzstatistik) der letzten zehn Jahre in

Tab. 9: Vorausberechnung der Versorgungsausgaben- und der Versorgungssteuerquoten der Gebietskörperschaften von 2005 bis 2050

					Basis				
	BIP 2005[a]	B[b]	L	G	*ges.*	B	L	G	ges.
		Versorgungsausgabenquote in %				Versorgungssteuerquote in %			
2005	2.243	0,22	0,79	0,13	*1,14*	2,47	9,18	4,85	5,61
2020	2.243	0,22	1,23	0,16	*1,61*	2,40	14,32	6,17	7,95
2030	2.243	0,25	1,39	0,20	*1,83*	2,73	16,18	7,41	9,04
2050	2.243	0,27	1,54	0,22	*2,03*	2,97	17,94	8,41	10,03
					Szenario 1				
2005	2.243	0,22	0,79	0,13	*1,14*	2,47	9,18	4,85	5,61
2020	3.468	0,17	0,99	0,13	*1,30*	1,94	11,58	4,99	6,43
2030	4.088	0,20	1,10	0,16	*1,46*	2,18	12,88	5,90	7,20
2050	6.873	0,17	0,98	0,14	*1,30*	1,89	11,45	5,37	6,40
					Szenario 2				
2005	2.243	0,22	0,79	0,13	*1,14*	2,47	9,18	4,85	5,61
2020	3.468	0,20	1,15	0,15	*1,51*	2,25	13,42	5,79	7,44
2030	4.088	0,25	1,41	0,20	*1,86*	2,78	16,46	7,54	9,20
2050	6.873	0,26	1,53	0,22	*2,01*	2,94	17,80	8,34	9,94

a – Mrd. EUR; b – B = Bund, L = Länder, G = Gemeinden, ges. = gesamte Gebietskörperschaften

Eigene Berechnungen (für BIP-Werte vgl. Scholz 2009, S. 201f.)

Höhe von 21,24% auf das BIP des jeweiligen Jahres angewendet.[15] Die bis 2050 konstante Verteilung der Steuereinnahmen auf die Gebietskörperschaften erfolgt ebenfalls auf Basis der normierten Verteilung der letzten zehn Jahre. Hiernach erhalten der Bund 42,4%, die Länder 40,4%, die Gemeinden 12,6% und die EU 4,6% der Steuereinnahmen. Welche Entwicklung der Versorgungssteuerquote sich aufgrund dieser Annahmen ergibt, kann ebenfalls Tabelle 9 entnommen werden.

Auffällig ist, dass sich in Zukunft die Haushaltsbelastung bei Bund, Ländern und Gemeinden recht unterschiedlich entwickeln wird. Der Bund, dessen Versorgungssteuerquote im Jahr 2005 mit 2,47% recht niedrig ist, muss im Szenario 2 mit einer geringen Mehrbelastung durch die Versorgungsausgaben rechnen und wird im Szenario 1 gar entlastet. Auf die Gemeinden kommt in den nächsten Dekaden auf jeden Fall eine Erhöhung der Versorgungssteuerquote zu. Bei der Berechnungsvariante 2 wird sie von 4,85% im Jahr 2005 bis 2050 auf 8,4% ansteigen. Für die Länder, die bereits heute mit 9,2% die höchste Quote aufweisen, ergeben sich enorme Haushaltsbelastungen. Selbst in Szenario 1 steigt die Versorgungssteuerquote bis 2030 auf 12,9% an. Im Berechnungsszenario 2 beanspruchen die Versorgungsausgaben im Jahr 2050 sogar fast 18% der Steuereinnahmen. Die Versorgungssteuerquote der gesamten Gebietskörperschaften von 5,61% wird sich weiter erhöhen und bis zum Jahr 2030 auf einen Wert zwischen 7,2% (Szenario 1) und 9,2% (Szenario 2) ansteigen. Ob sich die Haushaltsbelastung danach weiter erhöht oder wieder sinkt, hängt ebenfalls von der Höhe der Versorgungsanpassungen ab.

Der Dritte Versorgungsbericht der Bundesregierung weist in seinen Modellrechnungen erneut einen deutlich schwächeren Anstieg der Versorgungsausgaben- und Versorgungssteuerquoten aus (BMI 2005, S. 357, 369). Abbildung 7 verdeutlicht dies anhand der Versorgungssteuerquoten der vergleichbaren Berechnungsvarianten. In der Variante 1 „Inflationsausgleich für die Versorgungsempfänger“ bleibt die Versorgungssteuerquote aus dem Dritten Versorgungsbericht bis 2030 nahezu konstant bei 6% und sinkt anschließend bis 2050 um 25% auf 4,36% ab. Auch im Vergleich der Variante 0 mit der Basisvariante der Autoren fällt der Anstieg der Versorgungssteuerquote geringer aus. So würden laut Versorgungsbericht im Jahr 2050 die Versorgungsausgaben der Gebietskörperschaften 8,65%

15 Das Jahr 2005 weist eine für die Bundesrepublik untypische, niedrige Steuerquote in Höhe von 20,1% aus. Nach der Steuerreform 2005/2006 steigt die Steuerquote wieder auf ihren langfristigen Durchschnitt (vgl. für Steuerquoten und Verteilung der Steuereinnahmen BMF 2008, S. 83ff. sowie die Tabellen BMF IA4 und IA6).

ihrer Steuereinnahmen beanspruchen. Nach den eigenen Vorausberechnungen (Basisszenario) wird sie zu diesem Zeitpunkt jedoch 10,03% betragen.

Abb. 7: Entwicklung der Versorgungssteuerquoten der Gebietskörperschaften von 2005 bis 2050

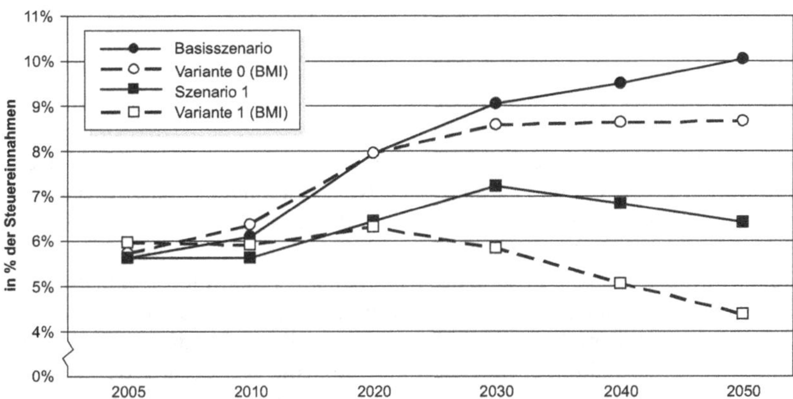

Eigene Darstellung (eigene Berechnungen sowie BMI 2005)

5.4.3 Auswirkungen der Reformen auf die Ausgabenentwicklung

In der Diskussion um die Finanzierungsproblematik der Beamtenversorgung wird in der Regel eine Ausrichtung auf Nachhaltigkeit gefordert (vgl. hierzu Karl-Bräuer-Institut des Bundes der Steuerzahler 2006). Sowohl die Versorgungsausgabenquote als auch die Versorgungssteuerquote liefern Informationen über die Nachhaltigkeit der Finanzierung des Alterssicherungssystems, denn bei einem langfristig konstanten Versorgungsniveau der Beamten kann von einer nachhaltigen Finanzierung der Beamtenversorgung erst dann gesprochen werden, wenn keine Lasten auf spätere Generationen verschoben werden und die langfristige Tragfähigkeit der öffentlichen Haushalte (vgl. SVR 2003) nicht gefährdet wird. Die obigen Modellrechnungen für die Gebietskörperschaften haben ergeben, dass sich die Versorgungsausgabenquote in Szenario 1 bis 2030 um 28% und in Szenario 2 um 63,6% erhöht. Im Jahr 2050 wird sie im Verhältnis zu 2005 um einen Wert zwischen 13,7% (Szenario 1) und 76,8% (Szenario 2) gestiegen sein. Wenn die Berechnungsszenarien 1 und 2 als Ober- und Untergrenzen der Entwicklungsmöglichkeiten betrachtet werden, so bedeutet dies, dass die Gebietskörperschaften auch nach den – bis zur Föderalismusreform bundesweit – durchgeführten Reformen der Beamtenversorgung künftig vor großen Finanzierungsproblemen stehen.[16] Es ist der weiter voranschreitende doppelte Alterungsprozess der Gesellschaft und des öffentlichen Dienstes, der über wachsende Versorgungsempfängerzahlen und weniger stark wachsende Staatseinnahmen zu noch höheren Belastungen der öffentlichen Haushalte durch die Versorgungsausgaben führt, als vom Dritten Versorgungsbericht der Bundesregierung im Jahr 2005 erwartet wurde.

Die neuen Vorausberechnungen deuten darauf hin, dass die bisherigen Reformen der Beamtenversorgung nicht ausreichen, um das Alterssicherungssystem zukunftssicher zu gestalten. Vielmehr ist bei derzeitiger Ausgestaltung des Leistungs- und des Finanzierungssystems zu erwarten, dass weiterhin finanzielle Lasten durch Neuverschuldung auf künftige Generationen verschoben werden oder dass diese auf künftige Generationen von Versorgungsempfängern durch weitere Versorgungsabsenkungen überwälzt werden. Diese These wird zum Anlass genommen, anhand einer vergleichenden Modellrechnung die Entwicklung der Versorgungsausgaben ausgehend vom Basisjahr 2005 zu quantifizieren, die ohne die beschlossenen Absenkungen der Bezüge durch die Minderung der Versorgungsanpassungen um 0,2 Prozentpunkte (Versorgungsreformgesetz 1998) und die schrittweise Absenkung der Ruhegehaltshöchstsätze (Versorgungsänderungsgesetz 2001) eingetreten wäre.

In Tabelle 10 werden die jährlichen Einsparungen der Gebietskörperschaften ausgewiesen, die aus den auf das Jahr 2005 folgenden Absenkungsschritten der Reformmaßnahmen resultieren. Im Haushaltsjahr 2050 betragen die Einspareffekte für die gesamten Gebietskörperschaften je nach Berechnungsvariante 4,7 Mrd. EUR bzw. 7,2 Mrd. EUR. Somit bewirken allein die nach 2005 erfolgten bzw. noch ausstehenden Teilschritte der Reformmaßnahmen jährliche Einsparungen von über 5%. Der Tabelle kann neben der jährlichen Minderung der Versorgungsausgaben in den Szenarien 1 und 2 auch die Auswirkung dieser Einsparungen auf die Versorgungsausgabenquote entnommen werden. Diese Auswirkungen werden in Abbildung 8 noch einmal graphisch veranschaulicht.

Durch die Kürzungen des Versorgungsniveaus ab dem Jahr 2005 wird – laut den hier vorgestellten Vorausberechnungen – bis zum Jahr 2050 eine Reduzierung der Versorgungsausgabenquote um 0,06 (Szenario 1) bzw. um 0,11 Prozentpunkte (Szenario 2) erreicht. Im Ergebnis bedeutet dies, dass der Anstieg des Versorgungsausgabenanteils am BIP durch die

16 Die Anhebung der Regelaltersgrenze beim Bund und in einzelnen Ländern wird in den obigen Modellrechnungen noch nicht berücksichtigt.

Einsparungen zwar sinkt, der Trend steigender relativer Versorgungsausgaben jedoch nicht abgewendet wird. Um im Jahr 2050 die Versorgungsausgabenquote aus dem Jahr 2005 zu erreichen, wären vielmehr Einsparungen in einer Höhe von 15,5 Mrd. EUR (Szenario 1) bzw. 67,5 Mrd. EUR (Szenario 2) notwendig.

Tab. 10: Jährliche Einspareffekte der Gebietskörperschaften durch die Absenkung der Versorgungsbezüge (nach dem Jahr 2005)

	Einsparungen in Mrd. EUR		Versorgungsausgabenquoten			
			ohne Absenkungen		mit Absenkungen (s.o.)	
	Szenario 1	Szenario 2	Szenario 1	Szenario 2	Szenario 1	Szenario 2
2010	1,43	1,50	1,19%	1,25%	1,14%	1,19%
2020	2,4	2,7	1,37%	1,59%	1,30%	1,51%
2030	3,2	4,1	1,54%	1,96%	1,46%	1,86%
2050	4,7	7,2	1,36%	2,12%	1,30%	2,01%

Eigene Berechnungen

Abb. 8: Einspareffekt durch die beschlossenen Absenkungen der Versorgungsbezüge anhand der Versorgungsausgabenquote

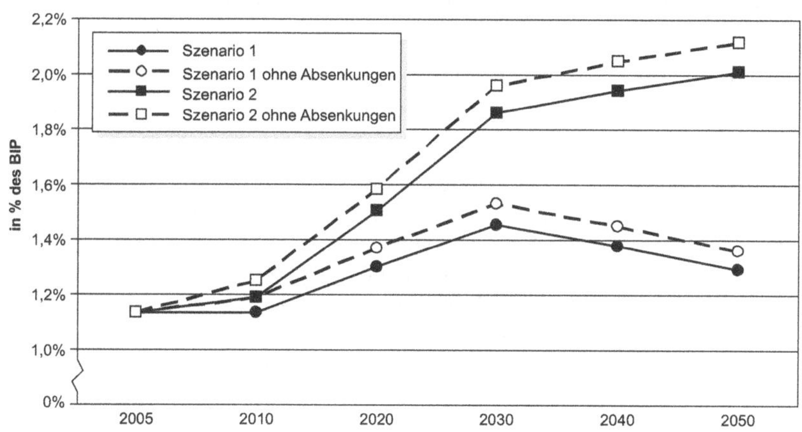

Eigene Darstellung (eigene Berechnungen)

Die Größenordnung der (durch die betrachteten Reformmaßnahmen erzielten) Einsparungen wirft erneut die Frage auf, ob allein Leistungskürzungen das geeignete Mittel darstellen, um die Finanzierungsprobleme der Beamtenversorgung zu lösen. Ungeachtet dessen haben die Reformen der Beamtenversorgung in den letzten Jahren vorwiegend an der Leistungsseite angesetzt (vgl. Abschnitt 5.1). Ein aktuelles Gutachten (Westerhoff 2009) beziffert die Einsparungen im Versorgungsbereich von Bund, Ländern und Gemeinden in den Jahren 1997 bis 2006 auf 7,56 Mrd. EUR.[17] Dies entspricht 3,2% der in diesem Zeitraum angefallenen Versorgungsausgaben der Gebietskörperschaften. Sie wurden zusätzlich zu den in Abbildung 8 dargestellten Einsparungen bereits in der Vergangenheit durch Einkommensverluste der Beamten bei der Versorgung „erwirtschaftet" (ebd.). Diese aggregierten Zahlen zu den Leistungseinschnitten und den künftigen Versorgungsausgaben weisen darauf hin, dass ein Kurswechsel bei der Reformpolitik in der Beamtenversorgung angebracht zu sein scheint, um in Zukunft ein permanentes Anpassen der Versorgungsleistungen an die „Kassenlage" der Gebietskörperschaften zu vermeiden.

Es muss jedoch auf die beschränkten Ansatzmöglichkeiten für Reformen hin zu einer nachhaltig finanzierten Beamtenversorgung hingewiesen werden. In der derzeitigen Situation, die insbesondere durch den demographischen Wandel sowie die Versäumnisse der Vergangenheit herbeigeführt wurde, gibt es kurz- und mittelfristig aus finanzwissenschaftlicher Perspektive nur zwei grundsätzliche Optionen, um der künftig steigenden Haushaltsbelastung durch die fällig werdenden Versorgungsansprüche der Beamtenversorgung zu begegnen:

1. Die Absenkung der Versorgungsausgaben und/oder
2. die Erhöhung der für die Beamtenversorgung zur Verfügung stehenden Finanzierungsmittel.

Für die Umsetzung dieser Optionen existieren unterschiedliche Instrumente bzw. Stellschrauben. Bei der Minderung der Versorgungsausgaben kann zum einen – wie in der Vergangenheit hauptsächlich geschehen – auf absolute und relative Kürzungen der Versorgungsbezüge einschließlich der ruhegehaltfähigen Besoldungsbezüge gesetzt werden. Welchen Einfluss eine solche Politik langfristig auf die Einkommenssituation der Beamtenhaushalte hat, wird im weiteren Verlauf dieses Kapitels untersucht werden. Darüber hinaus bietet die Verlängerung der Lebensarbeitszeit eine Möglichkeit, die zu erwartenden Versorgungsausgaben zu reduzieren, ohne dass direkt

17 In diesem Betrag sind weder Zinsaufschläge, Beihilfekürzungen noch Einsparungen im mittelbaren Dienst enthalten (vgl. hierzu Westerhoff 2009, S. 227ff.).

das (jährliche) Niveau der Versorgungsbezüge abgesenkt wird. Schließlich wird die Höhe der Versorgungsausgaben, wie u.a. in den Modellrechnungen verdeutlicht wurde, maßgeblich von der Zahl der Versorgungsempfänger bestimmt. Somit führt – zeitlich verzögert – auch eine Reduzierung der Anzahl der Bediensteten im öffentlichen Dienst (auf ein langfristig finanzierbares Niveau) zu einer Senkung der Versorgungsausgaben.

Auf der anderen Seite sind zwangsläufig die Finanzierungsmittel in der Höhe aufzubringen, die benötigt werden, um die Versorgungsausgaben abzudecken. Bei konstanten Steuereinnahmen bleibt folglich nur die Möglichkeit andere Staatsausgaben zu kürzen, wenn die Versorgungsausgaben einen wachsenden Teil des laufenden Steueraufkommens in Anspruch nehmen. Alternativ besteht die Möglichkeit, über Steuererhöhungen zusätzliche Finanzierungsmittel zur Verfügung zu stellen. Auch ein stärkeres Wirtschaftswachstum würde bei konstanten Steuerquoten zu Steuermehreinnahmen führen und somit die Finanzierungsbasis der Beamtenversorgung erhöhen. Durch die Aufzählung der zur Verfügung stehenden Instrumente wird die Brisanz der steigenden Versorgungsausgaben für die öffentlichen Haushalte sowie die politischen Akteure deutlich. Keine der angeführten Handlungsoptionen ist politisch „leicht" durchzusetzen. Nicht zuletzt aus diesen Gründen sollten künftig Lastenverschiebungen im Bereich der Beamtenversorgung frühzeitig vermieden werden. Reformansätze, die zu einer gleichmäßigeren Lastenverteilung beitragen und die Beamtenversorgung langfristig sichern, werden in Kapitel 6 vorgestellt.

5.4.4 Zusammenfassung der Ergebnisse zur Ausgabenentwicklung

Die Modellrechnungen zur Ausgabenentwicklung in der Beamtenversorgung verstärken die in Abschnitt 3.2.3 aufgeworfene These, dass durch das Alterssicherungssystem der Beamten in den letzten Jahrzehnten große finanzielle Lasten auf künftige Generationen verschoben wurden. Den Ausgangspunkt für die künftige Entwicklung stellt die steigende Anzahl der Versorgungsempfänger in den Gebietskörperschaften dar. Die hier vorgestellten Vorausberechnungen kommen zu dem Ergebnis, dass die Gesamtzahl der Versorgungsempfänger bis 2025 um 60% und bis 2050 um 83% ansteigen wird. Hatten die Gebietskörperschaften im Jahr 2005 noch 915.000 Versorgungsempfänger in der Beamtenversorgung zu verzeichnen, werden es 2050 1,67 Mio. sein. Ein besonders starker Anstieg der Pensionärszahlen steht absolut und relativ den Ländern bevor, deren Anzahl an Versorgungsempfänger sich bis 2050 um 107% auf 1,24 Mio. erhöhen wird.

Wie sich die steigenden Versorgungsempfängerzahlen in den nächsten Jahren auf die Höhe der Versorgungsausgaben auswirken, wird maßgeblich durch die Bezügeanpassungen bestimmt. Diesbezüglich stellen die Vorausberechnungen auf zwei Szenarien ab, die als Unter- und Obergrenze der Bezügeentwicklung interpretiert werden können. Szenario 1 unterstellt einen Inflationsausgleich bei jährlichen Einkommenszuwächsen von 1,5%, wohingegen Szenario 2 von Bezügeanpassungen i.H.v. 2,5% und somit einem Reallohnanstieg von 1% ausgeht. Im Ergebnis weisen die Vorausberechnungen einen stärkeren Anstieg der Versorgungsausgaben als die letzten offiziellen Vorausberechnungen im Dritten und Vierten Versorgungsbericht der Bundesregierung aus. Die Versorgungsausgaben der gesamten Gebietskörperschaften werden laut Szenario 1 von 25,6 Mrd. EUR im Jahr 2005 auf 89 Mrd. EUR im Jahr 2050 anwachsen. Im Berechnungsszenario 2 steigen sie auf 138 Mrd. EUR an. Um die künftige Haushaltsbelastung durch die vorausberechneten Versorgungsausgaben abschätzen zu können, wurden die Versorgungsausgaben in einem nächsten Schritt den zu erwartenden Steuereinnahmen gegenübergestellt. Die gesamte Versorgungssteuerquote der Gebietskörperschaften, die 2005 noch 5,6% betrug, wird demnach bis 2030 auf einen Wert zwischen 7,2% und 9,2% ansteigen. Im Jahr 2050 könnten die Versorgungsausgaben schließlich sogar 10% der Steuereinnahmen beanspruchen. Die von den Finanzierungsproblemen besonders stark betroffenen Länder müssen mit einem Anstieg von 9,2% im Jahr 2005 auf 11,5% bzw. gar auf 17,8% im Jahr 2050 rechnen.

Aus diesen Vorausberechnungen zu den Versorgungsausgaben ist die Schlussfolgerung zu ziehen, dass die Gebietskörperschaften trotz der bereits erfolgten Reformen vor großen Finanzierungsproblemen durch die Beamtenversorgung stehen. Insbesondere eine in Szenario 2 stetig steigende Versorgungssteuerquote gefährdet die langfristige Stabilität des Alterssicherungssystems bei fortwährender Finanzierung aus dem laufenden Steueraufkommen. Im Hinblick auf mögliche Reformansätze sind die Handlungsoptionen zur Minderung der Finanzierungsprobleme begrenzt. Sie können unter den Leitsätzen „Versorgungsausgaben senken“ und „Finanzierungsmittel erhöhen“ zusammengefasst werden. Da ein permanentes „Nachbessern“ an der Leistungsseite der Beamtenversorgung als wenig nachhaltig anzusehen ist, sind strukturelle Reformen im Leistungs- und Finanzierungssystem notwendig, um Nachhaltigkeit zu erreichen.

5.5 Modellrechnungen zu den individuellen Auswirkungen der Reformen

Die Reformen in der Beamtenversorgung seit 1992 haben das Leistungsrecht des größten Alterssicherungssystems im öffentlichen Dienst vielfach verändert. Hieraus resultierende Auswirkungen auf die Alterseinkünfte der Beamten aus der Verteilungsperspektive und auf die individuellen (Personal-)Kosten der öffentlichen Arbeitgeber aus der Finanzierungsperspektive sind nicht auf den ersten Blick quantifizierbar, zumal neben dem Versorgungsrecht auch die Vorschriften zu Besoldungsstruktur und -höhe in den letzten Jahren reformiert wurden. Derartige strukturelle Veränderungen, welche die Dienstbezüge über die Erwerbsphase neu verteilen, haben bei der derzeitigen Ausgestaltung der Beamtenversorgung als „Versorgung aus dem letzten Amt" lediglich über die Höhe der Dienstbezüge vor Pensionseintritt explizite Auswirkungen auf die Alterseinkünfte der Beamten.[18] Allerdings haben die Besoldungsreformen einen Einfluss auf das Verhältnis zwischen Erwerbs- und Alterseinkommen sowie auf – aus diesem resultierende – Rücklagensätze bzw. kalkulatorische Beiträge. Soll die Versorgungssituation der Bediensteten des öffentlichen Dienstes nach und vor den erfolgten Reformen untersucht werden, muss demnach neben der Änderung des Versorgungsrechts auch die Neustrukturierung der Besoldung berücksichtigt werden.

In diesem Kapitel sollen die individuellen Auswirkungen der Reformen im Versorgungsrecht (unter Berücksichtigung der Veränderungen im Besoldungs- und Laufbahnrecht) anhand verschiedener Modell-Erwerbsbiographien für Beamte untersucht werden. Hierzu wird die aus den Modell-Lebensläufen ermittelte Versorgungssituation vor und nach den Leistungsrechtsänderungen verglichen (Abschnitt 5.5.2) und es werden die individuellen Rückwirkungen auf die Finanzierungsseite erörtert (Abschnitt 5.5.3). Da die Modellrechnungen grundsätzlich auf eine Betrachtung der Brutto-(Alters-)Einkommen der Beamten abstellen, wird die Analyse der Versorgungssituation der Beamten in Abschnitt 5.5.2.4 um eine Nettobetrachtung erweitert, indem die auf das jeweilige Jahreseinkommen zu entrichtenden Steuern und Abgaben einbezogen werden. Als Referenzwerte werden an einzelnen Stellen die – in der öffentlichen Debatte häufig

18 Welche Auswirkungen die neue Besoldungstabelle auf das Lebenseinkommen der Beamten hat und welche Verteilungs- und Anreizwirkungen sich konkret für die einzelnen Laufbahngruppen ergeben, kann im Rahmen dieser Arbeit nicht detailliert untersucht werden. Es besteht diesbezüglich jedoch erheblicher Forschungsbedarf.

nicht hinreichend genau ermittelten – Vergleichsgrößen von Tarifbeschäftigten des öffentlichen Dienstes hinsichtlich „Leistungs- und Beitragsseite“ hinzugezogen.

5.5.1 Methodik und Annahmen

Um die individuellen Auswirkungen der Reformen in der Beamtenversorgung zu ermitteln, werden Modellerwerbsbiographien verschiedener Typen von Beamtinnen und Beamten nachgezeichnet. Für die Erstellung der Modellbiographien werden biometrische und berufstypische, empirische Merkmale herangezogen. Mittels der so konzipierten Lebensläufe können die jeweiligen Besoldungsbestandteile abgeleitet und die jährlichen Besoldungsbezüge errechnet werden. Anschließend werden anhand des Verlaufs der Dienstzeit und der biometrischen Risiken die entsprechenden Versorgungsleistungen bestimmt. Die sich über den gesamten Modell-Lebenslauf ergebenden Zahlungsströme für Besoldung und Versorgung werden in einem letzten Schritt zur Berechnung aussagekräftiger und über den Zeitablauf vergleichbarer Indikatoren verwendet.

Anhand der Ergebnisse dieser Modellrechnungen kann zum einen die Entwicklung der Versorgungssituation der Beamten analysiert werden und zum anderen können kalkulatorische Beiträge berechnet werden, die bei verschiedenen Zinsszenarien auf die laufenden Dienstbezüge erhoben werden müssten, um die spätere Versorgungsleistung finanzieren zu können. Ziel der Modellrechnungen ist insbesondere ein Vergleich dieser Größen zu verschiedenen Betrachtungszeitpunkten mit unterschiedlichen Versorgungsrechtslagen. Im Einzelnen werden vier verschiedene Zeitpunkte bzw. Rechtslagen für den Pensionseintritt betrachtet:[19]

1. Pensionseintritt im Jahr 2002 mit dem entsprechenden (Besoldungs- und) Versorgungsrecht vor der Absenkung des Ruhegehaltssatzes (abgekürzt: *aR*);
2. Ruhestandseintritt mit den Regelungen gemäß derzeitiger Rechtslage (im Jahr 2011) nach abgeschlossener Absenkung des Ruhegehaltes (abgekürzt: *dR*);
3. Pensionierung im Jahr 2030 mit dem (Besoldungs- und) Versorgungsrecht nach Umsetzung des DNeuG (mit abgeschlossener Anhebung des Pensionseintrittsalters auf 67 Jahre) und

19 Für detaillierte Angaben zu dem zugrunde liegenden Rechtsstand vgl. Anhang A.2.1.

4. Pensionseintritt im Jahr 2050 bei gleicher Rechtslage wie unter Punkt 3) unter Berücksichtigung einer weiterhin steigenden Lebenserwartung der Beamten.

In der Basisbetrachtung werden hierzu Modell-Lebensläufe für Beamtentypen mit folgenden (Unterscheidungs-)Merkmalen erstellt:

- Laufbahngruppe
  - mittlerer Dienst (mD)
  - gehobener Dienst (gD); Grundmodell
  - höherer Dienst (hD)
- Geschlecht
  - männlich (m)
  - weiblich (w)
- Grund für Pensionseintritt
  - Erreichen einer Altersgrenze (AGr)
  - Dienstunfähigkeit (DiU)

Aus den Kombinationen der verschiedenen Merkmalsausprägungen ergeben sich in der Basisbetrachtung 48 verschiedene Erwerbsbiographien. In der weiteren Betrachtung werden diese typischen Modell-Lebensläufe durch Variationen einzelner Parameter erweitert, um den Einfluss spezieller Annahmen und Reformbausteine aufzuzeigen (Sensibilitätsanalysen).

5.5.1.1 Konzeption der Erwerbsbiographien

Die verschiedenen Modell-Typen sollen jeweils typische bzw. „durchschnittliche" Beamte mit den spezifischen Merkmalen abbilden. Zu diesem Zweck werden die für die Berechnung der Besoldungs- und Versorgungsbezüge relevanten Parameter nach empirisch abgesicherten (Durchschnitts-)Werten gesetzt. Die statistischen Mittelwerte werden entsprechend der gewählten Merkmale immer in der tiefst möglichen Gliederung angewandt, um die einzelnen Modell-Typen realitätsnah abzubilden. Insbesondere gilt dies für

- das Diensteintrittsalter,
- die Beförderungen und den Stufenaufstieg,
- das Pensionseintrittsalter und
- die Lebenserwartung.

Andere Parameter werden hingegen, für die Vergleichbarkeit der Modell-Typen untereinander, über alle Erwerbsbiographien konstant gehalten. Dies gilt speziell für

- den Familienstand,
- die Kinderzahl und
- den Altersunterschied zwischen den Ehepartnern.

Eine ausführliche Erläuterung der verschiedenen Annahmen zu den jeweiligen Parametern befindet sich im Anhang A.2.

Für die Betrachtung der individuellen Auswirkungen der Entwicklungen im Versorgungsrecht wird jedem (relevanten) Lebensjahr der Erwerbsbiographie eines Modell-Typs eine Zahlung entsprechend der geltenden dienst- bzw. versorgungsrechtlichen Regelungen zugewiesen. Es handelt sich dabei zunächst stets um Bruttobezüge, und die Modellrechnungen stellen, sofern nichts Gegenteiliges angegeben wird, auf die Vorschriften für Bundesbeamte ab. Abbildung 9 stellt exemplarisch die Zahlungsströme für einen männlichen Beamten des gehobenen Dienstes bei derzeitiger Rechtslage[20] dar, der wegen Erreichens der Altersgrenze in den Ruhestand eingetreten ist. An die Zahlungsströme des Ruhegehalts aus der Beamtenversorgung schließen sich in diesem Fall die Hinterbliebenenbezüge der Witwe an, weshalb auch Zahlungen nach dem Tod des Beamten anfallen.

≡ Abb. 9: Zahlungsströme der Erwerbsbiographie „Beamter/gehobener Dienst/derzeitiges Recht/Altersgrenze"[a]

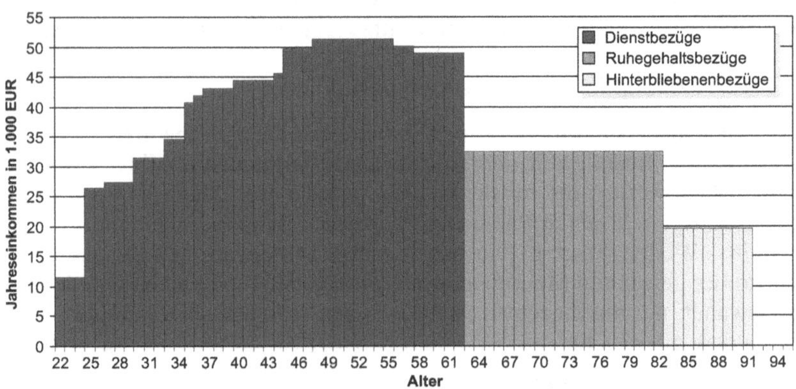

a – Realbetrachtung bei jährlichem Inflationsausgleich

Eigene Darstellung

20 Stand Januar 2010 für die zu erwartende Rechtslage für das Jahr 2011.

Die Steigerungen der in Abbildung 9 dargestellten Dienstbezüge sind ausschließlich auf Stufen- und Tätigkeitsaufstiege zurückzuführen. Den Modellrechnungen liegen stets reale Größen für die relevante Lohn- und Zinsentwicklung zugrunde. Im Basismodell erfolgt per Annahme eine langfristig konstante, nominale Dynamisierung[21] der Bezüge um jährlich 1,5%, wobei eine jährliche Inflation von ebenfalls 1,5% unterstellt wird. Somit bleibt der reale Wert der Dienst- und Versorgungsbezüge der entsprechenden Besoldungstabelle, bewertet und gegebenenfalls umgerechnet zu Löhnen und Preisen des Basisjahres 2009, konstant. Die Beamten erhalten somit per Annahme jedes Jahr durch die Besoldungs- und Versorgungsanpassungen einen Inflationsausgleich.

Die hier dargestellten Zahlungsströme werden zunächst für alle 48 Varianten der Basisbetrachtung unter dieser Annahme („keine Reallohnerhöhung“) ermittelt. Folglich verdeutlichen die Modellrechnungen insbesondere die strukturellen Effekte der Reformen ausgehend vom derzeitigen Versorgungsniveau. Anschließend werden zum Vergleich im Rahmen der Sensibilitätsanalyse die quantitativen Auswirkungen der Reformen dargestellt, die sich bei einer jährlich realen Erhöhung der Bezüge um 1%[22] ergeben würden.

5.5.1.2 Merkmale und Besonderheiten der Modell-Erwerbsbiographien

Die so konzipierten Erwerbsbiographien der Modell-Beamten unterscheiden sich je nach Laufbahngruppe, Geschlecht und Pensionierungsgrund insbesondere durch die Phasenaufteilung im Lebenslauf. Über die typenspezifischen Merkmale hinsichtlich Diensteintrittsalter, Pensionseintrittsalter, fernere Lebenserwartung und Familienstand ergeben sich erhebliche Auswirkungen auf die Länge der einzelnen Abschnitte in den Erwerbsbiographien.[23] Für die Modellrechnungen zu den individuellen Auswirkungen der Reformen sind die Ausgestaltung und Länge der folgenden Lebens- bzw. Zahlungsabschnitte von besonderer Bedeutung:

---

21 Diese Dynamisierung erfolgt in der Praxis über die per Gesetz zu regelnden Besoldungs- und Versorgungsanpassungen.

22 Dies entspricht im Modell einer nominalen Erhöhung der Bezüge um 2,5% pro Jahr.

23 Für allgemeine Ausführungen zur Analyse verschiedener Phasen und deren Auswirkungen auf die Einkommensentwicklung im Lebenslauf von Erwerbspersonen vgl. Schmähl 2009, S. 150ff.

1. Erwerbsphase (aktive Dienstzeit),
2. Ruhestandsphase und
3. Hinterbliebenenphase.

In Abbildung 10 wird die Verteilung dieser Phasen zunächst für weibliche und männliche Beamte, die wegen Alters in den Ruhestand eintreten, graphisch dargestellt. Es handelt sich hierbei um die Ausgangsvarianten, die den Modellrechnungen nach derzeitigem (und nach altem) Recht zugrunde liegen.[24] Konkret werden die ruhegehaltfähigen Dienstjahre[25] sowie die Jahre des Ruhegehaltsbezuges und der Hinterbliebenenbezüge (für Witwen) ausgewiesen.

Es ist ersichtlich, dass die Unterschiede in den Modellbiographien zwischen Frauen und Männern besonders ausgeprägt sind. So fallen zum einen bei den Modell-Beamtinnen keine Witwerbezüge an. Ihre männlichen Ehepartner sind auf Grund der geringeren Lebenserwartung und der

≡ Abb. 10: Verhältnisse in den Erwerbsbiographien für Modell-Beamte verschiedener Laufbahngruppen[a]

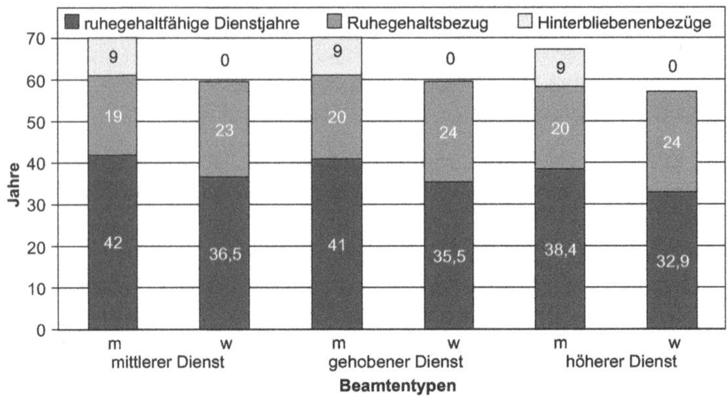

a – Bei derzeitigem bzw. altem Recht und Erreichen einer Altersgrenze

Eigene Darstellung

24 Lediglich die Modellbiographien für die künftige Rechtslage ab dem Jahr 2030 weichen bezüglich Pensionseintrittsalter und Lebenserwartung von diesen Varianten ab.

25 Die ruhegehaltfähigen Dienstjahre stimmen bei den Beamten des mittleren und des gehobenen Dienstes mit der aktiven Dienstzeit (einschl. Anwärterzeiten) überein. Für den gehobenen Dienst beinhalten sie zusätzlich nach der entsprechenden Rechtslage berücksichtigungsfähige (Hoch-)Schulzeiten.

Altersdifferenz zwischen den Eheleuten bei Ableben der Pensionärin bereits verstorben.[26] Allerdings ist die Phase des Ruhegehaltsbezuges der Beamtinnen um vier Jahre länger als bei ihren männlichen „Modell-Kollegen" der gleichen Laufbahngruppe, was ebenfalls der höheren Lebenserwartung von Frauen geschuldet ist. Des Weiteren erreichen Beamtinnen mit 32,9 bis 36,5 weniger ruhegehaltfähige Dienstjahre als die männlichen Beamten, die auf 38,4 bis 42 Jahre kommen. Ursache für diese Differenz sind die familienbedingten Erwerbsunterbrechungen und die Inanspruchnahme von Teilzeitbeschäftigung in der Berufslaufbahn der Frauen (vgl. Schwahn 2007, S. 402f.).

Bei einem Vergleich der Modell-Lebensläufe der verschiedenen Laufbahngruppen wird deutlich, dass Beamte des mittleren Dienstes, und zwar sowohl bei den Frauen als auch bei den Männern, die größte Anzahl an ruhegehaltfähigen Dienstzeiten aufweisen. Hingegen sind die Pensionsbezugszeiten beim mittleren Dienst trotz des frühesten Pensionseintritts im Alter von 62 Jahren die kürzesten. Diese Charakteristika sind auf das niedrige Diensteintrittsalter und die kurze Lebenserwartung der Beamten im mittleren Dienst, jeweils in Relation zu den beiden anderen Laufbahngruppen, zurückzuführen. Ebenfalls auf den Parametern Diensteintritt, Pensionseintritt und Lebenserwartung beruhen die Abweichungen zwischen dem gehobenen und dem höheren Dienst. So haben Beamte des höheren Dienstes eine um ein Jahr höhere Lebenserwartung als Beamte des gehobenen Dienstes. Außerdem gehen die Beamten des höheren Dienstes ein Jahr später, im Alter von 64 Jahren, in den Altersruhestand. Allerdings liegt auch ihr Diensteintrittsalter drei Jahre über dem im gehobenen Dienst (vgl. Anhang A.2).

Diese Verhältnisse in den Erwerbsbiographien ändern sich bei einem Pensionseintritt wegen Dienstunfähigkeit deutlich. Wie Abbildung 11 graphisch veranschaulicht, verkürzt sich die aktive Erwerbsphase der Beamten durch den früheren Pensionseintritt, während sich die passive Phase des Ruhegehaltsbezuges verlängert. Der zusätzlich zu beobachtende Anstieg der Jahre mit Hinterbliebenenbezügen von 9 auf 13 ist auf die um vier Jahre geringere Lebenserwartung von Pensionären wegen Dienstunfähigkeit (vgl. Hoffmann et al. 2006, S. 49f.) bei per Annahme konstanter Lebenserwartung der Witwen zurückzuführen.

26 Diese Annahme ist der konsequenten Anwendung der empirischen (Mittel-)Werte bei der Konstruktion des Modells geschuldet. In der Realität fallen im Einzelfall selbstverständlich auch Versorgungszahlungen an Witwer an.

≡ Abb. 11: Verhältnisse in den Erwerbsbiographien für Modell-Beamte verschiedener Laufbahngruppen[a]

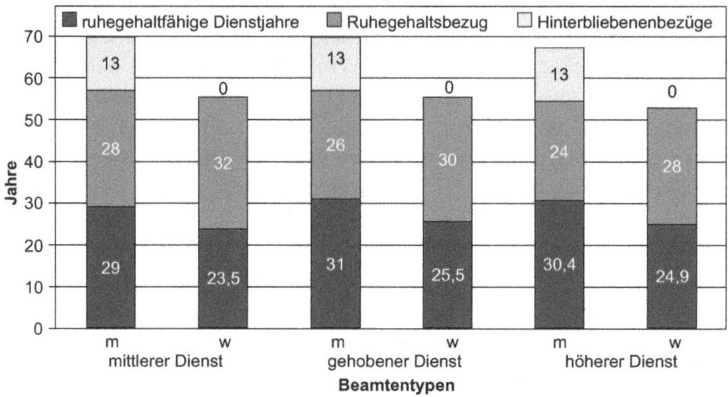

a – Bei derzeitigem bzw. altem Recht und Dienstunfähigkeit

Eigene Darstellung

Am höchsten fallen die Einbußen bei den ruhegehaltfähigen Dienstjahren für Beamte des mittleren Dienstes aus. Das durchschnittliche Pensionseintrittsalter wegen Dienstunfähigkeit liegt für diese Laufbahngruppe bei 49 Jahren, und die aktive Dienstphase vermindert sich somit im Vergleich zur Ausgangsvariante um 13 Jahre. Jedoch sinken die ruhegehaltfähigen Dienstjahre auch bei den anderen beiden Laufbahngruppen um zehn bzw. acht Jahre, denn im gehobenen Dienst erfolgt der Pensionseintritt von Dienstunfähigen im Mittel nach 53 und im höheren Dienst nach 56 Lebensjahren. Der vorzeitige Eintritt in den Ruhestand führt bei den Modell-Lebensläufen der Frauen im Ergebnis dazu, dass die Erwerbsphase bedeutend kürzer ist als die Phase des Ruhegehaltsbezuges. Auch bei den Männern haben die Verschiebungen der Verhältnisse Auswirkungen auf die Versorgungs- und die Finanzierungssituation.

5.5.1.3 Auswertung der Erwerbsbiographien

Um die Zahlungsströme der verschiedenen Erwerbsbiographien einer vergleichenden Analyse unterziehen zu können, werden sie zu verschiedenen Kennzahlen zusammengefasst sowie aussagekräftige Indikatoren ermittelt (vgl. Preller 2011). Welche Indikatoren zur Beurteilung der individuellen Entwicklungen herangezogen werden, hängt von der Untersuchungsperspektive ab. Drei Perspektiven interessieren vor dem Hintergrund der Reformen in der Beamtenversorgung besonders:

1. Wie hat sich die Versorgungssituation der Beamten durch die Reformen verändert?
2. Welche kalkulatorischen Beiträge sollten in der aktiven Dienstzeit für Beamte – als laufende Personalkosten der öffentlichen Arbeitgeber – berücksichtigt werden, um die jeweiligen Versorgungsleistungen bei Fälligkeit finanzieren zu können?
3. In welchem Verhältnis steht die (aus ökonomischer Sicht) „erdiente" Versorgung zu den derzeit tatsächlich geleisteten Ruhegehaltszahlungen?

Während sich die erste Frage damit beschäftigt, inwiefern das Ruhegehalt aus der Beamtenversorgung dem Ziel, einen einmal gewonnen Lebensstandard zu sichern, dienen kann, betrifft die zweite Frage stärker die Finanzierung der Versorgungsleistungen. Aus der (individuellen) Finanzierungsperspektive hängt bei einer Leistungszusage, wie sie in der Beamtenversorgung über die Berechnungsvorschriften des Ruhegehaltes gegeben wird, der für die Altersversorgung zu veranschlagende Beitrag von der Höhe der Versorgungsleistungen ab.[27] Hierbei sind Faktoren wie die Lebenserwartung des Beamten, das Pensionseintrittsalter sowie die Höhe und die Verteilung der Dienstbezüge über die Erwerbsphase für die Beitragshöhe von Bedeutung. Diese Faktoren spielen auch für die dritte Fragestellung eine Rolle, welche die beitrags- und die leistungsorientierte Perspektive auf die Beamtenversorgung miteinander verbindet. Zu diesem Zweck wird die Leistungshöhe ermittelt, die sich für die Beamten in einem vollständig kapitalgedeckten Finanzierungssystem aus den im öffentlichen Dienst üblichen Beiträgen ergeben hätte. Dieser Referenzwert kann anschließend mit dem tatsächlichen Ruhegehaltsniveau verglichen werden.

Zu 1.): Zur Betrachtung des Alterseinkommensniveaus in der Beamtenversorgung können die Modellrechnungen auf verschiedene Kennzahlen abstellen. Im Folgenden wird als Indikator für das Alterssicherungsniveau zunächst, wie allgemein üblich, das Verhältnis des ersten Ruhegehaltes nach Pensionseintritt zu den Dienstbezügen des letzten Amtes betrachtet (Schmähl 2009, S. 131; OECD 2009, S. 116). Dieses als *Ruhegehaltsniveau* (RN) bezeichnete Verhältnis dient als Indikator für die Sicherung

27 Es ist hier aus ökonomischer Perspektive vorerst unerheblich, ob ein solcher Beitrag tatsächlich entrichtet wird oder ob die Versorgung aus den laufenden Steuereinnahmen finanziert wird. Der Zusammenhang bzw. das relative Verhältnis zwischen Brutto-Besoldung und Brutto-Versorgung besteht über das Erwerbsleben betrachtet in jedem Fall.

des einmal erreichten Lebensstandards.[28] Es wird als Prozentsatz der zuletzt gezahlten aktiven Dienstbezüge dargestellt. An dieser Stelle sei ausdrücklich darauf hingewiesen, dass sich der dem Ruhegehalt zugrunde liegende Ruhegehaltssatz nicht als Indikator für das Ruhegehaltsniveau eignet. Der Ruhgehaltssatz bildet weder die anfallenden Versorgungsabschläge noch die Sonderzahlungen und Zuschläge ab. Demzufolge können anhand des Ruhegehaltssatzes keine korrekten Aussagen über das relative Alterssicherungsniveau im Verhältnis zum letzten Aktiveinkommen getroffen werden.

Des Weiteren ist selbst das Ruhegehaltsniveau lediglich als Indikator für den Vergleich der Versorgungssituation der Beamten und Beamtinnen untereinander geeignet. Begründen lässt sich dies mit fehlenden Arbeitnehmerbeiträgen zur Alterssicherung in den Brutto-Besoldungsbeträgen. Für vergleichende Analysen zum Alterssicherungsniveau von Beamten und anderen Berufsgruppen ist deshalb entweder auf das Netto-Ruhegehaltsniveau (vgl. Abschnitt 5.5.2.4 und 5.5.2.5) abzustellen, oder die Brutto-Besoldung der Beamten muss auf ein Brutto-Gehalt von rentenversicherungspflichtigen Beschäftigten hochgerechnet werden. In den folgenden Modellrechnungen zu den individuellen Auswirkungen der Reformen wird deshalb der Begriff „Versorgungsniveau“ abweichend vom Ruhegehaltsniveau (RN) definiert. Das *Versorgungsniveau* (VN) stellt das Brutto-Ruhegehalt aus der Beamtenversorgung einem fiktiven Bruttoeinkommen aus dem letzten Amt gegenüber, welches mit dem rentenversicherungspflichtigen Brutto-Entgelt von Tarifbeschäftigten im öffentlichen Dienst und in der Privatwirtschaft vergleichbar ist. Aus Alterssicherungsperspektive entspricht die Brutto-Besoldung der Beamten vom Niveau her dem Betrag, der sich nach Abzug der Arbeitnehmeranteile (AN-Anteile) zur GRV und zur betrieblichen Alterssicherung ergibt.

In den Modellrechnungen zum Versorgungsniveau (VN) wird deshalb ein AN-Anteil zur GRV in Höhe von 9,95% und zur VBL (Abrechnungsverband West) in Höhe von 1,41% veranschlagt. Diese fiktiven AN-Anteile zur Alterssicherung werden um die tatsächlich geleisteten Eigenbeiträge durch die Minderung der Versorgungsanpassungen um 0,2 Prozentpunkte zur Bildung der Versorgungsrücklagen (vgl. Abschnitt 2.4) ergänzt. In den Basisberechnungen für die Jahre 2009/2010 beträgt diese Minderung 0,6%.[29] Die vorliegende Arbeit stellt, wenn vom Alterseinkom-

---

28 In den Modellrechnungen wird, soweit nicht anders ausgewiesen, auf jährliche Bezugsgrößen abgestellt.

29 Folglich sind in den Berechnungsvarianten nach derzeitigem und altem Recht die Besoldungsbezüge im Nenner durch 0,8804 zu dividieren. Für die Zukunft wird

mensniveau der Beamten die Rede ist, in der Regel auf das Ruhegehaltsniveau ab. Das Versorgungsniveau ist hingegen immer dann zu verwenden, wenn das Brutto-Sicherungsniveau mit anderen Alterssicherungssystemen, wie der GRV und der betrieblichen Alterssicherung, verglichen wird.[30]

Zu 2.): Um die Frage nach erforderlichen Beiträgen zur Finanzierung der Pensionsleistungen zu beantworten, werden mittels der Modell-Lebensläufe für jeden Beamtentyp zunächst individuelle kalkulatorische Beitragssätze errechnet. Die Berechnung dieser Nettoprämie (ohne Verwaltungskosten) erfolgt durch die Gegenüberstellung der Barwerte der Zahlungsströme für Besoldung und Versorgung. Die Beitragssätze für die einzelnen Modelltypen müssen so bemessen sein, dass ihre Anwendung auf die Dienstbezüge zu Beiträgen führen, deren gesamter Barwert (Beitragsbarwert) dem Barwert der anfallenden Versorgungsleistungen (Leistungsbarwert) entspricht (vgl. hierzu Maier 2004, S. 16ff.). Der Leistungsbarwert ergibt sich aus den Zahlungen des Ruhegehaltes und der Hinterbliebenenbezüge. Abbildung 12 verdeutlicht den Zusammenhang der Barwerte graphisch. Der aus den Beiträgen angesparte Kapitalstock wird bis zum Ende der Versorgungsleistungen exakt aufgebraucht. Für die Modellrechnungen ist es dabei im Sinne einer periodengerechten Kostenanalyse aus ökonomischer Perspektive nicht relevant, ob der Kapitalstock tatsächlich gebildet wird oder die Beiträge lediglich kalkulatorisch in den entsprechenden öffentlichen Haushalten veranschlagt werden.

Die Ergebnisse solcher Barwertberechnungen und somit die Höhe der kalkulatorischen Beiträge werden stark von dem zugrunde gelegten *kalkulatorischen Zinsfuß i* beeinflusst. In Anlehnung an frühere Studien (Färber et al. 1999; DIW 1996) wird hier die – aus der Kosten-Nutzen-Analyse (vgl. Hanusch 2007) bekannte – Annahme getroffen, dass zu diesem Kalkulationszinsfuß sowohl nicht benötigte (Steuer-)Mittel angelegt als auch Kredite aufgenommen werden können. Vor dem Hintergrund der öffentli-

---

die Annahme getroffen, dass von 2011 bis 2017 einmal jährlich Versorgungsanpassungen durchgeführt werden und somit die Eigenbeiträge der Beamten zu den Versorgungsrücklagen auf insgesamt 2% ansteigen. Demnach werden die Besoldungsbezüge in den Berechnungen für das 2030 wird durch 0,8664 geteilt.

30 Es wird nochmals betont, dass solche Vergleiche aufgrund systembedingter Unterschiede nicht auf das RN (brutto) und keinesfalls auf den Ruhegehaltsatz abstellen sollten. In vergangenen Studien wurde oft der Ruhegehaltssatz als Versorgungsniveau der Beamten angeführt (vgl. Benz et al. 2009, S. 110f. sowie Fuest 2007, S. 2). Ebenfalls wird (insbesondere in der Tagespresse) häufig die Bifunktionalität der Beamtenversorgung nicht beachtet und lediglich das Alterseinkommensniveau der GRV als Vergleichswert angesetzt. Dies führt nach Auffassung der Autoren zu stark verzerrten Ergebnissen bei Einkommensvergleichen.

chen Haushaltssituation in den Gebietskörperschaften wird diese Annahme zur alternativen Mittelverwendung im öffentlichen Sektor dahingehend spezifiziert, dass frei werdende Mittel in der Regel der Substitution von staatlicher Kreditaufnahme dienen (Färber et al. 1999, S. 13).

Abb. 12: Entwicklung des kalkulatorischen Kapitalstocks

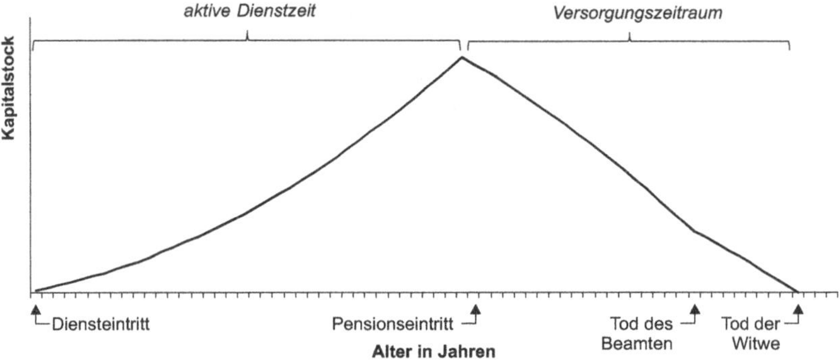

Eigene Darstellung (in Anlehnung an Preller 2011)

Aus diesen Gründen sollte der hier anzusetzende Diskontsatz den künftig zu erwartenden Realzinssatz für langfristige Staatsanleihen nicht überschreiten.[31] Angesichts der Prognoseunsicherheit hinsichtlich der Rendite langfristiger Staatsanleihen und der Sensibilität der Berechnungen auf den kalkulatorischen Zinsfuß werden in den Modellrechnungen drei mögliche Zinsszenarien berücksichtigt. Der Realzinssatz wird mit i = 2,0%, i = 2,5% und i = 3,0% veranschlagt. Hierbei ist der mittlere Zins von 2,5% als Basisvariante zu verstehen.[32] Die weiteren Szenarien stellen mögliche Ober- und Untergrenzen des anzusetzenden Diskontsatzes dar.

Um aus den individuellen kalkulatorischen Beitragssätzen der Modelltypen Richtwerte für allgemeingültige (kalkulatorische) Beitragssätze

31 Angaben zur aktuellen Rendite für langfristige deutsche Staatsanleihen finden sich stets auf der Webseite der Bundesbank (www.bundesbank.de). Vor der Finanzkrise lag die Rendite für langfristige deutsche Staatsanleihen knapp über 3%. Allerdings ist aufgrund der demographischen Entwicklung zu erwarten, dass der Realzinssatz auf Staatsanleihen in den nächsten Dekaden weiter sinken wird (vgl. Börsch-Supan 2004, S. 7).

32 Ein Realzinssatz i.H.v. 2,5% liegt u.a. auch dem Bericht der so genannten „Rürup-Kommission“ (BMGS 2003, S. 109) und dem angesprochenen Kostenvergleich zwischen Beamten und Angestellten des DIW Berlin (DIW 1996) zugrunde.

der Beamtenversorgung zu erhalten, sind in einem weiteren Schritt die Verteilung der Geschlechter und die Dienstunfähigkeitswahrscheinlichkeiten der Beamten einzubeziehen (vgl. Abschnitt 5.5.3.3). Dies erfolgt durch die Gewichtung der individuellen Beiträge mit dem jeweiligen Anteil der Beamtengruppe an den Versorgungszugängen.[33]

Zu 3.): In Abschnitt 4.2.1.4 wurde bereits darauf hingewiesen, dass in § 14 Abs. 4 BeamtVG explizit das „erdiente Ruhegehalt" als Vergleichsmaßstab für die Mindestversorgung angeführt wird. Dieser *erdiente Teil der Versorgung* ist verfassungsrechtlich durch Art. 33 Abs. 5 GG dem staatlichen Zugriff entzogen und kann demnach als Untergrenze für Kürzungen der Versorgungsleistungen aus der Beamtenversorgung gewertet werden. Aus ökonomischer Perspektive stellt sich deshalb die Frage nach der Höhe der „erdienten" Versorgung aus der Erwerbsphase bzw. der aktiven Dienstzeit im Allgemeinen. Die Ausgestaltung der Alterssicherung der Beamten als Versorgung aus dem letzten Amt erschwert hier die periodengerechte Bestimmung von erdienten Versorgungsanteilen. Allerdings folgt aus der Bifunktionalität der Beamtenversorgung und dem Sonderstatus der öffentlich-rechtlich Bediensteten, dass die erdiente Versorgung mindestens der Alterssicherung vergleichbarer Tarifbeschäftigter im öffentlichen Dienst entsprechen muss (vgl. Abschnitt 2.1 und 4.1). Diese Mindestbedingung wird im Folgenden herangezogen, um einen Referenzwert für die Höhe der „erdienten" Anteile der Modell-Beamten zur Beamtenversorgung zu ermitteln, die sich aus nicht abgeführten Arbeitnehmer- und Arbeitgeberbeiträgen sowie einer internen Verzinsung zusammensetzen, wobei auch Leistungen der Beschäftigten in Form von Bruttogehaltsverzichten angefallen sind.

Konkret werden die Beamten zur Berechnung der „erdienten" Versorgung während der aktiven Dienstzeit fiktiv wie in der GRV und der Zusatzversorgung im öffentlichen Dienst verbeitragt. Es werden hierzu sowohl Arbeitnehmer- (AN-) als auch Arbeitgeberanteile (AG-Anteile) zur GRV von jeweils 9,95% der fiktiven Brutto-Besoldung erhoben. Des Weiteren wird der Beitrag zur betrieblichen Altersversorgung (Zusatzversorgung) pauschal mit 4% dieser Brutto-Besoldung veranschlagt, was dem rentenwirksamen Anteil in der VBL entspricht.[34]

---

33 Es wird an dieser Stelle betont, dass es sich in dieser Studie um (sehr detaillierte) Modellrechnungen zu den erforderlichen Beiträgen handelt. In der Praxis sollten die zu veranschlagenden Beitragssätze für die jeweilige Gebietskörperschaft bzw. Institution jedoch von Aktuaren versicherungsmathematisch ermittelt werden (vgl. zur Methodik Maier 2004; Hagemann 2004).

34 Die den rentenwirksamen Beitrag von 4% übersteigenden Umlagen zur VBL führen nach der Reform der Leistungsseite nicht mehr zu Rentenleistungen, sondern

Allerdings ist bei dieser Variante der Beitragsermittlung die seit dem Jahr 1989 erfolgte Reallohnabkopplung der Beamten von der Privatwirtschaft noch nicht berücksichtigt, die immer wieder explizit mit Verweis auf „Opfer“ der Beamten für die ansteigenden Versorgungsausgaben so gering ausfiel. Daneben wurden dem öffentlichen Dienst Beiträge zur Finanzierung allgemeiner Lasten wie z.B. der deutschen Vereinigung und zur allgemeinen Haushaltssanierung abverlangt. Der Gehaltsverzicht zur Sanierung der Haushalte z.B. gegenüber vergleichbaren Branchen ist jedoch ebenfalls als Eigenbeitrag der Beamten zu ihrer Alterssicherung zu werten. Deshalb werden in einem weiteren Berechnungsszenario zusätzlich 50% der Differenz zur Reallohnentwicklung vergleichbarer Dienstleistungsbranchen (vgl. Abschnitt 2.3.1) als Beitragszahlungen zur Versorgung berücksichtigt.[35]

Die auf diesem Weg anhand der Modellerwerbsbiographien ermittelten Beitragszahlungen werden in einem fiktiven, individuellen Kapitalstock angelegt. Als Rechnungszinssatz wird erneut der Realzinssatz i.H.v. 2,5% für den öffentlichen Sektor verwendet, der bereits bei der Barwertberechnung für die kalkulatorischen Beiträge angesetzt wird (vgl. zu Rechnungszinssätzen für Pensionsverpflichtungen auch Hubrich et al. 2007, S. 5ff.). Es wird demnach in Bezug auf die Bestimmung der „erdienten“ Versorgung von der Annahme ausgegangen, dass in der Beamtenversorgung zumindest die Rentabilität bzw. die interne Rendite (vgl. Fuest, C. 2007, S. 7ff.) erreicht werden soll, die in einem Kapitaldeckungsverfahren erzielt werden würde, wenn der Dienstherr periodengerecht Rücklagen aus den Beitragszahlungen gebildet und diese z.B. in eigenen Staatsschuldtiteln sicher angelegt hätte.

Als „erdiente“ Versorgung werden bei dieser Vorgehensweise genau die Pensionsleistungen bezeichnet, die aus dem mittels der Beiträge gebildeten Kapitalstock finanziert werden könnten. Demnach wird zur Berechnung der erdienten Versorgungsleistungen erneut auf die Barwertmethode zurückgegriffen. Der Barwert der gesamten „erdienten“ Versorgungsbezüge muss exakt dem Barwert der fiktiven Beitragszahlungen zum Zeitpunkt des Pensionseintritts entsprechen. Die „erdiente“ Versorgung stellt somit aus finanzmathematischer Sicht nichts anderes dar als die Pensionsraten, die bei einer (realen) Verzinsung von 2,5% aus den in der aktiven Dienst-

finanzieren Bestandsrenten, die ein höheres Nettoversorgungsniveau der Tarifbeschäftigten zum Ziel hatten.

35 Für die Modellrechnung wird der Lohnabstand nach den ersten 20 Jahren (1989 bis 2009) auf dem heutigen Niveau belassen. Ihr liegt demnach die Annahme zugrunde, dass sich der Abstand nach 2009 nicht weiter vergrößert.

phase veranschlagten Beitragszahlungen bis zum Tod des Beamten, der Beamtin und ihrer hinterbliebenen Ehepartner erbracht werden könnten (vgl. hierzu Hagemann 2004, S. 30ff.).[36] Hierbei steht die Variable „erd." VBt für die „erdienten" Versorgungsbezüge der jeweiligen Periode t. Anhand der Höhe dieser Versorgungsbezüge kann in einem letzten Schritt das „erdiente" Ruhegehaltsniveau errechnet und mit dem tatsächlichen Ruhegehaltsniveau der entsprechenden Modelltypen verglichen werden.

5.5.2 Alterseinkommensniveau der Modell-Beamten

In einem ersten Schritt werden im Folgenden die Alterseinkommensniveaus verschiedener Beamtentypen, die auf Basis der jeweiligen Modell-Lebensläufe ermittelt wurden, vorgestellt und verglichen. Dabei werden die Alterseinkünfte der einzelnen Typen für unterschiedliche Zeitpunkte des Versorgungsfalles berechnet und es wird die jeweils geltende Rechtslage zugrunde gelegt.[37] Anhand der vergleichenden Analyse der Berechnungsergebnisse werden Unterschiede im Alterssicherungsniveau aufgezeigt und die Gründe für Abweichungen diskutiert.

5.5.2.1 Ruhegehaltsniveau

Begonnen wird mit der Betrachtung des Ruhegehaltsniveaus (RN), welches sich aus den Modellrechnungen mit Standardverlauf der Erwerbsbiographien ohne reale Erhöhung der Bezüge ergibt. Die Modell-Beamten erhalten in dieser Basisvariante jährlich (fiktiv) einen Inflationsausgleich durch die Besoldungs- und Versorgungsanpassungen. In Tabelle 11 wird das entsprechende Ruhegehaltsniveau von 36 Modell-Beamtentypen für unterschiedliche Pensionseintrittszeitpunkte dargestellt. Anhand der Veränderungen des Ruhegehaltsniveaus kann nachvollzogen werden, wie sich (reformbedingte) strukturelle Unterschiede in der Ausgestaltung des Alterssicherungssystems auf die Modell-Beamten auswirken.

Als grundlegendes Ergebnis lässt sich zunächst festhalten, dass das Ruhegehaltsniveau nach derzeitiger Rechtslage durchweg niedriger ist als jenes nach dem alten Versorgungsrecht im Jahr 2002. Dieses Resultat ist auf

36 Für männliche Modell-Beamte fallen unterschiedliche Pensionsraten der „erdienten" Versorgung für das „erdiente" Ruhegehalt und die Hinterbliebenbezüge an.

37 Bei der Analyse des Versorgungsniveaus wird der vierte Betrachtungszeitpunkt im Jahr 2050 zunächst vernachlässigt. Da sich bei dieser Berechnungsvariante die Höhe der jährlichen Besoldungs- und Versorgungsbezüge im Vergleich zur Rechtslage im Jahr 2030 nicht ändert, ist diese Modellvariante lediglich beim Vergleich der Lebenserwerbs- und Alterseinkommen relevant.

die Absenkung des Ruhegehaltssatzes auf 1,79375% pro ruhegehaltfähigem Dienstjahr zurückzuführen und war ein erklärtes Ziel der Reformmaßnahmen des Versorgungsänderungsgesetzes 2001 (vgl. die Abschnitte 4.2.1.4 sowie 5.1.1). Je nach Modelltyp variiert die Minderung des Ruhegehaltsniveaus und liegt in einem Bereich zwischen 1,7 und 3,5 Prozentpunkten.

Ob sich das Ruhegehaltsniveau der einzelnen Modell-Beamten anschließend bis zum Jahr 2030 durch die Änderungen des DNeuG wieder erhöht oder konstant bleibt, ist von den typenspezifischen Auswirkungen des späteren Pensionseintritts[38] auf den Ruhegehaltssatz abhängig. In der Regel steigt das Ruhegehaltsniveau bei den Frauen, die in Altersruhestand gehen (Typ AGr), durch die Anhebung der Altersgrenze an. Die Ursache hierfür liegt darin, dass Beamtinnen nach altem und derzeitigem Recht nicht den Höchstruhegehaltssatz erreichen. Deshalb erhöhen sich ihre ruhegehaltfähigen Dienstjahre in der Berechnungsvariante „Rechtslage 2030“ genau um die zwei Jahre der verlängerten Erwerbsphase. Des Weiteren profitieren (in den Modellrechnungen) alle Frauen ab dem Jahr 2030 von Kindererziehungszuschlägen für zwei Kinder. Durch diese Zuschläge können Beamtinnen im mittleren Dienst ihre Einbußen gegenüber den Männern, die aus den Unterbrechungszeiten wegen Kinderbetreuung resultieren, sogar vollständig kompensieren. Für männliche Modell-Beamte des mittleren und gehobenen Dienstes bleibt das (abgesenkte) Ruhegehaltsniveau nach derzeitiger Rechtslage bis zum Jahr 2030 konstant (vgl. Tab. 11), da sie bereits vor Anhebung der Altersgrenze den Höchstruhegehaltssatz erreichen.

Insgesamt kommt es durch die Reformen der letzten Jahre zu einer Annäherung des Ruhegehaltsniveaus von männlichen und weiblichen Beamten. Nach altem Recht sind die Niveauunterschiede zwischen den Geschlechtern wesentlich größer als im Jahr 2030. Sie betragen unter Anwendung der Rechtslage des Jahres 2002 im Maximum bei Alterspensionären 9,8 Prozentpunkte (höherer Dienst) und bei Pensionären mit Dienstunfähigkeit 12,3 Prozentpunkte (gehobener Dienst). Diese Differenzen schrumpfen zum Berechnungszeitpunkt 2030 auf 5,9 bzw. 8,0 Prozentpunkte, während zugleich die Frauen des gehobenen und mittleren Dienstes die Männer im Alters-Ruhegehaltsniveau einholen.

38 Per Annahme erhöht sich das Pensionseintrittsalter der Beamten und Beamtinnen, die wegen Erreichens einer Altersgrenze in den Ruhestand gehen, in dieser Standardvariante der Modellrechnungen im Jahr 2030 genau wie die Regelaltersgrenze um zwei Jahre. Die Höhe der Versorgungsabschläge bleibt somit konstant. Bei einem Pensionseintritt wegen Dienstunfähigkeit wird das Eintrittsalter im Jahr 2030 (im Vergleich zu 2002 und 2011) nicht erhöht.

Im Detail fallen einige Unterschiede zwischen den Laufbahngruppen auf. Die Modell-Beamten des mittleren Dienstes weisen im alten Recht jeweils extreme Werte auf. Ihr Ruhegehaltsniveau bei Pensionseintritt wegen Erreichens der Altersgrenze (AGr) ist vergleichsweise niedrig, obwohl sie mit 75,0% und 68,4% die höchsten Ruhegehaltssätze aus ihrer aktiven Dienstzeit erzielen. Dass sie dennoch beim Ruhegehaltsniveau im hinteren Bereich der Modelltypen liegen, ist darauf zurückzuführen, dass die Modell-Beamten des mittleren Dienstes (AGr) mit 10,8% die höchsten Versorgungsabschläge hinnehmen müssen. Im gehobenen Dienst liegen die Abschläge wegen vorzeitiger Inanspruchnahme, aufgrund des höheren Pensionseintrittsalters, bei 7,2% und im höheren Dienst lediglich bei 3,6%. Für die Modell-Beamten mit Dienstunfähigkeit zeichnet sich jedoch ein anderes Bild. Hier profitiert der mittlere Dienst von den hohen Ruhegehaltssätzen und erreicht sowohl bei den Männern als auch bei den Frauen das höchste Ruhegehaltsniveau.

Die Werte des Ruhegehaltsniveaus im gehobenen Dienst entwickeln sich für die verschiedenen Rechtslagen in die gleiche Richtung wie die des mittleren Dienstes. Allerdings sind Unterschiede in der absoluten Höhe

Tab. 11: Ruhegehaltsniveau der Modell-Beamten in der Basisvariante (Inflationsausgleich) ≡

	Ruhegehaltsniveau (RN)			
Rechtslage	AGr[a] (m[c])	AGr (w[d])	DiU[b] (m)	DiU (w)
		mittlerer Dienst		
Altes Recht (2002)	66,4%	60,6%	62,8%	51,5%
Derzeitiges Recht	64,0%	58,4%	60,7%	47,8%
DNeuG (2030)	64,0%	64,0%	60,7%	53,1%
		gehobener Dienst		
Altes Recht (2002)	69,0%	61,3%	61,1%	48,8%
Derzeitiges Recht	66,6%	59,1%	59,0%	47,1%
DNeuG (2030)	66,6%	66,4%	59,0%	51,0%
		höherer Dienst		
Altes Recht (2002)	69,9%	60,1%	57,4%	46,4%
Derzeitiges Recht	66,4%	56,9%	54,5%	43,3%
DNeuG (2030)	69,2%	63,3%	54,5%	46,2%

a – Pensionseintritt mit Erreichen einer Altersgrenze; b – Pensionseintritt wegen Dienstunfähigkeit; c – Beamter; d – Beamtin

Eigene Berechnungen

des Niveaus auffällig. Wie oben erwähnt liegt nach altem Recht das Ruhegehaltsniveau für Alterspensionäre des gehobenen Dienstes über dem des mittleren Dienstes. Für die wegen Dienstunfähigkeit pensionierten Modell-Beamten verhält es sich hingegen genau umgekehrt. Die Minderung des RN vom alten zum derzeitigen Recht beträgt für all diese Modelltypen, mit Ausnahme der dienstunfähigen Beamtinnen, ca. 2 Prozentpunkte. Im Ergebnis bleibt der relative Abstand des Ruhegehaltsniveaus der Pensionäre des gehobenen und des mittleren Dienstes nach den derzeit umgesetzten Reformmaßnahmen konstant.

Im höheren Dienst fällt die Absenkung des Ruhegehaltsniveaus vom alten zum derzeitigen Recht, im Vergleich zu den anderen Laufbahngruppen, relativ hoch aus.[39] Des Weiteren sind, wie oben angesprochen, die Unterschiede im Ruhegehaltsniveau zwischen weiblichen und männlichen Alterspensionären groß. Erklärt werden kann dieses Ergebnis durch die kurze Erwerbsphase der Frauen im höheren Dienst. Da auch hier die Unterbrechungen wegen Kindererziehung im ersten Teil der Erwerbsbiographie anfallen, erreichen die Modell-Beamtinnen in der Ausgangsvariante der Erwerbsbiographien nur knapp 33 ruhegehaltfähige Dienstjahre. Jedoch bewirkt das späte Diensteintrittsalter im höheren Dienst und die daraus resultierende geringe Anzahl an ruhegehaltfähigen Dienstjahren auch bei den männlichen Alterspensionären eine Besonderheit: Das Ruhegehaltsniveau erhöht sich ausgehend vom derzeitigen Versorgungsrecht bis zum Jahr 2030 um 2,8 Prozentpunkte, da selbst die Männer nach derzeitiger Rechtslage nicht den Höchstruhegehaltssatz erreichen. Zusätzlich wirkt sich das späte Diensteintrittsalter auf das Ruhegehaltsniveau aller Modell-Beamten des höheren Dienstes aus, die wegen Dienstunfähigkeit pensioniert werden. Ihr Alterseinkommensniveau liegt, nach der hier zu betrachtenden Kennzahl, deutlich unter den Vergleichswerten des mittleren und des gehobenen Dienstes (vgl. Tab. 11).

5.5.2.2 Versorgungsniveau

Als alternative Kennzahl für das Alterseinkommensniveau der Beamten wird nun zum Vergleich das Versorgungsniveau (VN) herangezogen, welches auf ein fiktives Bruttoeinkommen aus dem letzten Amt abstellt, das mit dem rentenversicherungspflichtigen Brutto-Entgelt von Tarifbeschäf-

39 Als Erklärung hierfür kann u.a. der geringere Versorgungsabschlag für Beamte des höheren Dienstes angeführt werden. In der Folge fällt die absolute Höhe der Absenkungsminderung durch den Versorgungsabschlagseffekt (vgl. auch Abschnitt E.6.2.3) nach der Reduzierung des Ruhegehaltssatzes im Jahr 2011 relativ niedrig aus.

tigten im öffentlichen Dienst und in der Privatwirtschaft vergleichbar ist (vgl. Abschnitt 5.5.1.3). Dieses VN liegt für die Modell-Beamten deutlich unter dem Ruhegehaltsniveau aus Tabelle 11.[40] Da die auf das Niveau eines Tarifbeschäftigten hochgerechneten Brutto-Entgelte der Beamten aus dem letzten Amt über der tatsächlich gezahlten Besoldung liegen, fällt das relative Alterseinkommen aus der Beamtenversorgung nach diesem Indikator wesentlich niedriger aus. Im Ergebnis liegt der Höchstwert des VN für den männlichen Modell-Alterspensionär im höheren Dienst nach altem Recht bei 61,6%, wohingegen die Modell-Beamtin der gleichen Laufbahngruppe bei Dienstunfähigkeit derzeit mit 38,2% erneut das niedrigste Niveau erreicht.

Abbildung 13 veranschaulicht die Entwicklung der relativen Alterseinkommen für männliche und weibliche Pensionäre des mittleren und des gehobenen Dienstes im Zeitablauf graphisch. Das Versorgungsniveau der Modell-Beamten im mittleren Dienst hat sich nach derzeitigem Recht (2011) im Vergleich zum Niveau nach altem Recht (2002) bei Männern um 2,1 Prozentpunkte und bei Frauen um 1,9 Prozentpunkte verringert. Für den gehobenen Dienst liegen die Einbußen in der gleichen Größenordnung. Bis zum Jahr 2030 steigt das VN der Beamtinnen beider Laufbahngruppen durch die verlängerte Erwerbsphase sowie die Aufstockung des Ruhegehaltes um Kindererziehungszuschläge an und übersteigt zu diesem Zeitpunkt deutlich das Niveau aus 2002. Im Gegensatz hierzu fällt das Versorgungsniveau der männlichen Beamten verglichen mit dem derzeitigen Niveau weiter leicht ab. Dieser beim Ruhegehaltsniveau nicht zu beobachtende Effekt ist auf die im Jahr 2030 gestiegenen Eigenbeiträge der Beamten zurückzuführen. Die noch bis 2017 geminderten Versorgungsanpassungen erhöhen das fiktive Brutto-Entgelt aus dem letzten Amt und das Versorgungsniveau fällt dementsprechend niedriger aus. Die Graphik verdeutlicht darüber hinaus noch einmal, dass die Versorgungsniveaus der Frauen im mittleren und gehobenen Dienst ab 2030 mit denen der Männer gleichziehen.

Generell unterscheiden sich die Werte zum Versorgungsniveau lediglich im absoluten Niveau von denen des Ruhegehaltsniveaus. Deshalb ist an dieser Stelle erneut hervorzuheben, dass bei Vergleichen des Brutto-Sicherungsniveaus, d.h. vor Steuern und Abgaben, mit anderen Alterssicherungssystemen das Versorgungsniveau und nicht das Ruhegehaltsniveau heranzuziehen ist. Dies ist auf den Fakt zurückzuführen, dass in Stu-

40 Eine vollständige Auflistung der Werte für das Versorgungsniveau aller Modell-Beamten befindet sich in Anhang A.1 Tabelle 27.

≡ Abb. 13: Entwicklung des Versorgungsniveaus für Beamte des mittleren und gehobenen Dienstes (Ruhestand mit Altersgrenze)

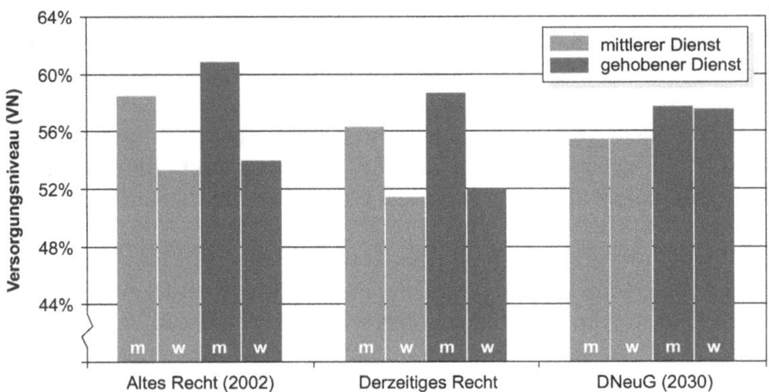

Eigene Darstellung

dien bzw. Statistiken zur GRV oder zur betrieblichen Alterssicherung das Alterseinkommen in der Regel auf das (letzte) sozialversicherungspflichtige Bruttoentgelt bezogen wird.[41] Der für Niveauvergleiche mit diesen Alterssicherungssystemen am ehesten geeignete Indikator VN liegt für die Modell-Beamten mit Zugang in den Altersruhestand nach derzeitiger Rechtslage zwischen 50,1% und 58,6%. Modelltypen mit Dienstunfähigkeit erreichen lediglich ein Versorgungsniveau zwischen 38,2% und 53,4%.

5.5.2.3 Sensibilitätsanalysen zum Alterseinkommensniveau

In diesem Abschnitt wird der Einfluss wichtiger Parameter und Modellannahmen auf die errechneten Ruhegehaltsniveaus der Modell-Beamten untersucht und dargestellt. Um die „Empfindlichkeiten" der Berechnungsergebnisse zum Ruhegehaltsniveau (und zum Versorgungsniveau) zu untersuchen, werden ausgehend von der Basisvariante des Grundmodells, d.h. der Erwerbsbiographien des gehobenen Dienstes, Vergleichsberechnungen durchgeführt, in denen ceteris paribus (c.p.) jeweils ein Parameter variiert.

41 Beispielsweise beträgt im Jahr 2009 das auf ein solches Bruttoentgelt abstellende Sicherungsniveau des „Standardrentners" in der GRV 52,0% (BMAS 2009, S. 38). Aufgrund diverser struktureller Unterschiede zwischen den Personengruppen und dem Berechnungskonzept ist ein direkter Vergleich dieses Wertes, der sich nach 45 Jahren Beitragszahlung aus dem Durchschnittsverdienst ergibt, mit dem Alterssicherungsniveau obiger Beamter nicht sinnvoll.

Werden die Beamtenbezüge mit einem höheren Faktor angepasst, als das Geld durch Inflation entwertet wird, so kommen die „Staatsdiener“ im Zeitablauf in den Genuss *steigender Realeinkommen*, genauer gesagt einer höheren realen Besoldung bzw. Versorgung. Die in der Basisvariante angenommene „Reallohnerhöhung von Null“ (Inflationsausgleich) kann in diesem Zusammenhang als Untergrenze für Besoldungs- und Versorgungsanpassungen aufgefasst werden, denn reale Einkommensverluste für Beamte haben negative Auswirkungen auf die Attraktivität des öffentlichen Dienstes als Arbeitgeber (Färber 1998, S. 979) und somit auf die Wettbewerbsfähigkeit um qualifizierte Arbeitskräfte (Bull 2008b, S. 228f.).

Als weiteres (realistisches) Szenario für die Besoldungs- und Versorgungsanpassungen wird im Folgenden eine Vergleichsberechnung mit einer jährlichen Einkommenssteigerung um real 1% durchgeführt. Die Auswirkungen auf die Zahlungsströme eines Beamten im gehobenen Dienst bei derzeitiger Rechtslage sind in Abbildung 14 dargestellt (hellgraue Fläche). Durch einen Vergleich mit der Basisvariante (dunkle Fläche; vgl. auch Abb. 9) wird deutlich, wie das Niveau der Bezüge jährlich ansteigt und hierdurch im Verlauf der Erwerbsbiographie deutlich höhere Jahreseinkommen erzielt werden.[42]

Im Rahmen der vorzunehmenden Sensibilitätsanalyse der Modellrechnung gilt es herauszufinden, wie und in welcher Größenordnung die ermittelten Werte für das Ruhegehaltsniveau variieren, wenn die Zahlungsströme an die Beamten jährlich um die besagten 1% steigen. Die Ergebnisse der Vergleichsrechnung für die vier Typen des Grundmodells sind in Tabelle 12 dargestellt.

Es ist auffällig, wenn auch bei einer „Versorgung aus dem letzten Amt“ wenig überraschend, dass die steigenden Realeinkommen auf das Ruhegehaltsniveau (RN) keinen großen Einfluss haben. Mit einem Mittelwert von 0,6 Prozentpunkten fällt die Abweichung (ΔRN) zur Basisvariante recht niedrig aus. Dies ist dadurch zu erklären, dass das RN aus Querschnittsdaten ermittelt wird, und zwar aus den Bezügen im Jahr vor und im Jahr nach Pensionseintritt. Das Verhältnis dieser Werte ändert sich bei der Berechnungsvariante mit einem Reallohnanstieg von 1% p.a. nur geringfügig, da das (Eingangs-)Ruhegehalt ebenfalls aus den gestiegenen Bezügen des letzten Amtes berechnet wird.

Der Vergleichsindikator Versorgungsniveau (VN) reagiert ebenfalls kaum auf steigende Realeinkommen der Beamten. Da die Indikatoren RN und VN – aufgrund der Berechnungsmodalitäten – bei den angestellten

42 Die Zahlungsströme in Abbildung 14 werden erneut als reale Größen zu „Löhnen“ und Preisen des Jahres 2009 dargestellt.

Sensibilitätstests in Bezug auf Abweichungshöhe und Richtung ähnlich reagieren, wird im folgenden Abschnitt auf eine gesonderte Betrachtung des Versorgungsniveaus verzichtet.

Des Weiteren wurde bereits darauf hingewiesen, dass in der Standardvariante der Modellrechnungen mit neuem Versorgungsrecht im Jahr 2030 das *Pensionseintrittsalter* per Annahme genau wie die Regelaltersgrenze um zwei Jahre erhöht wird. Die künftige Entwicklung des Pensionseintrittsverhaltens der Beamten lässt sich jedoch nicht mit Sicherheit

≡ Abb. 14: Vergleich der Zahlungsströme für das Modell „Beamter/gehobener Dienst/derzeitiges Recht/Altersgrenze" bei Reallohnerhöhung und Inflationsausgleich

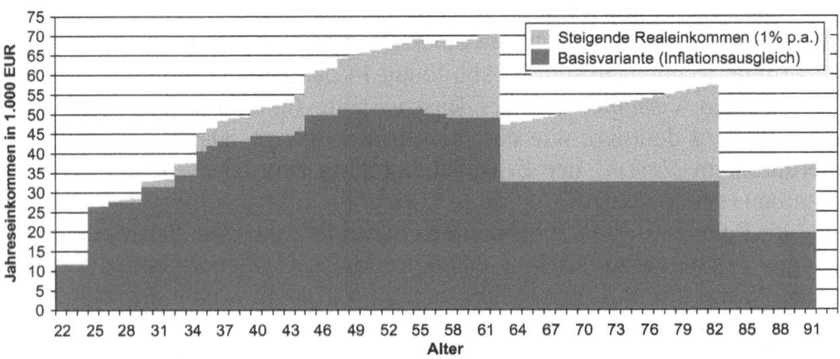

Eigene Darstellung

≡ Tab. 12: Einfluss jährlich um 1% steigender Realeinkommen auf das Ruhegehaltsniveau am Beispiel „gehobener Dienst/derzeitiges Recht"

Grundmodell: Gehobener Dienst/derzeitiges Recht	Basisvariante (Inflationsausgleich)		Variante mit steigendem Realeinkommen		Veränderung in Prozentpunkten	
Beamtentyp	RN[c]	VN[d]	RN	VN	ΔRN	VN
Beamter (AGr[a])	66,6%	58,6%	67,3%	59,2%	+0,7	+0,6
Beamtin (AGr)	59,1%	52,0%	59,7%	52,5%	+0,6	+0,5
Beamter (DiU[b])	59,0%	52,0%	59,6%	52,5%	+0,6	+0,5
Beamtin (DiU)	47,1%	41,5%	47,6%	41,9%	+0,5	+0,4

a – Pensionseintritt mit Erreichen einer Altersgrenze; b – Pensionseintritt wegen Dienstunfähigkeit; c– Ruhegehaltsniveau; d – Versorgungsniveau
Eigene Berechnungen.

voraussagen und hängt unter anderem vom Erfolg des Umgestaltungsprozesses im öffentlichen Dienst hin zu alterns- und altersgerechten Arbeitsbedingungen ab (Sehrbrock 2009, S. 476f.). Die Unsicherheit über den künftigen Ruhestandseintritt soll durch Variation des Pensionseintrittsalters im Grundmodell nachgezeichnet werden und die resultierenden Auswirkungen auf das Ruhegehaltsniveau der männlichen und weiblichen Alterspensionäre sollen ermittelt werden. Ganz konkret wird das Ruhegehaltsniveau der Modelltypen mit Pensionseintritt wegen Erreichens einer Altersgrenze bestimmt, das sich ergibt, wenn die Beamten bei Anwendung der Rechtslage nach dem DNeuG im Jahr 2030 ein Jahr früher bzw. ein Jahr später als in der Basisvariante in Pension gehen.

Die Ergebnisse dieser Sensibilitätsanalyse können der Tabelle 13 entnommen werden. Es wird deutlich, dass sich die Variation des Pensionseintrittsalters auf das Ruhegehaltsniveau der Modell-Beamtin im gehobenen Dienst stärker auswirkt als auf das Ruhegehaltsniveau der Männer in der gleichen Laufbahngruppe. Die unterschiedliche Sensibilität des Ruhegehaltsniveaus auf das Pensionseintrittsalter ist auf die einzelnen Effekte zurückzuführen, die der Anstieg bzw. die Minderung des Pensionseintrittsalters auf die Ruhegehaltsberechnung haben. Zunächst ist hier der um 3,6% höhere/niedrigere Versorgungsabschlag bei früherem/späterem Pensionseintritt zu nennen. Dieser „Versorgungsabschlagseffekt“ spielt bei allen vier Vergleichsberechnungen eine Rolle. Er mindert bzw. erhöht das Ruhegehaltsniveau der männlichen Modell-Beamten um 2,6 Prozentpunkte.

Des Weiteren wirkt sich die Variation des Pensionseintrittsalters auf die Länge der aktiven Dienstzeit aus und kann die Anzahl der ruhegehaltfähigen Dienstjahre verändern. In den hier betrachteten Erwerbsbiographien ergeben sich jedoch bei den Männern keine Auswirkungen auf die Ruhegehaltsberechnung, da die männlichen Modell-Beamten in allen drei Be-

Tab. 13: Einfluss des Pensionseintrittsalters auf das Ruhegehaltsniveau am Modell „gehobener Dienst/2030/Altersgrenze“ ≡

Grundmodell: Gehobener Dienst/Recht 2030	Basisvariante: Pensionseintritt mit 65	Variation: Pensionseintritt mit 64		Variation: Pensionseintritt mit 66	
Beamtentyp	RN[b]	RN	ΔRN[c]	RN	ΔRN
Beamter (AGr[a])	66,6%	64,0%	– 2,6	69,2%	+ 2,6
Beamtin (AGr)	66,4%	62,4%	– 4,0	69,2%	+ 2,8

a – Pensionseintritt mit Erreichen einer Altersgrenze; b – Ruhegehaltsniveau; c – Veränderung des RN

Eigene Berechnungen

rechnungsvarianten mehr als 40 ruhegehaltfähige Dienstjahre und somit den Höchstruhegehaltssatz erreichen. Die Modell-Beamtinnen kommen jedoch in der Basisvariante nur auf 36,5 ruhegehaltfähige Dienstjahre. Folglich hat die Verlängerung bzw. Verkürzung der aktiven Dienstzeit hier einen „Dienstjahreffekt" auf die Höhe des Ruhegehaltssatzes. Deshalb mindert sich das Ruhegehaltsniveau der Frau bei einem Pensionseintrittsalter von 64 Jahren um 4 Prozentpunkte.[43] Für die Berechnung des Ruhegehaltes der Modell-Beamtin mit einem Pensionseintrittsalter von 66 Jahren greift zusätzlich die Begrenzung des Kindererziehungszuschlages gem. § 50a Abs. 6 BeamtVG[44]. Das Ruhegehaltsniveau erhöht sich im Resultat lediglich um 2,8 Prozentpunkte (vgl. Tab. 13).

5.5.2.4 Nettobetrachtung des Ruhegehaltsniveaus

Das in den vorangehenden Abschnitten betrachtete Ruhegehaltsniveau der Beamtenversorgung stellt ausschließlich auf Bruttobezüge – hinsichtlich Versorgung und Besoldung – ab. Im Folgenden soll jedoch die Perspektive auf das Sicherungsniveau der Beamtinnen und Beamten um eine Nettobetrachtung erweitert werden. Zu diesem Zweck wird anhand einzelner, repräsentativer Modell-Erwerbsbiographien eine Netto-Querschnittsanalyse des Ruhegehalts im ersten Jahr nach Ruhestandseintritt sowie der Besoldung aus dem letzten aktiven Dienstjahr durchgeführt. Aus diesen Netto-Zahlbeträgen wird im nächsten Schritt das Netto-Ruhegehaltsniveau ermittelt.

Wenn Nettoversorgungs- und Nettobesoldungsbeträge errechnet werden, sind für Beamte einige Besonderheiten im Vergleich zu anderen Arbeitnehmern zu beachten. Zunächst ist hervorzuheben, dass Beamte nicht der Sozialversicherungspflicht unterliegen und somit keine Sozialversicherungsbeiträge zu entrichten haben. Allerdings wird aus der Fürsorgepflicht des Dienstherrn (vgl. Abschnitt 2.2) ein Beihilfeanspruch der Beamten in Krankheits- und Pflegefällen abgeleitet (vgl. § 80 BBG). Der Bemessungssatz der Beihilfe deckt für aktive Beamte 50% der beihilfefähigen Aufwendungen ab. Für Versorgungsempfänger sowie für Ehegatten ohne eigenes Einkommen beträgt der Beihilfesatz in der Regel 70% (vgl.

---

43 Durch die Absenkung des Ruhegehaltes (vor Anwendung des Versorgungsabschlages) sinkt auch der absolute Betrag des Versorgungsabschlages. Dieser weitere Effekt dämpft hier die Minderung des Ruhegehaltsniveaus.

44 Die Regelung besagt, dass das um einen Kindererziehungszuschlag erhöhte Ruhegehalt nicht höher sein darf als das Ruhegehalt, welches sich aus dem anzuwendenden Höchstruhegehaltssatz und den ruhegehaltfähigen Dienstbezügen aus der Endstufe der Besoldungsgruppe ergeben würde.

Hommel/Warnking 2009, S. 1ff.). Zum Ausgleich des Restrisikos hat der Beamte eine private Kranken- und Pflegeversicherung abzuschließen, die aus den laufenden Bruttobezügen – jedoch nach Steuerabzug – zu bestreiten ist. Da sowohl in der privaten Krankenversicherung als auch in der privaten Pflegeversicherung für jedes mitversicherte Familienmitglied eine separate Prämie zu entrichten ist, hängt die Höhe der Kranken- und Pflegeversicherungsbeiträge entscheidend von der familiären Situation des Beamten bzw. der Beamtin ab (vgl. hierzu Benz et al. 2009, S. 105).

Hinsichtlich der Besteuerung werden Beamtenpensionen wie laufende Einkünfte aus nichtselbstständiger Arbeit (§ 19 Abs. 1 Nr. 2, Abs. 2 Satz 1 EStG) behandelt und es wird davon ausgegangen, dass „die im Laufe des Erwerbslebens erwirtschafteten Versorgungsanwartschaften erst mit ihrer Realisierung einen steuerpflichtigen Tatbestand erfüllen" (Ruland/Rürup 2008, S. 236). Somit gilt für die Versorgungsbezüge das Grundprinzip der nachgelagerten Besteuerung, d.h. es erfolgt keine Besteuerung in der Vorsorgephase und grundsätzlich eine volle Besteuerung in der Versorgungsphase. Allerdings wurde bis zum Jahr 2004 die steuerliche Ungleichbehandlung von Renten und Pensionen, die auf die Ertragsanteilbesteuerung der gesetzlichen Renten zurückzuführen war (vgl. Abschnitt 5.5.2.5), durch mehrere Sonderregelungen für Beamte abgemildert. Die Bezieher von Versorgungsbezügen konnten neben dem Sonderausgabenabzug den Versorgungsfreibetrag (§ 19 Abs. 2 EStG), den Arbeitnehmerpauschbetrag (§ 9a Satz 1 Nr. 1 EStG a. F.) und den Altersentlastungsbetrag (§ 24a EStG) steuerlich geltend machen (vgl. PWC/DRV Bund 2009, S. 401ff.; Ruland/Rürup 2008, S. 236ff.). Mit Erlass des Alterseinkünftegesetzes (AltEinkG) vom 5. Juli 2004 werden diese Freibeträge allerdings schrittweise abgeschmolzen.

Bei der Bestimmung der derzeitigen Nettoeinkommen der Modell-Beamten – durch den Abzug von Steuern und Abgaben – ist zu beachten, dass die Steuerbelastung und die Höhe der Beiträge zur privaten Kranken- (KV) und Pflegeversicherung (PV)[45] mit dem Merkmal Familienstand variieren. Um die Spannweite der einzelnen Steuer- und Beitragseffekte abzubilden, werden im Folgenden die Netto-Ruhegehaltsniveaus für verheiratete Modelltypen mit Zusammenveranlagung (Splittingtarif) und mit getrennter Veranlagung ermittelt. Ausgangspunkt der Berechnung sind hierbei stets die Brutto-Ruhegehälter aus den Modellerwerbsbiographien. Für den Fall

45 Bei den in dieser Nettoberechnung verwendeten privaten KV- und PV-Beiträgen handelt es sich um Mittelwerte, die aus Beitragsforderungen der Jahre 2009/2010 errechnet wurden. Die Beiträge wurden von vier privaten Krankenversicherungsunternehmen erfragt und stichprobenartig mit Versicherungsscheinen langjährig Versicherter überprüft.

„Ehegattensplitting“ wird auf den Sonderfall abgestellt, dass die Ehegatten kein steuerpflichtiges Einkommen beziehen. Im Fall der getrennten Veranlagung werden konsequenterweise nur die Beitragszahlungen für einen Versicherten angesetzt. Des Weiteren wird – im Gleichklang zu den Besoldungstabellen – auf das Steuerrecht des Jahres 2009 abgestellt.[46]

Tabelle 14 veranschaulicht die Ermittlung des Netto-Ruhegehaltes und des Netto-Ruhegehaltsniveaus – RN (netto) – am Beispiel der Modell-Beamten des gehobenen Dienstes. In der Zusammenstellung werden die wichtigsten Zwischenergebnisse der Berechnungen für Alterspensionäre (Typ Altersgrenze) unterschieden nach Geschlecht und nach den Berechnungsvarianten „Ehegattensplitting“ bzw. „getrennte Veranlagung“ gegenübergestellt.

≡ Tab. 14: Ermittlung des Netto-Ruhegehaltes und des Netto-Ruhegehaltsniveaus am Beispiel des gehobenen Dienstes[a]

Berechnung der Nettogrößen (mit steuerlicher Veranlagung für das Jahr 2009)

	Ehegattensplitting		Getrennte Veranlagung	
Kennzahl	Beamter	Beamtin	Beamter	Beamtin
letzte Besoldung (brutto)	48.881	48.881	48.881	48.881
letzte Besoldung (netto)	36.205	36.153	33.946	33.846
Netto-Besoldung in %	74,1%	74,0%	69,4%	69,2%
Ruhegehalt (brutto)	32.547	28.885	32.547	28.885
monatlich	2.712	2.407	2.712	2.407
Ruhegehaltsniveau (brutto)	66,6%	59,1%	66,6%	59,1%
Einkommensteuer	1.722	950	4.793	3.713
Solidaritätszuschlag	0	0	264	204
Beitrag KV	4.503	4.503	2.228	2.275
Beitrag PV	608	608	304	304
Ruhegehalt (netto)	25.713	22.824	24.958	22.388
monatlich	2.143	1.902	2.080	1.866
Netto-Ruhegehalt in %	79,0%	79,0%	76,7%	77,5%
Ruhegehaltsniveau (netto)	71,0%	63,1%	73,5%	66,1%

a – Ruhestandseintritt wegen Alters

Eigene Berechnungen

46 Allerdings wird zur Erreichung einer höheren Aktualität der Nettoberechnung bereits die Möglichkeit des Sonderausgabenabzugs von KV- und PV-Beiträgen in voller Höhe bzw. in der privaten Krankenversicherung maximal in anteiliger Höhe der Basis-Krankenversicherung berücksichtigt (vgl. hierzu BMF 2009, S. 6).

Zunächst fällt auf, dass das jährliche Ruhegehalt (brutto), die Basis der Netto-Rechnung, für den männlichen Modell-Beamten um gut 3.600 EUR über dem der Beamtin liegt (vgl. zum Ruhegehaltsniveau Abschnitt 5.5.2.1). In der Folge fällt auch das Ruhegehaltsniveau für Männer höher aus, da es für beide Geschlechter auf die gleiche Besoldungshöhe aus dem letzten Amt abstellt. Besonders interessant für die Ermittlung der Netto-Versorgung sind jedoch die anfallende Einkommensteuer und die privaten Kranken- bzw. Pflegeversicherungsbeiträge. Die Steuerbelastung ist in den Berechnungsvarianten mit getrennter Veranlagung 2,8- bzw. 3,9-mal so hoch wie beim Splittingtarif. Im Gegenzug sind im Netto-Fall der Zusammenveranlagung die KV- und PV-Beiträge doppelt so hoch wie bei der Einzelveranlagung. Folglich wirken für die betrachteten Modelltypen des gehobenen Dienstes der Steuer- und der Beitragseffekt der Netto-Berechnung in entgegengesetzte Richtung, wenn die zwei Berechnungsvarianten miteinander verglichen werden.

Das Ruhegehalt (netto) unterscheidet sich im Ergebnis je nach Berechnungsvariante der Veranlagung nur geringfügig. Allerdings ist nach wie vor eine deutliche Differenz zwischen den jährlichen Netto-Ruhegehältern der Frauen und Männer zu beobachten. Sie ist jedoch im Vergleich zur Bruttobetrachtung gesunken und liegt nun in beiden Fällen unter 3.000 EUR. Das für die Untersuchung der aktuellen Versorgungssituation der Beamtenversorgung relevante RN (netto) stellt diese Ruhegehälter ins Verhältnis zu der letzten Netto-Besoldung. Die Kennzahlen des RN (netto) in Tabelle 14 zeigen, dass die getrennte Veranlagung von repräsentativen Modell-Beamten im gehobenen Dienst zu einem höheren Ruhegehaltsniveau führt als das Ehegattensplitting. Dies ist auf eine erheblich niedrigere Netto-Besoldung im letzten Amt bei identischen Bruttobeträgen zurückzuführen.

Verglichen mit dem RN (brutto) fallen die RN (netto) der Beispielrechnungen stets höher aus. Als Gründe hierfür können der progressive Steuertarif, der zusätzliche Versorgungsfreibetrag (siehe oben) und geringere KV-Beiträge (aufgrund der Erhöhung des Beihilfesatzes auf 70%) in der Versorgungsphase angeführt werden. Diese Beobachtung gilt für die betrachteten Alterspensionäre über alle Laufbahngruppen und Berechnungsvarianten hinweg. Abbildung 15 veranschaulicht dieses Ergebnis der Modellrechnungen für die Berechnungsvarianten mit Ehegattensplitting.

Der Graphik ist zu entnehmen, dass für den mittleren Dienst das RN (netto) nur geringfügig über dem entsprechenden Bruttoniveau liegt. Die Werte des RN (netto) betragen für die Modell-Frau 59,2% und für den Modell-Mann 66,6%. Im gehobenen Dienst fällt die Differenz zwischen Brutto- und Nettoniveau etwas größer aus. Sie beläuft sich jeweils auf ca.

4 Prozentpunkte und resultiert aus RN (netto)-Werten von 63,1% (w) und 71% (m).

≡ Abb. 15: Vergleich des Ruhegehaltsniveaus (brutto) und des Ruhegehaltsniveaus (netto) für die Modelltypen „derzeitiges Recht/Altersgrenze" – Variante Ehegattensplitting

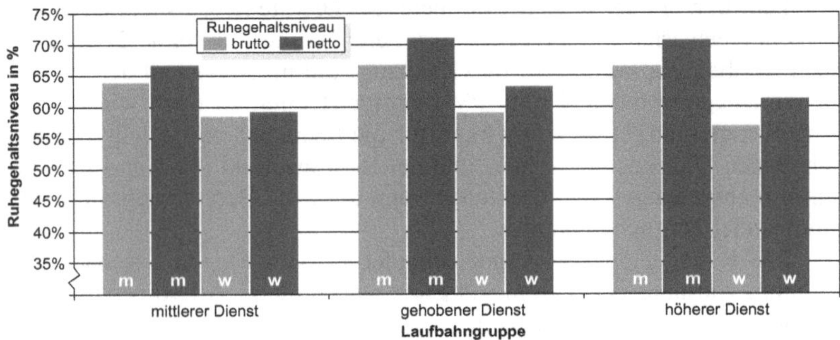

Eigene Berechnungen

In Abbildung 16 werden die Vergleichswerte zu Abbildung 15 für die Fälle dargestellt, in denen die Veranlagung zur Einkommensteuer und folglich auch die Nettoberechnung des Ruhegehaltsniveaus getrennt erfolgen. Es bestätigt sich auch hier das Ergebnis aus der Beispielrechnung, dass die RN (netto) für diese Berechnungsvariante deutlich über den Splittingfällen liegen. Die Differenz beträgt 2,5 bis 5,8 Prozentpunkte. Insbesondere im mittleren Dienst ist das Netto-Ruhegehaltsniveau bei getrennter Veranlagung, verglichen mit dem Splittingfall, deutlich höher. Es liegt bei der Frau bei 65% und bei dem Mann bei 70,6%. Die Ursache hierfür ist in der niedrigen Netto-Besoldung zu finden, denn der „Einspareffekt" bei den KV-Beiträgen wird durch eine deutlich höhere Einkommensteuer überkompensiert. Aber auch im höheren Dienst ist die Kennzahl RN (netto) ausgehend vom Niveau der Zusammenveranlagung (Splittingfall) um 3,4 (m) bzw. 3,6 (w) Prozentpunkte gestiegen.

Als Gesamtergebnis aus den Berechnungen zum Ruhegehaltsniveau (netto) kann – sowohl für Zusammen- als auch Einzelveranlagung – festgehalten werden, dass nach derzeitigem Recht nicht nur die RN (brutto) der Modell-Beamten, sondern auch die RN (netto) unter dem, in vergangenen Tagen als adäquat erachteten, Sicherungsniveau von 75% der letzten Bezüge liegen. Dieser Befund gilt derzeit selbst für männliche Alterspensionäre im gehobenen Dienst, die immerhin (vor Anwendung der Versorgungsabschläge) ein Ruhegehalt auf Basis des Höchstruhegehaltssatzes erhalten. Im folgenden Abschnitt sollen diese Kennzahlen für Beamte dem Netto-Sicherungsniveau vergleichbarer Tarifbeschäftigter im öffentlichen Dienst gegenübergestellt werden.

Abb. 16: Vergleich des Ruhegehaltsniveaus (brutto) und des Ruhegehaltsniveaus (netto) für die Modelltypen „derzeitiges Recht/Altersgrenze" – Variante getrennte Veranlagung

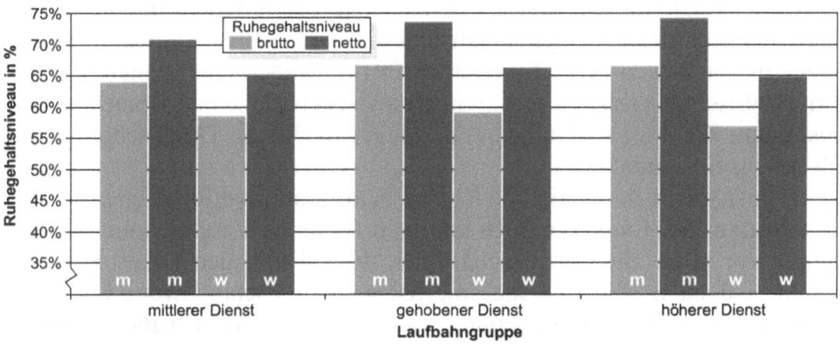

Eigene Berechnungen

5.5.2.5 Vergleich mit dem Alterssicherungsniveau der Tarifbeschäftigten im öffentlichen Dienst

Im Verlauf dieses Berichts wurde bereits mehrfach auf die Bifunktionalität der Beamtenversorgung hingewiesen. Ein Vergleich des Sicherungsniveaus der Beamtenversorgung mit anderen Alterssicherungssystemen in Deutschland muss demnach immer auf die ersten beiden Säulen der Alterssicherung, namentlich die Regelsicherung und die Zusatzsicherung durch betriebliche Alterssicherungssysteme, abstellen. Aus ökonomischer Perspektive ist es jedoch wenig sinnvoll, die Gesamtversorgung von Arbeitnehmern des privaten Sektors aus diesen beiden Säulen dem Versorgungsniveau der Beamten gegenüberzustellen.

Zwischen dem öffentlichen Dienst und der Privatwirtschaft bestehen bedeutende strukturelle Unterschiede, die einer direkten Vergleichbarkeit von Vergütung bzw. Alterssicherung der beiden Sektoren entgegenstehen (vgl. hierzu auch Benz et al. 2009, S. 104). Exemplarisch sei hier auf unterschiedliche Tätigkeitsmerkmale, verschiedene Bildungsniveaus, das Risiko der Arbeitslosigkeit, Lohndifferenzen von Frauen und Männern (vgl. Tepe/Kroos 2010, S. 6), unstete Erwerbsbiographien und geringfügige Beschäftigungsverhältnisse im privaten Sektor verwiesen. Auf Seiten der Beamten ist insbesondere der hohe Anteil an Fach- bzw. Hochschulabschlüssen hervorzuheben, der (derzeit) eine Voraussetzung für die Laufbahngruppen des gehobenen und des höheren Dienstes darstellt. Im Jahr 2008 betrug der Anteil an Beamten dieser beiden Laufbahngruppen in den Gebietskörperschaften 77,4% der gesamten Beamten des unmittelbaren öffentlichen Dienstes (StBA, Fachserie 14 Reihe 6, 2008). Darüber hinaus wird im öffentlichen Dienst ein sozialer Ausgleich zwischen hohen und niedrigen Einkommensgruppen angestrebt, was tendenziell dazu führt, dass die Besoldungsbezüge der unteren Laufbahngruppen über den Vergleichswerten der Privatwirtschaft und die der höheren Laufbahngruppen unter diesen liegen (vgl. Tepe/Kroos 2010). Außerdem existieren in der Privatwirtschaft große Abweichungen zwischen einzelnen Branchen, was insgesamt die Aussagekraft von Vergleichen, die auf Durchschnittswerte abstellen, einschränkt.

Hinsichtlich der Tätigkeitsfelder, Qualifikationsanforderungen sowie der Struktur der Entgeltgruppen kommen für einen Vergleich mit den Beamten vor allem die Tarifbeschäftigten des öffentlichen Dienstes in Betracht. Jedoch ist die Analyse empirischer Durchschnittswerte auch hier problematisch, da die Aufteilung von Beamten und Tarifbeschäftigten über die Laufbahngruppen sehr unterschiedlich ausfällt (Benz et al. 2009, S. 105). Aus diesen Gründen werden im Folgenden Entgeltzahlungen und Alterseinkommen für Tarifbeschäftigte im öffentlichen Dienst herangezogen, die sich ebenfalls aus dem Konzept der empirisch abgesicherten Modellerwerbsbiographien ergeben. Den Lebensläufen der verschiedenen Modell-Tarifbeschäftigten liegen identische bzw. vergleichbare Annahmen wie den Modell-Beamten hinsichtlich Renteneintrittsalter, Erwerbseintrittsalter, Kinderzahl, Ehepartner, Beförderungen etc. zugrunde (vgl. Abschnitt 5.5.1). Allerdings werden ausschließlich Alterspensionäre und Altersrentner betrachtet, wohingegen ein Vergleich mit erwerbsgeminderten Tarifbeschäftigte aus Gründen der Übersichtlichkeit unterbleibt.

Den Modellerwerbsbiographien werden Zahlungsströme von Entgelten[47] nach derzeitigem Recht zugeordnet, aus welchen die gesetzlichen Renten und die Zusatzversorgungsrenten der Versorgungsanstalt des Bundes und der Länder (VBL) im Abrechnungsverband West errechnet werden. Hierbei wird ebenfalls auf die Berechnungsgrößen und -modalitäten des Jahres 2009 abgestellt (vgl. für eine detaillierte Darstellung der Methodik und der Annahmen Preller 2011). Die Berechnung der Zusatzversorgungsleistungen erfolgt nach dem neuen Versorgungspunktemodell, d.h. die Absenkung des Versorgungsniveaus der Tarifbeschäftigten, wel-

47 Die Tabellenentgelte richten sich hier nach dem TVÖD 2009.

che auf die Systemumstellung der Zusatzversorgung im Jahr 2001 zurückzuführen ist (vgl. hierzu Preller 2009), wird bereits berücksichtigt. Aus diesen Brutto-Beträge werden unter Anwendung der steuer- und sozialabgaberechtlichen Vorschriften[48] des Jahres 2009 die Nettoeinkommen der Tarifbeschäftigten ermittelt (vgl. Preller 2011).

In Tabelle 15 sind die Einkünfte der Beamten und der Tarifbeschäftigten sowohl als Brutto- als auch als Nettogrößen aufgelistet. Zusätzlich veranschaulicht die Zusammenstellung, wie sich die Alterseinkünfte aus den ersten zwei Säulen der Alterssicherung zusammensetzen und auf welche Größenordnung sich die Steuern und Abgaben belaufen. Wie bereits im vorangegangenen Abschnitt wird auf die beiden Berechnungsvarianten „Ehegattensplitting“ und „getrennte Veranlagung“ abgestellt (vgl. ebd.) und es werden für jede Laufbahngruppe die Werte für Frauen und Männer ausgewiesen. In der letzten Spalte der Übersicht wird schließlich das Netto-Ruhegehaltsniveau ausgewiesen, welches sich analog zum Brutto-Ruhegehaltsniveau jedoch eben aus Nettozahlungsströmen ergibt. Konkret wird das erste jährliche Netto-Alterseinkommen nach Ruhestandseintritt zu dem letzten jährlichen Nettoeinkommen aus der Aktivphase ins Verhältnis gesetzt.

Wenn zunächst die Bruttoeinkommen der Beamten und Tarifbeschäftigten in Tabelle 15 verglichen werden, so fällt auf, dass die Modell-Beamten durchweg erheblich höhere Brutto-Ruhegehälter aufweisen, als die Tarifbeschäftigten an gesamten Brutto-Alterseinkommen erhalten. Die Darstellung der Brutto-Alterseinkünfte in der Übersicht verdeutlicht hierbei, dass sich die Alterseinkünfte der Tarifbeschäftigten aus Regel- und Zusatzsicherungssystem zusammensetzen, während die Beamtenversorgung beide Funktionen ausfüllt. Werden hingegen die Bruttoentgelte aus dem letzten aktiven Erwerbsjahr verglichen, ergibt sich ein anderes Bild. Hier liegen die Bruttobezüge der Beamten des mittleren und des gehobenen Dienstes deutlich unter den Bruttoentgelten vergleichbarer Tarifbeschäftigter. Lediglich im höheren Dienst liegen die Bezüge der Beamten über den Entgelten der Tarifbeschäftigten. Dieser „Systemfehler“ wurde bei der Tarifumstellung des BAT auf den TVöD/TV-L etabliert und sollte auch tarifvertraglich wieder beseitigt werden (vgl. Schaad 2009, S. 489).

Die nähere Betrachtung der Nettoentgelte verdeutlicht, dass derzeit die Abgabenlast der Tarifbeschäftigten in der Erwerbsphase die entsprechenden Abzüge der Beamten übersteigt. Dies ist wie oben angesprochen

48 Eine umfassende Darstellung der Besteuerung von Rente und Zusatzversorgung findet sich in Ruland/Rürup 2008, S. 228ff. sowie PWC/DRV Bund 2009, S. 351ff.

Tab. 15: Alterseinkünfte und Gehälter von Beamten und Tarifbeschäftigten (derzeitiges Recht, Steuer 2009)

Laufbahn	Status (Endstufe)	Veranl.	Besoldung/Gehalt (jährlich in EUR)		Versorgung/Alterseinkommen (jährlich in EUR)							RN (netto)
			brutto	netto	1. Säule[a]	2. Säule[a]	AEK (brutto)	ESt+Soli	PKV/GKV	PV	AEK (netto)	
mittlerer Dienst	Beamter (A9)	Splitting	35.897	26.808	22.974		22.974	0	4.503	608	17.863	66,6%
	Beschäftigter (E9)	Splitting	41.106	27.530	13.890	5.555	19.445	0	1.925	379	17.140	62,3%
	Beamter (A9)	Getrennt	35.897	25.805	22.974		22.974	2.213	2.228	304	18.229	70,6%
	Beschäftigter (E9)	Getrennt	41.106	24.248	13.890	5.555	19.445	15	1.925	379	17.125	70,6%
	Beamtin (A9)	Splitting	35.897	26.756	20.964		20.964	0	4.503	608	15.852	59,2%
	Beschäftigte (E9)	Splitting	41.106	27.431	13.268	4.563	17.831	0	1.728	348	15.755	57,4%
	Beamtin (A9)	Getrennt	35.897	25.705	20.964		20.964	1.672	2.275	304	16.712	65,0%
	Beschäftigte (E9)	Getrennt	41.106	24.140	13.268	4.563	17.831	0	1.728	348	15.755	65,3%
gehobener Dienst	Beamter (A12)	Splitting	48.881	36.205	32.547		32.547	1.722	4.503	608	25.713	71,0%
	Beschäftigter (E12)	Splitting	54.944	35.198	17.294	6.440	23.734	0	2.326	463	20.945	59,5%
	Beamter (A12)	Getrennt	48.881	33.946	32.547		32.547	5.057	2.228	304	24.958	73,5%
	Beschäftigter (E12)	Getrennt	54.944	30.488	17.294	6.440	23.734	812	2.326	463	20.133	66,0%
	Beamtin (A12)	Splitting	48.881	36.153	28.885		28.885	950	4.503	608	22.824	63,1%
	Beschäftigte (E12)	Splitting	54.944	35.198	15.799	5.092	20.891	0	2.007	407	18.477	52,5%
	Beamtin (A12)	Getrennt	48.881	33.846	28.885		28.885	3.917	2.275	304	22.388	66,1%
	Tarifbeschäftigte (E12)	Getrennt	54.944	30.488	15.799	5.092	20.891	102	2.007	407	18.375	60,3%

Tab. 15: *(Fortsetzung)*

Laufbahn	Status (Endstufe)	Veranl.	Besoldung/Gehalt (jährlich in EUR)		Versorgung/Alterseinkommen (jährlich in EUR)							RN (netto)
			brutto	netto	1. Säule[a]	2. Säule[a]	AEK (brutto)	ESt+Soli	PKV/GKV	PV	AEK (netto)	
höherer Dienst	Beamter (A15)	Splitting	66.101	48.040	43.891		43.891	4.800	4.503	608	33.979	70,7%
	Beschäftigter (E15)	Splitting	64.501	40.640	20.598	7.483	28.081	0	2.742	548	24.792	61,0%
	Beamter (A15)	Getrennt	66.101	43.693	43.891		43.891	8.999	2.228	304	32.360	74,1%
	Beschäftigter (E15)	Getrennt	64.501	34.734	20.598	7.483	28.081	513	2.742	548	24.279	69,9%
	Beamtin (A15)	Splitting	66.101	47.988	37.605		37.605	3.104	4.503	608	29.389	61,2%
	Beschäftigte (E15)	Splitting	64.501	40.640	19.232	6.124	25.355	0	2.432	494	22.429	55,2%
	Beamtin (A15)	Getrennt	66.101	43.593	37.605		37.605	6.738	2.275	304	28.287	64,9%
	Beschäftigte (E15)	Getrennt	64.501	34.734	19.232	6.124	25.355	364	2.432	494	22.065	63,5%

a – Für Beamte: 1. + 2. Säule (Bifunktionalität) = Ruhegehalt (brutto); für Tarifbeschäftigte: 1. Säule = GRV; 2. Säule = VBL (Abrechnungsverband West)

Abkürzungen: AEK = Alterseinkommen; PKV/GKV = Private oder Gesetzliche Krankenversicherung; RN = Ruhegehaltsniveau (bzw. Alterseinkommensniveau für die Tarifbeschäftigten) ; PV = Pflegeversicherung

Quelle: Eigene Berechnungen; die Daten für die Tarifbeschäftigten basieren auf den Modellerwerbsbiographien von Preller 2011.

insbesondere auf fehlende direkte Sozialversicherungsbeiträge der Beamten zurückzuführen. In der Ruhestandsphase dreht sich die Steuer- und Abgabenbelastung nach derzeitigem Recht jedoch gerade um. Die Beamten zahlen, abgesehen vom Splitting-Fall im mittleren Dienst, deutlich höhere Steuern auf ihre Alterseinkünfte als die Tarifbeschäftigten. Auch die Krankenversicherungsbeiträge liegen für den Großteil der Modell-Beamten über denen der Modell-Tarifbeschäftigten.

Aus diesen Gründen sinkt die Differenz zwischen den Alterseinkünften der beiden Statusgruppen des öffentlichen Dienstes drastisch, wenn von einer Brutto- auf eine Netto-Betrachtung gewechselt wird. Im mittleren Dienst liegen die absoluten Beträge der Nettopensionen nur noch geringfügig über dem Netto-Alterseinkommen der Beschäftigten. Für die Berechnungsvariante „getrennte Veranlagung" liegt das RN (netto) der Beamten mit 70,6% bei den Männern auf dem gleichen Niveau und bei den Frauen mit 65% sogar um 0,3 Prozentpunkte unter dem Netto-Sicherungsniveau der vergleichbaren Tarifbeschäftigten. Im gehobenen und im höheren Dienst erhalten die Beamten derzeit eine höhere Netto-Versorgung als die Beschäftigten des öffentlichen Dienstes. Die Netto-Ruhegehaltsniveaus der Beamten des höheren Dienstes liegen im Fall der getrennten Veranlagung jedoch nur um 1,4 bzw. 4,2 Prozentpunkte unter dem Niveau der Tarifbeschäftigten. Außerdem sei nochmals auf die Leistungseinschnitte im Bereich der Zusatzversorgung in den letzten Jahren verwiesen.

5.5.2.6 Zusammenfassung der Ergebnisse zum Alterseinkommensniveau

Als wesentliches Ergebnis der Basisanalyse des Ruhegehaltsniveaus aus den Modell-Erwerbsbiographien kann festgehalten werden, dass für Beamte, die derzeit mit Erreichen einer Altersgrenze in den Ruhestand treten, das Ruhegehaltsniveau (RN) deutlich unter dem Niveau nach altem Recht liegt. Das auf die letzten Dienstbezüge abstellende RN hat sich durch die Reformmaßnahmen seit 2002 um mindestens 1,7 und maximal 3,5 Prozentpunkte verringert.

In der detaillierten Betrachtung des zukünftigen RN der Modelltypen fällt auf, dass Frauen durch das neue Versorgungsrecht ab 2030 bessergestellt werden. Die Beamtinnen profitieren in der Regel von der verlängerten Erwerbsphase, die aus der Anhebung der Regelaltersgrenze resultiert, indem sich ihr Ruhegehaltssatz erhöht. Den Frauen mit Kindererziehungszeiten werden darüber hinaus Versorgungszuschläge gutgeschrieben, die im mittleren und gehobenen Dienst eine (vollständige) Kompensation der Nachteile, die sich aus den unstetigen Erwerbsbiographien ergeben, bewirken. Auch das Ruhegehaltsniveau der Alterspensionäre im höheren Dienst steigt bis 2030 an, da sie in der Regel aufgrund der verlängerten aktiven Dienstzeit mit einem höheren Ruhegehaltssatz rechnen können. Für männliche Modell-Beamte im gehobenen und mittleren Dienst ändert sich das Ruhegehaltsniveau durch die Anhebung der Regelaltersgrenze auf 67 Jahre in der Regel nicht. Sie erreichen vor und nach dem Dienstrechtsneuordnungsgesetz den Höchstruhegehaltssatz.

Insgesamt haben die Reformmaßnahmen des Versorgungsänderungsgesetzes 2001 bei allen Beamtentypen zu einer deutlichen Absenkung des Ruhegehaltsniveaus geführt. Hingegen wird nach Umsetzung des Dienstrechtsneuordnungsgesetz 2009 eine Annäherung des Ruhegehaltsniveaus von männlichen und weiblichen Beamten zu beobachten sein, da das RN der Männer tendenziell stagniert, während das der Frauen ansteigt. Wie hoch das (absolute und relative) Ruhegehaltsniveau künftig in der Praxis ausfällt, wird maßgeblich durch die Entwicklung des tatsächlichen Pensionseintrittsalters und die Bezügeanpassungen beeinflusst. So erhöhen jährlich um 1% steigende Realeinkommen zwar einerseits das Ruhegehaltsniveau kaum, andererseits jedoch das durchschnittliche Alterseinkommen der gesamten Ruhestandsphase. Ein Hinausschieben des Pensionseintrittsalters um ein Jahr erhöht wiederum direkt – bei Pensionseintritt – das Ruhegehaltsniveau um mehr als 2,5 Prozentpunkte.

Werden die konkreten Werte für das Ruhegehaltsniveau betrachtet, so muss festgestellt werden, dass Beamte, die nach derzeitigem Recht in Pension gehen, ein deutlich geringeres Alterssicherungsniveau als die maximal möglichen 71,75% der letzten Besoldungsbezüge erreichen. Vielmehr liegt, wenn ausschließlich die Beamtentypen mit Pensionseintritt wegen Erreichens einer Altersgrenze betrachtet werden, das Ruhegehaltsniveau zwischen 56,9% und 66,6%. Wird hingegen als Vergleichsindikator das Versorgungsniveau angesetzt, welches auf fiktive Bruttoentgelte, wie sie Tarifbeschäftigte erhalten, abgestellt, sinkt das Sicherungsniveau sogar auf Werte zwischen 50,1% und 58,6%.

Auch wenn bei der Betrachtung auf die Netto-Bezüge abgestellt wird, liegen die Ruhegehaltsniveaus (netto) großteils unter 71,75% und alle unter 75%. Der Vergleich des Netto-Alterssicherungsniveaus der Beamten mit den Tarifbeschäftigten des öffentlichen Dienstes zeigt darüber hinaus, dass die große Differenz zwischen den Brutto-Alterseinkommen der beiden Statusgruppen in der Nettobetrachtung deutlich schrumpft. Für einzelne Modelltypen im mittleren Dienst liegt das Netto-Ruhegehaltsniveau der Beamten derzeit sogar unter dem Netto-Alterseinkommensniveau der Tarifbeschäftigten. Auch im höheren Dienst liegen steuerlich „getrennt“ veranlagte Beamtinnen nur geringfügig über dem Niveau der Beschäftigten. Dieses Ergebnis ist insbesondere deshalb bemerkenswert, da in den letzten Jahren sowohl die Zusatzversorgungsbezüge im öffentlichen Dienst als auch die Besoldung des höheren Dienstes erheblich abgesenkt wurden.

5.5.3 Kalkulatorische Beitragssätze

Um festzustellen, welche (anteiligen) Kosten aus der jeweiligen rechtlichen Ausgestaltung des Alterssicherungssystems der Beamten resultieren, werden im Folgenden die entsprechenden kalkulatorischen Beitragssätze miteinander verglichen. Sie geben Auskunft darüber, welcher Anteil der Dienstbezüge während der aktiven Dienstphase verzinslich angelegt werden müsste, um aus dem entstehenden Kapitalstock die späteren Versorgungsleistungen bestreiten zu können (vgl. Abschnitt 5.5.1.3). Eine alternative Interpretation der kalkulatorischen Beitragssätze besteht darin, den Prozentsatz als das nach der Zeitpräferenz – z.B. der öffentlichen Entscheidungsträger – gewichtete Verhältnis der Versorgungsleistungen zu den Dienstbezügen aufzufassen. Für die Entwicklung der erforderlichen Beitragssätze spielen nun auch die Reformen der Beamtenbesoldung eine größere Rolle. Es sei deshalb darauf hingewiesen, dass den Modellrechnungen nach derzeitigem Recht über die gesamte Erwerbsbiographie die seit 01.07.2009 geltenden Besoldungstabellen nach dem DNeuG zugrunde liegen. Hingegen werden für die Berechnungen nach altem Recht konsequent die Tabellen mit der alten Struktur aus dem Jahr vor 2002 verwendet, die jedoch auf das Besoldungsniveau von 2009 hochgerechnet werden.

Analog zum Vorgehen bei der Betrachtung der Ruhegehaltsniveaus werden im ersten Teil zunächst die kalkulatorischen Beitragssätze in einem Basisszenario ohne „Reallohnerhöhungen“ bestimmt. Im Anschluss werden die Effekte von Parametervariationen auf die kalkulatorischen Beitragssätze erörtert.

5.5.3.1 Basisbetrachtung (bei Inflationsausgleich)

Wie bereits in Abschnitt 5.5.1.3 dargelegt, kommen für die Berechnung der kalkulatorischen Beiträge verschiedene Szenarien hinsichtlich des zu berücksichtigenden Diskontsatzes zur Anwendung. In Tabelle 16 wird ein Überblick über die mit mittlerem Zinsfuß (i) in Höhe von 2,5% errechneten Beitragssätzen gegeben. Dieser Kalkulationszins stellt nach Ansicht der Autoren für den öffentlichen Sektor die adäquate Zeitpräferenzrate dar (vgl. ebd.). Deshalb dienen die Ergebnisse der mittleren Zinsvariante im Rahmen der weiteren Analyse als Referenzwerte für den kalkulatorischen Beitragssatz. Im Anhang A.3 Tabelle 28 sind darüber hinaus die Beitragssätze aufgelistet, die sich unter Anwendung der kalkulatorischen Zinssätze in Höhe von 2,0% und 3,0% ergeben. Die Abweichungen werden im Rahmen der Sensibilitätsanalyse diskutiert.

In der folgenden Darstellung sind nun alle vier Betrachtungszeitpunkte (mit den entsprechenden Rechtslagen) relevant, denn die Lebenserwartungen der Beamten und deren Hinterbliebenen steigen vom Jahr 2030 bis zum Jahr 2050 weiter an. Der hieraus resultierende Anstieg des (Modell-) Lebensalters wirkt sich direkt auf die Länge des Bezugszeitraumes der Versorgungs- und Hinterbliebenenbezüge aus. Folglich hat, wie anhand der Berechnungsergebnisse in Tabelle 16 deutlich wird, eine höhere Lebenserwartung einen unmittelbaren Einfluss auf die Höhe der kalkulatorischen Beiträge.

Bei der Betrachtung der Ergebnisse ist zunächst festzuhalten, dass die kalkulatorischen Beitragssätze im alten Recht höher ausfallen als im derzeitigen. Dieses Ergebnis steht im Einklang mit einem höheren Ruhegehaltssatz und dem daraus resultierenden höheren Ruhegehaltsniveau im

Tab. 16: Kalkulatorische Beitragssätze der Modelltypen in der Basisvariante mit dem Zinsfuß i = 2,5% (Inflationsausgleich) ≡

Kalkulatorische Beiträge (Basisvariante Inflationsausgleich) für i = 2,5%

Rechtslage	AGr[a] (m[c])	AGr (w[d])	DiU[b] (m)	DiU (w)
		mittlerer Dienst		
Altes Recht (2002)	20,5%	21,8%	45,3%	45,1%
Derzeitiges Recht	19,5%	20,7%	43,8%	44,3%
DNeuG (2030)	18,2%	22,1%	45,5%	52,1%
DNeuG (2050)	19,5%	23,4%	47,3%	53,9%
		gehobener Dienst		
Altes Recht (2002)	25,0%	26,2%	42,3%	41,5%
Derzeitiges Recht	23,7%	24,8%	40,8%	41,1%
DNeuG (2030)	22,1%	26,1%	42,6%	47,4%
DNeuG (2050)	23,5%	27,6%	44,4%	49,2%
		höherer Dienst		
Altes Recht (2002)	27,8%	28,3%	38,0%	38,0%
Derzeitiges Recht	25,5%	26,0%	35,8%	35,2%
DNeuG (2030)	24,7%	26,9%	38,1%	40,2%
DNeuG (2050)	26,4%	28,5%	39,2%	41,9%

a – Pensionseintritt mit Erreichen einer Altersgrenze; b – Pensionseintritt wegen Dienstunfähigkeit; c – Beamter; d – Beamtin

Eigene Berechnungen

alten Recht, welches sich im vorliegenden Modell nur durch höhere kalkulatorische Beiträge finanzieren lässt. Weiterhin ist auffällig, dass bei einem Pensionseintritt im Jahr 2050 im Vergleich zur derzeitigen Situation wieder höhere Beitragssätze erforderlich werden; und dies obwohl die Erwerbsphase um zwei Jahre verlängert wird. Zurückzuführen ist die erneute Beitragserhöhung darauf, dass bis 2050 der zu erwartende Effekt aus dem Anstieg der Lebenserwartung den Effekt durch die verlängerte Erwerbsphase überkompensiert. So steht beispielsweise den zusätzlichen zwei Jahren aktiver Dienstzeit eine um vier Jahre längere Ruhegehaltsphase gegenüber, wenn die Erwerbsbiographien von männlichen Alterspensionären (m-AGr) im Jahr 2050 mit ihrer heutigen Ausgestaltung verglichen werden.

Bemerkenswert ist des Weiteren, dass die Unterschiede in der Beitragshöhe zwischen den Geschlechtern in den Modellrechnungen nach alter Rechtslage recht gering ausfallen. Am größten ist die Differenz noch bei den Alterspensionären im mittleren Dienst. Dort ist der kalkulatorische Beitragssatz der Frauen um 1,3 Prozentpunkte höher als der erforderliche Beitrag für Männer. Ein größerer Unterschied in den kalkulatorischen Beitragssätzen hätte zwischen den Geschlechtern vermutet werden können, da weibliche Beamte eine signifikant höhere Lebenserwartung aufweisen. Der hieraus resultierende Effekt auf den kalkulatorischen Beitrag wird jedoch durch die für einen männlichen Modell-Beamten im Durchschnitt zu erwartenden Hinterbliebenenleistungen zu großen Teilen aufgewogen.

Nach derzeitigem Recht sieht die Situation hinsichtlich geschlechterspezifischer Unterschiede ähnlich aus. Die Absenkung der kalkulatorischen Beitragssätze erfolgt bei Männern und Frauen in der Regel ungefähr in gleicher Höhe. Ab dem Jahr 2030 werden die Abweichungen zwischen den Geschlechtern in den Beitragssätzen jedoch größer. Die kalkulatorischen Beiträge der Frauen steigen durch die Reformen des DNeuG deutlich an. Wie oben bereits erläutert, ist dies auf ein höheres Ruhegehaltsniveau der Frauen zurückzuführen. Dieses resultiert zum einen aus der (politisch gewollten) Umverteilung über Kindererziehungszuschläge[49] und zum anderen, bei einem Pensionseintritt mit Erreichen der Altersgrenze, aus ansteigenden Ruhegehaltssätzen, die sich aus der verlängerten Erwerbsphase der Frauen ergeben. In Abbildung 17 ist die Entwicklung der kalkulatorischen Beitragssätze für männliche und weibliche Beamte des gehobenen und des höheren Dienstes graphisch dargestellt. Neben der an-

49 Zu diesem Punkt wird auch die Auffassung vertreten, dass Kindern in der Alterssicherung eine besondere Rolle im Sinne eines „Drei-Generationenvertrages" zukommt und sie deshalb zu internalisieren sind. Diese Debatte wird insbesondere in Bezug auf die GRV geführt (vgl. Sinn 2003; kritisch hierzu Fasshauer 2006).

gesprochenen Divergenz in der Entwicklung der Beiträge von Frauen und Männern fällt auf, dass die Beitragssätze für den höheren Dienst beim Übergang vom alten zum derzeitigen Recht besonders stark sinken.[50]

Abb. 17: Entwicklung der kalkulatorischen Beitragssätze für Modelltypen (mit Pensionseintritt bei Erreichen einer) „Altersgrenze" im Zeitablauf

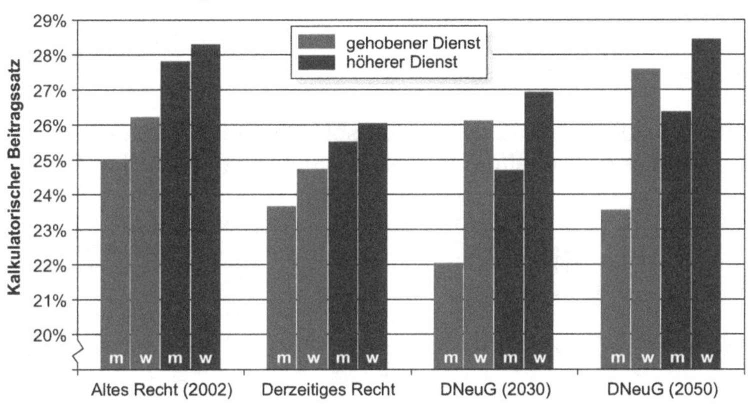

Eigene Darstellung

Die kalkulatorischen Beitragssätze für Beamte, die wegen Dienstunfähigkeit in Ruhestand gehen, fallen stets höher aus als die von Alters-Pensionären. Durch einen früheren Pensionseintritt verkürzt sich die Erwerbsphase, wodurch die Summe der Dienstbezüge im gesamten Erwerbsleben über zwei Effekte verringert wird: Zum einen legt der Beamte weniger Dienstjahre mit Besoldungsleistungen zurück und zum anderen entfallen genau die letzten aktiven Dienstjahre mit den höchsten Dienstbezügen (aus der Besoldungsendstufe) als Beitragsgrundlage. Dem entgegen steht eine entsprechend längere Ruhegehaltsbezugszeit[51], welche tendenziell zu einem

50 Dies ist auf zwei Besonderheiten dieser Laufbahngruppe zurückzuführen. Zum einen mindert sich der Barwert der gesamten Versorgungsbezüge, wie bereits das Ruhegehaltsniveau, im höheren Dienst mit mehr als 7% besonders stark. Zum anderen hat die Besoldungsreform 2009 für die Modell-Beamten des höheren Dienstes zu einem Anstieg des „Lebenserwerbseinkommens" aus der aktiven Dienstzeit geführt.

51 Es wird nicht 1:1 aktive Dienstzeit durch Ruhegehaltsbezugzeit substituiert, da Dienstunfähige (im Modell) eine geringere Lebenserwartung haben (vgl. Annahmen im Anhang A.2).

Anstieg des Barwerts der gesamten Versorgungsleistungen – im Vergleich zu Alterspensionären – führt. Die jeweiligen Zurechnungszeiten zur Erhöhung des Ruhegehaltssatzes bei Dienstunfähigkeit tragen ebenfalls zu höheren kalkulatorischen Beitragssätzen bei.

Abbildung 18 zeigt die Zahlungsströme eines Modell-Beamten im mittleren Dienst, dem eine Dienstunfähigkeit widerfährt. Aufgrund des niedrigen Pensionseintrittsalters der dienstunfähigen Beamten im mittleren Dienst, die laut empirischem Mittelwert im Alter von 49 Jahren in den Ruhestand eintreten, fallen die zuvor beschriebenen Effekte bei dieser Laufbahngruppe besonders deutlich aus.

Abb. 18: Zahlungsströme der Erwerbsbiographie „Beamter/ mittlerer Dienst/derzeitiges Recht/Dienstunfähigkeit“[a]

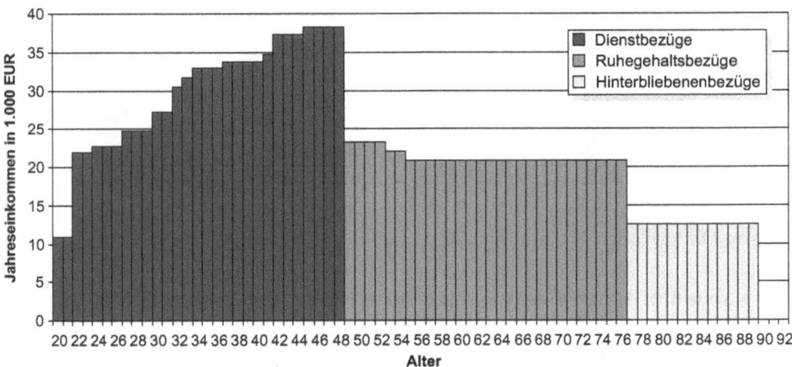

a – Realbetrachtung bei Inflationsausgleich

Eigene Darstellung

Wird die Höhe der Beitragsätze für die drei modellierten Beamtenlaufbahnen verglichen, so wird deutlich, dass die Beitragssätze in Abhängigkeit von der Laufbahngruppe stark variieren (vgl. Tab. 16). Bei der Betrachtung der Modelltypen, die wegen Alters in den Ruhestand eintreten, weisen die Beamten des mittleren Dienstes die niedrigsten und die Beamten des höheren Dienstes die höchsten kalkulatorischen Beitragssätze auf. Bei den männlichen Beamten liegen die erforderlichen Beiträge für diese beiden Laufbahngruppen nach vollständiger Umsetzung des DNeuG in der Berechnungsvariante für das Jahr 2030 ganze 6,5 Prozentpunkte auseinander.

Werden die Modell-Beamten mit Dienstunfähigkeit betrachtet, deren Werte in den beiden letzten Spalten von Tabelle 16 ausgewiesen sind, dreht sich das Ergebnis hinsichtlich der Beitragshöhe gerade um. Auf

Grund des bereits angesprochenen frühen Pensionseintrittes weisen hier die Beamten des mittleren Dienstes die höchsten kalkulatorischen Beiträge aus, die zum Teil sogar über 50% liegen. Da die dienstunfähigen Pensionäre des höheren Dienstes mit einem relativ hohen Durchschnittsalter von 56 Jahren aus dem aktiven Dienst ausscheiden, ergeben sich für diese Modelltypen auch die niedrigsten kalkulatorischen Beitragssätze innerhalb der Modelltypen DiU.

Für die Modell-Beamten des gehobenen Dienstes ergeben sich sowohl bei einem Pensionseintritt wegen Erreichens der Altersgrenze als auch bei einem Ruhestand wegen Dienstunfähigkeit kalkulatorische Beitragssätze, die im mittleren Bereich der beiden anderen Laufbahngruppen liegen. Da dieses Resultat auch bei den Ruhegehaltsniveaus zu beobachten ist, eignet sich der gehobene Dienst besonders gut als Grundmodell für vorzunehmende Sensibilitätsanalysen.

5.5.3.2 Sensibilitätsanalysen zu den kalkulatorischen Beiträgen

In diesem Abschnitt soll, analog zur Analyse der Alterseinkommensniveaus, der Einfluss wichtiger Parameter und Modellannahmen auf die in der Ausgangsvariante errechneten kalkulatorischen Beitragssätze überprüft werden. Um die Sensibilität der modellierten Beitragssätze zu untersuchen, werden auch hier Vergleichsberechnungen mit einer c.p.-Variation einzelner Parameter durchgeführt.

Zunächst soll die bereits in Abschnitt 5.5.1.3 angesprochene Abhängigkeit der kalkulatorischen Beitragssätze von dem *Realzinssatz (i)*, der für die Barwertberechnung der anfallenden Zahlungsströme verwendet wird, thematisiert werden. Hierzu werden die Berechnungsergebnisse aus dem Basisszenario (i = 2,5%) des Grundmodells mit den Beitragssätzen verglichen, die sich bei Zinssätzen von 2% und 3% ergeben.[52] In Tabelle 17 sind die Vergleichswerte für die derzeitige Rechtslage dargestellt. Es werden sowohl die Beitragssätze verschiedener Modelltypen als auch die jeweiligen Abweichungen vom Basisszenario (ΔB_{kalk}) ausgewiesen. Aus der Vergleichsrechnung wird deutlich, dass der angewendete Zinsfuß (Diskontierungsfaktor) einen großen Einfluss auf die absolute Höhe der kalkulatorischen Beitragssätze hat. Eine Variation des Zinssatzes um 0,5 Prozentpunkte verändert die kalkulatorischen Beiträge der Alterspensionäre, d.h. der Modelltypen die mit Erreichen einer Altersgrenze in den Ruhestand eintreten, um mehr als 3 Prozentpunkte. Die Beitragshöhe der

52 Eine vollständige Auflistung der Berechnungsergebnisse dieses Sensibilitätstests findet sich in Anhang A.3.

Beamten mit Pensionseintritt wegen Dienstunfähigkeit (DiU) weicht sogar um mehr als 5 Prozentpunkte von der Basisvariante ab.

≡ Tab. 17: Einfluss des Zinssatzes auf die kalkulatorischen Beiträge im Grundmodell „gehobener Dienst/derzeitiges Recht“

Grundmodell: Gehobener Dienst/Derzeitiges Recht	Basisvariante (i = 2,5%)	Zinsvariation 1 (i = 2,0%)		Zinsvariation 2 (i = 3,0%)	
Beamtentyp	B_{kalk}[c]	B_{kalk}	ΔB_{kalk}[d]	B_{kalk}	ΔB_{kalk}
Beamter (AGr[a])	23,7%	27,6%	+3,9	20,3%	–3,4
Beamtin (AGr)	24,8%	28,5%	+3,7	21,5%	–3,3
Beamter (DiU[b])	40,8%	47,0%	+6,2	35,6%	–5,2
Beamtin (DiU)	41,1%	46,6%	+5,5	36,2%	–4,9

a – Pensionseintritt mit Erreichen einer Altersgrenze; b – Pensionseintritt wegen Dienstunfähigkeit; c – kalkulatorischer Beitragsatz; d – Veränderung des kalkulatorischen Beitragssatzes in Prozentpunkten

Eigene Berechnungen

Letztendlich hängt in der Versorgungspraxis die korrekte Höhe der kalkulatorischen Beitragssätze, die auf die Brutto-Besoldung anzuwenden sind, von der Entwicklung des für die öffentlichen Haushalte maßgeblichen Zinssatzes ab. Aus diesen Gründen ist der Auswahl und der Prognose des adäquaten Diskontierungsfaktors eine wichtige Bedeutung beizumessen und die Annahmen sollten regelmäßig anhand empirischer Daten überprüft werden. Bei der Beurteilung der Angemessenheit der kalkulierten Beitragssätze gilt die Regel: Ein relativ hoher Zinssatz verringert – aus Perspektive der aktiven Dienstzeit – den Barwert der in der Zukunft liegenden Versorgungsleistungen und somit den zu veranschlagenden Personalkostenanteil für die Alterssicherung. Die kalkulatorischen Beitragssätze fallen dementsprechend niedrig aus. Im Umkehrschluss führt ein niedrig angesetzter Zinsfuß zu relativ hohen kalkulatorischen Beitragssätzen bzw. Alterssicherungskosten.

Im *Szenario mit steigenden Realeinkommen* werden die Besoldungs- und Versorgungsbezüge, wie bereits in Abschnitt 5.5.2.3 erläutert, per Annahme um jährlich 1% erhöht.[53] Diese „Reallohnerhöhung“ hat unmittelbare Auswirkungen auf die berechneten kalkulatorischen Beitragssätze.

---

53 Dies entspricht bei der hier vorgenommenen Realbetrachtung der Einkommensgrößen und einer unterstellten Inflationsrate von 1,5% einer jährlichen Nominalanpassung um 2,5%.

Tabelle 18 zeigt, wie steigende reale Einkommensbezüge die kalkulatorischen Beitragssätze der verschiedenen Beamtentypen des Grundmodells beeinflussen. Als Ausgangspunkt der Betrachtung dient dabei die Basisvariante der Berechnungen mit Inflationsausgleich. Den Berechnungen liegt hierbei der (Standard-)Diskontsatz von i = 2,5% zugrunde.

Tab. 18: Einfluss (jährlich um 1%) steigender Realeinkommen auf die kalkulatorischen Beiträge am Beispiel „gehobener Dienst/derzeitiges Recht" (i = 2,5%)

Grundmodell: Gehobener Dienst/Derzeitiges Recht	Basisvariante (Inflationsausgleich)	Variation: Steigende Realeinkommen	Veränderung in Prozentpunkten
Beamtentyp	B_{kalk}[c]	B_{kalk}	ΔB_{kalk}[d]
Beamter (AGr[a])	23,7%	32,2%	+8,5
Beamtin (AGr)	24,8%	32,9%	+8,1
Beamter (DiU[b])	40,8%	54,3%	+13,5
Beamtin (DiU)	41,1%	53,1%	+12,0

a – Pensionseintritt mit Erreichen einer Altersgrenze; b – Pensionseintritt wegen Dienstunfähigkeit; c – kalkulatorischer Beitragsatz; d – Veränderung des kalkulatorischen Beitragssatzes in Prozentpunkten

Eigene Berechnungen

Für die Modelltypen, die mit Erreichen einer Altersgrenze in den Ruhestand eintreten, erhöhen sich die Beitragssätze bei steigenden Realeinkommen um mehr als 8%. Im Fall von dienstunfähigen Beamten steigen die kalkulatorischen Beiträge noch stärker an. Der Anstieg der Beitragssätze ist erneut darauf zurückzuführen, dass das Ruhegehalt der Vergleichsberechnung über die gesamte Versorgungsphase stetig anwächst (vgl. hierzu Abb. 14). Dieser beitragssatzsteigernde Effekte wird, wie bereits beim durchschnittlichen Alterseinkommensniveau, durch den früheren Pensionseintritt bei Dienstunfähigkeit und den daraus resultierenden Wegfall der gut besoldeten letzten Dienstjahre verstärkt. Folglich erhöht sich der Barwert der gesamten Versorgungsbezüge bei Realeinkommenssteigerungen überproportional zum Barwert der Besoldungszahlungen. Deshalb ist im aktuellen System der Beamtenversorgung bei real zunehmenden Bezügen ein höherer (kalkulatorischer) Beitrag auf die Bemessungsgrundlage „Brutto-Besoldung" erforderlich, wenn die Versorgungsansprüche (in einem Kapitalstock) abgedeckt werden sollen. Dass dieses Ergebnis der Sensibilitätsanalyse unabhängig von den zu betrachtenden Rechtslagen gilt, veranschaulicht Abbildung 19.

≡ Abb. 19: Einfluss steigender Realeinkommen auf die kalkulatorischen Beiträge im Zeitablauf[a]

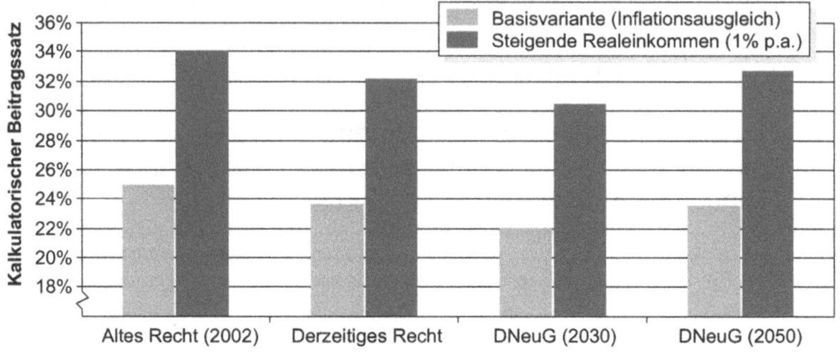

a – „Beamter/gehobener Dienst/Altersgrenze", i = 2,5%

Eigene Berechnungen

Die letzte durchzuführende Sensibilitätsanalyse wendet sich, wie schon beim Ruhegehaltsniveau, der *Entwicklung des Pensionseintrittsalters* zu. Zur vergleichenden Analyse der erforderlichen Beitragssätze bei einem Pensionseintritt im Jahr 2030 bzw. 2050 werden erneut die Pensionseintrittsalter von 64 und 66 Jahren verwendet. Allerdings werden die Versorgungsabschläge des Grundmodells in den Vergleichsberechnungen konstant gehalten. Folglich wird hier nicht, wie beim Ruhegehaltsniveau, ausschließlich eine Veränderung des tatsächlichen Pensionseintrittsalters, sondern vielmehr zudem das Anheben bzw. Herabsetzen der Regelaltersgrenze simuliert. Die Ergebnisse des Sensibilitätstests sind in Tabelle 19 dargestellt. Es zeigt sich, dass die kalkulatorischen Beitragssätze auf die Erhöhung/Minderung des Pensionseintrittsalters um ein Jahr jeweils mit einem Anstieg/einer Senkung um 1,3 bis 1,6 Prozentpunkte[54] reagieren. Tendenziell fällt die Beitragssatzänderung in beide Richtungen gleich hoch aus. Jedoch gibt es geringe Niveauunterschiede zwischen männlichen und weiblichen Modell-Beamten: Der Beitragssatz der Frauen reagiert aufgrund der in Abschnitt 5.5.2.3 erläuterten Effekte weniger elastisch auf das Pensionseintrittsalter.

54 Erfolgt hingegen eine Anpassung der Versorgungsabschläge an das veränderte Pensionseintrittsalter gemäß der zu erwartenden Rechtslage im Jahr 2030, so steigen bzw. sinken die kalkulatorischen Beiträge lediglich um 0,3 bis 0,9 Prozentpunkte.

Tab. 19: Einfluss des Pensionseintrittsalters auf die kalkulatorischen Beiträge am Beispiel „gehobener Dienst/Rechtslage nach DNeuG" (i = 2,5%)

Grundmodell: Gehobener Dienst/ Recht nach DNeuG		Basisvariante: Pensionseintritt mit 65	Variation: Pensionseintritt mit 64		Variation: Pensionseintritt mit 66	
Beamtentyp		B_{kalk}[b]	B_{kalk}	ΔB_{kalk}	B_{kalk}	ΔB_{kalk}[c]
Jahr 2030	Beamter (AGr[a])	22,1%	23,6%	+1,6	20,6%	–1,5
	Beamtin (AGr)	26,1%	27,4%	+1,3	24,8%	–1,3
Jahr 2050	Beamter (AGr1)	23,5%	25,2%	+1,6	22,0%	–1,5
	Beamtin (AGr)	27,6%	28,9%	+1,3	26,3%	–1,3

a – Pensionseintritt mit Erreichen einer Altersgrenze; b – kalkulatorischer Beitragsatz; c – Veränderung des kalkulatorischen Beitragssatzes in Prozentpunkten

Eigene Berechnungen

Für die Versorgungspraxis implizieren diese vergleichenden Modellrechnungen, dass bei einem „Hinausschieben" des Pensionseintrittsalters um ein Jahr der kalkulatorische Beitragssatz um mindestens 1,3 Prozentpunkte gesenkt werden kann. Umgerechnet auf die Ausgabenseite der Haushalte bedeutet dies, dass sich die neu entstehenden, periodengerecht zu veranschlagenden Versorgungskosten für das Aktivpersonal real um mindestens 5% reduzieren, wenn das Pensionseintrittsalter um ein Jahr ansteigt.

5.5.3.3 Kalkulatorische Beitragssätze für die Beamtenversorgung

Nachdem im vorangegangenen Abschnitt die kalkulatorischen Beitragssätze aus den Modellbiographien einer Sensitivitätsanalyse unterzogen wurden, sollen im Folgenden allgemeingültige Beitragssätze für die Beamtenversorgung ermittelt werden. Zu diesem Zweck werden die Beitragssätze der einzelnen Modell-Beamten (Basisvariante: Inflationsausgleich, i = 2,5%) mit der Verteilung der männlichen und weiblichen Beamten innerhalb der Versorgungszugänge und mit dem Risiko, vor Erreichen der Altersgrenze dienstunfähig zu werden, gewichtet. Hierzu werden die letzten verfügbaren Daten mit hinreichend tiefer Gliederung aus dem Jahr 2006 zur statistischen Verteilung der Versorgungszugänge in den einzelnen Laufbahngruppen (BMI 2009, S. 282ff.) verwendet. Die (zu erwartende) Entwicklung der Versorgungszugänge in den letzten Jahren und in der Zukunft wird anschließend diskutiert.

Der Anteil der Ruhestandseintritte wegen Dienstunfähigkeit unter den Beamten und Beamtinnen der Gebietskörperschaften im Jahr 2006 wird in

Tabelle 20 ausgewiesen.[55] Dieser Anteil hat sich in den letzten zehn Jahren deutlich reduziert, was vermutlich auf die Einführung der Versorgungsabschläge und die Stärkung des Grundsatzes „Rehabilitation vor Ruhestand" zurückzuführen ist. Mitte der 90er Jahre war der Prozentsatz der Ruhestandseintritte wegen Dienstunfähigkeit noch ungefähr doppelt so hoch. Ob er in den nächsten Jahren weiter absinkt oder, beispielsweise aufgrund einer weiteren Zunahme psychischer und psychosomatischer Erkrankungen, wieder ansteigt, ist ungewiss (vgl. hierzu BMI 2009, S. 85ff., 231ff.). Die Modellrechnungen stellen deshalb auf den Status quo ab.

≡ Tab. 20: Anteil der Versorgungszugänge wegen Dienstunfähigkeit an den gesamten Ruhestandseintritten (in den Gebietskörperschaften) im Jahr 2006

	mittlerer Dienst	gehobener Dienst	höherer Dienst
Männer	22,0%	16,5%	8,1%
Frauen	65,8%	33,1%	23,6%

Quelle: BMI 2009, S. 282, 285; eigene Berechnungen

Auffällig ist, dass der Anteil der Versorgungszugänge wegen Dienstunfähigkeit im mittleren Dienst besonders hoch ausfällt, wohingegen der selbige im höheren Dienst recht niedrig ist. Dies ist (vermutlich) auf die unterschiedliche Ausgestaltung der Tätigkeiten in diesen Laufbahngruppen sowie auf die besonders frühen bzw. späten Einstiegsalter in das Beamtenverhältnis zurückzuführen. Auch liegt in allen Laufbahngruppen der Prozentsatz für Ruhestandseintritte wegen Dienstunfähigkeit der Frauen weit über dem der Männer.

Darüber hinaus ist für die Bestimmung der allgemeinen kalkulatorischen Beiträge das Geschlechterverhältnis an den Versorgungszugängen relevant. Abbildung 20 veranschaulicht die Aufteilung in den Gebietskörperschaften im Jahr 2006. Es wird deutlich, dass mit knapp 40% der höchste Frauenanteil bei den Ruhestandseintritten im gehobenen Dienst zu verzeichnen ist. Im mittleren und im höheren Dienst liegt dieser Prozent-

55 Es handelt sich hierbei um die Verteilung innerhalb der Gebietskörperschaften und somit um gewichtete Mittelwerte aus Bund, Ländern und Gemeinden. Die statistischen Werte der einzelnen Gebietskörperschaften weichen voneinander ab und sind in der Versorgungspraxis separat zu bestimmen. So lag im Jahr 2006 der Gesamtanteil der Versorgungszugänge wegen Dienstunfähigkeit im Bund mit 11,8% deutlich unter dem Vergleichswert der Länder und Gemeinden von 22% (vgl. BMI 2009, S. 85, 231f.).

satz an den Versorgungszugängen noch deutlich unter 20%. Allerdings wird sich künftig der Anteil der Frauen an den Versorgungszugängen deutlich erhöhen, da ihr Anteil am Personalbestand der aktiven Beamten deutlich angestiegen ist (BMI 2009, S. 82, 224). Demzufolge sind die mit der Verteilung des Jahres 2006 errechneten Beitragssätze eher als Untergrenzen der anzusetzenden kalkulatorischen Beiträge zu interpretieren, denn die Gewichtung der in der Regel höher ausfallenden kalkulatorischen Beitragssätze der Frauen wird künftig zunehmen.

Abb. 20: Verhältnis von Frauen zu Männern bei den Versorgungszugängen im Jahr 2006 (Gebietskörperschaften)

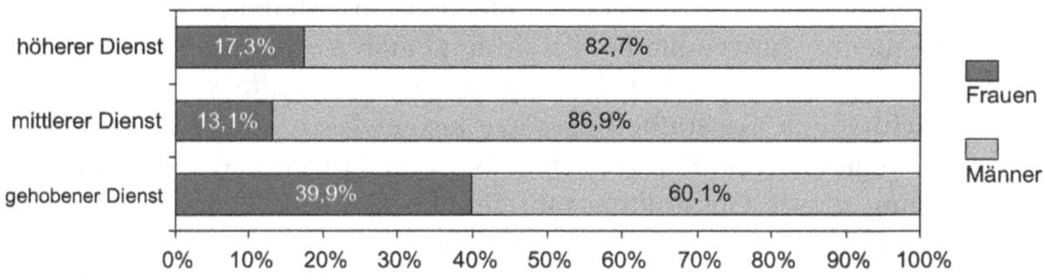

Quelle: BMI 2009, S. 282, 285; eigene Berechnungen

In Tabelle 21 sind die kalkulatorischen Beiträge für die Beamtenversorgung aufgelistet, die sich aus den verschiedenen typenspezifischen Beitragssätzen für die jeweilige Rechtslage ergeben, wenn sie entsprechend der Verteilung der Versorgungszugänge (aus dem Jahr 2006) gewichtet werden. Die Beitragssätze liegen trotz großer Abweichungen zwischen den individuellen Beitragssätzen der Modell-Beamten allesamt in einem Korridor von 26,3% bis 30,1%. Es kommt demnach aufgrund der laufbahnspezifischen Zugangswahrscheinlichkeiten in den Ruhestand zu einer Annäherung der kalkulatorischen Beitragssätze für die Laufbahngruppen. Dies ist insbesondere darauf zurückzuführen, dass der mittlere Dienst, mit einem relativ niedrigen Beitrag für die Alterspensionäre (AGr), einen hohen Anteil an „teuren" Ruhegehaltsbeziehern wegen Dienstunfähigkeit (DiU) zu verzeichnen hat. Hingegen weist der höhere Dienst zwar hohe Beitragssätze für die Alterspensionäre, aber auch einen niedrigen Anteil an Versorgungsbeziehern wegen Dienstunfähigkeit auf. Im Zeitablauf steigen – als Folge des weiteren Anstiegs der Lebenserwartung und der höher ausfallenden Ruhegehälter der Frauen – die kalkulatorischen Beiträge der Modellrechnungen vom derzeitigen Recht (2011) bis zum Jahr 2050 um knapp 2 Prozentpunkte an.

≡ Tab. 21: Kalkulatorische Beitragssätze für die Beamtenversorgung (Modellrechnung für sämtliche Gebietskörperschaften)

	gehobener Dienst	mittlerer Dienst	höherer Dienst	gesamt
Derzeitiges Recht	28,0%	26,3%	26,7%	27,2%
DNeuG (2030)	28,5%	26,5%	26,5%	27,6%
DNeuG (2050)	30,1%	28,0%	28,1%	29,1%

Eigene Berechnungen

Für eine Berücksichtigung der laufenden Versorgungskosten im Haushalt wäre ab sofort ein kalkulatorischer Beitrag in Höhe der Rechtslage (2030) auf die Bruttobezüge der Beamten zu erheben, um die künftig anfallenden Versorgungsausgaben abzudecken.[56] Für neu einzustellende Beamte wäre bei konsequenter Anwendung ein Beitrag gemäß Rechtslage (2050) zu erheben (vgl. auch Abschnitt 6.1.1). In der letzten Spalte von Tabelle 21 werden schließlich Gesamtbeitragssätze ausgewiesen, die sich überschlägig für die jeweiligen Pensionseintrittszeitpunkte ergeben würden. Zur Bestimmung dieser Gesamtkennzahl für die Gebietskörperschaften werden die laufbahnspezifischen Beitragssätze mit dem Anteil der Beamten (und Soldaten) der jeweiligen Laufbahngruppe bezogen auf den aktiven Personalbestand gewichtet.[57] Im Jahr 2008 stellte der gehobene Dienst einen Anteil von 51,4%. Der mittlere Dienst machte 27,2% und der höhere 21,5% der nach beamtenrechtlichen Vorschriften Beschäftigten der Gebietskörperschaften aus (eigene Berechnungen auf Basis der Daten des StBA, Fachserie 14, Reihe 6). Allerdings sollten in den Einzelplänen der jeweiligen Haushalte (zumindest) laufbahnspezifische Beitragssätze für die Berücksichtigung der entstehenden Versorgungskosten veranschlagt und zum Ausweis der Versorgungskosten verwendet werden.

5.5.3.4 Zusammenfassung der Ergebnisse zu den kalkulatorischen Beiträgen

Die vergleichende Betrachtung der kalkulatorischen Beitragssätze nach altem, derzeitigem und künftigem Versorgungsrecht verdeutlicht die individuellen Auswirkungen der Reformen auf die Finanzierungsseite der Beamtenversorgung. Die Intension des Gesetzgebers, mit den Reformen den relativen Anteil der Versorgungskosten an den Personalausgaben bzw. der

56 Die Beihilfekosten – und zwar sowohl die laufenden als auch die künftigen der Versorgungsphase –sind in diesen Beitragssätze noch nicht berücksichtigt.

57 Bei der Berechnung der Anteile wurde auf eine Berücksichtigung des einfachen Dienstes und der Richter verzichtet.

Beamtenvergütung zu senken, kann (für die betrachteten Modell-Beamten) nur teilweise als erreicht gelten.

In allen Fällen liegt der kalkulatorische Beitragssatz nach derzeitigem Recht zunächst deutlich unter dem nach altem Recht. Das neue Leistungsrecht nach dem VersÄndG 2001, dessen Kernstück der abgesenkte Ruhegehaltssatz darstellt, spiegelt sich in den um 0,4 bis 2,8 Prozentpunkte niedrigeren Beitragssätzen wider. Mit der anschließenden Anhebung der Regelaltersgrenze wurde ein weiterer Beitragssatzanstieg nur vorübergehend aufgehalten. Bis zum Jahr 2030 sinken lediglich die kalkulatorischen Beiträge der männlichen Alterspensionäre weiter ab. Bei den Beamtinnen ergeben sich bereits zu diesem Zeitpunkt – aus dem Anstieg der Lebenserwartung und einem erhöhten Ruhegehaltsniveau – wieder deutlich höhere Beitragssätze. Für Pensionseintritte im Jahr 2050 liegen die kalkulatorischen Beitragssätze auf Grund der weiter gestiegenen Lebenserwartung nahezu durchweg über den entsprechenden Sätzen nach altem Recht. Die Ausnahme bilden erneut die männlichen Altersruheständler. Jedoch nähert sich auch für diese Modelltypen der kalkulatorische Beitrag wieder der alten Höhe aus dem Jahr 2002 an.

Grundsätzlich zeigen die Modellrechnungen, dass die kalkulatorischen Beitragssätze zwischen und in den Laufbahngruppen aufgrund der unterschiedlichen Erwerbsverläufe stark variieren. Im mittleren Dienst sind die Beiträge für Pensionen wegen Alters relativ niedrig und die für Ruhestandseintritte wegen Dienstunfähigkeit relativ hoch. Die Ergebnisse für den gehobenen Dienst bewegen sich stets im mittleren Bereich, wohingegen die kalkulatorischen Beiträge für den höheren Dienst bei Pensionseintritten wegen Alters vergleichsweise hoch und wegen Dienstunfähigkeit relativ niedrig sind. Über alle Laufbahnen hinweg fallen hierbei die Beitragssätze für Beamte, die wegen Dienstunfähigkeit in Ruhestand gehen, deutlich höher aus als die von Alters-Pensionären. Während die kalkulatorischen Beitragssätze der „Altersruheständler" in einem Bereich zwischen 18,2% und 28,5% liegen, streuen die Werte der dienstunfähigen Beamten zwischen 38,0% und 53,9%. Zur Bestimmung allgemeingültiger Beitragssätze für die Beamtenversorgung ist deshalb das Risiko, dass die Beamten dienstunfähig werden und nicht die Altersgrenzen für den Ruhestand erreichen, zu berücksichtigen. Werden die in den Modellrechnungen ermittelten kalkulatorischen Beiträge mit der aktuellen Verteilung der Versorgungszugänge gewichtet, gleichen sich die Unterschiede zwischen den Laufbahngruppen an. Für künftige Pensionseintritte liegen die kalkulatorischen Beitragssätze zwischen 26,5% und 30,1%.

Aus den Sensibilitätsanalysen können weitere Erkenntnisse hinsichtlich der individuellen Versorgungskosten gewonnen werden: Zum einen hat der veranschlagte bzw. der tatsächlich zu berücksichtigende Zinssatz (der Barwertberechnung) einen großen Einfluss auf kalkulatorische Beiträge für die Beamtenversorgung. An dieser Stelle ist bei der Ermittlung der Beitragssätze für die entsprechenden Haushaltseinstellungen bzw. für Zuführungen zu Versorgungsfonds besondere Vorsicht und Sorgfalt geboten. Des Weiteren verdeutlichen die Vergleichsrechnungen mit steigenden Realeinkommen, dass reale Ruhegehaltsanstiege im Rahmen der Bezügeanpassungen die kalkulatorischen Beitragssätze erhöhen und folglich ebenfalls zu berücksichtigen sind. Zu guter Letzt hat die Sensibilitätsanalyse zum Pensionseintrittsalter gezeigt, dass kalkulatorische Beitragssätze für die Beamtenversorgung um deutlich mehr als einen Prozentpunkt sinken, wenn das tatsächliche Pensionseintrittsalter um ein Jahr erhöht wird. Hieraus kann die Faustregel abgeleitet werden, dass ein Jahr späterer Ruhestand die laufenden (individuellen) Versorgungskosten derzeit um 5% reduziert.

5.5.4 „Erdiente“ Versorgung

In diesem letzten Teil der Modellrechnungen zu den individuellen Auswirkungen der Reformen wird die Höhe des Ruhegehaltsniveaus bei derzeit geltendem Recht mit dem Niveau der „erdienten“ Versorgung (vgl. Abschnitt 5.5.1.3) verglichen. Die Referenzgröße „erdiente“ Versorgung stellt prinzipiell eine Leibrente[58] in einem individuellen Anwartschaftsdeckungsverfahren dar, welche aus einem individuellen Kapitalstock finanzierbar wäre, der über die Erwerbsphase der Beamten aus Beiträgen in der für die Alterssicherung üblichen Höhe angespart wird. Um die verschiedenen Einflussfaktoren in den Modell-Erwerbsbiographien auf die Höhe der „erdienten“ Versorgung zu veranschaulichen, wird zunächst das derzeit gezahlte Ruhegehaltsniveau (RN) repräsentativer Beamtentypen dem Niveau der „erdienten“ Pension in der Standardvariante gegenübergestellt. Anschließend wird anhand von Sensitivitätsanalysen der Einfluss steigender Realeinkommen auf die Differenz von „erdienter“ und tatsächlicher Versorgung untersucht. In einem letzten Schritt werden – wie bereits bei den kalkulatorischen Beiträgen – die tatsächlichen und „erdienten“ Ruhegehaltsniveaus der Modelltypen mit den entsprechenden Risiken eines Versorgungsfalls gewichtet, um Richtwerte für das Verhältnis dieser Größen über die gesamte Beamtenversorgung hinweg zu erhalten.

58 Bei anfallenden Hinterbliebenenbezügen liegt eine zweigeteilte Leib- bzw. Zeitrente vor, bei welcher die zweite wiederkehrende Zahlungsrate (derzeit noch) der Höhe nach 60% der ersten beträgt. Das endgültige Ende der Zahlung wird dann durch die durchschnittliche Lebenserwartung des Hinterbliebenen bestimmt.

5.5.4.1 „Erdientes“ Ruhegehaltsniveau der männlichen Modell-Beamten

Begonnen wird mit der Betrachtung der Modell-Beamten, die wegen Erreichens einer Altersgrenze in den Ruhestand eintreten. Die Erwerbsbiographien der Alterspensionäre sind durch relativ lange Phasen der aktiven Dienstzeit gekennzeichnet, in denen sie sich einen entsprechend hohen Versorgungsanspruch erdienen. In der hier vorzunehmenden Berechnung der „erdienten“ Versorgungsleistungen, fällt der Kapitalstock und somit die „erdiente“ Pension umso höher aus, je länger (fiktive) Beiträge auf die Brutto-Besoldung gezahlt werden und umso höher diese Beitragszahlungen sind. Wird ein männlicher Alterspensionär des gehobenen Dienstes betrachtet, so fallen für 38 Dienstjahre[59] auch 38 Jahre der Beitragszahlung an.

Abbildung 21 veranschaulicht die Höhe der gezahlten Besoldungs- und Versorgungsbezüge, der veranschlagten Beiträge und der „erdienten“ Versorgungsanwartschaften für die Berechnungsvariante A ohne Berücksichtigung der Reallohndifferenz zur Privatwirtschaft graphisch. Es han-

Abb. 21: „Erdiente“ Versorgung A (ohne Lohndifferenz zur Privatwirtschaft) für den „Beamten/gehobener Dienst/derzeitiges Recht/Altersgrenze“ (Inflationsausgleich; i = 2,5%)

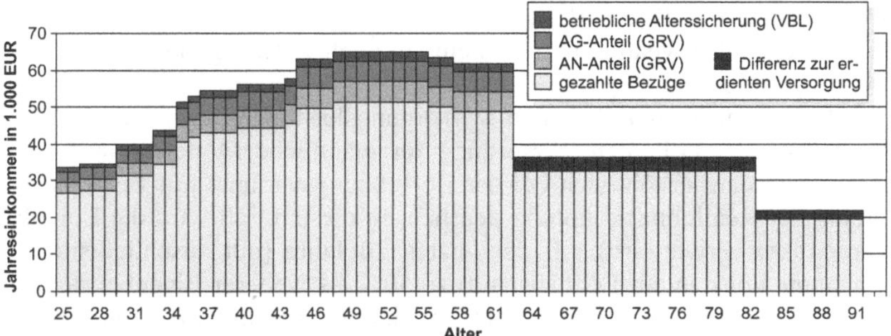

Eigene Darstellung

59 Die Zeiten des Vorbereitungsdienstes als Beamter auf Widerruf werden bei der Berechnung der „erdienten“ Versorgung (wie bereits bei den kalkulatorischen Beiträgen) ausgeklammert. Sie würden allerdings das Niveau der „erdienten“ Versorgung weiter leicht erhöhen, da eine sehr lange Phase von Zins und Zinseszins vorliegt.

delt sich hierbei zunächst stets um die Standardvariante mit Bezügeanpassungen in Höhe der Inflationsrate. Die fiktiven Arbeitnehmer- und Arbeitgeberanteile (AN- und AG-Anteile) der Rentenversicherungsbeiträge sowie der Beitragsanteil zur betrieblichen Alterssicherung sind jeweils separat (in unterschiedlichen Grautönen) dargestellt. Die Differenz in der Ruhestands- und Hinterbliebenenphase zwischen gezahlter und erdienter Versorgung (dunkelgraue Fläche in der Versorgungsphase) zeigt, dass sich dieser Modelltyp einen höheren Versorgungsanspruch erdient hat, als er nach derzeitigem Versorgungsrecht ausgezahlt bekommt.

Konkret erhält ein männlicher Modell-Beamter im gehobenen Dienst bei Pensionseintritt wegen Alters derzeit lediglich 89,1% seiner „erdienten" Versorgung als Ruhegehalt, wenn die Standard-Berechnungsvariante ohne Lohndifferenz zur Privatwirtschaft für das „erdiente" Ruhegehalt angewendet wird. Das in Abschnitt 5.5.2.1 für diesen Modelltyp errechnete Ruhegehaltsniveau von 66,6% steht einem „erdienten" Ruhegehaltsniveau in Höhe von 74,4% gegenüber. Im mittleren Dienst fällt der Niveauunterschied zwischen derzeit gezahltem und „erdientem" Ruhegehalt, aufgrund der längeren Erwerbsphase in Verbindung mit der Beschränkung der ruhegehaltfähigen Dienstbezüge durch den Höchstruhegehaltssatz und die höheren Versorgungsabschläge, noch höher aus. Der männliche Modell-Alterspensionär kommt hier auf ein tatsächliches Ruhegehaltsniveau von 64,0%. Hingegen liegen die „erdienten" Pensionsleistungen auf einem Niveau von 87,3% der letzten Brutto-Besoldung. Im höheren Dienst steht dem gezahlten Ruhegehaltsniveau von 66,4% ein „erdientes" Ruhegehaltsniveau von 69,1% gegenüber.

Der Abstand zwischen den Versorgungsleistungen nach derzeitigem Recht und der erdienten Versorgung für männliche Modell-Beamte mit Altersruhestand erhöht sich bei der Berechnungsvariante mit Berücksichtigung der Reallohnabkopplung deutlich. In diesem Fall wird die Lohndivergenz zur Privatwirtschaft der letzten 20 Jahre (mit anschließend per Annahme konstantem Lohnabstand) zu 50% als weiterer Eigenbeitrag der Beamten zur Versorgung gewertet. Der hieraus resultierende Beitragsanstieg wird in Abbildung 22 für den Fall des Muster-Beamten im gehobenen Dienst durch die weiße Fläche dargestellt.

Die zusätzlichen Beiträge erhöhen den Barwert des fiktiven Kapitalstocks – aus dem die „erdiente" Pension errechnet wird – in diesem Beispiel um 20%. In der Folge erhält der Modell-Beamte im gehobenen Dienst nach aktuellem Versorgungsrecht (bei einem vollständig abgesenkten Steigerungssatz von 1,79375 Prozentpunkten) ein Ruhegehalt in Höhe von 72,9% der „erdienten" Pension, wenn die Berechnungsvariante „mit Lohndifferenz zur Privatwirtschaft" angewendet wird. D.h. der Modell-Beamte hat sich (in dem fiktiven Anwartschaftsdeckungsverfahren mit einer realen Verzinsung von 2,5% p.a.) ein Ruhegehaltsniveau von 94,7% erdient. Für die männlichen Modelltypen mit Ruhestandseintritt wegen Erreichens einer Altersgrenze insgesamt liegt das RN der „erdienten" Versorgung mit anteiliger Berücksichtigung der Reallohnabkopplung um 19,1 bis 24,8 Prozentpunkte über dem „erdienten" RN der Standardberechnung ohne die Lohndifferenz zur Privatwirtschaft.

Abb. 22: „Erdiente" Versorgung B für den „Beamten/gehobener Dienst/derzeitiges Recht/Altersgrenze"[a]

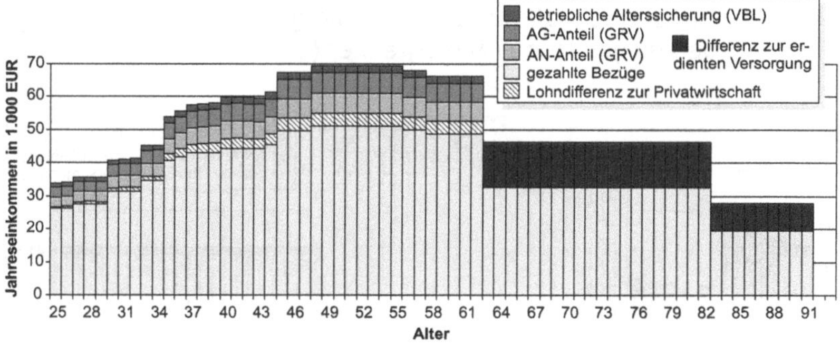

a – Mit Berücksichtigung der Lohndifferenz zur Privatwirtschaft zu 50%

Eigene Darstellung

5.5.4.2 „Erdientes" Ruhegehaltsniveau der Modell-Beamtinnen

Die „erdiente" Versorgung von Modell-Beamtinnen fällt stets niedriger aus als die ihrer männlichen Kollegen. Dennoch liegt auch das „erdiente" Ruhegehalt der Alterspensionärinnen für alle Laufbahngruppen über der tatsächlich gezahlten Pension, wenn auch weniger deutlich als bei den Alterspensionären. Die geringere Differenz zwischen den Ruhegehaltsniveaus ist darauf zurückzuführen, dass sich die „Lücken" wegen Kindererziehung sowie die Phasen der Teilzeitbeschäftigung in den Erwerbsbiographien der Frauen auf das „erdiente" und das tatsächliche Ruhegehalt unterschiedlich auswirken.

Die Modell-Beamtinnen erdienen sich in den Freistellungsphasen keine bzw. geringere Versorgungsanwartschaften aus fiktiven Beiträgen. Die fehlenden Beitragszahlungen fallen bei einem Kapitaldeckungsverfahren stärker ins Gewicht als die geminderten ruhegehaltfähigen Dienstzeiten bei der als Versorgung aus dem letzten Amt ausgestalteten Beamtenpension. Für die Modell-Alterspensionärin im gehobenen Dienst übersteigt das „erdiente“ Ruhegehaltsniveau die Pension nach derzeit geltendem Versorgungsrecht nur um 4,3 Prozentpunkte, wohingegen die Differenz bei dem Modell-Beamten 8,1 Prozentpunkte beträgt. In Abbildung 23 werden die (fehlenden) Beitragszahlungen sowie das Verhältnis der „erdienten“ zur gezahlten Versorgung anhand der Erwerbsbiographie der Modell-Beamtin graphisch veranschaulicht. Die Beamtin hätte aus individuellen Beitragszahlungen ein Ruhegehaltsniveau von 63,4% der letzten Besoldung erhalten. Nach geltendem Recht erreicht sie ein Ruhegehaltsniveau von 59,1%.

≡ Abb. 23: „Erdiente“ Versorgung A (ohne Lohndifferenz zur Privatwirtschaft) für die „Beamtin/gehobener Dienst/derzeitiges Recht/Altersgrenze“ (i = 2,5%)

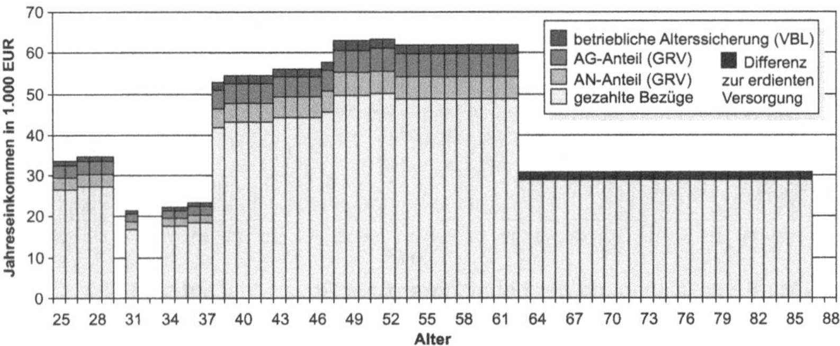

Eigene Darstellung

Die „erdiente“ Versorgung fällt auch bei den Frauen für den Modelltyp „mittlerer Dienst“ mit einem Ruhegehaltsniveau von 74,8% am höchsten aus. Hingegen erdient sich die Beamtin im höheren Dienst ein vergleichsweise niedriges Ruhegehaltsniveau von 58% durch Beiträge in der aktiven Dienstzeit selbst. Das „erdiente“ RN erhöht sich für die Modell-Beamtinnen mit Altersruhestand um 16,9 (hD), 18,9 (gD) bzw. 22,3 (mD) Prozentpunkte, wenn die Berechnungsvariante mit Berücksichtigung der Eigenbeiträge in Höhe von 50% der Reallohnabkopplung von der Privatwirtschaft angestellt wird. Die Berechnungsergebnisse für die Modell-Beamtinnen und die Modell-Beamten mit Pensionseintritt wegen Alters sind in Tabelle 22 aufgelistet. Dort wird das ohne die Lohndifferenz zur Privatwirtschaft ermittelte „erdiente“ Ruhegehaltsniveau mit (A) bezeichnet (Standardberechnung). Das „erdiente“ Ruhegehaltsniveau (B) ergibt sich hingegen aus den fiktiven Beitragszahlungen einschl. 50% der Reallohnabkopplung.

Tab. 22: Vergleich des Ruhegehaltsniveaus mit den „erdienten“ Ruhegehaltsniveaus aus beiden Berechnungsvarianten (Modelltypen mit Pensionseintritt bei einer Altersgrenze)

Modelltyp AGr/ Derzeitiges Recht	Mittlerer Dienst		Gehobener Dienst		Höherer Dienst	
	Beamter	Beamtin	Beamter	Beamtin	Beamter	Beamtin
Ruhegehaltsniveau (RN)	64,0%	58,4%	66,6%	59,1%	66,4%	56,9%
„Erdientes“ RN (A)	87,3%	74,8%	74,7%	63,4%	69,1%	58,0%
„Erdientes“ RN (B)	112,0%	97,1%	94,7%	82,3%	88,2%	74,9%

Eigene Berechnungen

5.5.4.3 „Erdientes“ Ruhegehaltsniveau von dienstunfähigen Modell-Beamten

Allerdings ist die Betrachtung der „erdienten“ Versorgung von Alterspensionären nicht ausreichend, um Aussagen über die Angemessenheit des derzeitigen Leistungsniveaus der Beamtenversorgung treffen zu können. Vielmehr hat die Beamtenversorgung neben den sozialen Risiken Alter und Tod des Beamten auch das Risiko der Dienstunfähigkeit abzudecken (vgl. Abschnitt 3.1.2). Die Berechnungsergebnisse zum „erdienten“ Ruhegehalt für Modell-Beamte und Modell-Beamtinnen mit Pensionseintritt wegen Dienstunfähigkeit unterscheiden sich deutlich von denen der Alterspensionäre. Auch die Verhältnisse zwischen den Laufbahngruppen ändern sich für diese Modelltypen, da die Länge der aktiven Dienstzeit für die Höhe des Barwertes der erdienten Versorgungsanwartschaften ausschlaggebend ist. Das durchschnittliche Pensionseintrittsalter bei Dienstunfähigkeit spielt hier eine besondere Rolle, da es gegenüber dem Ruhestandseintritt wegen Alters die Beitragszeiten verkürzt und die Pensionsbezugszeiten verlängert (vgl. hierzu auch Abschnitt 5.5.3.1).

Abbildung 24 zeigt die Bezüge über den Modell-Lebenslauf des männlichen Beamten im gehobenen Dienst einschließlich der fiktiven Beitragszahlungen und der „erdienten“ Versorgung. Im Vergleich mit dem entsprechenden Alterspensionär (vgl. Abb. 21) fällt neben der kurzen Erwerbsphase insbesondere auf, dass die gezahlten Versorgungsleistungen weit über der „erdienten“ Pension liegen. Für den dargestellten Fall beträgt die Differenz zwischen dem tatsächlichen Ruhegehaltsniveau i.H.v. 59% und dem „erdienten“ Ruhegehaltsniveau i.H.v. 38,4% 20,7 Prozentpunkte. Die Modell-Beamten des mittleren Dienstes erreichen nach derzeitigem Recht hingegen ein um 25,3 Prozentpunkte höheres Ruhegehaltsniveau, als aus den fiktiven Beiträgen finanzierbar gewesen wäre. Das tatsächliche Ruhegehaltsniveau des höheren Dienstes liegt 14,1 Prozentpunkte über dem „erdienten“ Ruhegehaltsniveau.

≡ Abb. 24: „Erdiente“ Versorgung A (ohne Lohndifferenz zur Privatwirtschaft) für den „Beamten/gehobener Dienst/derzeitiges Recht/Dienstunfähigkeit“ (i = 2,5%)

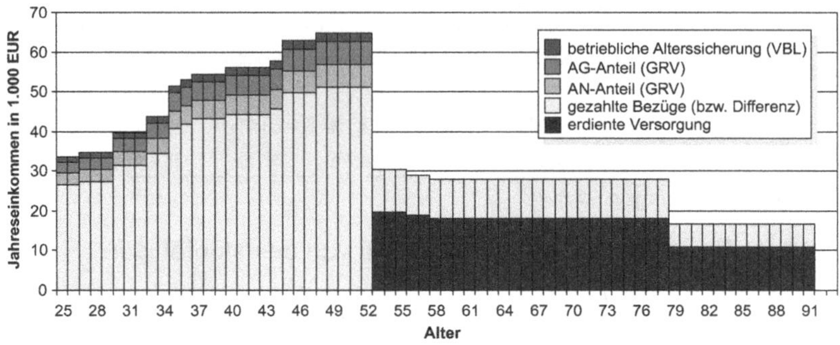

Eigene Darstellung

Für Modell-Beamtinnen liegt wie bei den Alterspensionärinnen sowohl das Ruhegehaltsniveau als auch das „erdiente“ Ruhegehaltsniveau unter dem Niveau der Männer. In Tabelle 23 sind die Berechnungsergebnisse für alle Modelltypen mit Dienstunfähigkeit (DiU) ausgewiesen.

≡ Tab. 23: Vergleich des Ruhegehaltsniveaus mit den „erdienten“ Ruhegehaltsniveaus aus beiden Berechnungsvarianten für Pensionseintritte wegen Dienstunfähigkeit

Modelltyp DiU/ Derzeitiges Recht	Mittlerer Dienst		Gehobener Dienst		Höherer Dienst	
	Beamter	Beamtin	Beamter	Beamtin	Beamter	Beamtin
Ruhegehaltsniveau (RN)	60,7%	47,8%	59,0%	47,1%	54,5%	43,3%
„Erdientes“ RN (A)	35,4%	31,2%	38,4%	30,5%	40,5%	32,7%
„Erdientes“ RN (B)	44,8%	39,6%	48,5%	39,0%	50,9%	41,6%

Eigene Berechnungen

Der Vergleich der Tabellenwerte für das „erdiente“ Ruhegehaltsniveau (A) und (B) zeigt, dass bei den dienstunfähigen Modell-Beamten die Abweichung zwischen den Berechnungsvarianten geringer ausfällt als bei den Alterspensionären. Über alle Modelltypen DiU hinweg liegt das „erdiente“ Ruhegehaltsniveau (B) um 8,5 bis 10,5 Prozentpunkte über dem „erdienten“ RN (A). Allerdings liegt auch das „erdiente“ Ruhegehaltsniveau (B), welches die Lohndifferenz zur Privatwirtschaft als 50-prozentigen Eigenbeitrag zur Alterssicherung der Beamten mit einbezieht, für alle Modelltypen unter dem derzeit gezahlten Ruhegehaltsniveau.

5.5.4.4 Sensibilitätstest mit steigendem Realeinkommen

Den Berechnungen der „erdienten“ Versorgung in den voranstehenden Abschnitten liegt über die gesamte Erwerbsbiographie die Basisannahme in Bezug auf die Einkommensentwicklung der Beamten zugrunde, die Bezügeanpassungen in Höhe der Inflationsrate unterstellt. Diese Annahme wird im Folgenden durch die Annahme jährlich um 1% steigender Realeinkommen ersetzt, und der Einfluss dieser Variation auf die Berechnungsergebnisse wird anhand exemplarischer Modell-Lebensläufe untersucht. Schließlich wird auch hier das Ergebnis für die „erdiente“ Versorgung mit dem entsprechenden tatsächlichen Ruhegehaltsniveau bei steigenden Realeinkommen (vgl. Abschnitt 5.5.2.3) verglichen. Die Sensitivitätsanalyse erfolgt erneut anhand der Grundtypen des gehobenen Dienstes.

Im Rahmen dieser Vergleichsberechnung wird für die „erdiente“ Versorgung die Annahme getroffen, dass aus dem individuellen Kapitalstock der Modell-Beamten eine geometrisch steigende Zeitrente mit konstantem Steigerungssatz von (real) 1% gezahlt wird. Der Barwert dieser – im Fall der männlichen Beamten in Ruhegehalt und 60%-prozentige Hinterbliebenenbezüge zweigeteilte – Zeitrente entspricht exakt dem Barwert der gesamten fiktiven Beitragszahlungen aus der aktiven Dienstphase (vgl. Hagemann 2004, S. 39ff.). Durch diese Annahme entwickelt sich die „erdiente“ Versorgung im relativen Gleichklang mit einem Ruhegehalt, das jährlich durch die Versorgungsanpassungen (real) um 1% ansteigt. In einem individuellen Anwartschaftsdeckungsverfahren, wie es zur Bestimmung der „erdienten“ Versorgung angewendet wird, fällt die erste Pensionsrate in dieser Berechnung niedriger aus als in der Basisbetrachtung. Diese Besonderheit in kapitalgedeckten Alterssicherungssystemen ist darauf zurückzuführen, dass die Versorgungsleistungen stets ausschließlich aus dem Kapitalstock erbracht werden und lediglich über die Versorgungsphase unterschiedlich verteilt werden können. Die Leistungen sind hier vollständig von den geleisteten Beiträgen und dem Zinssatz abhängig (vgl. Heubeck/Rürup 2000, S. 49ff.; AKA o.A., S. 8f.).

Diese für die Berechnung einer selbst „erdienten“ Versorgung zu beachtende Bedingung hat in der Vergleichsberechnung mit steigenden Realeinkommen den Effekt, dass das „erdiente“ Ruhegehalt absinkt und sich das Verhältnis zum tatsächlich gezahlten Ruhegehalt im Vergleich zur Basisbetrachtung (mit Inflationsausgleich) verändert. Abbildung 25 veranschaulicht die Effekte steigender Realeinkommen auf die gezahlte und die „erdiente“ Versorgung am Beispiel des Alterspensionärs im gehobenen Dienst graphisch.

≡ Abb. 25: „Erdiente" Versorgung A für den „Beamten/gehobener Dienst/derzeitiges Recht/Altersgrenze" bei jährlich um 1% steigenden Realeinkommen (i = 2,5%)

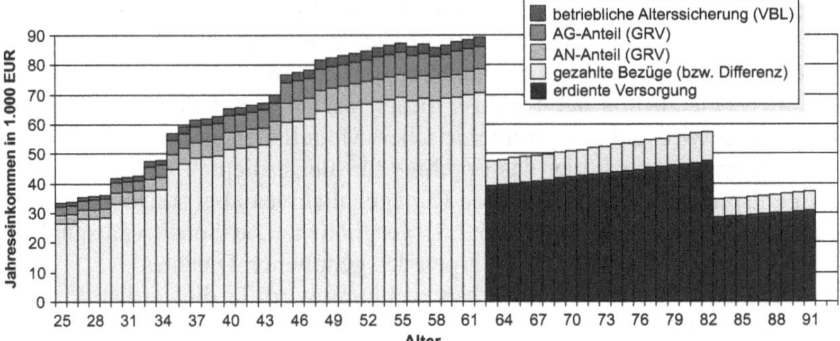

Eigene Berechnungen

Für den ausgewählten Modell-Beamten sinkt das „erdiente" Ruhegehaltsniveau (A) von 74,7% auf 55,5%, wenn steigende Realeinkommen in der aktiven und passiven Dienstphase unterstellt werden. Es sinkt um fast 20 Prozentpunkte und somit auch deutlich unter das derzeit gezahlte Ruhegehaltsniveau von 67,2% (vgl. Abb. 25). In der hier nicht graphisch dargestellten Berechnungsvariante B mit anteiliger Berücksichtigung der Lohndifferenz zur Privatwirtschaft, in der die Reallohnerhöhungen für den öffentlichen Dienst in Relation zu denen der Privatwirtschaft gesetzt werden, sinkt das „erdiente" Ruhegehaltsniveau gar um 24 Prozentpunkte, wenn reale Einkommenssteigerungen von 1% jährlich angesetzt werden. Allerdings liegt das „erdiente" Ruhegehaltsniveau (B) dann mit 70,5% nach wie vor leicht über dem derzeit gewährten Ruhegehaltsniveau.

In Abbildung 26 ist das Ergebnis der Vergleichsberechnung für die Modell-Beamtin des gehobenen Dienstes dargestellt. Hier sinkt das „erdiente" Ruhegehaltsniveau (A) um 15,2 Prozentpunkte im Vergleich zur Basisbetrachtung, wenn reale Einkommenszuwächse angenommen werden. Das „erdiente" Ruhegehaltsniveau (A) liegt somit bei 48,2% und somit ebenfalls weit unter dem derzeitigen Ruhegehaltsniveau von 59,1%. Wird das „erdiente" Ruhegehaltsniveau (B) betrachtet, so mindert sich diese Kennzahl durch die höheren Bezügeanpassungen um 19,3 Prozentpunkte auf 63%.

Der Sensibilitätstest für die Modellrechnungen zur „erdienten" Versorgung mit veränderten Bezügeanpassungen zeigt folglich, dass das Niveau der „erdienten" Pension in Relation zur letzten Besoldung sinkt, wenn die

Modell-Beamten reale Bezügeerhöhungen – insbesondere in der Ruhestandsphase – erhalten. Aus dieser Vergleichsberechnung wird für die Versorgungspraxis die Bedeutung der Besoldungs- und Versorgungsanpassungen ersichtlich. Ein Zusammentreffen von fehlenden realen Einkommenserhöhungen bzw. gar realen Einkommensverlusten mit einer Absenkung des Versorgungsniveaus in der Beamtenversorgung lässt die Pension aus der Längsschnittperspektive unter den Referenzwert der „erdienten" Versorgung (aus einem individuellen, angemessenen Alterssicherungskapitalstock) absinken. Anders betrachtet, begrenzt die Verweigerung einer Reallohnteilhabe in der Beamtenbesoldung – und folglich auch in der Beamtenversorgung – selbst den Spielraum für Kürzungen der Versorgungsbezüge.

Abb. 26: „Erdiente" Versorgung A für die „Beamtin/gehobener Dienst/derzeitiges Recht/Altersgrenze" bei jährlich um 1% steigenden Realeinkommen (i = 2,5%)

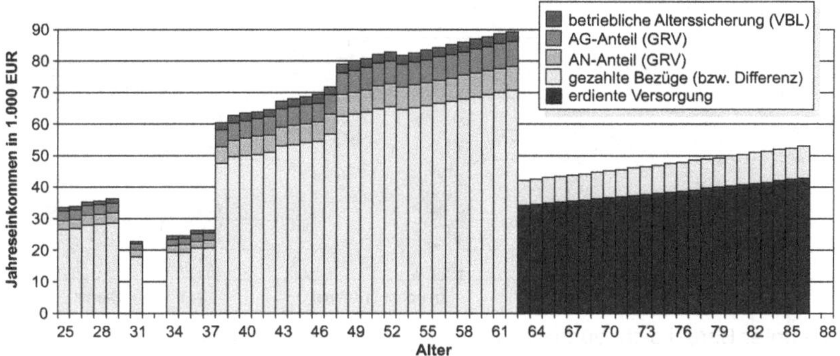

Eigene Darstellung

5.5.4.5 Das Ruhegehaltsniveau der Beamtenversorgung und die „erdiente" Versorgung im Vergleich

Um allgemein gültige Aussagen über das Verhältnis des derzeitigen Ruhegehaltsniveaus in der Beamtenversorgung zu der „erdienten" Versorgung treffen zu können, werden die Kennzahlen der einzelnen Modelltypen mit der statistischen Verteilung der Versorgungszugänge aus dem Jahr 2006 gewichtet. Dieses bereits bei den kalkulatorischen Beiträgen angewendete Verfahren wird hier auf die Werte des Ruhegehaltsniveaus (RN) und des „erdienten" RN (A) sowie (B) in der Basisbetrachtung mit Inflationsausgleich aus den Bezügeanpassungen übertragen (vgl. Abschnitt 5.5.3.3).

Zunächst wird das Risiko der Dienstunfähigkeit für die einzelnen Modelltypen in den Berechnungen der („erdienten") Ruhegehaltsniveaus berücksichtigt. In Abbildung 27 werden die gewichteten Niveaus der männlichen Beamten für die jeweiligen Laufbahngruppen ausgewiesen. Für die Modell-Beamten des mittleren Dienstes liegt das derzeitige Ruhegehaltsniveau bei der Standardbetrachtung mit 12,5 Prozentpunkten unter dem Niveau der „erdienten" Versorgung. Auch im gehobenen und im höheren Dienst übersteigt das „erdiente" RN (A) das RN der Modell-Beamten und zwar um 1,3 und 3,4 Prozentpunkte. Das „erdiente" RN (B) liegt für alle Laufbahngruppen deutlich über dem tatsächlichen Ruhegehaltsniveau.

≡ Abb. 27: Vergleich tatsächliches und „erdientes" Ruhegehaltsniveau für „Beamte/derzeitiges Recht"[a]

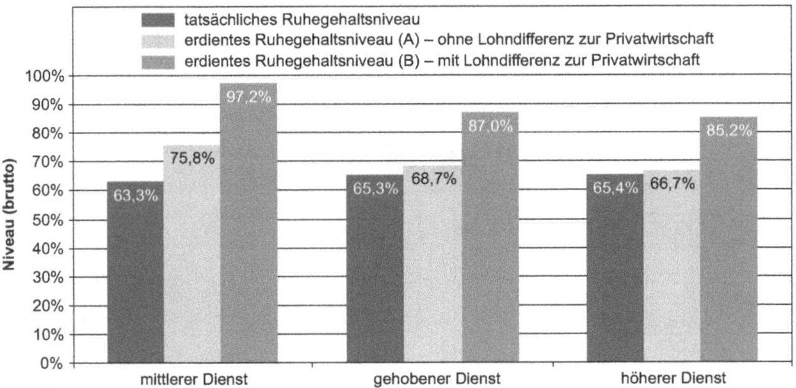

a – unter Berücksichtigung des Risikos der Dienstunfähigkeit)

Eigene Berechnungen

Wird bei den Modell-Beamtinnen das Risiko der Dienstunfähigkeit berücksichtigt, zeichnet sich ein anderes Bild als bei den Männern. Der Grund hierfür ist der erheblich höhere Anteil der Versorgungszugänge wegen Dienstunfähigkeit unter den Frauen (vgl. Abschnitt 5.5.3.3). Im Ergebnis liegt das „erdiente" Ruhegehaltsniveau (A) der Modell-Beamtinnen in allen Laufbahngruppen unter dem derzeit gezahlten Ruhegehaltsniveau (vgl. Abb. 28). Das „erdiente" Ruhegehaltsniveau (B) übersteigt jedoch auch hier für alle Laufbahnen die Werte des tatsächlichen Ruhegehaltsniveaus.

Abb. 28: Vergleich tatsächliches und „erdientes" Ruhegehaltsniveau für „Beamtinnen/derzeitiges Recht"[a]

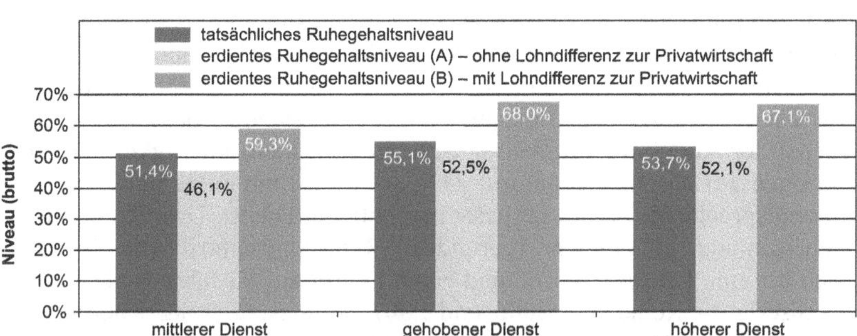

a – Unter Berücksichtigung des Risikos der Dienstunfähigkeit

Eigene Berechnungen

Kasten 1: Lehrer (als Sonderfall des höheren Dienstes)

Der Schuldienst stellt innerhalb des öffentlichen Dienstes der Länder den größten Beschäftigungsbereich für Beamte dar. Gemäß der Personalstandsstatistik 2008 entfallen dort ca. 636.000 der gut 1.200.000 Beamten auf den Dienst in allgemeinen und beruflichen Schulen (Schaad 2009, S. 487). Innerhalb des Schuldienstes bilden Lehrer die größte Berufsgruppe und sind nicht nur deshalb, sondern auch aufgrund ihrer besonderen Erwerbsbiographien für die Finanzierung der Beamtenversorgung von großer Bedeutung. So unterscheiden sich die Erwerbsbiographien der Lehrer von den übrigen Beamten des höheren Dienstes u.a. durch die zweijährige (ruhegehaltfähige) Referendariatszeit vor der endgültigen Einstellung, die das Diensteintrittsalter erhöht. Des Weiteren weisen die empirischen Daten auf Unterschiede im Pensionseintrittsverhalten zum übrigen höheren Dienst hin.

Aus diesen Gründen wurden zusätzliche Modellrechnungen für die Modelltypen Lehrer und Lehrerin bei derzeitiger Rechtslage angestellt. Abweichend zu den Annahmen der Modell-Beamten im höheren Dienst[60] erfolgt der Diensteintritt von Lehrern erst im Alter von 32 Jahren (vgl. hierzu auch Färber et al. 1999, S. 38ff.). Eine Beförderung der Modell-

60 An dieser Stelle werden nur die Annahmen aufgeführt, die sich vom Grundmodell des höheren Dienstes unterscheiden. Vgl. für die weiteren Annahmen Anhang A.2.

Lehrer wird einmalig im Alter von 47 Jahren aus der Besoldungsstufe A13 in die Besoldungsstufe A14 vorgenommen. Eine Unterscheidung in Altersruhegehalt und Pensionen wegen Dienstunfähigkeit erfolgt an dieser Stelle aus Gründen der Übersichtlichkeit nicht, sondern es wird das durchschnittliche Pensionseintrittsalter zugrunde gelegt. Allerdings wird auch bei dieser Vorgehensweise berücksichtigt, dass im Schuldienst der Anteil der Pensionseintritte wegen Dienstunfähigkeit, erneut bezogen auf das Jahr 2006, mit 24% um 4 Prozentpunkte höher ist als der entsprechende Anteil im gesamten höheren Dienst. Das für die Modellrechnung maßgebliche (gerundete) Ruhestandseintrittsalter beläuft sich für eine Lehrerin auf 62 und einen Lehrer auf 63 Jahre (vgl. StBA, Fachserie 14 Reihe 6.1, 2006 und 2007; Landesregierung Rheinland-Pfalz 2009, S. 8). Die Berechnungsergebnisse in der Basisvariante (derzeitiges Recht, Inflationsausgleich, Diskontfaktor i = 2,5%) für die Sonderfälle Lehrer/Lehrerin können der folgenden Übersicht entnommen werden:

Basisvariante	kalk. Beitrag	RN	erd. RN A	erd. RN B
Lehrer	27,5%	58,9%	56,9%	71,8%
Lehrerinnen	31,2%	46,2%	39,4%	50,6%

Eigene Berechnungen

Werden die kalkulatorischen Beitragssätze der Modelltypen Lehrer und Lehrerin mit dem Anteil der Frauen an den aktiven Beamten im Schuldienst i.H.v. 67,9% (StBA 2009) gewichtet, so beträgt der kalkulatorische Beitrag für alle Lehrer 30%. Demnach liegt (gemäß dieser Modellrechnungen) der Beitragssatz für Lehrer derzeit um 3,3 Prozentpunkte über dem kalkulatorischen Beitrag im gesamten höheren Dienst. Das Ruhegehaltsniveau fällt andererseits niedriger aus als in den allgemeinen Modellrechnungen für den höheren Dienst. Dieses Ergebnis ist auf die geringere Anzahl ruhegehaltfähiger Dienstjahre und die höheren Versorgungsabschläge zurückzuführen, die für die Lehrer anfallen. Bei den Modell-Lehrern liegt das Ruhegehaltsniveau um 6,5 und bei den Modell-Lehrerinnen um 7,5 Prozentpunkte unter dem Vergleichswert des gesamten höheren Dienstes. Beim „erdienten" Ruhegehaltsniveau ist die Differenz sogar noch größer. Auffällig ist hier vor allem, dass die tatsächlich gezahlten Versorgungsbezüge der Modell-Lehrer in der Berechnungsvariante A deutlich über der erdienten Versorgung liegen.

Als Ergebnis dieser Sonderbetrachtung der Versorgungskennzahlen von Lehrern kann festgehalten werden, dass für diese Beamtengruppe derzeit vergleichsweise hohe kalkulatorische Beitragssätze bei relativ niedrigem Ruhegehaltsniveau anfallen. Bei einer Betrachtung der „erdienten" Versorgung ohne Berücksichtigung der Reallohnabkopplung erhalten Lehrer im Modell eine höhere Pension, als sie sich in einem kapitalgedeckten System durch die im öffentlichen Dienst üblichen Beitragssätze erdient hätten. Die Ursachen für diese Besonderheiten sind ein verhältnismäßig später Berufseinstieg sowie ein recht niedriges Pensionseintrittsalter im Schuldienst.

In einem nächsten Schritt wird die Geschlechterverteilung unter den Versorgungszugängen innerhalb der Laufbahngruppen einbezogen, um allgemeine Ruhegehaltsniveau-Werte für die Modelltypen des mittleren, gehobenen und des höheren Dienstes zu ermitteln. Die Ergebnisse sind in Abbildung 29 dargestellt. Das Ruhegehaltsniveau nach derzeit geltendem Recht liegt demnach für alle Laufbahngruppen unter dem „erdienten" Ruhegehaltsniveau aus der Standardvariante der Berechnung. Besonders groß fällt die Differenz zwischen dem Ruhegehaltsniveau und dem „erdienten" Ruhegehaltsniveau für die Modell-Beamten des mittleren Dienstes aus. Konkret erhalten die Beamten dieser Laufbahngruppen nach den Modellrechnungen derzeit ein Ruhegehalt, dessen Niveau um mehr als 10 Prozentpunkte unter dem Ruhegehaltsniveau liegt, dass sie sich bei für Tarifbeschäftigte üblichen Beitragszahlungen in einen individuellen Kapitalstock selbst erdient hätten. Auch im gehobenen und im höheren Dienst ist das „erdiente" Ruhegehaltsniveau (in der Standardberechnung A) derzeit unterschritten, wenn auch nur geringfügig.

Aus diesen Werten zum „erdienten" Ruhegehaltsniveau kann überschlägig eine Kennzahl für die Gesamtsituation in der Beamtenversorgung ermittelt werden. Zu diesem Zweck werden die Ergebnisse mit dem Anteil der jeweiligen Laufbahngruppe an den Versorgungszugängen im Jahr 2006 gewichtet. Im Jahr 2006 entfielen 14,5% der Pensionseintritte auf den mittleren (und einfachen) Dienst, 52,4% auf den gehobenen und 33% auf den höheren Dienst (eigene Berechnungen auf Basis der Daten des BMI 2009, S. 279). Die auf Basis dieser Anteile der Versorgungszugänge errechneten Gesamtkennzahlen sind den Balken ganz rechts in Abbildung 29 zu entnehmen. Das derzeitige Ruhegehaltsniveau über alle Modell-Beamten liegt demzufolge mit 62% um 2,3 Prozentpunkte unter dem „erdienten" Ruhegehaltsniveau (A) der Modell-Beamten und um 20,1 Prozentpunkte unter dem „erdienten" Ruhegehaltsniveau (B).

≡ Abb. 29: Vergleich tatsächliches und „erdientes“ Gesamt-Ruhegehaltsniveau der Beamtenversorgung

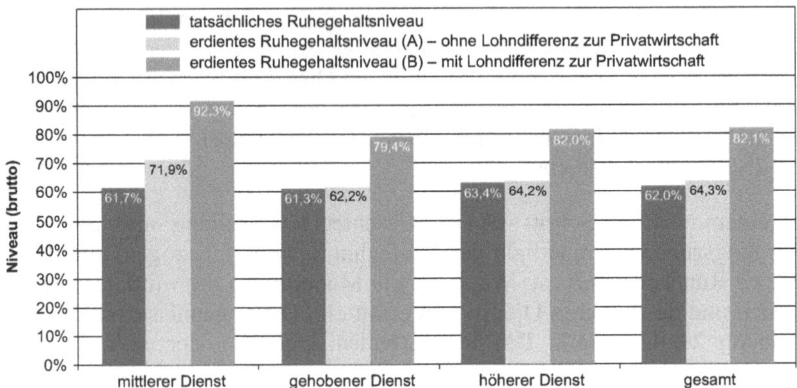

Eigene Berechnungen

Die Modellrechnungen zur „erdienten“ Versorgung deuten demnach darauf hin, das nach vollständiger Absenkung des Ruhegehaltssatzes bei derzeit geltendem Recht nur noch ein Ruhegehalt aus der Beamtenversorgung erreicht wird, das unter dem Referenzwert der „erdienten“ Versorgung liegt. Da von verfassungsrechtlicher Seite her keine Mindesthöhe für die amtsangemessene Alimentation vorgegeben wird und auch das Bundesverfassungsgericht lediglich Anhaltspunkte zur Bestimmung der Amtsangemessenheit vorgibt (vgl. Abschnitt 4.2.1.3), wird hier mit dem Konzept der „erdienten“ Versorgung ein Referenzwert für Grenzen der Kürzungsmöglichkeiten zur Diskussion gestellt. Es stellt in der Standardvariante auf Beitragszahlungen in Höhe der Beiträge der Tarifbeschäftigten zu ihrer Alterssicherung ab und berechnet eine Pensionszahlung, die möglich wäre, wenn der Dienstherr die Beiträge in einen individuellen Kapitalstock mit einer Verzinsung von real 2,5% angelegt hätte.

Hinsichtlich der genauen Ausgestaltung der Berechnungsmodalitäten für die zu veranschlagenden Untergrenzen besteht noch weiterer Forschungsbedarf. So ist z.B. die Gewichtung bzw. Mischrechnung anhand der Verteilung der Versorgungszugänge zum einen nur überschlägig und zum anderen aufgrund der im Jahr 2006 noch sehr hohen Dienstunfähigkeitsraten ungenau, da diese nur zum Teil von der „normalen“ Morbidität der Beschäftigten verursacht sind und zu einem erheblichen Teil auch aus spezifischen Arbeitsplatzbedingungen und hiervon verursachten Krankheiten resultieren. Darüber hinaus sind weitere Analysen zur „erdienten“ Versorgung und Berechnungsszenarien mit wachsender Lebenserwartung und höherem (rechtlichen und tatsächlichen) Pensionseintrittsalter erforderlich, um die Entwicklung in den nächsten Jahren abschätzen zu können.

Die Modellrechnungen zur „erdienten" Pension stellen aber einen ersten Ansatz dar, das von den Gesetzgebern festgesetzte Ruhegehaltsniveau aus ökonomischer Sicht zu überprüfen und Spielräume sowie Grenzen für weitergehende Kürzungen zu berechnen. Hätten die Dienstherren regelmäßig Beiträge in einer Höhe, wie sie auch für die Tarifbeschäftigten abgeführt werden, in einen Fonds eingebracht, so könnten höhere Pensionen bezahlt werden.[61] Insoweit berechnet der Ansatz der „erdienten" Pension aus einer beamtenindividuellen Sicht, um wie viel seine oder ihre Pension bereits niedriger liegt, weil der Haushaltsgesetzgeber keine angemessene Vorsorge getroffen hat und seinen Personalhaushalt nie an das Volumen angepasst hat, das er mit seinen Steuereinnahmen finanzieren kann.

Die Modellrechnungen zur „erdienten" Pension belegen schließlich auch, dass der Gehaltsverzicht des öffentlichen Dienstes einen erheblichen eigenen Beitrag der Beschäftigten zur Finanzierung ihrer eigenen Altersvorsorge nachweisbar darstellt. Die doppelte Strategie, Senkungen des Ruhegehaltsniveaus einerseits und in den letzten gut 20 Jahren noch nicht einmal einen Inflationsausgleich, also eine knapp negative Reallohnentwicklung, andererseits, stellt vor dem Hintergrund der Berechnungen eindeutig ein Übermaß an Belastungen dar. Denn Gehaltsverzicht trifft die Beamten doppelt: Sie können eine ergänzende Alterssicherung – u.a. auch zur Kompensation von Ruhegehaltskürzungen gegenüber früheren Generationen – nicht aus Reallohnerhöhungen finanzieren, sondern müssen diese Aufwendungen aus der „Substanz" tätigen. Ihr Ruhegehalt fällt nicht nur in Relation zu den aktiven Beamten wegen der gekürzten Ruhegehaltssätze niedriger aus, sondern absolut auch um den Betrag des Gehaltsverzichts. Da die öffentlichen Dienstherren sich nie bemüht haben, diese Zusammenhänge schlüssig, nachvollziehbar und ökonomisch sachgerecht darzustellen, fehlt zudem jede Grundlage, die Armut der öffentlichen Haushalte dem öffentlichen Dienst und seinen steigenden Versorgungsausgaben in die Schuhe zu schieben. In Wirklichkeit haben die Beschäftigten

61 Die in den 70er und 80er Jahren noch niedrigeren Beiträge zur GRV würden in eine jahrgangsspezifische Kapitalstockrechnung – entgegen den Modelllebensläufen – zwar mit niedrigeren Einzahlungen zu Buche schlagen. Jedoch lag bis zum Ende der 90er Jahre der Realzinssatz auf lang laufende – zehnjährige – Staatsanleihen im Durchschnitt bei 3,5%, in den 80er Jahren sogar nahe 4%. Beide Effekte gleichen sich aus, so dass im Ergebnis ganz ähnliche „erdiente" Ruhegehaltsniveaus erscheinen.

bereits mehrfach für ihre wachsende Lebenserwartung bezahlt, sie tragen außerdem einen gehörigen Anteil an den Kosten einer verfehlten Haushaltspolitik ihrer Dienstherren, die nie hinreichend für die seit Jahren absehbare Ausgabenexpansion vorgesorgt haben.

Aus diesem (zugegebenermaßen höchst) komplexen Sachverhalt ergibt sich die Schlussfolgerung, dass derzeit Kürzungen des Ruhegehaltsniveaus nicht mehr möglich sind. Nur Reallohnanhebungen schaffen überhaupt Spielräume, um z.B. weitere Belastungen aus der Nachzeichnung des Nachhaltigkeitsfaktors in der GRV auch auf die Beamtenversorgung zu übertragen. Und auch hier müssten die Dienstherren angesichts der starken Gehaltssteigerungsdifferenzen zu privaten Dienstleistungssektoren erst einmal nachweisen, dass der öffentliche Dienst seinen Beitrag nicht längst erbracht hat. Nur bezahlt er bereits seit über 20 Jahren diese Rechnung auf die Zukunft, während der Nachhaltigkeitsfaktor in der GRV noch kein einziges Mal angewandt werden konnte und, sofern er nachgeholt werden wird, eine entsprechende Niveauabsenkung um 15% bis 2040 erreichen soll (vgl. Kommission für die Nachhaltigkeit in der Finanzierung der Sozialen Sicherungssysteme, Berlin 2003, S. 99).

5.5.4.6 Zusammenfassung der Ergebnisse zur „erdienten" Versorgung

In diesem Teil der Modellrechnungen zu den individuellen Auswirkungen wurde ein Konzept zur Berechnung eines Referenzwertes für die „erdiente" Pension der Beamten vorgestellt, welche als Grenze für die Zulässigkeit von Kürzungen am Versorgungsniveau interpretiert werden kann. Die Modellrechnungen zur „erdienten" Versorgung weisen darauf hin, dass vor allem männliche Beamte nach vollständiger Absenkung des Ruhegehaltssatzes („Riester"-Treppe) eine Alterspension erhalten, die deutlich unter ihrer „erdienten" Pension liegt. Das Ruhegehaltsniveau fällt derzeit in der Standardberechnung der „erdienten" Versorgung für männliche Modell-Alterspensionäre je nach Laufbahngruppe um 2,7 bis 23,3 Prozentpunkte geringer aus, als das „erdiente" Ruhegehaltsniveau. Aber auch für weibliche Beamte mit Ruhestandseintritt wegen Erreichens einer Altersgrenze ergibt sich in den Modellrechnungen ein Ruhegehalt unter der „erdienten" Pension.

Die „erdiente" Pension liegt bei Ruhegehaltszahlungen wegen Dienstunfähigkeit ebenfalls deutlich unter der tatsächlich gezahlten Pension der Modell-Beamten. Diese Tatsache weist erneut auf die erheblichen Kosten der Pensionen wegen Dienstunfähigkeit hin. Werden die errechneten Ruhegehaltsniveaus mit dem Risiko der Dienstunfähigkeit und mit dem Anteil der Frauen bzw. Männer an den Versorgungszugängen gewichtet, so zeigt sich, dass insbesondere der mittlere Dienst derzeit ein Ruhegehalt erhält, dass weit unter der „erdienten" Versorgung liegt. Allerdings sind wohl auch für den gehobenen und den höheren Dienst die Grenze für Kürzungen am Versorgungsniveau erreicht, denn die Modellrechnungen weisen auch hier ein Ruhegehaltsniveau unter dem „erdienten" Ruhegehaltsniveau aus. Ein Sensibilitätstest mit steigenden Realeinkommen um jährlich 1% hat zudem ergeben, dass das Ruhegehaltsniveau der „erdienten" Pension sinkt, wenn die Erhöhungen über die gesamte Erwerbsbiographie erfolgen. Versorgungsanpassungen deutlich oberhalb der Inflationsrate sind folglich ein adäquates Mittel, um das Niveau der tatsächlichen Versorgungsleistungen wieder der „erdienten" Pension der Beamten anzunähern. Umgekehrt sind bei der seit über 20 Jahren betriebenen Lohnpolitik der Abkopplung des öffentlichen Dienstes von einer Teilhabe an der Reallohnentwicklung die Grenzen für weitere Absenkungen des Ruhegehaltsniveaus erreicht. Die derzeit gewährte Pension liegt bereits unter der „erdienten".

Kasten 2: Polizei- und Justizvollzugsdienst (als Sonderfall des gehobenen Dienstes)

Nicht erst seit der Einführung der zweigeteilten Laufbahn im Polizeivollzugsdienst, die einige Länder Anfang dieses Jahrzehnts vorgenommen haben (vgl. exemplarisch Projektbericht „Altersstruktur der Polizei in NRW", S. 21), kommt den Beamten im Polizei- und Justizvollzug innerhalb des gehobenen Dienstes eine besondere Rolle zu. Der Unterschied äußert sich vor allem in der besonderen Altersgrenze für den Pensionseintritt, die (derzeit noch überwiegend) mit Vollendung des 60. Lebensjahres als erreicht gilt. Allerdings ist im Jahr 2009 auf Bundesebene im Rahmen des DNeuG die Anhebung auf 62 Jahre beschlossen worden (vgl. Abschnitt 2.2) und viele Länder beabsichtigen dem Bund diesbezüglich zu folgen (vgl. Abschnitt 5.3).

Da in den Statistiken zur Beamtenversorgung die Beamten des Polizei- und des Justizvollzuges der Länder in der Regel zusammengefasst ausgewiesen werden (vgl. StBA, Fachserie 14 Reihe 6.1, 2006 und 2007; Landesregierung Rheinland-Pfalz 2009), wird auch hier der Vollzugsdienst insgesamt betrachtet. Neben der bereits angesprochenen Sonderregelung zum (abschlagsfreien) Pensionszugangsalter ergeben sich für die zu untersuchenden Modell-Vollzugsbeamten – ähnlich wie bei den Lehrern – insbesondere Abweichungen vom gesamten gehobenen Dienst hinsichtlich Einstellungs- und Pensionseintrittsalter. Das durchschnittliche Ruhestandseintrittsalter beläuft sich für männliche Vollzugsbeamte auf 58 Jahre (vgl. StBA, Fachserie 14 Reihe 6.1, 2006; Landesregierung Rheinland-Pfalz 2009, S. 8). Für Vollzugsbeamtinnen liegen keine repräsentativen Durchschnittswerte vor (vgl. Landesregierung Rheinland-Pfalz 2009, S. 8), jedoch deuten die vorhandenen Daten darauf hin, dass das Ruhestandseintrittsalter niedriger als bei den männlichen Kollegen ausfällt. Aus diesem Grund wird es für die Modellrechnungen per Annahme auf 57 Jahre festgesetzt. Das Diensteintrittsalter der Modell-Vollzugbeamten liegt bei 24 Jahren (vgl. auch BMI 2005, S. 335) und ist somit ein Jahr niedriger als im gesamten gehobenen Dienst. Hinsichtlich der Versorgungszugänge im Jahr 2006 weist das Statistische Bundesamt für den Vollzugsdienst mit 20,6% einen geringeren Anteil an Dienstunfähigkeitspensionen aus als für den in Kasten 1 präsentierten Schuldienst.

Die wichtigsten Ergebnisse für die Modell-Beamten des Vollzugsdienstes aus der Basisvariante der Modellrechnungen (derzeitiges Recht, Inflationsausgleich, Diskontfaktor i = 2,5%) werden hier überblicksartig dargestellt:

Basisvariante	kalk. Beitrag	RN	erd. RN A	erd. RN B
Vollzugsbeamter	29,8%	61,6%	54,9%	70,1%
Vollzugsbeamtin	30,9%	48,8%	42,0%	54,2%

Eigene Berechnungen

Auch für diesen Sonderfall des gehobenen Dienstes ergeben sich höhere kalkulatorische Beiträge als im „Standardmodell“ dieser Laufbahngruppe. Werden die kalkulatorischen Beitragssätze der männlichen und weiblichen Modelltypen gewichtet[62], ergibt sich ein kalkulatorischer Beitrag für den gehobenen Vollzugsdienst von *30,1%.* Er fällt somit um 2,1 Prozentpunkte höher aus als der erforderliche Beitragssatz für den gesamten gehobenen Dienst. Das Ruhegehaltsniveau der Modell-Vollzugsbeamten unterschreitet hingegen das RN der Modell-Beamten des gesamten gehobenen Dienstes sowohl bei den Frauen als auch bei den Männern um 3,7 Prozentpunkte. Wie bereits bei den Lehrern liegt auch das „erdiente“ RN A der Modell-Vollzugsbeamten unter der tatsächlich

62 Der Frauenanteil im Vollzugsdienst wird per Annahme auf 30% gesetzt, da keine Daten für die gesamten Gebietskörperschaften vorliegen. Die Daten für den Polizeidienst der einzelnen Länder weisen für diesen Bereich auf einen Frauenanteil von über 20% unter den aktiven Bediensteten hin (DPolG 2009).

gezahlten Versorgung. Beide Effekte gehen auf den früheren Ruhestandseintritt zurück, der wiederum den besonderen Belastungen dieser Berufsgruppen geschuldet ist.

5.6 Zwischenfazit: Entwicklungen zu Ausgaben, Finanzierung und Leistungen der Beamtenversorgung ■

Die Untersuchung der Reformmaßnahmen der letzten Jahre und die Modellrechnungen zu den Auswirkungen zeichnen ein vielschichtiges und differenziertes Bild von der derzeitigen Situation der Beamtenversorgung. Um die Reformen und den Status quo der Beamtenversorgung anhand des Zielsystems und der Beurteilungskriterien für die Beamtenversorgung einschätzen zu können, werden an dieser Stelle zunächst die wichtigsten Ergebnisse und Befunde der hier präsentierten Forschungsarbeiten thesenartig zusammengefasst:

- Hinsichtlich der wirkungsgleichen Übertragung der Rentenreformen auf die Beamtenversorgung ist festzuhalten, dass seit 1989 der Gesetzgeber in regelmäßigen Abständen erhebliche Kürzungen auf der Leistungsseite der Beamtenversorgung, hauptsächlich beim Ruhegehaltsniveau, vorgenommen hat. Insbesondere sind hier die Absenkung des Ruhegehaltssatzes durch die „Riester-Treppe“, die Minderung der Besoldungs- und Versorgungsanpassungen um 0,2 Prozentpunkte sowie die Umstellung auf leistungsorientierte Besoldung ohne Ruhegehaltfähigkeit der Leistungszahlungen zu nennen.
- Gleichzeitig erfolgte eine Abkopplung der Besoldungsbezüge von der Reallohnentwicklung der Gesamtwirtschaft. Konkret haben die Beamten seit 1989 nicht einmal einen Inflationsausgleich aus ihren linearen Bezügeanpassungen erhalten. Dies mindert zum einen das für eine ergänzende private Altersvorsorge zur Verfügung stehende Einkommen während der aktiven Dienstzeit und bewirkt zum anderen über die ruhegehaltfähigen Dienstbezüge direkt eine weitere Absenkung des Ruhegehaltes im Ruhestand.
- Explizite Unterschiede hinsichtlich der Ausgestaltung der Beamtenversorgung im Vergleich zu den Regelungen der gesetzlichen Rentenversicherung bestehen nach wie vor bei Hinzuverdienst- und Hinterbliebenenregelungen, gerade im Bereich der Höchstgrenzen bei der Einkommensanrechnung.
- Im Rahmen der versorgungsrechtlichen Hinterbliebenenregelung sollte die Ausschlussregelung des § 55 Abs. 3 Nr. 1 und 2 BeamtVG

überprüft werden. Es ist beispielsweise nicht nachvollziehbar, warum eigene Versorgungsbezüge auf die Hinterbliebenenversorgung angerechnet, eigene Renten jedoch nicht berücksichtigt werden. Denn auch im letzten Fall ist eine Doppelversorgung im Alter gegeben.

- Aufgrund der durch die Föderalismusreform I geschaffenen grundgesetzlichen Änderungen nutzen die Länder nun die Dezentralisierung der Gesetzgebungskompetenz im Bereich des Versorgungs-, Besoldungs- und Laufbahnrechts dazu, eigene Regelungen hinsichtlich der Altersgrenzen, der Bezügeanpassungen, der Laufbahngruppen etc. zu treffen. Die Ansätze hierbei sind vielschichtig und heterogen, weshalb bisher noch keine allgemeingültigen Aussagen zur Rechtsentwicklung in den Ländern getroffen werden können.
- Die Modellrechnungen zur Ausgabenentwicklung der Beamtenversorgung verdeutlichen ferner die großen finanziellen Belastungen, die in den nächsten Jahren auf die Haushalte der Gebietskörperschaften durch die Versorgungsausgaben zukommen. Insbesondere der starke Anstieg der Versorgungsempfängerzahlen in den Ländern lässt deren Versorgungssteuerquote ab 2020 stark ansteigen. Auch die Gemeinden stehen vor großen Mehrbelastungen ihrer Haushalte, wenn den Beamten (angemessene) reale Bezügeerhöhungen gewährt werden.
- Eine Analyse der Auswirkungen der Leistungskürzungen seit 2005 auf die Entwicklung der Versorgungsausgaben macht deutlich, dass die Einsparungen in ihrer absoluten Höhe zwar nicht unerheblich sind, jedoch die Minderung der Versorgungsausgaben- und Versorgungssteuerquote verhältnismäßig gering ausfällt. Der ansteigenden Haushaltsbelastung ist folglich allein mit Haushaltskürzungen nicht beizukommen, zumal regelmäßige Einschnitte bei den Versorgungsleistungen die Planbarkeit für den abzusichernden Personenkreis einschränken und langfristig die Stabilität des Alterssicherungssystems gefährden.
- So haben die Modellrechnungen zur Entwicklung der individuellen Alterseinkommensniveaus von Modell-Beamten gezeigt, dass sich die Niveauabsenkungen beim Ruhegehalt (brutto) seit der Rechtslage im Jahr 2002 bis heute je nach Modelltyp auf 1,7 bis 3,5 Prozentpunkte belaufen. Nach derzeitigem Recht liegt das Ruhegehaltsniveau der verschiedenen Modelltypen zwischen 43,3% und 66,6% der letzten Brutto-Besoldung; das für systemübergreifende Analysen berechnete Versorgungsniveau zwischen 38,2 und 58,6%.
- Bis zum Jahr 2030 kommt es durch die Anhebung der Altersgrenze auf 67 bei den Alterspensionären zu einem Anstieg des Ruhegehaltsniveaus aller Modell-Beamtinnen. Auch das Ruhegehaltsniveau der Modell-Beamten des höheren Dienstes steigt in der Basisvariante an.

Für die männlichen Modelltypen im mittleren und im gehobenen Dienst stagniert das Ruhegehaltsniveau trotz verlängerter aktiver Dienstzeit, was auf den bereits derzeit erreichten Höchstruhegehaltssatz zurückzuführen ist.

- Die Nettobetrachtung des Ruhegehaltsniveaus in den Modellen hat für das derzeitige Ruhegehaltsniveau (netto) von Alterspensionären Werte zwischen 59,2% und 74,1% der letzten Netto-Besoldung ergeben. Demnach reduziert sich der Abstand zwischen den Beamtenpensionen und dem Alterseinkommen von vergleichbaren Modell-Tarifbeschäftigten des öffentlichen Dienstes in der – letztendlich für die Einkommenssituation relevanten – Nettobetrachtung deutlich. Einzelne Modelltypen erreichen vielmehr ein ähnliches Netto-Alterssicherungsniveau wie Tarifbeschäftigte im öffentlichen Dienst, die per Annahme identische Erwerbsverläufe aufweisen.
- Werden die Ergebnisse der Modellrechnungen zu kalkulatorischen Beitragssätzen für die Modell-Beamten betrachtet, ist eine vergleichbare Entwicklung wie beim Ruhegehaltsniveau zu beobachten. Allerdings variieren die Beitragssätze für Alterspensionäre stark nach der Laufbahngruppe. So liegen die erforderlichen Beiträge für die Modelltypen im mittleren Dienst aufgrund der langen Dienstzeiten unter denen im höheren Dienst.
- Die Modellrechnungen ergeben jedoch derzeit annähernd identische Beitragssätze für die Laufbahngruppen, wenn das Risiko der Dienstunfähigkeit und die Geschlechterverteilung in den Laufbahnen berücksichtigt werden. Dies ist auf den hohen Anteil an Pensionen wegen Dienstunfähigkeit in den unteren Laufbahngruppen und dort insbesondere unter den Frauen zurückzuführen. Die gewichteten Beitragssätze liegen bei einem derzeitigen Pensionseintritt bei ca. 27%.
- Die kalkulatorischen Beitragssätze steigen jedoch in den Modellrechnungen bereits bis 2030 trotz Anhebung der Altersgrenze weiter leicht an. Nach 2030 ist bis 2050 ein beschleunigter Anstieg der Beitragssätze auf ungefähr 29% zu beobachten, wenn von einer konstanten Regelaltersgrenze nach Vollendung des 67. Lebensjahres ausgegangen wird. Sensibilitätsanalysen haben in diesem Zusammenhang gezeigt, dass das Hinausschieben des tatsächlichen Pensionseintrittsalters um ein Jahr die Beitragssätze um 1,3 bis 1,5 Prozentpunkte reduziert.
- Modellrechnungen für den Referenzwert der „erdienten" Versorgung als Untergrenze für die Zulässigkeit von Leistungskürzungen in der Beamtenversorgung haben ergeben, dass die „erdiente" Pension für Modell-Beamte des mittleren Dienstes deutlich über den Versorgungsleistungen nach derzeitiger Rechtslage liegt. Auch im gehobe-

nen und im höheren Dienst sind die Grenzen für weitere Absenkungen des Versorgungsniveaus zum jetzigen Zeitpunkt erreicht.

- Sensibilitätsanalysen mit steigenden Realeinkommen haben veranschaulicht, dass insbesondere das gleichzeitige Kürzen auf der Leistungsseite und fehlende Reallohnerhöhungen durch die Bezügeanpassungen das Ruhegehaltsniveau, im Verhältnis zum „erdienten“ Ruhegehaltsniveau, stark gemindert haben.

6 Weiterentwicklung und Reformansätze für die Beamtenversorgung

Trotz bereits erfolgter Änderungen im Versorgungsrecht besteht struktureller Modernisierungsbedarf sowohl auf der Finanzierungs- als auch auf der Leistungsseite der Beamtenversorgung. Eine Reformpolitik, die auf alleinige Einschnitte beim Versorgungsniveau setzt, ist nicht geeignet, die Beamtenversorgung nachhaltig zu sanieren und sie auf die Herausforderungen an den öffentlichen Dienst der Zukunft anzupassen. Insbesondere müssen die anfallenden Versorgungsausgaben durch das Finanzierungssystem langfristig gedeckt werden und die Leistungen des Versorgungssystems sollten stabil und im Sinne eines ganzheitlichen Nachhaltigkeitskonzeptes anreizkompatibel sein. Im Folgenden werden konkrete Reformansätze für die Finanzierungs- und die Leistungsseite der Beamtenversorgung zur Diskussion gestellt, die einerseits direkt aus den voran stehenden Analysen und andererseits aus den Zielkriterien des Abschnitts 3 abgeleitet werden.

6.1 Sicherung der Finanzierungsseite ■

Die Frage nach der Finanzierung der Beamtenversorgung und der Bereitstellung der dafür erforderlichen Finanzmittel ist von wesentlicher Bedeutung für den gesamten Reformprozess. In der Vergangenheit haben die Finanzierungsprobleme fast ausschließlich zu Korrekturen auf der Leistungsseite geführt. Um diesem Problem künftig vorzubeugen, bedarf es eines umfassenden, ganzheitlich wirkenden (Finanzierungs-)Konzepts. Als oberstes Gebot gilt es hierbei, „Pensionen nach Kassenlage“ zu verhindern und Kostentransparenz in den öffentlichen Haushalten zu erreichen. Hierzu sind vor allem die verursachungsgerechte Budgetwirksamkeit sowie eine rechtliche und ökonomische Enteignungssicherheit der Versorgungsanwartschaften erforderlich.

Zur Umsetzung dieser Ziele wird im Einzelnen Folgendes vorgeschlagen:

6.1.1 Kostentransparenz

Als wichtigste Voraussetzung für eine nachhaltige Finanzierung der Beamtenversorgung müssen die Kosten der Alterssicherung transparent und periodengerecht bei Entstehen der Versorgungsanwartschaft den entsprechenden Planstellen zugerechnet werden (vgl. Abschnitt 3.1.4 und 3.2.3). Um diese Bedingung zu verwirklichen, sollten ab sofort interne, den Kapitaldeckungsregeln folgende (versicherungsmathematisch korrekte) kalkulatorische Beiträge auf die Beamtenbezüge erhoben werden. Derzeit sind je nach Beamtenstruktur der Gebietskörperschaft kalkulatorische Beiträge (bzw. Umlagen) zwischen 27% und 30% erforderlich, um neu erworbene Pensionsanwartschaften abzudecken. Diese Beitragssätze müssen sowohl für bestehende Beamtenverhältnisse als auch für Neueinstellungen erhoben werden.

Für das Erreichen von tatsächlicher Kostentransparenz ist zusätzlich, d.h. über die Ermittlung von Beitragssätzen für die jeweilige Gebietskörperschaft hinaus, die Zurechnung von gruppenspezifischen kalkulatorischen Beiträgen (Schule, Hochschule, Polizei, Justizvollzug, Finanzverwaltung etc.) zu den entsprechenden Stellen in den Einzelplänen zu fordern. Auf diese Weise können aus der Versorgungsperspektive kostenintensive Bereiche bzw. Gruppen identifiziert werden. Es wird hierdurch nicht nur für die Politik ersichtlich, in welchen Bereichen Handlungsbedarf besteht – bspw. zur Verbesserung der Arbeitsbedingungen, um einer hohen Frühpensionierungsquote entgegenzuwirken –, diese Beiträge sind auch ein Indikator dafür, wie sich die Alterssicherungskosten als Folge der vorgenommenen Maßnahmen verändern.

6.1.2 Finanzierungsverfahren

Die Berücksichtigung der Alterssicherungskosten über kalkulatorische Beiträge verhindert in den öffentlichen Haushalten allerdings nur dann eine Schattenverschuldung, wenn die Finanzierungsmittel für die Versorgungsanwartschaften enteignungssicher verwendet, angelegt oder zurückgestellt werden. Versorgungsrücklagen und -fonds der Gebietskörperschaften (in der derzeitigen Ausgestaltung) bieten aus der Perspektive der Enteignungsproblematik regelmäßig keinen ausreichenden Schutz in Bezug auf den (willkürlichen) Zugriff der Politik. Die Anlage der Mittel sollte deshalb in Versorgungsfonds erfolgen, die von unabhängigen, überregionalen Trägern – anstelle „interner“ Institutionen des Bundes und einzelner Länder – verwaltet werden. Um die Gelder gegen einen „zweckfremden“ Zugriff seitens der Politik zu schützen, sind langfristige Verträge mit solchen externen Versorgungsträgern abzuschließen. Ein Organisationsmodell könnte dem Vorbild der VBL nachempfunden werden: Eine rechtsfähige Anstalt des öffentlichen Rechts, die Aufsicht würde das Bundesministerium der Finanzen führen, die Rechnungsprüfung würde dem Bundesrechnungshof obliegen, und es gäbe Organe wie einen Vorstand und einen

Verwaltungsrat, welche paritätisch und mit Vertretern des Bundes und der beteiligten Länder besetzt wären.

Bei einem Finanzierungsverfahren über Versorgungsfonds mit externer Trägerschaft sollten von heute bis zum Jahr 2020 höhere kalkulatorische Beiträge vereinnahmt werden als sie sich anhand der versicherungsmathematisch ermittelten Beitragssätze für ein Kapitaldeckungsverfahren ergeben würden. Dieser Zuschlag ist nötig, um in den nächsten Jahren einen zusätzlichen kollektiven Kapitalstock aufzubauen, der den starken Anstieg der Versorgungsausgaben ab 2020 abfedert und dazu beiträgt, die in der Vergangenheit in der Beamtenversorgung angesammelte Schattenverschuldung in ein geregeltes Finanzierungsverfahren zu überführen. Sinnvoll wäre z.B. eine Erhöhung des Beitragssatzes um 2 Prozentpunkte oder sogar eine verursachungsgerechte Ermittlung von Sanierungsgeldern. Die zusätzlichen Mittel sollten jedoch ebenfalls allein vom Dienstherrn getragen und nicht durch weiteren Gehaltsverzicht der Beamten finanziert werden, denn sie werden ausschließlich zur Finanzierung der in der Vergangenheit unterlassenen Rücklagenbildung benötigt, die zum einen nicht durch die Bediensteten verursacht und für die den Beamten dennoch bereits hohe Kürzungen und Gehaltsverzichte abverlangt wurden.

Da in jedem Fall die Abwicklung der Pensionszahlungen und die Verwaltung der Finanzierungsmittel an eine selbstständige, (von der Tagespolitik) unabhängige Institution übertragen werden sollte (vgl. für theoretische Überlegungen zur Ausgestaltung einer neuen rentenpolitischen Institution Fasshauer 2003, S. 197ff.), besteht auch die Möglichkeit, die jeweiligen Vorzüge eines Umlage- und eines Kapitaldeckungsverfahrens in einem Mischsystem miteinander zu verknüpfen. Dies ist deshalb attraktiv, da bei einer künftig vollständigen Kapitaldeckung in der Übergangsphase – von in der Regel mindestens 30 Jahren – eine kaum finanzierbare Doppelbelastung für die Haushalte entstehen würde. Sie müssten in diesem Zeitraum parallel die anfallenden Versorgungszahlungen aus den laufenden Steuereinnahmen bestreiten und zusätzlich die kalkulatorischen Beiträge an Versorgungsfonds abführen. Ein geeignetes Mischsystem scheint deshalb ein für die Beamtenversorgung angemessen ausgestaltetes Abschnittsdeckungsverfahren (vgl. Heubeck/Rürup 2000, S. 52ff.) zu sein. Die neue Versorgungsinstitution kann bei Anwendung dieses Finanzierungsverfahrens über verschiedene Instrumente zeitgleich die Problematik der langfristigen Nachhaltigkeit und mittelfristig den besonders starken Anstieg der Versorgungskosten (im Verhältnis zu den Personalausgaben für aktive Beamte) berücksichtigen.

Die kalkulatorischen Beiträge für neu entstehende Versorgungsanwartschaften sind auch in dieser Variante in voller Höhe den entsprechenden

Einzelplänen zuzurechnen, denn – wie oben dargestellt – werden nur so die individuellen, auf den Gegenwartswert abdiskontierten Versorgungskosten des einzelnen Beamten bzw. der einzelnen Beamtin periodengerecht berücksichtigt. Allerdings wird die gesamte Umlage[1], welche die Gebietskörperschaften an den externen Versorgungsträger abzuführen haben, regelmäßig von der Summe der kalkulatorischen Beiträge abweichen. Dies ist darauf zurückzuführen, dass die Höhe des Umlagesatzes in diesem Finanzierungsverfahren durch eine Vielzahl von Faktoren bestimmt wird. Zum einen sind hier das Verhältnis der Anzahl der aktiven Beamten zu den Versorgungsempfängern sowie die Höhe der relevanten Soll- und Habenzinssätze zu nennen. Des Weiteren wird die erforderliche Umlage eben nicht lediglich durch die Ausgaben der aktuellen Haushaltsperiode (wie im klassischen Umlageverfahren) bestimmt, sondern der Finanzierungsbedarf künftiger Perioden wird in die Berechnung der zu erhebenden Umlage einbezogen.

Im Abschnittsdeckungsverfahren wird mit dem durchschnittlichen Finanzbedarf eines längeren Zeitraums geplant und der Versorgungsträger nutzt Zinserträge sowie die Möglichkeit, Kapital aufzubauen bzw. abzuschmelzen, um die Ausgaben in diesem Abschnitt zu decken (vgl. zur Wirkungsweise Preller 2009, S. 19ff.). Der Versorgungsträger übernimmt somit ab sofort die Auszahlung der laufenden Versorgungsverpflichtungen sowie die vorausschauende Planung für die Zukunft, und die Gebietskör-

≡ Abb. 30: Generelle Wirkungsweise des Abschnittsdeckungsverfahrens

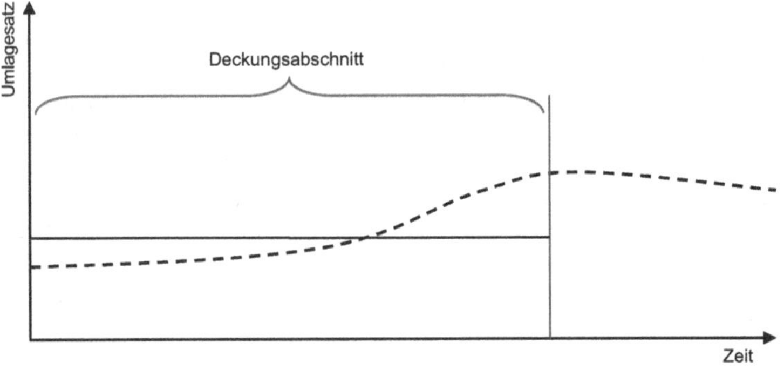

Quelle: Preller 2009, S. 21

1 Der Umlagesatz für die Beamtenversorgung könnte sich bspw. auf die gesamten Besoldungsausgaben der Gebietskörperschaft beziehen.

perschaften zahlen in jeder Periode die erforderlichen Umlagen an den Versorgungsträger. Abbildung 30 verdeutlicht die Wirkung des Abschnittsdeckungsverfahrens (in den nächsten Jahren) graphisch. Die Umlage (durchgezogene Linie) ist anfangs höher als die jährlich für die Deckung der Versorgungsausgaben erforderliche Ausgaben-Umlage (gestrichelte Linie). Der hierdurch erzielte Überschuss wird in einem Kapitalstock angelegt, welcher schließlich im hinteren Bereich des Deckungsabschnitts (nach 2020) zur Verstetigung der Umlage aufgelöst wird.

Bei der Umsetzung dieses Finanzierungsverfahrens wird der zu erhebende Umlagesatz in den nächsten Jahren die Summe der kalkulatorischen Beiträge deutlich überschreiten. Die sich ergebende Differenz zwischen den aufzubringenden Mitteln und den Beiträgen ist aus dem allgemeinen Haushalt der jeweiligen Gebietskörperschaft zu erbringen und wäre sachgerecht dem Einzelplan „Allgemeine Finanzwirtschaft“ zuzurechnen (vgl. auch Färber 1998, S. 991). Im Ergebnis werden bei einem Abschnittsdeckungsverfahren auch künftig die Versorgungsausgaben nur teilweise kapitalgedeckt. Deshalb ist es essentiell für das Erreichen von fiskalischer Nachhaltigkeit und zur Sicherung der Versorgungsanwartschaften, dass dieses Verfahren angemessen angewendet wird. Bei der derzeitigen Situation und der zu erwartenden Entwicklung der Beamtenversorgung muss unbedingt mit einem langen Deckungsabschnitt gearbeitet werden, der mindestens die Länge (einer langfristigen Prognose) von 30 bis 40 Jahren hat. Des Weiteren sollte ein so genanntes gleitendes Abschnittsdeckungsverfahren angewandt werden, bei welchem sich die Deckungsabschnitte überlappen (Abb. 32 im Anhang A.4; vgl. hierzu Preller, S. 23) und die Umlage alle drei bis fünf Jahre neu justiert wird.

Als Alternative zu den Versorgungsfonds bzw. dem Abschnittsdeckungsverfahren, die jeweils von einer selbstständigen Versorgungsinstitution zu verwalten bzw. durchzuführen sind, käme auch die Koppelung der Versorgungsanwartschaften mit der Verschuldungsgrenze oder die Bildung von Rückstellungen im Rahmen der Doppik in Betracht. Zu veranschlagen wäre hier der Barwert der neuentstehenden Pensionsverpflichtungen i.H.d. Summe der kalkulatorischen Beiträge. Auch durch diese Methode kann künftig eine weitere Schattenverschuldung verhindert werden. Sie ist allerdings mit der neuen Schuldenbremse des Grundgesetzes inhaltlich nicht kompatibel, da diese nicht mehr dem Konzept der intertemporalen Äquivalenz der Staatsverschuldung folgt. Es wären beim derzeitigen Investitionsniveau der öffentlichen Haushalte allerdings immer noch Nettotilgungen erforderlich, wenn über die Beamtenversorgung keine Lasten auf zukünftige Generationen verschoben werden sollen. Insoweit blendet die neue Schuldenbremse die Schattenverschuldung der Beamtenversorgung weiterhin konsequent aus.

Die Finanzierungsseite der Beamtenversorgung ist darüber hinaus durch systemexterne Instrumente zu entlasten. Zu diesen systemexternen Instrumenten zählen:

- Steuererhöhungen (maximal bis zum Erreichen konstanter Versorgungssteuerquoten) bzw. Erhöhung der Steuereinnahmen (bspw. durch konsequente Steuereintreibungen),
- Stellenabbau zur Verwirklichung einer nachhaltigen Personalkostenquote und
- der Ausbau einer eigenen privaten Altersvorsorge (z.B. „Riester"), allerdings nur unter der Voraussetzung, dass hinreichende und dauerhafte Reallohnerhöhungen in Form von Besoldungssteigerungen oberhalb der Inflationsrate stattgefunden haben, aus denen die Eigenbeiträge der Beamtinnen und Beamten finanziert werden können.

6.2 Leistungsseite

Die Leistungsseite der Beamtenversorgung hat einerseits großen Einfluss auf die Höhe der Versorgungsausgaben, aber andererseits gehen von ihr selbst auch starke Anreizwirkungen auf das Pensionseintrittsverhalten der Beamten aus. Reformen der Leistungsseite der Beamtenversorgung sollten sich deshalb zum einen maßgeblich an den Kriterien einer „verlängerten Lebensarbeitszeit" und damit einhergehend deren „sozialgerechter Ausgestaltung" sowie an der konkreten und individuellen „Lebensarbeitsleistung" orientieren. Zum anderen ist es dringend geboten, konkrete Untergrenzen für weitere Absenkungen des Versorgungsniveaus zu bestimmen sowie die „Teilhabe an der allgemeinen wirtschaftlichen Entwicklung" und die „horizontale Flexibilität des öffentlichen Dienstes" zu ermöglichen.

6.2.1 Verlängerte Lebensarbeitszeit und deren sozialverträgliche Ausgestaltung

Im Hinblick auf den doppelten Alterungsprozess im öffentlichen Dienst ist die Verlängerung der Lebensarbeitszeit für das Erreichen eines Lastenausgleichs zwischen den „Generationen" und zur Kompensation der Absenkung des Versorgungsniveaus unabdingbar. Hierdurch werden einerseits die Beamten künftig an der Finanzierung der steigenden Versorgungsausgaben der Beamtenversorgung beteiligt. Andererseits senkt der längere Einsatz des im öffentlichen Dienst sehr gut und sehr spezifisch ausgebildeten Humankapitals die Arbeitskosten für den Dienstherrn, wenn er mit Hilfe personalpolitischer Instrumente wie Personalentwicklung, Weiterbildung, Maßnahmen des Gesundheitsmanagements das längere Arbeitsleben ermöglicht und unterstützt. Die demographische Entwicklung schafft hierfür nicht nur die sozialpolitischen Voraussetzungen, sondern nachgerade die arbeitsmarktpolitische Notwendigkeit.

Die *Anhebung des tatsächlichen Pensionseintrittsalters* ist vor allem durch eine Koppelung des abschlagsfreien Pensionseintrittsalters an die wachsende Lebenserwartung umsetzbar. Dabei erscheint es fair und sinnvoll, die wachsende Lebenserwartung z.B. hälftig zwischen Beamten und Beamtinnen und den Dienstherren zu teilen. Die Art und Weise der Umsetzung könnte zunächst ähnlich dem Vorbild des DNeuG und analog dem Rentenrecht erfolgen und bis 2030 schrittweise auf 67 Jahre erhöht werden. Allerdings kann langfristig nur von einer nachhaltigen Ausgestaltung der Beamtenversorgung die Rede sein, wenn auch nach 2030 das abschlagsfreie Pensionseintrittsalter weiter im Verhältnis zum Anstieg der Lebenserwartung schrittweise steigt.

Parallel zur Anhebung der Regelaltersgrenze ist die *Ruhegehaltsskala nach oben zu öffnen.* Nach derzeit geltendem Recht kann der Beamte seine Pension (in der Regel) durch eine Verlängerung der Lebensarbeitszeit nicht weiter erhöhen, wenn der Höchstruhegehaltssatz nach 40 Dienstjahren erreicht ist. Dies ist insbesondere bei einer Anhebung der Regelaltersgrenze problematisch, da bspw. zwei Jahre verlängerte Dienstzeit keine erhöhende Wirkung auf das Ruhegehalt haben. Es gehen somit von einer Deckelung der Pension durch den Höchstruhegehaltssatz negative monetäre Anreize aus. Deshalb sollte der Höchstruhegehaltssatz früher oder später entfallen, insbesondere dann, wenn weitere Kürzungen am Versorgungsniveau vorgenommen werden, weil ansonsten die Versorgung nicht mehr mit der Lebensarbeitsleistung der Beamten korrespondiert. Diese Maßnahme hätte eine erhebliche Anreizwirkung für ein tatsächliches Hinausschieben des Pensionseintrittsalters, denn eine Verlängerung der Dienstjahre würde sich dann stets auf die Höhe des Ruhegehaltes auswirken und Kürzungen des Ruhegehalts könnten durch Mehrarbeit kompensiert werden.

Sinnvoll ist es auch, einen generell *flexibleren Übergang* vom Erwerbsleben in den Ruhestand durch individuellere Gestaltungsspielräume in der Beamtenversorgung anzustreben. Der Beamte kann danach nicht nur im Rahmen des vorzeitigen Ruhestands, sondern auch bei Erreichen der gesetzlichen Regelaltersgrenze selbst durch Antragstellung entscheiden, wann er in den Ruhestand gehen will. Will bspw. ein 65/67-Jähriger, der hoch motiviert und leistungsfähig ist, freiwillig länger arbeiten, so sollte er das auch tun können. Demnach könnten Beamte ihre *Lebensar-*

beitszeit nicht mehr nur auf Antrag verkürzen, sondern auch auf Antrag verlängern. Der jeweilige Zeitpunkt des Ausscheidens aus dem Dienstverhältnis könnte daher vom Beamten selbst bestimmt werden. Als Anreiz kämen bei Verlängerung der Lebensarbeitszeit über die jeweilige Regelaltersgrenze hinaus – spiegelbildlich zum vorzeitigen Ausscheiden mit „Versorgungsabschlägen" – neben dem Erwerb weiterer ruhegehaltfähiger Dienstzeiten Zuschläge, z.B. in Höhe von 6% p.a. wie in der GRV, in Betracht („Versorgungsaufschläge"), so dass sich eine über die Regelaltersgrenze hinaus verlängerte Lebensarbeitszeit besonders in der Versorgung niederschlägt.

Möglich wäre hier auch das Modell einer *Teilpensionierung,* d.h. der Beamte kann auf Antrag ab Erreichen einer zu definierenden Antragsaltersgrenze im Verhältnis zum verbleibenden Beschäftigungsgrad bereits einen Teil seiner Pension beziehen. Für diesen Teil muss er jedoch über die gesamte Ruhestandsphase volle Abschläge hinnehmen, die vom Betrag her nicht denen des Rentenrechts entsprechen müssen, sondern spezifisch auf die Finanzierungsregeln der Beamtenversorgung zugeschnitten sein sollten. Hier zeigt sich, dass die Beamtenversorgung andere Strukturen hat als die GRV. Der Vorteil für den Beamten bestünde aber in jedem Fall darin, dass er für den zweiten Teil der Pension, den er beispielsweise erst ab Erreichen der Regelaltersgrenze in Anspruch nimmt, weitere ruhegehaltfähige Dienstzeiten erwirbt und geringere oder keine Abschläge hinnehmen muss oder gar Zuschläge erwerben kann. Der Dienstherr spart bei diesem Modell, wenn die Beamten eine volle Inanspruchnahme des Ruhegehaltes ausreichend weit hinausschieben. Für ihn ist das Modell dann sogar kostenneutral, wenn die Ab- und Zuschläge sich an versicherungsmathematischen Kriterien orientieren (vgl. zur ökonomischen Wirkungsweise von Ab- und Zuschlägen in der Alterssicherung Clemens 2004). Ein Modell, das Teilzeitarbeit und Teilpensionierung kombiniert, ermöglicht somit auch die Erwerbsbeteiligung von Beamten, die sich nicht mehr in der Lage fühlen, 40 Stunden pro Woche ihren Dienst zu verrichten. Damit die Maßnahme auf eine tatsächliche Verlängerung der Lebensarbeitszeit abzielt, ist eine Teilzeittätigkeit im Blockmodell nicht durch eine Teilpension zu fördern. Die subventionierte Altersteilzeit sollte im Gegenzug entfallen; sie ist nachgerade kontraproduktiv für das Ziel der Verlängerung der Lebensarbeitszeit.

Ein Leistungsrecht, dass durch Anreizwirkungen hinsichtlich einer Verlängerung der Lebensarbeitszeit gekennzeichnet ist, hätte einen *Rückgang der antrags- und dienstunfähigkeitsbedingten Frühpensionierung* zur Folge und wäre besser geeignet, dem individuellen Arbeitswunsch Rechnung zu tragen. Gleichzeitig würde die flexiblere Gestaltung des Pensionseintrittsalters dem jeweiligen Bedürfnis entgegenkommen, in der Ruhestandsphase etwas dazu verdienen zu wollen/müssen. Der noch leistungsfähige Beamte könnte weiter seiner gewohnten Tätigkeit nachgehen. Die Veränderungen, die sich hieraus beim Personalmanagement auf den konkreten Arbeitsplätzen ergeben, sollten handhabbar sein.

Als personalpolitische und organisatorische (externe) Instrumente zur *sozialverträglichen Umsetzung der verlängerten Lebensarbeitszeit* bedarf es der Konzepte des lebenslangen Lernen, alterns- und altersgerechte Arbeitsbedingungen sowie Gesundheitsmanagement. Ein Zusammenspiel dieser Maßnahmen führt zu einer „gesunden“ und somit leistungsfähigen Beamtenschaft.

6.2.2 Bezugspunkt Lebensarbeitsleistung

Nicht nur die Lebensarbeitszeit, sondern auch die individuelle Lebensarbeits*leistung* muss stärker in der Beamtenversorgung berücksichtigt werden. Zur Sicherung des Leistungsprinzips auch in der Beamtenversorgung müssen hierzu zunächst die Leistungszulagen und Leistungsprämien aus der Besoldung – zumindest zeitanteilig – ruhegehaltfähig werden. Technisch ist dies in folgenden Varianten machbar:

1. Es wird ein Leistungsruhegehalt in Form eines kapitalgedeckten Zuschlags gewährt, der z.B. ebenfalls aus Beiträgen in Höhe von 27 bis 30% auf die Leistungsentgelte angespart wird.
2. Eine ein Jahr lang erhaltene Leistungszulage wird mit einem spezifischen Steigerungssatz, der die Zeitanteiligkeit berücksichtigt, multipliziert und fließt additiv in die Versorgung mit ein.
3. Erhaltene Leistungsprämien zählen für das Ruhegehalt prozentual im Verhältnis zu den insgesamt abgeleisteten Dienstjahren.
4. Der Beamte hat ein Wahlrecht, ähnlich wie bei der Entgeltumwandlung in der betrieblichen Alterssicherung auch, ob er die Prämie als Besoldung ausgezahlt bekommen will – und gegebenenfalls private Vorsorge betreibt – oder ob sie als Versorgung angespart werden soll.

Der Arbeitgeber ist in diesem Bereich verpflichtet, nachvollziehbar darzulegen, dass

- die abgesenkte Grundbesoldung auch tatsächlich in voller Höhe in die Leistungsbesoldung überführt und
- zumindest anteilig für die Versorgung berücksichtigt worden ist.

Mangelnde Transparenz impliziert ansonsten eine Nichtberücksichtigung der Leistungselemente, welche faktisch zu einer Minderung des Besoldungs- und Versorgungsniveaus führt.

6.2.3 Bestimmung von Untergrenzen für weitere Absenkungen

Zur Verhinderung von Altersarmut müssen Grenzen für weitere Absenkungen in der Beamtenversorgung vor allem auch für die unteren Besoldungsgruppen festgelegt werden. So sollte u.a. die Mindestversorgung der Beamtenversorgung nicht nur brutto, sondern auch gerade bezüglich des Nettoeinkommens gesichert werden, indem der Abstand zum Grundsicherungsniveau beachtet wird. Hier ist an einen entsprechenden Abstand – in Anlehnung an die Rechtsprechung zum 15%-Abstand zur Sozialhilfe – von 15% zum Grundsicherungsniveau zu denken. Dieser Abstand ist regelmäßig z.B. im Rahmen der Versorgungsberichte des Bundes und der Länder zu überprüfen, zumal angesichts der divergierenden Besoldungsniveaus auch die Mindestversorgung vom Betrag her nicht mehr bundeseinheitlich geregelt ist.

Als absolute Untergrenze für weitere Absenkungen des Leistungsniveaus der Beamtenversorgung ist zumindest das Alterssicherungsniveau der Tarifbeschäftigten im öffentlichen Dienst zu beachten. Allerdings ist nicht geklärt, ob dieses Niveau den öffentlich-rechtlichen Sonderstatus der Beamten ausreichend berücksichtigt wird. Als Referenzwert könnte zudem auf eine „erdiente“ Versorgung der Beamten abgestellt werden. Ein Maßstab, in welcher Höhe sich die Beamten ihre Pension durch die aktive Dienstzeit „erdient“ haben, existiert jedoch derzeit in der Versorgungspraxis noch nicht. Dieser könnte allerdings z.B. durch eine fiktive Verbeitragung der Beamten zur GRV und zur VBL (mit dem rentenwirksamen Anteil) unter Berücksichtigung einer im öffentlichen Dienst angemessenen internen Rendite bestimmt werden (vgl. Abschnitt 5.5.4).

6.2.4 Horizontale Flexibilität des öffentlichen Dienstes zur Privatwirtschaft

Eine Verbesserung der Mobilität und Flexibilität zwischen öffentlichem Dienst und Privatwirtschaft bei Arbeitgeberwechsel erhöht die Attraktivität des öffentlichen Dienstes als Arbeitgeber, nimmt ihm aber auch die Möglichkeit, den öffentlichen Dienst besoldungspolitisch „auszuhungern“. Die derzeit bestehende Regelung, bei Ausscheiden aus dem öffentlichen Dienst lediglich eine Nachversicherung in der GRV zu erhalten und keine Nachversicherung des Anteil der zweiten Säule der Beamtenversorgung, wird als unzureichend erachtet. Kritisch muss auch die Verbeamtung bestimmter Berufsgruppen – z.B. von Lehrern – oberhalb des früher geltenden Grenzalters von 32 Jahren gesehen werden, da hier die – gerne verdeckten – Kosten für die Beamtenversorgung exponentiell steigen. Daher bedarf es der Synchronisation und weitergehender Kompatibilität privater und öffentlicher Altersversorgungssysteme.

Verschiedene Umsetzungskonzepte für ausscheidende Beamte und Beamtinnen werden diskutiert. Es entspricht materieller Gerechtigkeit, dass man das, was man erdient hat, auch mitnehmen darf.

- Die „Unverfallbarkeit" von Versorgungsanwartschaften muss bei Wechsel des Dienstherrn oder bei Ausscheiden aus dem öffentlichen Dienst bei Erfüllung einer fünfjährigen Wartefrist möglich sein. Hier werden – analog zu den Versorgungsanwartschaften für geschiedene Ehepartner von Beamten – die beim Ausscheiden erreichten ruhegehaltfähigen Dienstzeiten mit den dann erreichten ruhegehaltfähigen Bezügen verkoppelt und bleiben bis zum Erreichen der Altersgrenze „stehen". Erst anschließend kommen sie zu den dann geltenden Ruhegehaltssätzen und Besoldungsbeträgen als Pension zur Auszahlung.
- Die einfachere Lösung, die auch dem Prinzip der Trennung der Systeme entspricht, ist weiterhin die Nachversicherung in der GRV, allerdings mit einer zusätzlichen Nachversicherung in der VBL. Dann wären die Alterssicherungsleistungen beider Säulen berücksichtigt. Als Bruttoeinkommen wären hier die Bezüge zuzüglich fiktiver Arbeitnehmer-Rentenbeiträge und ebenso fiktiver VBL-Eigenbeiträge (derzeit 1,25%) anzusetzen.
- Gleichermaßen sollten „Späteinsteigern" in das Berufsbeamtentum, die nach dem 32. Lebensjahr, gegebenenfalls auch nach einer neu zu kalkulierenden Altersgrenze verbeamtet werden, nicht mehr ihre Vordienstzeiten aus anderen Beschäftigungsverhältnissen anerkannt werden. Dies ist um so wichtiger, als bei der Eingruppierung neuerdings berufliche Vorerfahrungen bei der Eingruppierung angerechnet werden können und gleiche Endstufen bei den ruhegehaltfähigen Bezügen erreicht werden können. Denn die individuellen Kosten der Beamtenversorgung steigen eben nicht linear wie die Addition der ruhegehaltfähigen Dienstzeiten, sondern exponentiell mit kürzer werdender Dienstzeit. Bei einer Trennung der Systeme würden diese Beamt/inn/en – wie im übrigen dann konsequenterweise auch die, die den öffentlichen Dienst vorzeitig für eine Beschäftigung außerhalb des öffentlichen Sektors verlassen – dann verschiedene vollwertige Alterseinkünfte erhalten. Eine Verrechnung von in den Anrechnungszeiten erworbenen Renten- und betrieblichen Alterseinkommen bräuchte nicht mehr stattfinden.
- Mindestens aber müssen für Verbeamtungen nach dem 32. Lebensjahr auch entsprechend höhere Beiträge in den Haushalten veranschlagt und auch in die Pensionsfonds abgeführt werden, damit die

Kosten transparent gehalten werden und entsprechende Vorsorge für die späteren Zahlungen getroffen wird.

Welche der Lösungen zum Zuge kommen soll bzw. wie die entsprechenden Details gelöst werden, ist im Einzelnen noch zu klären. Hier ergeben sich wahrscheinlich aber auch die größten Fortentwicklungen der Ausgestaltung der hergebrachten Grundsätze des Berufsbeamtentums.

6.2.5 Teilhabe der Beamten und der Pensionäre an der allgemeinen wirtschaftlichen Entwicklung

Ein weiteres Absenken des Ruhegehaltsniveaus ohne entsprechende dauerhafte Reallohnerhöhungen über einen längeren Zeitraum ist derzeit nicht möglich, da angesichts der nicht erfolgten Teilhabe an der Reallohnentwicklung die Grenzen für Leistungskürzungen erreicht sind bzw. sogar überschritten sein dürften (s. die Argumentation zum „erdienten“ Ruhegehalt). Auch bei den unteren Besoldungsgruppen, insbesondere da, wo im mittleren Dienst nicht die Laufbahnendstufe erreicht wird, dürften sich auch als Folge der Abkoppelung des öffentlichen Dienstes von der Reallohnentwicklung zunehmend Armutsprobleme und Grundsicherungsfälle ergeben. Bei der Mindestversorgung sind die Grenzen längst überschritten. Hier ergibt sich unmittelbarer Handlungsbedarf.

Insgesamt muss die Beamtenbesoldung künftig wieder an der allgemeinen wirtschaftlichen Entwicklung über reale Einkommenssteigerungen teilhaben, damit sie die Realeinkommenssteigerungen erhalten, die Voraussetzung für den Aufbau einer ergänzenden privaten Altersvorsorge sind, die nicht aus der Substanz der Besoldung finanziert wird. Denn das wäre eine weitere Einkommenskürzung, die zwar durch die Riester-Zulagen nach Maßgabe von Einkommenshöhe und Familiengröße teilweise kompensiert würde. Dieses Einkommen hätte aber mit einer amtsangemessenen Besoldung nichts mehr zu tun, sondern wäre sozialrechtlich beeinflusst. Das wirft dann aber erhebliche verfassungsrechtliche Zweifelsfragen auf.

7 Zusammenfassung der Ergebnisse und Ausblick

Die ökonomische und rechtliche Analyse der Beamtenversorgung in Deutschland hat eine Reihe von Ergebnissen erbracht, die zum Teil schon erwartet werden konnten, die allerdings unter aktualisierten Annahmen für die Vorausberechnungen dennoch nicht minder alarmierend sind als die Folgen der aktuellen Finanzkrise: Die Ausgabenentwicklung, die durch die wachsende Zahl von Pensionseintritten aus den Jahrgängen steigender Stellenzahlen und einer kontinuierlich größer werdenden Lebenserwartung bestimmt wird, wird noch deutlich höher als in den Versorgungsberichten der Bundesregierung berechnet ausfallen. Die schmerzhaften Einschnitte in die Leistungsseite der Beamtenversorgung, die sich allein ab 2005, dem Basisjahr der Berechnungen, aus der „wirkungsgleichen" Übertragung der so genannten „Riester-Treppe" aus dem Rentenrecht und aus den zur Ansparung der Versorgungsrücklage um 0,2 Prozentpunkte geminderten Versorgungsanpassungen auf rd. 5% der Ausgaben aufsummieren, reichen nicht aus, um die Finanzierung auch nur annähernd zu sichern. Selbst wenn nur ein Inflationsausgleich gezahlt wird, beträgt der Barwert aller Zahlungsverpflichtungen zwischen 2005, dem Basisjahr der Berechnungen, und 2050 rd. 970 Mrd. EUR. Bei einem Reallohnzuwachs von 1% haben Bund, Länder und Gemeinden sogar Zahlungsverpflichtungen von fast 1,2 Bio. EUR, die nur zu einem sehr geringen Teil, z.B. bei den kommunalen Versorgungskassen, durch Pensionsfonds und andere Formen von Kapitalanlagen abgesichert sind.

Dass das Land Niedersachsen kürzlich angesichts der Einnahmenausfälle der Finanzkrise seine Pensionsrücklagen und -fonds aufgelöst hat, mag zwar vordergründig nach haushälterischer Rationalität aussehen. Der Sachverhalt kennzeichnet aber einmal mehr, dass die ungedeckten zukünftigen Zahlungsverpflichtungen in der Beamtenversorgung ökonomisch das Gleiche wie Staatsschulden sind. Sie werden allerdings derzeit unter erheblichen Bewertungsvorbehalten nur von den Gebietskörperschaften ausgewiesen, die die Doppik eingeführt haben. Aber anders als offizielle Staatsschulden können sie in der Periode ihrer Fälligkeit nicht durch neue Kredite am Kapitalmarkt refinanziert werden. Sie verdrängen also unmittelbar andere öffentliche Ausgaben oder führen zu Steuererhöhungen für Generationen, die keinerlei Nutzen mehr aus den Leistungen der nunmehr im Ruhestand befindlichen Beamten und Beamtinnen haben. Eine infolge der demographischen Entwicklung schrumpfende Zahl von Steuerzahlerinnen und Steuerzahlern verteuert die Lasten weiter, so dass sich zwingend die

Frage stellt, wie die öffentlichen Dienstherren und die Haushaltsgesetzgeber gedenken, der Beamtenversorgung ein verlässliches und nachhaltiges Finanzierungssystem zu geben, das sie durch eine entsprechende institutionelle Absicherung auch nicht mehr bei knapper Kassenlage enteignen können.

Angesichts der bereits erfolgten umfangreichen Einschnitte einerseits und der nicht enden wollenden Debatte über die „reichen Pensionäre" andererseits wurden die kalkulatorischen Kosten und das Niveau der Versorgungsbezüge sowie die Veränderungen dieser Messzahlen durch verschiedene Reformstadien sowie unter den Bedingungen weiter wachsender Lebenserwartung untersucht. Instrument waren Modelllebensläufe von Beamtinnen und Beamten verschiedener Laufbahngruppen, deren beamtenrechtliche Biographien vom Beginn der Einstellung in den Vorbereitungsdienst über Familienstadien mit entsprechenden Auswirkungen auf den Familienzuschlag bzw. – bei den Frauen – auf Unterbrechungen der Erwerbstätigkeit und Teilzeitphasen über den Ruhestandseintritt, den Tod des Ruhegehaltsbeziehers und den Tod des Hinterbliebenen. Diese Modellerwerbsbiographien, die für den mittleren, den gehobenen und den höheren Dienst erarbeitet wurden,

- weisen nach, dass die Kosten für die Beamtenversorgung nach derzeitigem Recht und einem Inflationsausgleich bei der Besoldung im Bereich von 27-29% der Beamtenbezüge liegen, also im gleichen Bereich liegen, wie die Beiträge für die Alterssicherung für Tarifbeschäftigte mit einer Versicherung in der GRV und in der VBL entstehen;
- lassen vorübergehend starke Absenkungen des Ruhegehaltsniveaus erkennen, die aber mit Anhebung der Regelaltersgrenze und wachsender Lebensarbeitszeit wieder zurückgehen; mit dem Anstieg der Regelpensionsgrenze auf 67 Jahre können indes männliche Beamte ihre Verluste nicht mehr durch höhere Ruhegehaltsniveaus kompensieren, weil sie im statistischen Mittel die Höchstversorgung erreichen, während Frauen ihre derzeit deutlich niedrigeren Ruhegehaltsniveaus durch diese Maßnahmen aufbessern können;
- zeigen, dass das Versorgungsniveau, das berücksichtigt, dass Beamte während ihrer aktiven Zeit deutlich niedrigere Bruttogehälter erhalten, weil sie keine expliziten Beiträge für ihre Alterssicherung abführen müssen, mit 50-60% dieser um fiktive Arbeitnehmerbeiträge erhöhten Bruttoeinkommen nicht unüblich hoch liegt, zumal wenn man berücksichtigt, dass die Beamtenversorgung ja nicht nur die erste Säule der Alterssicherung abdeckt, sondern auch die betriebliche Alterssicherung einschließt, d.h. bifunktional ist;

– deuten darauf hin, dass auch der öffentliche Dienst in seinen unteren Laufbahngruppen ein massives Risiko der Altersarmut hat, vor dem auch die Mindestversorgung nicht schützt, die für einen verheirateten Beamten nur ein Einkommensniveau unterhalb der Grundsicherung ergibt.

Dadurch, dass die Beamtenversorgung auf der ruhegehaltfähigen Besoldung beruht und in den letzten 20 Jahren eine angemessene, d.h. eine der Privatwirtschaft entsprechende Teilhabe an der Reallohnentwicklung sogar mit explizitem Verweis auf die Lasten der ansteigenden Versorgungsausgaben verweigert wurde, müssen solche Gehaltsverzichte der aktiven und der Ruhestandsbeamten ebenfalls als Eigenbeiträge gewertet werden. Angesichts der riesigen nach wie vor ungedeckten Versorgungsanwartschaften stellt sich außerdem die Frage, wo denn das „Geld" geblieben ist, auf das der öffentliche Dienst seit Jahren verzichtet hat und das ihm eigentlich verzinst werden müsste.

Vor diesem Hintergrund wurde auf der Basis der Modelllebensläufe errechnet, wie hoch die Pensionen ausfallen könnten, hätte der öffentliche Arbeitgeber die implizit durch strukturellen Gehaltsverzicht der Beamten finanzierten Arbeitnehmerbeiträge zur GRV und zur VBL ebenso wie die Arbeitgeberbeiträge immer in einen konservativ angelegten Kapitalstock eingezahlt und würde jetzt dieses Kapital verwenden, um das Ruhegehalt und die Hinterbliebenenpension zu finanzieren. In einer weiteren Version wurde den Beamten und Beamtinnen auch 50% der Differenz zur Gehaltsentwicklung entsprechender Dienstleistungsbranchen der Privatwirtschaft als Eigenbeitrag „gutgeschrieben". Des Weiteren wurde eine Variante durchgerechnet, die den Beamten und Beamtinnen eine jährliche Reallohnsteigerung von 1% konzediert.

Diese Modellrechnungen ergaben eindeutig, dass schon in der konservativsten Rechnung, d.h. der einfachen, aber vollständigen Beitragsabführung die Pension höher ausfallen würde, als dies das geltende Versorgungsrecht vorsieht. Hieraus kann folgende Schlussfolgerung gezogen werden: Hätten die öffentlichen Arbeitgeber eine ordentliche finanzielle Vorsorgepolitik betrieben, wären die Kürzungen z.B. der Riester-Treppe zumindest bis auf weiteres nicht nötig gewesen.[1] Berücksichtigt man zudem, dass der öffentliche Dienst im Vergleich zur gesetzlichen Rentenversicherung einen immer noch extrem hohen Anteil an Dienstunfähigkeitspensionierungen hat – 2009

1 Bei weiter steigender Lebenserwartung und daraus steigender Kosten sind hier allerdings Maßnahmen entweder zur Verlängerung der Lebensarbeitszeit oder in Form von Leistungskürzungen erforderlich.

waren es 22,6% gegenüber 18,4% an den Rentenzugängen der GRV aus verminderter Erwerbsfähigkeit[2]. Das lässt auf Arbeitsplatz- und Anreizprobleme schließen und darf nicht den normalen, aus einem solchen „Versicherungskapitalstock" zu finanzierenden Risiken zugerechnet werden. Daraus ist zu folgern, dass hier die Beamtinnen und Beamten mit Finanzierungsproblemen bei ihrer „erdienten" Alterssicherung belastet werden, die sie gar nicht zu vertreten haben, sondern die von den öffentlichen Arbeitgebern zu verantworten sind. Die „erdiente Pension" steigt weiter deutlich über das derzeit gewährte Niveau, wenn man die Hälfte der Tarifdifferenz zur Privatwirtschaft, die aufsummiert aus den letzten 20 Jahren inzwischen rd. 20% beträgt, den Beamten und Beamtinnen als Eigenbeitrag gutschreibt. Konzediert man dem öffentlichen Dienst hingegen eine Teilhabe an der Reallohnentwicklung – in unserer Modellrechnung 1% p.a. über den gesamten Zeitraum des „Beamten- und Pensionärslebens" von immerhin durchschnittlich 67 Jahren hinweg! –, so sinkt die „erdiente Pension" wieder knapp unter das Niveau des derzeit geltenden Versorgungsrechts.

Was bedeutet das? Unter dem Stichwort „Alterslast im öffentlichen Dienst" wurden in den vergangenen Jahren nicht nur Leistungskürzungen mit – wohlwollend formuliert – ähnlichen Wirkungen wie die „notwendigen Grausamkeiten im Rentenrecht"[3] durchgesetzt, sondern auch Sonderopfer bei den Besoldungsanpassungen abverlangt, die nicht nur die Pensionäre trafen, sondern auch die Aktiven im öffentlichen Dienst, die diese Reallohnerhöhungen dringend gebraucht hätten, um eigene Vorsorge für das gekürzte Ruhegehaltsniveau zu betreiben. Für die Jüngeren im öffentlichen Dienst heißt das wiederum, dass sie nicht nur wegen „ihrer" zukünftig steigenden Versorgungsausgaben keine Teilhabe an der Reallohnentwicklung mehr haben durften, sondern auch „zwischen Szylla und Charybdis" wählen mussten, ob sie lieber im Alter weniger haben wollen oder in der aktiven Phase aus einem ohnehin durch die gestiegene Steuerbelastung gesenkten realen Nettoeinkommen auch noch ergänzende Eigenbeiträge zur Alterssicherung aufbringen. Das alles scheint mit dem Alimentationsprinzip nicht mehr zusammenzugehen, insbesondere auch, dass die Besoldung seit der deutschen Vereinigung noch nicht einmal einen Inflationsausgleich erreicht hat und die

---

2 Letzte verfügbare Daten aus Statistisches Bundesamt: Fachserie 14.6, 2009 Rentenzugangsstatistik der DRV Bund (Zugriff am 5.4.2010).

3 Dabei darf nicht übersehen werden, dass die GRV nicht erst seit der deutschen Vereinigung, seitdem aber in besonderem Maße, mit Arbeitsmarktproblemen belastet wird, die deutliche Spuren in ihren Finanzen hinterlassen haben und die von der Größenordnung her für die vergangenen Jahre die langfristigen demographischen Belastungen überstiegen haben.

Versorgung weit unter ein Niveau abgesenkt wurde, welches mit einer ordentlichen Beitragsabführung sicher hätte finanziert werden können. Aus ökonomischer Sicht ist hier eindeutig zu schlussfolgern, dass der öffentliche Dienst nicht zweimal zur Kasse gebeten werden darf: Entweder es bleibt bei den „wirkungsgleichen" Übertragungen des Rentenrechts, dann muss aber die Besoldung wieder an der Reallohnentwicklung teilhaben, oder der Gehaltsverzicht wird in der Beamtenversorgung beinhart, d.h. klar und rechtlich eindeutig, als Eigenbeitrag der Beamten und Beamtinnen verbucht. In dieser Konsequenz ist derzeit die Grenze für Kürzungen der Beamtenversorgung schon deutlich überschritten!

Die rechtliche Analyse des Alimentationsprinzips, des Leistungsprinzips und des Lebenszeitprinzips als Ausdruck der hergebrachten Grundsätze des Berufsbeamtentums nach Art. 33 Abs. 5 GG und des Versorgungsrechts haben ergeben, dass die verfassungsrechtliche Verankerung nicht als Schutz vor jeglichen Veränderungen und Kürzungen interpretiert werden darf, sondern vielmehr und erst recht durch die neue Formulierung „Fortentwicklung" sogar den Auftrag umfasst, das Versorgungsrecht „in die Zeit zu stellen". Das Projekt hat hier Anforderungen und Leitlinien abgeleitet, die sich aus den zukünftigen Rahmenbedingungen des öffentlichen Dienstes, namentlich der demographischen Entwicklung ergeben. Die insbesondere hieraus resultierenden Veränderungen auf den Arbeitsmärkten, die in völligem Kontrast zu den Erfahrungen der letzten 20 bis 35 Jahre mit einem allgemeinen Überangebot an Arbeitskräften bei temporärem stehen, die sich allerdings in den letzten Jahren schon merklich zuspitzendem Defizit an hoch qualifizierten leistungsfähigen Arbeitnehmerinnen und Arbeitnehmern ankündigen, werden zum einen bedeuten, dass das Leistungsprinzip, welches früher sogar als Gegensatz zum Alimentationsprinzip gesehen wurde und das im letzten Jahrzehnt zunehmend expliziten Eingang schon in das Besoldungs- und Beförderungsrecht gefunden hat, weiter an Stellenwert gewinnen wird. Daneben wird aber das hergebrachte Lebenszeitprinzip schwächer werden, weil der Staat seinen Bedarf an qualifizierten Arbeitskräften – auch unter dem Gesichtspunkt eines beschleunigten Aufgabenwandels – kaum mehr ausschließlich aus oder gar vor der Ausbildung decken und sie dann „lebenslänglich" halten können wird; hierfür wird der Wettbewerb mit privaten Arbeitgebern viel zu stark sein.

Diese bereits eingetretenen und zukünftigen Veränderungen können aber nicht nur Auswirkungen im Laufbahn-, Besoldungs- und Beförderungssystem haben, sondern müssen auch Eingang in das Versorgungsrecht finden. Das Versorgungsrecht wird im Übrigen seit der Föderalismusreform I in Zukunft auch zu einem Instrument des interföderalen Wettbewerbs zwischen den Gebietskörperschaften werden, wie es für die Besoldung schon geschehen ist. Das heißt z.B., dass das Leistungsprinzip sich auch im Versorgungsrecht wieder finden muss: Wer mehr leistet, muss auch eine höhere Versorgung haben. Leistungszulagen müssen deshalb in angemessener Form ruhegehaltfähig werden, wenn sie nicht eine weitere Kürzung der Pensionen bedeuten sollen. Das heißt aber auch, dass Beamtinnen und Beamte, die zu einem privaten Arbeitgeber wechseln wollen, nach der üblichen Mindestbeschäftigungsdauer für Ansprüche in der betrieblichen Alterssicherung nicht einen Teil ihrer Ansprüche auf Alterseinkommen wieder verlieren dürfen, dass ihre erworbenen Ansprüche „portabel" werden müssen, mit welchem Instrument auch immer dies realisiert wird. Und umgekehrt lässt sich bei einer Verbeamtung in einem höheren Lebensalter kein Anspruch mehr auf Anerkennung von Vorzeiten aus einer anderen Beschäftigung in der Privatwirtschaft ableiten, es sei denn, sie würde als Qualifikationsvoraussetzung für die Erlangung des Amtes definiert sein.

Die große Zahl an Reformvorschlägen in Kapitel 6, die aus der rechtlichen und ökonomischen Analyse der Beamtenversorgung erarbeitet wurden und die die Finanzierungs- wie die Leistungsseite betreffen, werden zentral von dem analytischen Befund getragen, dass die größten Effizienzreserven in der Lebens*arbeitszeit* liegen, zumal auch die Beamtenversorgung die unweigerlich weiter steigenden Kosten der wachsenden Lebenserwartung nur durch Leistungskürzungen oder längeres Arbeiten auffangen kann, wenn sie diese nicht den Steuerzahlern aufbürden will. Diese haben ohnehin schon mehr Lasten als genug aus den Auswirkungen der demographischen Entwicklung auf die verschiedensten Bereiche der öffentlichen Aufgaben und Transfersysteme zu tragen.

Ein Jahr längere Lebensarbeitszeit ist vor diesem Hintergrund der wirkmächtigste Hebel zur Erschließung von finanziellen Reserven. Je nach tatsächlichem Ruhestandseintrittsalter und Eintrittsgrund (Altersgrenze, Dienstunfähigkeit) variieren die Kostenersparnisse für ein Jahr längeres Arbeiten – gemessen an der Veränderung des kalkulatorischen Beitragssatzes – zwischen rd. 1,3 und 1,6 Prozentpunkten, wobei die Dienstunfähigkeit durch Zurechnungszeiten und die starken Verschiebungen zwischen aktiver und Ruhestandsphase extrem teuer ist. Aber selbst ein Jahr zusätzliche Arbeit am Ende eines langen Arbeitslebens z.B. mit Pensionseintritt von 66 anstelle von 65 Jahren bedeutet, dass die Kosten für die Beamtenversorgung bei einem durchschnittlichen männlichen Modellbeamten um rd. 6,8% real sinken.[4] Diesen Spielraum sollten sich aber

4 Dieser Wert ist nicht unmittelbar mit den Abschlägen bei vorzeitigem Pensionseintritt von nominal 3,6% p.a. zu vergleichen, weil er aus einer Realbetrachtung stammt und gegebenenfalls mit einer Inflationskomponente verbunden werden müsste.

nicht die öffentlichen Arbeitgeber alleine „einverleiben", sondern hier kann anreizkonform zwischen Beschäftigten und Dienstherrn geteilt werden. D.h., höhere Versorgungsleistungen bei längerer Lebensarbeitszeit, wie sie sich in den Vorschlägen zur Anhebung der Versorgungshöchstgrenze und sogar von Zuschlägen für Arbeit über die Pensionsgrenze hinaus widerspiegeln, rechnen sich. Und für die Beamtinnen und Beamten ergibt sich überhaupt erst eine reelle Chance, die bereits erfolgten Absenkungen des Versorgungsniveaus durch den Erwerb zusätzlicher ruhegehaltfähiger Dienstzeiten zumindest teilweise zu kompensieren.

Den größten „Sanierungsbeitrag" für die Beamtenversorgung wird allerdings die weitere Zurückdrängung der Frühpensionierungen wegen Dienstunfähigkeit bringen. Nach wie vor ist der Anteil vorzeitiger Pensionierungen im öffentlichen Dienst erschreckend hoch. Dies kann kaum mit der „natürlichen" Morbidität der Beschäftigten begründet werden, zumal der öffentliche Dienst hier angesichts seines Bildungsniveaus eigentlich bessere Risiken aufweist als die Privatwirtschaft. Es muss nach wie vor geschlussfolgert werden, dass falsche Anreize im Versorgungs- und Besoldungsrecht einerseits und ungünstige, vor allem psychisch „verschleißende" Arbeitsbedingungen andererseits hier die „teuren" Verhaltensweisen bewirken. Die Verlängerung der Lebensarbeitszeit wird diese Situation eher noch verschlechtern. Der vermeintliche Ausweg der Fortsetzung der Altersteilzeit hingegen wird zwar die Statistik schönen – derzeit nehmen diesen Ausstieg schon mehr als 10% der Beamtinnen und Beamten wahr, im einfachen und mittleren Dienst sogar jede/r vierte –, indes aber nicht die Kosten senken, weil von ihr keine wirksamen Anreize zur faktischen Verlängerung der Lebensarbeitszeit ausgehen.

Hier ist ein ganzheitliches System des gleitenden Übergangs in den Ruhestand –Stichwort „Teilpensionen" – erforderlich, welches sich an den Kosten des vorgezogenen vollständigen oder teilweisen Ruhestandes orientiert und das vor allem die Kosten der Freizeitpräferenzen der Beschäftigten nicht der Allgemeinheit aufbürdet, welches aber Längerarbeiten auch systematisch und konsistent belohnt. Gleichzeitig sind die öffentlichen Arbeitgeber gefordert, ihren Teil zur Sicherung der Beschäftigungsfähigkeit u.a. durch Instrumente des lebenslangen Lernens und des Gesundheitsmanagements beizutragen. Es sind aber auch noch einige Privilegien des Versorgungsrechts, z.B. die gegenüber dem Sozialrecht nach wie vor sehr großzügigen Hinzuverdienstgrenzen, zu streichen.

Zusammengenommen hat das Versorgungsrecht wohl noch eine größere Baustelle vor sich als das Rentenrecht, zumal es, wenn es nicht nur Transfersystem, sondern auch ein für alle Beteiligte sinnvolles Anreizsystem für einen leistungsfähigen öffentlichen Dienst der Zukunft sein soll, auch mit dem Besoldungs- und Beförderungssystem und insbesondere auch im Hinblick auf das Leistungsprinzip integriert werden muss, ohne dabei die Aufgabe der sozialen Sicherung zu vernachlässigen. Inwieweit dies in den nächsten Jahren geschehen wird, hängt auch davon ab, ob sich die politisch Verantwortlichen trotz der wohl einige Jahre anhaltenden schwierigen Haushaltslage dazu durchringen werden, endlich die ökonomischen Zusammenhänge ihrer Personal- und Tarifpolitik wahrzunehmen und in stabile institutionelle Lösungen zu überführen. Dies gilt insbesondere auch für das Finanzierungssystem, welches dringend wirklich transparente, nachhaltige und tragfähige Lösungen benötigt, bei denen die Kosten der Personalpolitik nicht mehr verschleiert und vorhandene finanzielle Reserven nicht mehr für akute „Bedürfnisse" des Haushaltsgesetzgebers einfach „gemopst" werden dürfen. Unabhängig davon, ob dies über Versorgungsfonds oder ein Abschnittsdeckungsverfahren geschieht, muss kurz- bis mittelfristig in jedem Fall die Kapitaldeckung der Versorgungsausgaben erhöht werden, um die Vorsorgedefizite der Vergangenheit ab 2020 abfedern zu können.

Ohne Glaubwürdigkeit und institutionelle Tragfähigkeit ihrer Alterssicherung werden die Beschäftigten den notwendigen Wandel des öffentlichen Dienstes aber nicht mitmachen. Und es geht dabei um nichts Geringeres, als den Vertrauensverlust in die Dienstrechts- und Tarifpolitik der letzten 20 Jahre wieder zu beseitigen, denn die Beamtinnen und Beamten haben genau gefühlt, dass die ihnen auferlegten Opfer bei Besoldung und Versorgung keine Sicherheit für ihre Alterseinkommen bringen würden. Wir hoffen, dass dieses Forschungsprojekt zumindest Klarheit in die ökonomischen Zusammenhänge und rechtlichen Gestaltungsmöglichkeiten gebracht hat und eine gute Grundlage für eine materiell fundierte Diskussion über die anstehenden unvermeidlichen Reformen abgibt, damit auch die Beamtenversorgung endlich im 21. Jahrhundert ankommt.

Literatur

Andel, N. 1998: Finanzwissenschaft. Tübingen

Arlt, A./Dietz, M./Walwei, U. 2009: Besserung für Ältere am Arbeitsmarkt – Nicht alles ist Konjunktur. In: Institut für Arbeitsmarkt- und Berufsforschung (IAB) Kurzbericht 16/2009

Auerbach, B. 2009: Das Beamtenstatusgesetz in der Praxis. In: Zeitschrift für Beamtenrecht, H. 7–8, S. 217–222

Arbeitsgemeinschaft kommunale und kirchliche Altersversorgung e.V. (AKA) o.A.: Die Finanzierung der Beamtenversorgung. München (Internet: http://portal.versorgungskammer.de/portal/page/portal/aka/veroeffentlichungen/aktuell_200211.PDF; zuletzt aufgesucht am 25.02.2010)

Bäcker, G./Naegele, G./Bispinck, R./Hofemann, K./Neubauer, J. 2008: Sozialpolitik und soziale Lage in Deutschland. Band 2: Gesundheit, Familie, Alter und Soziale Dienste. Wiesbaden

Baden, E. 2007: Grundzüge der Beamtenversorgung – Überblick über die Berechnungsgrundsätze. In: Der Personalrat, H. 4, S. 149–156

Badura, B. 2006: Betriebliches Gesundheitsmanagement – eine Investition in das Sozial- und Humankapital. Bertelsmann Stiftung (Hg.). Bielefeld, S. 180–185

Bamberger, C. 2008: Amtsangemessene Alimentation – Herausforderungen an den Rechtsbegriff im Verlauf der Jahre 2003 bis 2008. In: Zeitschrift für Beamtenrecht, H. 11, S. 361–365

Battis, U. 1998: Beamtenversorgung. In: Cramer, J. E./Förster, W./Ruland, F. (Hg.), Handbuch zur Altersversorgung. Gesetzliche, betriebliche und private Vorsorge in Deutschland. Frankfurt/M., S. 117–127

Battis, U. 2005: Zum Entwurf eines Gesetzes zur Reform der Strukturen des öffentlichen Dienstrechts. In: Zeitschrift für Beamtenrecht, H. 10, S. 325–329

Battis, U. 2009a: In: Grundgesetz (GG) Kommentar. Sachs, M. (Hg.). München

Battis, U. 2009b: Öffentliche Anhörung von Sachverständigen zur Thematik „Regelung der Mitnahmefähigkeit der Versorgungsanwartschaften von Beamtinnen und Beamten, Richterinnen und Richtern sowie Berufssoldatinnen und -soldaten auf der Grundlage des Berichts der Bundesregierung". Innenausschuss, Wortprotokoll Nr. 16/96, 96. Sitzung vom 13.5.2009. In: BT-Drs. 16/12036; Anlage 1, S. 52

Battis, U. 2010: Reform des Beamtenrechts – eine Zwischenbilanz. In: Zeitschrift für Beamtenrecht, H. 1–2, S. 21–24

Battis, U./Kersten, J. 2000: Die Bildung von Versorgungsrücklagen für die Alterssicherung von Beamten – Zur Verfassungsmäßigkeit des § 14a BBesG. In: Neue Zeitschrift für Verwaltungsrecht, H. 12, S. 1337–1343

Becker, J./Algermissen, L./Falk, T. 2007: Prozessorientierte Verwaltungsmodernisierung – Prozessmanagement im Zeitalter von E-Government und New Public Management. Berlin

Benz, T./Hagist, C./Raffelhüschen, B. 2009a: Reformszenarien und Ausgabenprojektion der Beamtenversorgung in Baden-Württemberg, Finanzwissenschaftliches Institut des Bundes der Steuerzahler Baden-Württemberg e.V. 7. Stuttgart

Benz, T./Hagist, C./Raffelhüschen, B. 2009b: Ausgabenprojektion und Reformszenarien der Beamtenversorgung in Niedersachsen, Studie im Auftrag des Bundes der Steuerzahler Niedersachsen und Bremen e.V. Stuttgart

Benz, U./Fetzer, S. 2004: Was sind gute Nachhaltigkeitsindikatoren? OECD-Methode und Generationenbilanzierung im empirischen Vergleich, Diskussionsbeiträge des Instituts für Finanzwissenschaft der Albert-Ludwigs-Universität 117. Freiburg i. Br.

Bergmann, H. 2007: In: Grundgesetz für die Bundesrepublik Deutschland (Hömig, D. [Hg.]). Baden-Baden

Besendorfer, D./Dang, E. P./Raffelhüschen, B. 2006: Schulden und Versorgungsverpflichtungen der Länder. Was ist und was kommt? In: Wirtschaftsdienst, Jg. 86/ H. 9, S. 572–579

Biermann, E./Briedrigkeit, M./Kammradt, N./Raab, S./Schlenzka, M. (Hg.) 2005: Ratgeber Beamtenrecht. Laufbahnrecht und Qualifizierung/Besoldung/Arbeitszeit und Urlaub/Reise und Umzugskosten/Beamtenversorgung/Beihilfe. Frankfurt/M.

Bispinck, R./Hofemann, K./Naegele, G./Neubauer, J. 2008: Sozialpolitik und soziale Lage in Deutschland, Band 2: Gesundheit, Familie, Alter und Soziale Dienste. Wiesbaden

Blankart, C. B. 2008: Öffentliche Finanzen in der Demokratie. Eine Einführung in die Finanzwissenschaft. München

Bogumil, J./Jann, W. 2005: Verwaltung und Verwaltungswissenschaft in Deutschland – Einführung in die Verwaltungswissenschaft. Wiesbaden

Bomsdorf, E. 2003: Denkanstöße zur langfristigen Neuordnung der Alterssicherung von Beamten. In: Ifo-Schnelldienst, Jg. 56/H. 18, S. 11–18

Bolay, F. W. 2007: Leistungsbewertung oder „Nasenprinzip"? – Kurswechsel bei der Weiterentwicklung der leistungsorientierten Vergütung für Beamte. In: Verwaltung und Management, H. 2, S. 104–109

Börsch-Supan, A. 2003: Zum Konzept der Generationengerechtigkeit. In: Zeitschrift für Wirtschaftspolitik, Jg. 52/H. 2, S. 221–226

Börsch-Supan, A. 2004: Was bedeutet der demographische Wandel für die Wirtschaft Baden-Württembergs? MEA Discussion Paper 56

Börsch-Supan, A. 2007a: Bevölkerungsalterung durch die Augen des Ökonomen: Die gesamtwirtschaftlichen Folgen des demographischen Wandels. In: Wahl, H.-W./ Mollenkopf, H. (Hg.): Alternsforschung am Beginn des 21. Jahrhunderts. Berlin, S. 123–144

Börsch-Supan, A. 2007b: Über selbststabilisierende Rentensysteme. In: Becker, U./ Kaufmann, F.-X./Maydell, B. v./Schmähl, W./Zacher, H. F. (Hg.): Alterssicherung in Deutschland. Festschrift für Franz Ruland zum 65. Geburtstag. Baden-Baden, S. 157–170

Braakmann, A. 2007: Das Renten- und Pensionsvermögen in den Volkswirtschaftlichen Gesamtrechnungen. Methodik und erste Ergebnisse. In: Wirtschaft und Statistik, H. 12, S. 1167–1179

Breyer, F. 1990: Ökonomische Theorie der Alterssicherung. München

Bull, H. P. 2006: Vom Staatsdiener zum öffentlichen Dienstleister – Zur Zukunft des Dienstrechts. Berlin

Bull, H. P. 2007: Von der amtsangemessenen Alimentation zur leistungsorientierten Bezahlung: Thesen und Referat. In: Deutscher Verwaltungsrichtertag: Dokumentation 15. Deutscher Verwaltungsrichtertag. Stuttgart, S. 291–301

Bull, H. P. 2008a: Die Zukunft des Beamtentums: Zwischen Recht und Politik, Staats- und Verwaltungslehre. Referat im Gesprächskreis Verwaltung der Staatsrechtslehrertagung. Erlangen

Bull, H. P. 2008b: Politische Verantwortung für einen leistungsstarken öffentlichen Dienst. In: Verwaltung und Management, Jg. 14/H. 5, S. 227–234

Bull-Kommission 2003: Bericht der von der Landesregierung Nordrhein-Westfalen eingesetzten Kommission, Zukunft des öffentlichen Dienstes – öffentlicher Dienst der Zukunft. Düsseldorf

Bundesministerium der Finanzen (BMF) 2008: Monatsbericht des BMF Juli 2008. Berlin

Bundesministerium der Finanzen (BMF) 2009: Vorsorgepauschale ab 2010 (§ 39b Absatz 2 Satz 5 Nummer 3 und Absatz 4 EStG). 2009/0790333. Berlin

Bundesministerium des Inneren (BMI) 2005: Dritter Versorgungsbericht der Bundesregierung. Berlin (Internet: http://www.bmi.bund.de/Internet/Content/Common/Anlagen/Broschueren/2005/3__Versorgungsbericht,templateId=raw,property=publicationFile.pdf/3_Versorgungsbericht.PDF; zuletzt aufgesucht am 26.03.2008)

Bundesministerium des Inneren (BMI) 2007: Dienstrechtsreform beim Bund – Auswirkungen auf Status, Besoldung und Versorgung. Vortrag im Rahmen des 2. Bonner Dienstrechtssymposiums am 19.11.2007

Bundesministerium des Inneren (BMI) 2008: Dienstrechtsreform beim Bund – Auswirkungen auf Status, Besoldung und Versorgung. Gesetz zur Neuordnung und Modernisierung des Bundesdienstrechts (Dienstrechtsneuordnungsgesetz – DNeuG). Veranstaltung vom 01.12.2008

Bundesministerium des Inneren (BMI) 2009: Vierter Versorgungsbericht der Bundesregierung. Berlin (Internet: http://www.bmi.bund.de/SharedDocs/Downloads/DE/Themen/OED_Verwaltung/Oeffentlicher_Dienst/vierter_versorgungsbericht.pdf;jsessionid=D01B2F7046D4F585A79F3F908E3EE001?__blob=publicationFile; zuletzt aufgesucht am 22.02.2011)

Bundesministerium für Arbeit und Soziales (BMAS) 2009: Rentenversicherungsbericht 2009 (Internet: http://www.bmas.de/portal/40036/property=pdf/2009__11__18__rentenversicherungsbericht.PDF; zuletzt aufgesucht am 17.01.2010)

Bundesministerium für Bildung und Forschung (BMBF) 2007: 4.4.1 Bund-Länder-Kommission (BLK) Strategie für Lebenslanges Lernen in der Bundesrepublik Deutschland vom 20.10.2007 (Internet: http://www.bmbf.de/_dpsearch/highlight/searchresult.php?URL=http://www.bmbf.de/de/11670.php&QUERY=Lebenslanges+Lernen; zuletzt aufgesucht am 02.01.2010)

Bundesministerium für Gesundheit und Soziale Sicherung (BMGS) 2003: Nachhaltigkeit in der Finanzierung der sozialen Sicherungssysteme. Bericht der Kommission. Berlin

Bundesregierung 2002: Perspektiven für Deutschland. Unsere Strategie für eine nachhaltige Entwicklung (Internet: http://www.nachhaltigkeitsrat.de/fileadmin/user_upload/dokumente/pdf/Nachhaltigkeitsstrategie_komplett.PDF; zuletzt aufgesucht am 17.03.2010)

Clemens, J. 2004: Versicherungsmathematisch „faire“ Abschläge bei vorzeitigem Renteneintritt. In: Wirtschaftsdienst, Jg. 84/H. 3, S. 161–165

Cramer, J. E./Förster, W./Ruland, F. (Hg.) 1998: Handbuch zur Altersversorgung. Gesetzliche, betriebliche und private Vorsorge in Deutschland. Frankfurt/M.

Deutsche Polizeigewerkschaft im DBB (DPolG) 2009: Frauenanteil im Polizei(vollzugs)dienst

Deutscher Beamtenwirtschaftsring (Hg.) 2007: Die Beamtenversorgung. Düsseldorf

Deutscher Gewerkschaftsbund (DGB) 2003: Prävention vor Rehabilitation – Rehabilitation vor Versorgung. Zehn Eckpunkte zur Vermeidung von Frühpensionierungen, zu altersgerechten Arbeitsbedingungen und zum Gesundheitsmanagement im öffentlichen Dienst. Berlin

Deutsches Institut für Wirtschaftsforschung (DIW) 1996: Sind Beamte oder Angestellte im öffentlichen Dienst für den Staat kostengünstiger? In: Wochenbericht des DIW Berlin, Jg. 63/H. 24, S. 395–405

Drescher, A. 2007: Dienstrechtsreformen in Bund und Ländern. Auswirkungen auf Status, Besoldung, Versorgung und Wettbewerbsfähigkeit. 2. Bonner Dienstrechtssymposion. In: Recht im Amt, H. 6, S. 261–266

Dünn, S./Fasshauer, S. 2009: Gesamtsystem der Alterssicherung. In: Pricewaterhouse-Coopers (PWC)/Deutsche Rentenversicherung (DRV) Bund (Hg.): Altersvorsorge. Beraten, Gestalten, Optimieren, Bonn, S. 111–117

Ehrentraut, O. 2006: Alterung und Altersvorsorge. Das deutsche Drei-Säulen-System der Alterssicherung vor dem Hintergrund des demografischen Wandels, Sozialökonomische Schriften 29. Frankfurt/M.

Ehrentraut, O./Heidler, M. 2008: Demografisches Risiko für die Staatsfinanzen? Koordinierte Bevölkerungsvorausberechnungen im Vergleich. In: Sozialer Fortschritt, Jg. 57/H. 9, S. 231–241

Ehrentraut, O./Raffelhüschen, B. 2008: Demografischer Wandel und Betriebsrenten. In: Wirtschaftsdienst, Jg. 88/H. 8, S. 518–525

Färber, G. 1988a: Probleme der Finanzpolitik bei schrumpfender Bevölkerung. Frankfurt/M. u.a.O.

Färber, G. 1988b: Private Altersvorsorge bei schrumpfender Bevölkerung. In: WSI Mitteilungen, Jg. 41/H. 5, S. 286–294

Färber, G. 1994: Einkommenssicherung durch Realkapitalbildung. In: Handelsblatt, Jg. 1994, Ausgabe 30, 11./12.2.1994, S. 7

Färber, G. 1995: Revision der Personalausgabenprojektion der Gebietskörperschaften bis 2030 unter Berücksichtigung neuerer Bevölkerungsvorausschätzungen, der deutschen Einigung und der Beamtenversorgungsreform. Speyerer Forschungsberichte 110. Speyer

Färber, G. 1998: Mittel- und langfristige Entwicklung der Beamtenversorgung. In: Cramer, J. E./Förster, W./Ruland, F. (Hg.): Handbuch zur Altersversorgung. Gesetzliche, betriebliche und private Vorsorge in Deutschland. Frankfurt/M., S. 973–994

Färber, G./Funke, M./Walther, S. 2009: Die Entwicklung der Beamtenversorgung in Deutschland seit 1992 und künftige Finanzierungsprobleme der Gebietskörperschaften. In: Die Öffentliche Verwaltung, Jg. 62/H. 4, S. 133–146

Färber, G./Littmann, K. 1989: Bevölkerungsentwicklung und Staatsfinanzen. In: Recktenwald, H. C. (Hg.): Der Rückgang der Geburten – Folgen auf längere Sicht. Ein Symposion der Akademie der Wissenschaften und der Literatur, 22.-23. Juni 1988. Mainz, S. 101–129

Färber, G./Stiller, S./Schaft, W. 1999: Zur Einstellungspräferenz von BeamtInnen und Angestellten unter besonderer Berücksichtigung des Schulbereichs. Gutachten im Auftrag der Behörde für Schule, Jugend und Berufsbildung der Freien und Hansestadt Hamburg. Speyerer Forschungsberichte 201. Speyer

Fasshauer, S. 2003: Das Alterssicherungssystem in Deutschland im Rahmen der neuen Institutionenökonomie. Hamburg

Fasshauer, S. 2006: Besteht ein Zusammenhang zwischen Alterssicherungssystem und Geburtenrate? Anmerkungen aus theoretischer und empirischer Sicht. In: Deutsche Rentenversicherung, H. 6, S. 305–324

Fath, R./Urbitsch, C. 2008: Lexikon Altersversorgung 2008. Die Betriebsrente von A – Z. Heidelberg

Fieberg, C. 2001: Die Altersversorgung im öffentlichen Dienst in der Bundesrepublik Deutschland. In: Wunder, Bernd (Hg.): Pensionssysteme im öffentlichen Dienst in Westeuropa. Baden-Baden, S. 77–94

Finanzministerium Rheinland-Pfalz 2008: Haushaltslage und Haushaltsentwicklung des Landes Rheinland-Pfalz. Antwort auf die Große Anfrage der Fraktion CDU (Drucksache 15/2424), Drucksache Landtag Rheinland-Pfalz 15/2500

Fischer, K. 2009: Weiterbildung und lebenslanges Lernen in der öffentlichen Verwaltung. In: Rotzsch, N./Stember, J. (Hg.): Die Zukunft des Personalmanagements im öffentlichen Dienst. Berlin, S. 360–366

Fuest, C. 2007: Sind unsere sozialen Sicherungssysteme generationengerecht? Freiburger Diskussionspapiere zur Ordnungsökonomik 73. Freiburg i. Br.

Fuest, W. 2007: Die Pensionslawine rollt – noch lange nicht genug gespart! Eine Studie für die Initiative Neue Soziale Marktwirtschaft (INSM) (Internet: http://www.insm-tagebuch.de/wp-content/uploads/2007/11/231107-pensionslawine-final. PDF; zuletzt aufgesucht am 30.01.2010)

Funke, M./Walther, S. 2010: Die Beamtenversorgung zwischen Modernisierung und Sparzwang. In: WSI Mitteilungen, Jg. 63/H. 1, S. 26–33.

Görtz, U. 2005: Zur Ruhegehaltsfähigkeit eines Beförderungsamtes. In: Deutsche Richterzeitung, H. 3, S. 82–84

Gourmelon, A./Mühlenkamp, H./Bogner, J. 2007: Chancen und Risiken anreizorientierter Entgeltsysteme. In: Verwaltung und Management, H. 4, S. 185–189

Grewe, W. G. 1951: Inwieweit lässt Art. 33 Abs. 5 GG eine Reform des Beamtenrechts zu? In: 39. Deutscher Juristentag/Verhandlungen. Tübingen

Gröpl, C. 2002: Ökonomisierung von Verwaltung und Verwaltungsrecht. In: Verwaltungsarchiv, Bd. 93, S. 459–484

Haessler, J. 2006: Pensionsrückstellungen für Beamte. Was müssen Sie wissen? Haessler Fachbeiträge Thema 23. Schömberg (Internet: http://www.pensionsystem.de/fileadmin/pdfs/Thema23_Pensionsrueckstellung-Beamte.PDF; zuletzt aufgesucht am 25.02.2010)

Hagemann, T. 2004: Pensionsrückstellungen. Eine praxisorientierte Einführung in die gutachterliche Methodik der Berechnung von Pensionsrückstellungen. Karlsruhe

Hanusch, H. 2007: Nutzen-Kosten-Analyse. München

von Hauff, M./Tarkan, B. 2009: Relevanz intergenerationeller Gerechtigkeit für die kommunale Finanzpolitik. In: von Hauff, M./Tarkan, B. (Hg.): Nachhaltige kommunale Finanzpolitik für eine intergenerationelle Gerechtigkeit. Baden-Baden, S. 15–29

Herzog, J. 2009: Gestaltung des neuen Laufbahnrechts – Das Beispiel der Norddeutschen Küstenländer. In: Der Personalrat, H. 3, S. 101–103

Heubeck, K./Rürup, B. 2000: Finanzierung der Altersversorgung des öffentlichen Dienstes. Probleme und Optionen; Gutachten im Auftrag der Arbeitsgemeinschaft Kommunale und Kirchliche Altersversorgung (AKA) e.V., Sozialökonomische Schriften 20. Frankfurt/M.

Himmelreicher, R. K./Sewöster, D./Scholz, R./Schulz, A. 2008: Die fernere Lebenserwartung von Rentnern und Pensionären im Vergleich. In: WSI Mitteilungen, H. 5, S. 274–280

Hoffmann, H./Kaldybajewa, K./Kruse, E. 2006: Arbeiter und Angestellte im Spiegel der Statistik der gesetzlichen Rentenversicherung: Rückblick und Bestandsaufnahme. In: Deutsche Rentenversicherung, Jg. 61/H. 1, S. 24–53

Hommel, T./Warnking, M. 2009: Die Beihilfe. Beihilfeberechtigung, Bemessung und Eigenbehalte, beihilfefähige Aufwendungen, mit den Beihilfevorschriften des Bundes. Düsseldorf

Hubrich, S./Tivig, T./Stubben, H.-D. 2007: Pensionsverpflichtungen: Ein unternehmerischer Risikofaktor? Working Paper der Wirtschafts- und Sozialwissenschaftlichen Fakultät 80. Universität Rostock

Hufen, F. 2006: Verfassungsmäßigkeit der Absenkung von Versorgungsbezügen. In: Juristische Schulung, H. 4, S. 361–364

Illge, L./Schwarze, R. 2004: Messung von Nachhaltigkeit. In: Vierteljahreshefte zur Wirtschaftsforschung, Jg. 73/H. 1, S. 5–9

Isensee, J. 1998: Affekt gegen Institutionen – überlebt das Berufsbeamtentum? In: Zeitschrift für Beamtenrecht, H. 9, S. 295–300

Institut für Sozialforschung und Gesellschaftspolitik (ISG) 2009: Der Abstand zwischen dem Leistungsniveau der Hilfe zum Lebensunterhalt und unteren Arbeitnehmereinkommen. Köln

Jörges-Süß, K. 2006: Zahlt sich Leistung aus? Leistungsabhängige Vergütung im öffentlichen Dienst. In: Personalführung, H. 7, S. 34–40

Kammradt, N. 2009: Zur Besoldungsentwicklung in Bund und Ländern: Unterschiede nehmen zu. In: Der Personalrat, Jg. 26/H. 3, S. 104–106

Karl-Bräuer-Institut des Bundes der Steuerzahler 2006: Ausgaben für Beamtenpensionen eindämmen. Versorgungsrecht auf Nachhaltigkeit ausrichten, Stellungnahmen des Karl-Bräuer-Institut des Bundes der Steuerzahler 30. Berlin

Kiefer, T. 1997: Von der Erwerbsarbeit in den Ruhestand. Theoretische und empirische Ansätze zur Bedeutung von Aktivitäten. Bern

Kistler, E. 2009: Demographischer Wandel im öffentlichen Dienst. Mythos und Realität. In: Der Personalrat, H. 12, S. 472–475

Knopp, L. 2006: Föderalismusreform – zurück zur Kleinstaaterei? An den Beispielen des Hochschul-, Bildungs- und Beamtenrechts. In: Neue Zeitschrift für Verwaltungsrecht, H. 11, S. 1216–1221.

Krause, F. 2008: Die hergebrachten Grundsätze des Berufsbeamtentums – Eine rechtshistorische Analyse. Frankfurt/M.

Kunig, P. 2001: Grundgesetz-Kommentar, Bd. 2: Art. 20 bis Art. 69; v. Münch, I./Kunig, P. (Hg.). 5. Auflage. München

Landesregierung Rheinland-Pfalz 2009: Bericht über die Beamtenversorgung im Jahr 2008, Drucksache Landtag Rheinland-Pfalz 15/3513

Lecheler, H. 1978: Die „hergebrachten Grundsätze des Berufsbeamtentums" in der Rechtsprechung des Bundesverfassungsgerichts und des Bundesverwaltungsgerichts. In: Archiv für öffentliches Recht, Bd. 103, S. 349–382

Lecheler, H./Determann, L. 1998: Verfassungswidrigkeit einer Beitragspflicht zur Beamtenversorgung – Anmerkung zum Entwurf eines Versorgungsreformgesetzes 1998. In: Zeitschrift für Beamtenrecht, H. 1–2, S. 1–8

Leisner, A. 2002: Am Ende der Alimentation. In: Die Öffentliche Verwaltung, H. 18, S. 763–772

Lenze, A. 2006: Wie sicher sind verfassungsrechtlich die Pensionen. In: Neue Zeitschrift für Verwaltungsrecht, H. 11, S. 1229–1234

Lindner. J. F. 2006: Grundrechtssicherung durch das Berufsbeamtentum. In: Zeitschrift für Beamtenrecht, H. 1–2, S. 1–13

Lindner, J. F. 2007: Das Alimentationsprinzip und seine offenen Flanken. In: Zeitschrift für Beamtenrecht, H. 7–8, S. 221–230

Lorse, J. 2005: Eckpunktepapier „Neue Wege im Dienstrecht": Wie verbindet man Eckpunkte zu Grundlinien einer Reform? In: Die Öffentliche Verwaltung, H. 11, S. 445–457

Loschelder, W. 2004: Der Kampf um das Berufsbeamtentum – zum wievielten Mal? In: Zeitschrift für Beamtenrecht, H. 1–2, S. 12–19

Luy, M. 2006: Differentielle Sterblichkeit: Die ungleiche Verteilung der Lebenserwartung in Deutschland. Rostocker Zentrum – Diskussionspapier 6

Maier, H. 2004: Altersvorsorge heute für morgen. Versicherungsmathematische Herleitungen und Lösungswege. Schömberg

Masing, J. 2007: Grundgesetz Kommentar. In: Dreier, H. (Hg.). Tübingen

Maunz, T. 2009: Grundgesetz-Kommentar (53. Auflage). München

Maydell, B. v. 1998: Sachgerechte Finanzierungs- und Alterssicherung (insbesondere Beitrags- und/oder Steuerfinanzierung). In: Cramer, J. E./Förster, W./Ruland, F. (Hg.): Handbuch zur Altersversorgung. Gesetzliche, betriebliche und private Vorsorge in Deutschland. Frankfurt/M., S. 891–908

Meier, W. 2009: Das Bundesbesoldungs- und Versorgungsanpassungsgesetz 2008/ 2009. In: Zeitschrift für Beamtenrecht, H. 7–8, S. 235–244

Merten, D. 1996: Alimentationsprinzip und Beamtengesetzgebung – Versorgungsbericht und Gesetzesentwurf zur Begrenzung der Bezügefortzahlung bei Krankheit im Lichte des Bundesverfassungsrechtes. In: Zeitschrift für Beamtenrecht, H. 12, S. 353–379

Merten, D. 1999a: Das Berufsbeamtentum als Element deutscher Rechtsstaatlichkeit. In: Zeitschrift für Beamtenrecht, H. 1, S. 1–11

Merten, D. 1999b: Aktuelle Probleme des Beamtenversorgungsrechts. In: Neue Zeitschrift für Verwaltungsrecht, H. 8, S. 809–816

Mühlenkamp, H. 2007: Weniger Leistung durch Leistungsbezahlung? Warum die Leistungsbezahlung im öffentlichen Dienst unter den gegenwärtigen Bedingungen keinen Erfolg haben wird. In: Der Personalrat, H. 12, S. 518–520

Mühlenkamp, H. 2008: Leistungsbezahlung im öffentlichen Sektor unter dem Regime der „Kostenneutralität“: Warum sie nicht wirklich funktionieren kann – Eine Analyse mit Hilfe der Prinzipal-Agent-Theorie“. In: Verwaltungswissenschaft und Verwaltungspraxis in nationaler und transnationaler Perspektive, Festschrift für Heinrich Siedentopf zum 70. Geburtstag. Berlin, S. 637–653

Murmann, T. 1991: Grundlagen des Beamtenversorgungsrechts. In: Recht im Amt, H. 5, S. 231–246

Ngyen, T./Osyguss-Axt, K. 2005: Über die richtige „Höhe“ der Versorgungsabschläge auf Beamtenpensionen bei vorzeitiger Pensionierung, Fakultät für Mathematik und Wirtschaftswissenschaften (Reprint Series) 2005-12. Universität Ulm

Nokiel, W. 2007: Die hergebrachten Grundsätze des Berufsbeamtentums – Ein Hindernis für eine Reform des öffentlichen Dienstes. In: Recht im Amt, H. 4, S. 162–167

Oberfinanzdirektion (OFD) Koblenz 2009: Geschäftsbericht der Zentralen Besoldungs- und Versorgungsstelle Rheinland-Pfalz 2008. Zahlen – Daten – Fakten. Koblenz

Organisation for Economic Co-operation and Development (OECD) 2009: Pensions at a Glance. Retirement-Income Systems in OECD Countries. Paris

Pechstein, M. 2002: Die Verfassungsmäßigkeit des Entwurfs für das Versorgungsänderungsgesetz 2001. In: Zeitschrift für Beamtenrecht, H. 1–2, S. 1–11

Pechstein, M. 2006: Wie können die Länder ihre neuen beamtenrechtlichen Kompetenzen nutzen? In: Zeitschrift für Beamtenrecht, H. 9, S. 285–288

Pechstein, M. 2009: Das Laufbahnrecht in der Gesetzgebungskompetenz der Länder. In: Verwaltungswissenschaft und Verwaltungspraxis in nationaler und transnationaler Perspektive, Festschrift für Heinrich Siedentopf zum 70. Geburtstag. Berlin, S. 671–682

Pieper, S. U. 2008: In: Kommentar zum Grundgesetz. Schmidt-Bleibtreu, B./Klein, F. (Hg.). Köln

Pieroth, B. 2009: In: Grundgesetz für die Bundesrepublik Deutschland. Jarass, H. D./Pieroth, B. (Hg.). München

Plog, E./Wiedow, A. 2009: Bundesbeamtengesetz mit Beamtenversorgungsgesetz, Kommentar. Neuwied

Preller, S. 2009: Die Zusatzversorgung im öffentlichen Dienst. Systemwechsel, Finanzierung und Ausgabenentwicklung. FÖV Discussion Papers 50. Speyer

Preller, S. 2011: Nachhaltige Finanzierung der Zusatzversorgung im öffentlichen Dienst. Speyer (im Erscheinen)

PricewaterhouseCoopers (PWC); Deutsche Rentenversicherung (DRV) Bund 2009: Altersvorsorge. Beraten, Gestalten, Optimieren. Bonn

Recktenwald, H. C. (Hg.) 1989: Der Rückgang der Geburten – Folgen auf längere Sicht. Ein Symposion der Akademie der Wissenschaften und der Literatur, 22.–23. Juni 1988. Mainz

Ruland, F. 1995: Zur Zukunft von gesetzlicher Rentenversicherung und Beamtenversorgung. In: Neue Zeitschrift für Verwaltungsrecht, H. 5, S. 417–426

Ruland, F. 2002: Noch einmal davon gekommen – Zur Reform der Beamtenversorgung. In: Neue Juristische Wochenschrift, Jg. 55/H. 13, S. 948–949

Ruland, F./Rürup, B. 2008: Alterssicherung und Besteuerung. Wiesbaden

Rürup, B. 1998: Umlageverfahren versus Kapitaldeckungsverfahren. In: Cramer, J. E./ Förster, W./Ruland, F. (Hg.): Handbuch zur Altersversorgung. Gesetzliche, betriebliche und private Vorsorge in Deutschland. Frankfurt/M., S. 779–798

Rürup-Kommission 2008: Nachhaltigkeit in der Finanzierung sozialer Sicherungssysteme, Bericht der Rürup-Kommission, BMG (Hg.). Berlin

Sachverständigenrat zur Begutachtung der Gesamtwirtschaftlichen Entwicklung (SVR) 2003: Staatsfinanzen konsolidieren – Steuersystem reformieren. Jahresgutachten 2003/2004. Berlin

Sachverständigenrat zur Begutachtung der Gesamtwirtschaftlichen Entwicklung (SVR) 2003: Tragfähigkeitslücke der öffentlichen Haushalte. Auszug aus dem Jahresgutachten 2003/04: Staatsfinanzen konsolidieren – Steuersystem reformieren. Jahresgutachten 2003/2004. Berlin, Ziffern 438–454 und 765–788

Schaad, I. 2009: Generationenwechsel im Schuldienst. Eine besondere Herausforderung. In: Der Personalrat, Jg. 26/H. 12, S. 486–489

Schily, O./Heesen, P./Bsirske, F. 2005: „Neue Wege im öffentlichen Dienstrecht" – Eckpunkte für eine Reform des Beamtenrechts. In: Zeitschrift für Beamtenrecht, H. 7–8, S. 217–221

Schmähl, W. 1998: Das Gesamtsystem der Alterssicherung. In: Cramer, J. E./Förster, W./Ruland, F. (Hg.): Handbuch zur Altersversorgung. Gesetzliche, betriebliche und private Vorsorge in Deutschland. Frankfurt/M., S. 59–83

Schmähl, W. 2009: Soziale Sicherung: Ökonomische Analysen. Wiesbaden

Schnabel, S./Kistowki, K. v./Vaupel, J. W. 2005: Immer neue Rekorde und kein Ende in Sicht. Der Blick in die Zukunft lässt Deutschland grauer aussehen als viele erwarten. In: Demographische Forschung aus erster Hand, Jg. 2/H. 2, S. 3

Scholz, W. 2009: The Social Budget of Germany. Keeping the Welfare State in Perspective(Forschung aus der Hans-Böckler-Stiftung, Bd. 105). Berlin

Schwahn, F. 2007: Entwicklungen im öffentlich-rechtlichen Alterssicherungssystem. In: Wirtschaft und Statistik, H. 4, S. 395–403

Sehrbrock, I. 2009: Generationswechsel im öffentlichen Dienst. Nachwuchs gewinnen – Gesundheit fördern – Altersversorgung sichern. In: Der Personalrat, Jg. 26/ H. 12, S. 475–477

Sinn, H.-W. 2003: Das demographische Defizit – die Fakten, die Folgen, die Ursachen und die Politikimplikationen. In: Ifo-Schnelldienst, Jg. 56/H. 5, S. 20–36

Statistisches Bundesamt (StBA) 2006a: 11. Koordinierte Bevölkerungsvorausberechnung. Annahmen und Ergebnisse. Wiesbaden

Statistisches Bundesamt (StBA) 2006b: Periodensterbetafeln für Deutschland 1871/1881–2003/2005. Wiesbaden

Statistisches Bundesamt (StBA) (Hg.) 2009: Fachserie 14, Reihe 6.1, Versorgungsempfänger des öffentlichen Dienstes. Wiesbaden

Statistisches Bundesamt (StBA) 2009: Bevölkerung Deutschlands bis 2060. 12. Koordinierte Bevölkerungsvorausberechnung. Begleitmaterial zur Pressekonferenz am 18. November 2009 in Berlin. Wiesbaden

Summer, R. 1992: Die hergebrachten Grundsätze des Berufsbeamtentums – ein Torso. In: Zeitschrift für Beamtenrecht, H. 1, S. 1–6

Summer, R. 2002: Gehen wir vorwärts oder gehen wir zurück? – Gedanken zu beamtenpolitischen Modernismen –. In: Zeitschrift für Beamtenrecht, H. 4, S. 109–115

Surholt, M./Strelau, L. 2008: Nachhaltigkeit und die Debatte um die Verankerung von Generationengerechtigkeit im Grundgesetz, Wissenschaftliche Dienste des Deutschen Bundestages 72/08. Berlin

Tepe, M./Kroos, D. 2010: Lukrativer Staatsdienst? Lohndifferenzen zwischen öffentlichem Dienst und Privatwirtschaft. In: WSI Mitteilungen, Jg. 63/H. 1, S. 3–10

Thieme, W. 1973: Verfassungsrechtliche Grenzen einer Reform des öffentlichen Dienstrechts. In: Studienkommission für die Reform des öffentlichen Dienstrechts, Bd. 5, S. 303–440

TNS Infratest Sozialforschung 2008: Situation und Entwicklung der betrieblichen Altersversorgung in Privatwirtschaft und öffentlichem Dienst 2001–2007. Endbericht der Untersuchung im Auftrag des Bundesministeriums für Arbeit und Soziales. München (Internet: http://www.bmas.de/portal/30028/property=pdf/f384__forschungsbericht.PDF; zuletzt aufgesucht am 22.02.2010)

Veelken, L. 2007: Lebenslanges Lernen und Demographischer Wandel. In: Wahl, H.-W./Mollenkopf, H. (Hg.): Alternsforschung am Beginn des 21. Jahrhunderts. Berlin, S. 223–236

Wederhake, B. 2006: Absenkung von Beamtenpensionen. In: Der Personalrat, H. 4, S. 150–155

Wegner, B. 2009: Menschengerechte und gesunde Arbeit ein Leben lang. Fit in den Ruhestand. In: Der Personalrat, Jg. 26/H. 12, S. 478–481

Westerhoff, H.-D. 2007: Umfang und Folgen der Sparmaßnahmen bei den Beamten im öffentlichen Dienst. Gutachten erstellt im Auftrag der Arbeitsgemeinschaft der Verbände des Höheren Dienstes (AhD), Verantwortung und Leistung 39. Königswinter

Westerhoff., H.-D. 2009: Sparmaßnahmen bei den Beamten und die Sanierung der öffentlichen Haushalte. In: Zeitschrift für Beamtenrecht, Jg. 57/H. 7–8, S. 222–235

Wichmann, M./Langer, K.-U. (Hg.) 2007: Öffentliches Dienstrecht. Stuttgart

Wild, P. 1991: Ein Jahrzehnt Konsolidierung des Personalhaushalts in Nordrhein-Westfalen – Erfolge und Konsequenzen. In: Die Öffentliche Verwaltung, H. 11, S. 437–448

Wolff, H. A. 2003: Der Kerngehalt des Alimentationsgrundsatzes als absolute Grenze für den Besoldungsgesetzgeber. In: Zeitschrift für Rechtspolitik, H. 9, S. 305–308

Wolff, H. A. 2005: Der verfassungsrechtliche Rahmen des Alimentationsprinzips für Versorgungsabsenkungen – Zugleich eine Anmerkung zu dem Urteil des Zweiten

Senats des Bundesverfassungsgerichts vom 27. September 2005 zur überschießenden Versorgungsanpassung – 2 BvR 1387/02 –. In: Zeitschrift für Beamtenrecht, H. 11, S. 361–371

Wolff, H. A. 2009: Öffentliche Anhörung von Sachverständigen zur Thematik „Regelung der Mitnahmefähigkeit der Versorgungsanwartschaften von Beamtinnen und Beamten, Richterinnen und Richtern sowie Berufssoldatinnen und -soldaten auf der Grundlage des Berichts der Bundesregierung". Innenausschuss, Wortprotokoll Nr. 16/96, 96. Sitzung vom 13.5.2009. In: BT-Drs. 16/12036; Anlage 1, S. 82–85

World Bank 1994: Averting the Old Age Crisis. Policies to Protect the Old and Promote Growth. Oxford u.a.O.

Wunder, B. (Hg.) 2001: Pensionssysteme im öffentlichen Dienst in Westeuropa. Baden-Baden

Zezschwitz, F. v. 1998: Versorgungsbeiträge der Beamtenschaft – Verfassungswidrigkeit des geplanten § 14a Bundesbesoldungsgesetz? In: Zeitschrift für Beamtenrecht, H. 4, S. 115–121

Ziekow, J. 2008: Die Fortentwicklung des Dienstrechts der Bundesbeamten. In: Die Öffentliche Verwaltung, H. 14, S. 569–576

Zippelius, R./Würtenberger, T. 2008: Deutsches Staatsrecht. München

Abkürzungsverzeichnis

a.F.	alte Fassung
Abs.	Absatz
AG	Arbeitgeber
AGr	(Ruhestand mit Erreichen einer) Altersgrenze
AKA	Arbeitsgemeinschaft Kommunale und Kirchliche Altersversorgung
AltEinkG	Alterseinkünftegesetz
AN	Arbeitnehmer
aR	altes Recht
Art.	Artikel
BAT	Bundesangestelltentarifvertrag
BBesG	Bundesbesoldungsgesetz
BBG	Bundesbeamtengesetz
BBVAnpG 2003/2004	Gesetz über die Anpassung von Dienst- und Versorgungsbezügen in Bund und Ländern 2003/2004sowie zur Änderung dienstrechtlicher Vorschriften
BBVAnpG 2008/2009	Bundesbesoldungs- und -versorgungsanpassungsgesetz 2008/2009
BeamtVG	Beamtenversorgungsgesetz
BeamtVG ÄndG	Gesetz zur Änderung des Beamtenversorgungsgesetzes, des Soldatenversorgungsgesetzes sowie sonstiger versorgungsrechtlicher Vorschriften
Beschl.	Beschluss
BGBl.	Bundesgesetzblatt
BGHZ	Bundesgerichtshofs in Zivilsachen
BIP	Bruttoinlandsprodukt
BMAS	Bundesministerium für Arbeit und Soziales
BMBF	Bundesministerium für Bildung und Forschung
BMF	Bundesministerium der Finanzen
BMGS	Bundesministerium für Gesundheit und Soziale Sicherung
BMI	Bundesministerium des Innern
BPolBG	Bundespolizeibeamtengesetz
BT-Drs.	Bundestagsdrucksache
BVerfG	Bundesverfassungsgericht
BVerfGE	Entscheidung des Bundesverfassungsgerichts
BVerwG	Bundesverwaltungsgericht
c.p.	ceteris paribus
ders.	derselbe

DGB	Deutscher Gewerkschaftsbund
DiU	Dienstunfähigkeit
DNeuG	Gesetz zur Neuordnung und Modernisierung des Bundesdienstrechts
dR	derzeitiges Recht
Drs.	Drucksache
DRV	Deutsche Rentenversicherung
DVBl.	Deutsches Verwaltungsblatt
ebd.	ebenda
EG	Vertrag zur Gründung der Europäischen Gemeinschaft
EstG	Einkommensteuergesetz
EuGH	Europäischer Gerichtshof
h.M.	herrschende Meinung
gD	gehobener Dienst
GG	Grundgesetz
GRV	Gesetzliche Rentenversicherung
HBeglG	Haushaltsbegleitgesetz
hD	höherer Dienst
i	Diskontierungsrate; Diskontfaktor
i.H.d.	in Höhe der
i.H.v.	in Höhe von
i.S.d.Art.	im Sinne des Artikels
i.V.m.	in Verbindung mit
ILO	International Labour Organisation
KV	Krankenversicherung
KVBW	Kommunaler Versorgungsverband Baden-Württemberg
m	männlich
m.w.N.	mit weiterem Nachweis
mD	mittlerer Dienst
Mio.	Millionen
Mrd.	Milliarden
o.A.	ohne Angabe
o.g.	oben genannte
OFD	Oberfinanzdirektion
p.a.	per anno
PV	Pflegeversicherung
PWC	PriceWaterhouseCooper
RBG	Reichsbeamtengesetz
Rdn.	Randnummer
RGBl.	Reichsgesetzblatt

RN	Ruhegehaltsniveau
SGB	Sozialgesetzbuch
st. Rspr.	ständige Rechtsprechung
StBA	Statistisches Bundesamt
SVG	Soldatenversorgungsgesetz
SVR	Sachverständigenrat zur Begutachtung der gesamtwirtschaftlichen Entwicklung
TV-L	Tarifvertrag der Länder
TVöD	Tarifvertrag für den öffentlichen Dienst
Urt.	Urteil
v.H.	von Hundert
VAbschlNOG	Gesetz zur Neuordnung der Versorgungsabschläge
VBL	Versorgungsanstalt des Bundes und der Länder
verb. Rs.	verbundene Rechtssachen
VersÄndG	Versorgungsänderungsgesetz
VersRücklG	Versorgungsrücklagengesetz
VfzV	Versorgungsfondszuweisungsverordnung
vgl.	vergleiche
VN	Versorgungsniveau
VReformG	Versorgungsreformgesetz
w	weiblich
WRV	Weimarer Reichsverfassung

Verzeichnis der Abbildungen und Tabellen

Abbildungen

Tabellen

Anhang

A.1 Statistische Annahmen für die Modellrechnungen zur Ausgabenentwicklung

Den *Vorausberechnungen zur Entwicklung der Versorgungsempfängerzahlen und der Versorgungsausgaben*[1] liegen, neben den in Abschnitt 5.4 aufgeführten, folgende Annahmen und Berechnungsmodalitäten zugrunde:

Der nach den Kriterien Gebietskörperschaft, Laufbahn, Geschlecht und Alter gegliederte Bestand an Beamten, Richtern und Berufssoldaten wird in die Zukunft fortgeschrieben.

Die erforderlichen Pensionierungswahrscheinlichkeiten wurden aus den Versorgungszugängen der Jahre 2001 bis 2005 ermittelt. Zu diesem Zeitpunkt wurden bereits Abschläge für einen vorzeitigen Ruhestandseintritt angewandt.

Per Annahme wird auf die durch Pensionierung freigewordenen Stellen stets wieder eine Person im empirisch abgesicherten Verbeamtungsalter eingestellt. Hierbei wird angenommen, dass die Stellenanzahl und die Stellenstruktur der Gebietskörperschaften aus dem Basisjahr 2005 bis ins Jahr 2050 erhalten bleibt.

Zur Berechnung der zukünftigen Abgänge aus den Beständen der Versorgungempfänger und der aktiven Beamten wurden die Sterbewahrscheinlichkeiten ausgehend von der Sterbetafel 2003/2005 (StBA 2006) errechnet. Im Projektionsverlauf werden die Sterbewahrscheinlichkeiten jährlich linear erhöht, so dass die fernere Lebenserwartung im Jahr 2050 dem Wert gemäß der Basisannahme der 11. Koordinierten Bevölkerungsvorausberechnung entspricht.[2]

Annahmen zur Entwicklung des Bruttoinlandsproduktes

Zur Berechnung der Versorgungsausgaben- und der Versorgungssteuerquote in den Szenarien 1 und 2 sind Annahmen über die Entwicklung des

1 Die Modellrechnungen wurden zu großen Teilen mit Hilfe des von Herrn Dipl.-Volkswirt *Harald Dalezios* am Deutschen Forschungsinstitut für öffentliche Verwaltung (FÖV) Speyer entwickelten Simulationsmodells PEN_SIM erstellt. Weitere Details und Annahmen zur Simulation können bei den Autoren dieses Berichtes jederzeit erfragt werden.

2 Die mit diesem Schätzverfahren ermittelten Sterbewahrscheinlichkeiten sind keine amtlichen Sterbetafeln, sondern sie sind lediglich für die vorliegenden Modellrechnungen geeignet.

(nominalen) Bruttoinlandsproduktes (BIP) zu treffen. Für die Berechnung dieser Quoten wird eine BIP-Entwicklung in jeweiligen Preisen bis ins Jahr 2050 unterstellt, die sich an dem Baseline-Szenario der Studie „The Social Budget of Germany“ orientiert (vgl. Scholz 2009, S. 57ff.). Die einzelnen BIP-Werte können der Abbildung 31 entnommen werden.

≡ Abb. 31: Entwicklung des BIP (in jeweiligen Preisen) von 2005 bis 2050

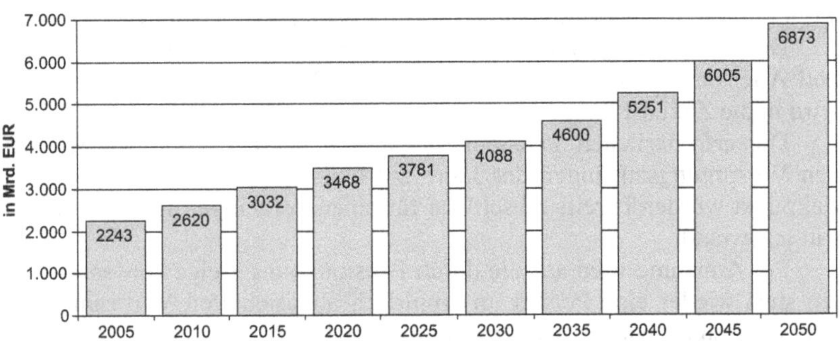

Eigene Darstellung der Daten des nominalen BIP (Baseline) aus Scholz 2009, S. 201f.

Für den Zeitraum 2005 bis 2019 nimmt das BIP in jeweiligen Preisen (nominal) im Durchschnitt jährlich um knapp 3% zu. Bei Berücksichtigung der Inflation beträgt das reale jährliche Wachstum in dieser Projektion bis 2019 im Mittelwert 1,7% pro Jahr. Von 2020 bis 2030 fällt das erwartete Wirtschaftswachstum jedoch aufgrund der demographischen Entwicklung deutlich geringer aus. Im Zeitraum von 2020 bis 2035 beträgt es folglich im jährlichen Durchschnitt nominal 1,95% und real 0,45%. Ab 2036 bis zum Ende des Projektionszeitraumes steigt das jährliche BIP-Wachstum wieder auf einen Mittelwert von nominal 2,7% und real 1,2% an.

■ A.2 Statistische Annahmen für die Modellrechnungen zu den individuellen Auswirkungen der Reformen (Modell-Erwerbsbiographien)

Im Folgenden werden die spezifischen statistischen Daten und Annahmen sowie methodische Besonderheiten zu den Modellrechnungen und Modell-Lebensläufen detailliert ausgewiesen. Die empirischen Daten stammen in der Regel vom Statistischen Bundesamt (StBA), aus den statistischen Teilen des dritten und vierten Versorgungsberichts der Bundesregierung (BMI 2005; BMI 2009) sowie aus dem Geschäftsbericht der Zentralen Besoldungs- und Versorgungsstelle des Landes Rheinland-Pfalz (OFD 2009).

Allgemeine Annahmen und Berechnungsmodalitäten

Die Modellrechnungen wurden für unterschiedliche Rechtslagen im Versorgungsrecht bzw. im Laufbahn- und Besoldungsrecht mit fiktiven Pensionseintrittszeitpunkten erstellt. In der Tabelle 24 sind der Rechtsstand und die entsprechenden Besoldungstabellen aufgelistet, auf deren Basis die einzelnen Erwerbsbiographien nachgezeichnet werden. Bei der Berechnung der Zahlungsströme wird grundsätzlich die Besoldungstabelle des Bundes zugrunde gelegt, die am 01.07.2009 Gültigkeit besaß. Eine Ausnahme stellen die Erwerbsbiographien dar, die auf Basis des alten Rechts erstellt wurden. Zu Zwecken der Vergleichbarkeit wurde die Besoldungstabelle aus dem Jahr 2004 entsprechend den Versorgungsanpassungen für Bundesbeamte seit 2004 angepasst. Es fanden dabei 2008 und 2009 tabel-

Tab. 24: Berechnungsvarianten bezüglich der Rechtslage im Beamtenrecht

Stand des Versorgungsrechts	Fiktiver Pensionseintritt im Jahr	Versorgungsrecht	Laufbahn- und Besoldungsrecht
Altes Recht	2011 (relevant für fernere Lebenserwartung)	Rechtslage aus dem Jahr 2002: Vor Absenkung des Ruhegehaltssatzes	Rechtslage aus dem Jahr 2004: Besoldungstabellen vom 01.08.2004 (im Niveau angepasst an 2009)
Derzeitiges Recht	2011 (relevant für fernere Lebenserwartung)	Rechtslage im Jahr 2011: Nach vollständiger Absenkung des Ruhegehaltsatzes (71,75%) mit Hinterbliebenensatz 60% Regelaltersgrenze 65	Rechtslage im Jahr 2009: Besoldungstabellen vom 01.07.2009
Recht nach DNeuG im Jahr 2030	2030 (relevant für fernere Lebenserwartung)	Absehbare Rechtslage im Jahr 2030: Nach vollständiger Anhebung des Regeleintrittsalters auf 67 (ansonsten derzeitiges Recht) Mit Hinterbliebenensatz 55%	Rechtslage im Jahr 2009: Besoldungstabellen vom 01.07.2009
Recht nach DNeuG im Jahr 2050	2050 (relevant für fernere Lebenserwartung)	Wie Recht nach DNeuG im Jahr 2030.	Wie Recht nach DNeuG im Jahr 2030

Tab. 25: Basisannahmen, Quellenangaben und Vorgehensweise

Merkmal	Erläuterungen
Familienstand und Kinder	Den Modellerwerbsbiographien liegt grundsätzlich die Annahme zugrunde, dass es sich bei den betrachteten Beamten um verheiratete Eltern von zwei Kindern handelt. Sowohl die Elternzeit als auch eine Teilzeitbeschäftigung wird jedoch per Annahme nur von Frauen beansprucht. In dieser Zeit verzögern sich sowohl Stufenaufstiege als auch Tätigkeitsaufstiege. Für die Anspruchsdauer des kinderbezogenen Familienzuschlags werden je Kind 21 Jahre unterstellt. Konkret liegen den Modellen folgende Annahmen zugrunde: (1) Altersunterschied der Ehepartner • Mann (Beamter) – Frau ist 5 Jahre jünger • Frau (Beamtin) – Mann ist 3 Jahre älter (2) Mutterschaft, Elternzeit und Teilzeit der Frauen: • nach der Geburt des ersten Kindes: Ein Jahr Elternzeit und anschließend ein Jahr Teilzeitarbeit • nach der Geburt des zweiten Kindes: Zwei Jahre Elternzeit und anschließend vier Jahre Teilzeitarbeit
Lebenserwartung	Die Lebenserwartung der Modell-Beamten stammt erneut aus den bereits für die Vorausberechnung der Versorgungsausgaben verwendeten Sterbetafeln (vgl. Anhang A.1) und sie ergibt sich aus der ferneren Lebenserwartung bei Ruhestandseintritt. Den Ehepartnern werden ebenfalls die besonderen Sterbewahrscheinlichkeiten für den öffentlichen Dienst zugrunde gelegt, da die Lebenserwartung vor allem vom Haushaltseinkommen abhängt (vgl. die spezifischen Annahmen zu den Laufbahngruppen in Tabelle A 3).
Hinterbliebene	Die Bezugsdauer für Hinterbliebenenleistungen ergibt sich aus der Altersdifferenz bei der Eheschließung und der zugrunde liegenden (ferneren) Lebenserwartungen für die Beamten und Ehepartner.
Pensionseintrittsalter	Die Pensionseintrittsalter richten sich nach der Fachserie 14 des StBA (2006; 2007) sowie nach dem Vierten Versorgungsbericht (BMI 2009) und werden ebenfalls laufbahnspezifisch berücksichtigt. In den Berechnungsvarianten nach neuem Recht (DNeuG 2030 und 2050) werden die Pensionseintrittsalter wegen Erreichens der Altersgrenze pauschal (wie die Regelaltersgrenze) um zwei Jahre angehoben. Die Modellrechnungen bei Dienstunfähigkeit stellen auf das für diese Fallgruppe niedrigere Pensionseintrittsalter gemäß der Datenlage des StBA ab (vgl. auch BMI 2009, Anhang A6). Des Weiteren wird dieser Betrachtung eine um vier Jahre kürzere, empirisch abgesicherte Lebenserwartung zugrunde gelegt (vgl. für die GRV Hoffmann et al. 2006, S. 49 f.).

Tab. 25: *(Fortsetzung)*

Merkmal	Erläuterungen
Beförderung und Stufenaufstieg	Es werden sowohl im alten Laufbahn- und Besoldungsrecht sowie bei der neuen Besoldung nach dem DNeuG die regulären Stufenaufstiege vollzogen. Ferner werden plausible Annahmen über Beförderungen und Tätigkeitsaufstiege getroffen, wobei sich Mutterschaft, Elternzeit und Teilzeit entsprechend auf die Aufstiegs- und Beförderungsmodalitäten auswirken.
Realzinssatz	Zum Vergleich der Zahlungsströme der verschiedenen Modellerwerbsbiographien werden die zugehörigen Barwerte herangezogen. Der durchgeführten Realbetrachtung der anfallenden Zahlungsströme liegt das Basisjahr 2009 zugrunde. Bei der Barwertberechnung werden drei Szenarien betrachtet, die sich im unterstellten Realzinssatz von 2%, 2,5% und 3,0% unterscheiden.
Inflation	In den Modellrechnungen wird eine jährlich konstante Inflationsrate von 1,5% unterstellt.
Bezügeanpassungen	Die Basisvariante der Modellerwerbsbiographien geht von jährlichen nominalen Besoldungs- und Versorgungsanpassungen in Höhe von 1,5% und somit konstant von einem Inflationsausgleich aus. Aus diesem Grund werden in der Realbetrachtung die Bezüge aus dem Jahr 2009 konstant gehalten und bei vergleichenden Analysen wird auf „Löhne und Preise“ des Basisjahres abgestellt.

Tab. 26: Annahmen für die einzelnen Laufbahngruppen

Annahme	Mittlerer Dienst	Gehobener Dienst (Grundmodell)	Höherer Dienst
Abgrenzung	Durchlaufen der Besoldungsgruppen A6 bis A9	Durchlaufen der Besoldungsgruppen A9 bis A12	Durchlaufen der Besoldungsgruppen A13 bis A15
Alter bei Eheschließung	Männer 30 Jahre Frauen 27 Jahre	Durchschnittsalter (StBA 2006): Männer 32,6 (gerundet 33) Frauen 29,6 (gerundet 30)	Männer 36 Jahre Frauen 33 Jahre
Alter der Frauen bei Geburt der Kinder[a]	1. Kind: 27 2. Kind: 29	Durchschnittsalter (StBA 2006): 1. Kind: 29,8 (gerundet 30) 2. Kind: 31,5 (gerundet 32)	1. Kind: 33 2. Kind: 35
Einstiegsalter	Im Alter von 22 Jahren (Eingangsamt A6; Beginn des Vorbereitungsdienstes mit 20)	Im Alter von 25 Jahren (Eingangsamt A9; Beginn des Vorbereitungsdienstes mit 22)	Im Alter von 28 Jahren[b] (Eingangsamt A13; zuvor Hochschulausbildung)
Beförderungen	Von A6 in A7 nach fünf aktiven Dienstjahren, – von A7 in A8 nach weiteren fünf aktiven Dienstjahren und – von A8 in A9 nach weiteren zehn aktiven Dienstjahren.	Von A9 in A10 nach fünf aktiven Dienstjahren, – von A10 in A11 nach weiteren fünf aktiven Dienstjahren und – von A11 in A12 nach weiteren zehn aktiven Dienstjahren.	Von A13 in A14 nach zehn aktiven Dienstjahren, – von A14 in A15 nach weiteren zehn aktiven Dienstjahren und – keine Beförderung in A16.
Pensionseintrittsalter (Altersgrenze)	62 (derzeitiges und altes Recht) 64 (2030 und 2050)	63 (derzeitiges und altes Recht) 65 (2030 und 2050)	64 (derzeitiges und altes Recht) 66 (2030 und 2050)
Pensionseintrittsalter (Dienstunfähigkeit)	49	53	56

Tab. 26: *(Fortsetzung)*

Annahme	Mittlerer Dienst	Gehobener Dienst (Grundmodell)	Höherer Dienst
Fernere Lebenserwartung bei Pensionseintritt 2011 – derzeitiges und altes Recht	– Beamtin: 23 Jahre (verstirbt mit 85) – Beamter: 19,5 Jahre (verstirbt mit 81) – Beamtin mit Dienstunfähigkeit: 32 Jahre (verstirbt mit 81) – Beamter mit Dienstunfähigkeit: 29 Jahre (verstirbt mit 77) – Ehemann verstirbt mit 81 – Ehefrau verstirbt ebenfalls mit 85	– Beamtin: 24 Jahre (verstirbt mit 87) – Beamter: 20,4 Jahre (verstirbt mit 83) – Beamtin mit Dienstunfähigkeit: 30 Jahre (verstirbt mit 83) – Beamter mit Dienstunfähigkeit: 26 Jahre (verstirbt mit 79) – Ehemann verstirbt mit 83 – Ehefrau verstirbt mit 87	– Beamtin: 24 Jahre (verstirbt mit 88) – Beamter: 20,4 Jahre (verstirbt mit 84) – Beamtin mit Dienstunfähigkeit: 28 Jahre (verstirbt mit 84) – Beamter mit Dienstunfähigkeit: 24 Jahre (verstirbt mit 80) – Ehemann verstirbt mit 84 – Ehefrau verstirbt mit 88
Fernere Lebenserwartung bei Pensionseintritt 2030	– Beamtin: 24 Jahre (verstirbt mit 88) – Beamter: 20,4 Jahre (verstirbt mit 84) – Beamtin mit Dienstunfähigkeit: 35 Jahre (verstirbt mit 84) – Beamter mit Dienstunfähigkeit: 31,4 Jahre (verstirbt mit 80) – Ehemann verstirbt mit 84 – Ehefrau verstirbt mit 88	– Beamtin: 25 Jahre (verstirbt mit 90) – Beamter: 21,4 Jahre (verstirbt mit 86) – Beamtin mit Dienstunfähigkeit: 33 Jahre (verstirbt mit 86) – Beamter mit Dienstunfähigkeit: 29,4 Jahre (verstirbt mit 82) – Ehemann verstirbt per Annahme mit 86 – Ehefrau verstirbt per Annahme mit 90	– Beamtin: 24,7 Jahre (verstirbt mit 91) – Beamter: 21,4 Jahre (verstirbt mit 87) – Beamtin mit Dienstunfähigkeit: 30,7 Jahre (verstirbt mit 87) – Beamter mit Dienstunfähigkeit: 27,4 Jahre (verstirbt mit 83) – Ehemann verstirbt per Annahme mit 87 – Ehefrau verstirbt per Annahme mit 91
Fernere Lebenserwartung bei Pensionseintritt 2050	– Beamtin: 26,3 Jahre (verstirbt mit 90) – Beamter: 22,9 Jahre (verstirbt mit 87) – Beamtin mit Dienstunfähigkeit: 37,3 Jahre (verstirbt mit 86) – Beamter mit Dienstunfähigkeit: 33,9 Jahre (verstirbt mit 83) – Ehemann verstirbt mit 87 – Ehefrau verstirbt mit 90	– Beamtin: 27,2 Jahre (verstirbt mit 92) – Beamter: 23,9 Jahre (verstirbt mit 89) – Beamtin mit Dienstunfähigkeit: 35 Jahre (verstirbt mit 88) – Beamter mit Dienstunfähigkeit: 31,9 Jahre (verstirbt mit 85) – Ehemann verstirbt per Annahme mit 89 – Ehefrau verstirbt per Annahme mit 92	– Beamtin: 27,2 Jahre (verstirbt mit 93) – Beamter: 23,9 Jahre (verstirbt mit 90) – Beamtin mit Dienstunfähigkeit: 33,2 Jahre (verstirbt mit 89) – Beamter mit Dienstunfähigkeit: 29,9 Jahre (verstirbt mit 86) – Ehemann verstirbt per Annahme mit 90 – Ehefrau verstirbt per Annahme mit 93

a – Das Alter der Männer ergibt sich aus der Altersdifferenz der Ehegatten; b – vgl. StBA (2006) sowie OFD Koblenz 2009, S. 51

lenwirksame Bezugserhöhungen statt. Im Jahr 2008 erfolgte zum einen eine Erhöhung um den Sockelbetrag von 50 € sowie eine lineare Anpassung um 3,1% und 2009 eine weitere Linearanpassung um 2,8% (vgl. Abschnitt 5.1).

Weitere Annahmen für die Erstellung der Modellerwerbsbiographien und die entsprechenden Modellrechnungen werden in Tabelle A 2 aufgelistet und erläutert. Es handelt sich hierbei insbesondere um persönliche und dienstliche Merkmale der Beamtentypen sowie gesamtwirtschaftliche Basisannahmen. Die Modellrechnungen basieren in der Regel auf Perioden von ganzen Jahren. Ausgegebene Monatswerte entsprechen dem Jahresdurchschnitt. Den Annahmen zugrunde liegende statistische Mittelwerte werden (regelmäßig) auf volle Jahre gerundet. Die konkreten Werte der einzelnen Laufbahngruppen können der Tabelle A 3 entnommen werden.

A.3 Ergebnisübersichten für die Modellrechnungen zu den individuellen Auswirkungen der Reformen (Modell-Erwerbsbiographien)

Im Folgenden werden die weiterführenden Berechnungsergebnisse auf die in Abschnitt 5.5 verwiesen wird dargestellt.

Tab. 27: Versorgungsniveau der Modell-Beamten (im Verhältnis zu dem fiktiven Brutto-Entgelt von Tarifbeschäftigten)

Versorgungsniveau (Basisvariante Inflationsausgleich)

Rechtslage	AGR (m)	AGr (w)	DiU (m)	DiU (w)
	mittlerer Dienst			
Altes Recht (2002)	58,4%	53,3%	55,3%	48,4%
Derzeitiges Recht	56,3%	51,4%	53,4%	42,1%
DNeuG (2030)	55,5%	55,5%	52,6%	46,0%
	gehobener Dienst			
Altes Recht (2002)	60,8%	54,0%	53,8%	43,0%
Derzeitiges Recht	58,6%	52,0%	52,0%	41,5%
DNeuG (2030)	57,7%	57,6%	51,1%	44,2%
	höherer Dienst			
Altes Recht (2002)	61,6%	52,9%	50,5%	40,9%
Derzeitiges Recht	58,5%	50,1%	48,0%	38,2%
DNeuG (2030)	59,9%	54,9%	47,2%	40,1%

Tab. 28: Kalkulatorische Beitragssätze der Beamtenversorgung mit Zinsfuß i = 2,0% und 3,0% (Inflationsausgleich) ≡

Kalkulatorische Beiträge (Basisvariante Inflationsausgleich) für i = 2,0%

Rechtslage	AGr (m)	AGr (w)	DiU (m)	DiU (w)
	mittlerer Dienst			
Altes Recht (2002)	24,0%	25,2%	52,2%	51,3%
Derzeitiges Recht	22,8%	24,0%	50,4%	50,4%
DNeuG (2030)	21,5%	25,8%	52,6%	59,6%
DNeuG (2050)	23,2%	27,4%	54,9%	61,9%
	gehobener Dienst			
Altes Recht (2002)	29,1%	30,2%	48,7%	47,1%
Derzeitiges Recht	27,6%	28,5%	47,0%	46,6%
DNeuG (2030)	25,9%	30,3%	49,2%	54,0%
DNeuG (2050)	27,7%	32,1%	51,5%	56,3%
	höherer Dienst			
Altes Recht (2002)	32,3%	32,5%	43,6%	43,0%
Derzeitiges Recht	29,6%	29,8%	41,1%	39,8%
DNeuG (2030)	28,9%	31,1%	44,0%	45,8%
DNeuG (2050)	30,9%	33,0%	45,4%	47,9%

Kalkulatorische Beiträge (Basisvariante Inflationsausgleich) für i = 3,0%

Rechtslage	AGr (m)	AGr (w)	DiU (m)	DiU (w)
	mittlerer Dienst			
Altes Recht (2002)	17,5%	18,8%	39,4%	39,7%
Derzeitiges Recht	16,6%	17,9%	38,1%	39,0%
DNeuG (2030)	15,4%	18,9%	39,5%	45,6%
DNeuG (2050)	16,5%	19,9%	40,8%	47,0%
	gehobener Dienst			
Altes Recht (2002)	21,5%	22,8%	36,9%	36,6%
Derzeitiges Recht	20,3%	21,5%	35,6%	36,2%
DNeuG (2030)	18,8%	22,5%	37,0%	41,6%
DNeuG (2050)	20,0%	32,1%	38,4%	43,0%
	höherer Dienst			
Altes Recht (2002)	23,9%	24,7%	33,1%	33,5%
Derzeitiges Recht	22,0%	22,7%	31,2%	31,1%
DNeuG (2030)	21,1%	23,3%	33,1%	35,3%
DNeuG (2050)	22,5%	24,5%	33,9%	36,7%

A.4 Anlage zu den Reformansätzen

Das gleitende Abschnittsdeckungsverfahren mit überlappenden Deckungsabschnitten wird in Abbildung 32 graphisch veranschaulicht. Es wird deutlich, dass der Umlagesatz nicht über den gesamten ursprünglichen Deckungsabschnitt bestehen bleibt. Vielmehr erfolgt nach einer im vorab festzulegenden Zeitspanne eine Neuberechnung des Umlagesatzes für den nächsten Deckungsabschnitt gleicher Länge. Durch die Neujustierung des Umlagesatzes kann u.a. verhindert werden, dass zuvor angespartes Kapital aufgelöst wird, obwohl bereits absehbar ist, dass nach Ende des Deckungsabschnittes ein höherer Umlagesatz nötig sein wird.

Abbildung 32 veranschaulicht, dass bei diesem Verfahren große Sprünge in der Höhe des Umlagesatzes vermieden werden und eine Glättung der Versorgungskosten für die Gebietskörperschaften möglich ist. Zeichnet sich bspw. langfristig eine Minderung der Versorgungsausgaben ab, sinkt der Umlagesatz in diesem regelgebundenen Verfahren bei der nächsten Neujustierung automatisch.

Abb. 32: Funktionsweise des gleitenden Abschnittsdeckungsverfahrens (mit einer Umlage auf die Besoldungsausgaben)

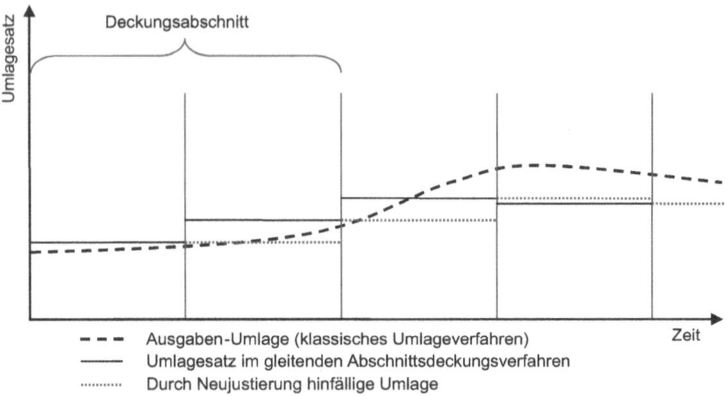

Quelle: In Anlehnung an Preller 2009, S. 24